21世纪经济管理新形态教材·工商管理系列

管理与组织行为学
（第2版）

尤建新　王　莉　赵红丹　程国萍 ◎ 编著

清华大学出版社

北京

内 容 简 介

本书在国内外企业管理与组织行为理论研究成果的基础上,结合作者长期教学实践经验,对管理学理论、组织环境与管理、组织的社会责任与管理、组织战略与管理、组织结构与组织设计、个体行为与群体行为、领导与领导行为、组织绩效与管理等内容进行了详细阐述。本书的主要特色在于理论联系实际,开篇有故事引导,篇末结合理论进行案例分析,与时俱进、深入浅出地诠释相关理论和知识,有助于教学相长、学以致用。本书适合管理类研究生、高年级本科生、MBA、EMBA、MPA 以及高端培训项目教学使用。

本书封面贴有清华大学出版社防伪标签,无标签者不得销售。

版权所有,侵权必究。举报:010-62782989,beiqinquan@tup.tsinghua.edu.cn。

图书在版编目(CIP)数据

管理与组织行为学/尤建新等编著. —2 版. —北京:清华大学出版社,2023.1
21 世纪经济管理新形态教材. 工商管理系列
ISBN 978-7-302-56189-7

Ⅰ. ①管… Ⅱ. ①尤… Ⅲ. ①管理学–高等学校–教材 ②组织行为学–高等学校–教材 Ⅳ. ①C93

中国版本图书馆 CIP 数据核字(2020)第 143461 号

责任编辑:杜 星
封面设计:汉风唐韵
责任校对:宋玉莲
责任印制:刘海龙

出版发行:清华大学出版社
网 址:http://www.tup.com.cn, http://www.wqbook.com
地 址:北京清华大学学研大厦 A 座　　邮 编:100084
社 总 机:010-83470000　　邮 购:010-62786544
投稿与读者服务:010-62776969, c-service@tup.tsinghua.edu.cn
质 量 反 馈:010-62772015, zhiliang@tup.tsinghua.edu.cn
课 件 下 载:http://www.tup.com.cn, 010-83470142

印 装 者:北京嘉实印刷有限公司
经 销:全国新华书店
开 本:185mm×260mm　　印 张:20.25　　字 数:468 千字
版 次:2016 年 8 月第 1 版　2023 年 1 月第 2 版　印 次:2023 年 1 月第 1 次印刷
定 价:58.00 元

产品编号:090002-01

美国"次贷危机"引发的全球性经济萧条,经过十多年的洗礼并未完全得到治愈,在互联网、可持续发展等因素的影响下,世界经济处于转型发展的关键时期,而这个时刻却暴发了 COVID-19(新型冠状病毒肺炎)疫情,至今已经三年,对于全球各国都是巨大的挑战。VUCA(volatile 易变不稳定、uncertain 不确定、complex 复杂、ambiguous 模糊)时代,在困惑和压力之下,人们也看到创新发展的曙光,不畏艰难、勇于创新,进而脱颖而出,是学习管理理论、践行管理创新的重要意义。

学习管理理论必须与时俱进,并敢于超越当下。无论是研究生还是本科生,包括 EMBA(高级管理人员工商管理硕士)、MBA(工商管理硕士)学员,必须要清醒地认识到,学习是健康成长的基础,不是为了对付考试,尤其是学习管理理论,更不能生搬硬套,而是要通过自己的思考和消化后武装到头脑,成为思想的基础设施。这样,不仅能够有助于解释"过去"、明晰"现在",更能够"预见""未来",这才是真正"学到家"。虽然这样的学习很具有挑战性,但是在今后的发展过程一定会非常精彩。例如,正是因为有任正非的战略"预见",华为才会在多年前开始花巨资为一个"可能永远不会发生的极限生存假设"而制定和实施高难度"备胎"方案。这是诠释"超越当下"的一个极好的案例。

另外,学习管理理论不应该有门户之见,更不能被高等院校的学科、专业等条条框框所局限。近些年来,一些高等院校受学科、专业的评估和排名影响,"学术生态"发生变异,学习管理理论必须突破这种学科、专业壁垒,把格局做大。协同、共生、优化是现代管理实践中最常面对的场景,需要"跨学科""跨专业"的人才为基础。换句话说,管理的实践需要宽视野、大格局的人才,这对于当今局限于本学科、本专业的认知"天花板"而言,是革命性的挑战。这也正是学习管理理论非常有趣的主要原因。

学习管理理论,要解放思想、无问东西。洋为中用、古为今用,这是管理实践的现实需求。在互联网、大数据的突飞猛进中,许多原有的"边界"被模糊和拆除了,伴随着 ESG(环境、社会和治理)和 SDG(可持续发展目标)等的兴起,新的经济格局、市场生态、商业模式不断形成并被快速迭代,久经考验的经典思想和理论再一次成为学习的焦点,认知的维度变化突破了思想的"天花板"。学习不再是单方面的输入或输出,学习的交互和发展将使得管理理论更加丰富多彩。

本书的修订继承了第一版的结构,由尤建新拟订修订大纲,在汇集众多教授丰富的授课经验和研究文献的基础上,由尤建新(同济大学)、王莉(同济大学)、赵红丹(上海大学)、程国萍(同济大学)执笔完成。本书得到了任浩、陈强、张玉臣、陈守明、吴敏、邵鲁宁等多位任课教授以及 MBA 学员的支持和帮助,在此一并表示衷心的感谢。限于作者水平,本书修订中一定存在许多的局限性,恭请各位专家和读者批评指正。

尤建新
2022 年 10 月于同济大学

目录

第 1 章 管理学导论 ... 1

1.1 管理学的基本概念 ... 1
- 1.1.1 管理的概念 ... 1
- 1.1.2 管理者的概念 ... 2
- 1.1.3 学习管理学的目的 ... 3

1.2 管理理论的发展 ... 4
- 1.2.1 古典管理理论 ... 4
- 1.2.2 人际关系理论 ... 4
- 1.2.3 现代管理理论 ... 5
- 1.2.4 管理理论新发展 ... 6

1.3 管理的职能 ... 9

1.4 管理实践与挑战 ... 12
- 1.4.1 管理与组织行为学的研究意义 ... 12
- 1.4.2 管理理论和管理实践双向影响 ... 13

第 2 章 组织环境与管理 ... 19

2.1 组织的环境问题 ... 19
- 2.1.1 自然环境 ... 19
- 2.1.2 社会环境 ... 21

2.2 组织环境的概念和理论发展 ... 23
- 2.2.1 组织环境的概念 ... 23
- 2.2.2 组织环境的理论发展 ... 25

2.3 组织环境的影响与管理对策 ... 30
- 2.3.1 组织宏观环境的影响与管理对策 ... 30
- 2.3.2 组织微观环境的影响与管理对策 ... 33

2.4 组织环境的发展与管理创新 ... 36
- 2.4.1 近年来组织环境的发展 ... 36

  2.4.2 环境波动促进组织创新 ··· 37

第 3 章 组织的社会责任与管理 ··· 43

 3.1 组织的社会责任问题 ··· 43
 3.2 社会责任的概念和理论发展 ··· 43
  3.2.1 社会责任的概念 ··· 43
  3.2.2 企业社会责任的驱动因素 ·· 45
  3.2.3 社会责任的不同观点 ··· 47
  3.2.4 企业社会责任的发生机理 ·· 50
  3.2.5 承担社会责任对企业绩效的影响 ··· 51
 3.3 履行社会责任的挑战和管理行动 ··· 52
  3.3.1 履行社会责任的挑战 ··· 52
  3.3.2 履行社会责任的管理行动 ·· 54
 3.4 社会责任实践的发展与管理创新 ··· 56
  3.4.1 积极履行社会责任 ·· 56
  3.4.2 千丝万缕的社会责任 ··· 57

第 4 章 组织战略与管理 ··· 65

 4.1 组织的战略问题 ·· 65
 4.2 组织战略的理论和实践发展 ··· 66
  4.2.1 经典组织战略理论 ·· 66
  4.2.2 现代组织战略理论 ·· 67
  4.2.3 组织战略理论的新发展 ·· 71
  4.2.4 实践发展的规律探索 ··· 73
 4.3 战略管理的要点 ·· 76
  4.3.1 组织战略 ·· 76
  4.3.2 公司层战略 ··· 79
  4.3.3 业务层战略 ··· 80
 4.4 目标管理 ··· 84
  4.4.1 组织目标 ·· 84
  4.4.2 目标管理 ·· 89

第 5 章 组织结构与组织设计 ··· 100

 5.1 组织的结构问题 ··· 100
 5.2 组织结构与组织设计的理论和实践发展 ·· 100

		5.2.1 组织结构的理论和实践发展	100
		5.2.2 组织设计的理论和实践发展	102
	5.3	组织结构与组织设计	107
		5.3.1 组织结构	107
		5.3.2 组织设计	121
		5.3.3 组织流程与再造	125
	5.4	组织变革与组织发展	131
		5.4.1 组织变革的含义和类型	131
		5.4.2 组织变革的动力源和阻力	133
		5.4.3 组织变革的原则与方法	139

第6章 个体行为与群体行为 148

	6.1	组织中的个体行为和群体行为问题	148
	6.2	个体行为与群体行为的理论与实践发展	149
		6.2.1 个体与个体行为	149
		6.2.2 群体	156
	6.3	冲突与妥协	170
		6.3.1 冲突概述	170
		6.3.2 冲突的过程	171
		6.3.3 冲突的处理	172
	6.4	权力与政治	173
		6.4.1 权力的类型和来源	173
		6.4.2 权力的特性	179
		6.4.3 政治与政治行为存在的条件	180
		6.4.4 政治行为的特性	182
	6.5	沟通与激励	184
		6.5.1 沟通概述	184
		6.5.2 需求与激励	186

第7章 领导与领导行为 199

	7.1	领导问题	199
	7.2	领导理论和实践发展	200
		7.2.1 领导理论	200
		7.2.2 领导理论的实践发展	213

7.3 领导的权力与行为 ········ 213
7.3.1 领导的权力 ········ 213
7.3.2 领导行为的心理驱动 ········ 214
7.3.3 领导行为的具体展示 ········ 220
7.3.4 领导行为的创新表现 ········ 226
7.4 领导力建设 ········ 230
7.4.1 基本素质要求 ········ 230
7.4.2 善于用人 ········ 237

第8章 组织绩效与管理 ········ 250
8.1 组织的绩效问题 ········ 250
8.2 组织绩效的理论和实践发展 ········ 250
8.2.1 财务绩效 ········ 251
8.2.2 客户管理绩效 ········ 251
8.2.3 内部流程管理绩效 ········ 252
8.2.4 创新与学习绩效 ········ 253
8.3 绩效管理与内控建设 ········ 254
8.3.1 绩效归因 ········ 254
8.3.2 财务绩效影响因素 ········ 255
8.3.3 内部流程绩效影响因素 ········ 256
8.3.4 客户绩效影响因素 ········ 259
8.3.5 创新绩效影响因素 ········ 260
8.3.6 组织控制 ········ 261
8.4 全面管理体系与追求卓越 ········ 268
8.4.1 组织绩效与全面质量管理 ········ 268
8.4.2 组织发展与追求卓越 ········ 280

参考文献 ········ 301

第1章 管理学导论

 故事引导

分粥的故事

有七个人曾经住在一起，每天分一大桶粥。然而，粥每天都是不够的。一开始，他们抓阄决定谁来分粥，每天轮一个。于是每周下来，他们只有一天是饱的，就是自己分粥的那一天。后来他们开始推选出一个道德高尚的人出来分粥。强权就会产生腐败，大家开始挖空心思去讨好他、贿赂他，搞得整个小团体乌烟瘴气。然后大家开始组成三人的分粥委员会及四人的评选委员会，互相攻击扯皮下来，粥吃到嘴里全是凉的。最后他们想出来一个方法：轮流分粥，但分粥的人要等其他人都挑完后拿剩下的一碗。这样一来，为了不让自己吃到最少的，每人都尽量分得平均，就算不平均，也只能认了。从此，大家快快乐乐、和和气气，日子越过越好。

同样是七个人分一桶粥，不同的分配策略却带来不同的结果，这正说明管理的魅力所在。如何进行正确、高效的管理，是每个管理者需要考虑的问题。

管理活动的产生，主要源自人类组成群体。人类的生存和发展遇到来自大自然方方面面的挑战，在与大自然的抗争中，人类逐步认识到，组成群体（group）不仅有助于保障自己的生存，还有助于改善生活和使生活更加丰富多彩、幸福快乐，更富有意义。

但是，形成群体也带来一定的问题，其中很重要的一个是：个体（person）在群体中将失去以往的一部分自由。为什么？因为群体必须协同（synergy）行动，有着群体的行为（behavior）规范，否则就会失去群体的意义。这种协同群体行为的活动就是管理。

随着现代社会的发展，在现代文明的光环下一部分人出于利益驱动，仍然存在着（existence）突破群体规范的冲动，这就需要管理者（managers）不断地提醒自己和他人，并在复杂多变的发展环境（environment）下持续提升管理水平。

1.1 管理学的基本概念

1.1.1 管理的概念

1. 管理概念的界定

在组织（organizing）实现目标的进程中，成员个人行动之间、组织内部各方面活动之

间，由于认识、动机（motivation）和利益的不同，总会出现一些性质不同、程度不同的矛盾和冲突。因此，管理不是一次性任务，不可能一次完成，必须自始至终贯穿在组织实现其目标的全过程中。只要组织存在，并为其目标而活动，就一定存在着管理。本书对管理概念的界定是，有效整合组织资源、协调组织中个人和群体行为，确保组织目标（organizational goals）得以实现的过程。这一定义有四层含义：第一，管理是一个过程；第二，管理的核心是实现组织目标和成就个人成长（growth）；第三，管理的手段是有效整合和优化配置组织拥有的各种资源；第四，管理的本质是决策和协调。过程中的矛盾和不协调会成为组织实现既定目标的阻碍，管理就是要努力使成员能够协同行动而消除实现组织既定目标的阻碍。

2. 管理的任务

如前所述，人们组成群体的目的是生存和更好地改善生活。为此，他们必须放弃自由散漫的、各自为政的行为方式，通过协同行动来达到这一目的。在群体中协同个人的行为，就需要管理。由此可以认为，一个组织的存在一定有其目标，这个目标一定使组织的发展更美好，而且在组织的目标下能够成就许多个人的目标，包括投资者（投资者也是人们加入组织群体的一种角色）和组织中的所有成员，这就是吸引人们加入组织的重要因素。既然组织的目标是大家的目标，管理的任务就在于引导组织成员共同来实现这一目标。具体讲，就是把组织所拥有的人力、物力、财力等资源加以合理地组合和运用，以实现组织的目标。为推动组织向目标一步一步地接近，必须规定组织中每个成员应当从事活动，并使他们的活动相互协调。如果这些活动都规定得当、协调一致、进行顺利，那么组织中各成员的活动就会对组织目标的实现发生积极的促进作用。从这一意义上讲，在管理过程中要鼓励那些有利于组织目标实现的成员行为，阻止那些妨碍组织目标实现的不利行为。

1.1.2　管理者的概念

1. 管理者

谁是管理者？管理者是组织中有权指挥他人活动的人。也就是说，在组织中，每一位管理者从组织结构的角度来讲都存在着他的下级。按照组织结构（organizational structure）的层次可将管理者分为高层管理者、中层管理者和基层管理者。高层管理者在组织中负有全面性的职责，相应地也赋予他们在组织中最高的权力（power）；中层管理者在组织中负有他们管辖领域的职责，相应地也赋予他们在组织中局部的权力；基层管理者直接面对在组织中第一线工作的操作者，他们具有指挥操作者和实施具体工作任务的责权。

2. 管理者的作用

在组织中，管理者起着非常重要的作用，主要体现在人际管理、信息管理和决策制定与实施三个方面。

（1）在人际管理方面，管理者的作用主要是代表、沟通和指挥。高层管理者代表组织整体，中层管理者代表组织的某个局部，基层管理者代表一个基层单位。因此，管理者肩负着组织的责任，也是组织利益的代表。管理者要在组织中进行上下左右的沟通，以便在上下级之间、横向之间协同行动。另外，管理者还要指挥和激励下级有效地完成任务。

（2）在信息管理方面，管理者的作用主要是保持信息畅通并有效地获取信息、处理信息和传播信息。管理者要确保信息渠道的畅通，保证信息系统的正常运作。管理者要借助于信息系统为正确决策收集大量有效的信息和进行有效的信息处理，并借助信息系统的支持发布决策指令并推动（包括监督）指令有效地实施。

（3）在决策制定与实施方面，管理者的作用主要是决策行动目标和行动方案，并推动决策方案的实施。管理者在自己行使职权（authority）的领域内要决策解决问题的有效方案，并为决策方案得到有效实施而合理配置资源、协调各方行动，并实施相应的控制（controlling）以保证决策目标的实现。

3. 管理者的技能

管理者的角色需要怎样的技能呢？这个问题不好回答。一般认为，管理者为履行其管理职能（function）和提高其管理绩效（performance），至少需要三种基本的（fundamental）技能（Robert L. Katz），即技术技能、人际技能和概念技能。技术技能是指熟悉和精通某种特定专业领域的业务知识，诸如机械制造、会计学、施工技术等；人际技能是指与他人沟通和协作的能力，如激励、引导和鼓舞组织成员的热情和信心的技能；概念技能是管理者对复杂情况进行抽象和概念化的技能，即管理者必须具有能够将组织看作一个整体，理解组织各部门之间的关系（relatedness），并从整体上认识组织和决策组织活动的能力。从组织角度也可以说，概念技能是一种宏观管理的能力。

不同层次的管理者，对于上述技能的要求是不一样的。技术技能对基层管理者更为重要，因为他们要直接处理下属所从事的工作。如果基层管理管理者缺乏相应的技术技能，那么他就难以取得好的工作成绩，也难以在基层雇员中树立威信。人际技能是各个层次的管理者都必须具有的，而概念技能对高层管理者来说是非常必要的。如果认同这个观点，在提拔任用管理者时，必须关注候选人的管理技能结构。同时，也必须加强在职管理者相应的技能学习和提高。

1.1.3 学习管理学的目的

为什么要学习管理？这个问题虽然在考试的时候很少会出在卷面上，但许多学习管理的人都曾在头脑中闪烁过这个问题，只是不同的人思考这一问题的角度和深度不同而已。在现实生活或工作中，人们每时每刻都会感受到管理的效果——满意的或不满意的，或介于两者之间的。例如，当需要用水、用电时却突然遇到了停水、停电，而事先却无任何信息公告；当书中的情节完全把读者的思想融入进去，并且读者正想再前进一步的时候，却遇到由于装订的质量问题而少了下文，给激情中的读者当头一棒；当为了赶时间放弃乘 9 个小时的火车而改乘飞机时，在候机大厅里接连不断迎来抱歉的通知："由于机械原因，飞机不能按时起飞"，满腔怒火而又无奈地在机场闲坐了 8 个小时；当执行科长的指示时，又接到了处长的命令，而两全其美又不可能，进退两难；当指挥下级时才发现你的下级都正在执行你的上司的命令，自己在不知不觉中突然成为"光杆司令"；等等。这些都是司空见惯的问题，而细想起来都可能是由于管理不善造成的。学习管理就是不断地改进管理工作，使那些令人头痛的问题尽可能地减少。

另外，每一个人在组织中所面临的不是管理他人，就是被他人管理，而且多数是两种情况同时发生。那么，学习管理不仅是要了解如何有效地管理他人，还要了解如何有效地接受他人管理，领悟上司的管理方式和组织的管理体系。

学习管理，可以更好地认识管理，从而提高自身的综合素质。这对于每一位学习管理的人来说都是有益的，因为从管理的基本理论学习中可以领悟到许多道理。但是，不能指望通过学习管理就能成为一个有效的管理者。应该记住，学习管理仅仅是提高管理水平和通向成功的基础与开始，要想成为一个成功的管理者还需要走很漫长的路。

1.2　管理理论的发展

关于管理的思想虽然由来已久，但发展为系统的管理理论，则公认是在 19 世纪末 20 世纪初。从管理理论发展的历史及内容来看，大致可分为三个阶段：古典管理理论、人际关系理论和现代管理理论。

1.2.1　古典管理理论

古典管理理论的形成时期大约在 19 世纪末 20 世纪初，由两部分组成：科学管理理论与综合管理理论（斯蒂芬·罗宾斯，2011）。

科学管理理论的创办者是美国 Frederick Winslow Taylor。著名的《科学管理原理》奠定了科学管理理论的基础（泰勒制）。他认为，根据科学方法可以找出"一种最好的途径"来完成每项任务。该原理提出了分工效率，更重要的是，该理论标志着科学精神和理性的力量开始统治组织管理的行为（李新春，胡晓红，2012）。

综合管理理论的代表人物有法国的 Henri Fayol、德国的 Max Weber 以及后来美国的 Luther Gulick 和英国的 F. Urwick 等。Henri Fayol 将企业中的管理活动区分于企业的经营经营活动，认为管理只是经营当中的一种活动，它包括：plan、organize、direct、coordinate、control 五项活动。但有学者认为该理论存在着一定的缺陷，如无视了非正式集体的存在、弱化了组织与外界有机环境的关系、设定指标没有科学的测量基础等（范静波，2011）。

1.2.2　人际关系理论

1929 年经济危机爆发，资本家充分利用泰勒制压榨工人，引起工人的不满，消极罢工等现象时有发生（尤建新，陈守明，2019）。因此，为了获得劳资关系的新平衡，新的管理理论和方法陆续形成。

早期一些学者关注到人在工作中的行为，通常称为组织行为学（organizational behavior，OB）。其中，罗伯特·欧文（Robert Owen）、雨果·芒斯特伯格（Hugo Munsterberg）、玛丽·派克·福莱特（Mary Parker Follett）、切斯特·巴纳德（Chester Barnard）四位先驱者作出了比较杰出的贡献（斯蒂芬·罗宾斯，2011）。在经过长达8年霍桑实验的基础上，梅奥于1993年出版了《工业文明的人类问题》，突破了古典管理学理论的框架正式创立了人际关系学说（尤建新，陈守明，2019）。在该学说中，重点从过去的"机器"转变为"工人"，不再将他们视为单纯的"经济人"。

经过30年的大量研究工作，许多社会学家、科学家、心理学家从事行为科学的研究，逐步完善了人际关系理论。

1943年马斯洛在 *A Theory of Human Motivation Psychological Review* 提出"需求层次理论"，将人的需求分为五个阶段，分别是生理需求、安全需求、社会交往的需求、尊重的需求、自我实现（self-actualization）的需求。1969年Clayton Alderfer在《人类需求新理论的经验测试》一文中根据马斯洛的观点进一步研究（游静，2010），提出"ERG等级需求理论"。该理论认为需求层次理论是平行并列的关系，而不是马斯洛提出的刚性递进关系。后期"双因素理论"（two factor theory）"群体力学理论""强化理论""公平理论"（equity theory）等也是行为科学的代表理论。

行为科学与古典管理理论的不同在于管理对象的改变（郑海航，2010），从对"机械与劳动力效率"的管理上转移到"人主动性和创造性"的管理上。同时也引起了管理方法的改变。传统的古典管理理论有着金字塔式严密的制度，而行为科学强调了人的欲望、情感、动机的作用。

1.2.3 现代管理理论

巴纳德在1938年《经理人员的职能》一书中，把管理理论推向一个新的阶段，成为现代管理的创始人。他吸收了梅奥的以人为本的分析方法，把重点转向正式组织本质的分析上，克服了"社会人"感情因素的片面性，而将员工作为"决策人"为出发点。

第二次世界大战后由于科学技术发展迅猛，管理理论的发展越来越借助于多学科交叉作用。

20世纪50年代末，美国通用电气公司（GE）的费根堡姆和质量管理专家朱兰提出了"全面质量管理"（total quality management，TQM）的概念。以质量为中心，重视顾客，根据需求不断改进管理的思想。TQM的成功离不开精确的数量方法帮助管理者作出系统的决策。20世纪70年代后期，供应链物理管理（SCLM）思想提出，该理论主要对物流活动进行管理，降低物流成本，提高效率和经济效益。可以结合线性规划模型、非线性规划模型、整数模型、网络规划模型、排队论模型以及存储等模型应用在物流管理方面。

管理科学学派将统计学、优化模型、信息模型、计算机仿真等数量方法应用到管理活动中并取得了丰硕的成果。目前,管理科学是现代管理比较主流的一个研究方向,应用广泛。

1.2.4 管理理论新发展

20 世纪 80 年代末,以数字化和网络化为支撑的信息化技术飞速发展,知识产业迅速崛起(李锦,弓志刚,2005)。让知识经济的到来,让知识成为企业的一个主要竞争力,企业更加注重知识人才的招募以及知识的学习及传播途径。并且当时全球化浪潮席卷世界,金融、市场全球化,生产全球化,生存全球化,企业的经营视角必然趋向全球化。同时,由于全球文化、政治(politics)的交融,不同价值标准产生冲击,人们的思想、观念、行为都深受影响,从而对管理理论产生了挑战。

1. 管理理论的转变

在信息化时代,传统管理理论正在逐渐丧失对现有管理规律和经济规律的掌控能力,对许多传统理论进行了推翻:①互联网带来零距离、信息对称。零距离要求企业以用户为中心,需要满足客户的个性化需求。因此,推翻了泰勒的科学管理大规模制造,科学管理无法适应客户独特性需求。②组织方面从严格的官僚体制变成了扁平式组织,推翻了马克思·韦伯的科层制,所谓的金字塔式的组织结构(徐宗本,冯芷艳,2014)。③互联网满足公司跨地域合作的要求,资源不仅仅在内部分布,还正转变为全球分布式。推翻了法约尔的一般管理理论主张的企业内部职能再平衡理论(荣世敏,2001)。

2. 管理方式的转变

随着大数据互联网的成长,管理方式变化如下(杜莹芬,2004):①企业不再将员工认为是单纯的"经济人",具有人性化趋势。提出"人本管理"的新思想,强调理解员工的需求,尊重员工的权利,从而激发人的积极性。②生产经营活动时时进行变革,传统管理对于组织流程(process)、组织结构避免进行改动,以保持稳定性。而现代理论提出"业务流程再造(business process reengineering, BPR)"理论,该思想给企业带来全方位革命性的影响,被称为面向 21 世纪的管理理论创新(刘仲英,2013)。③随着管理信息化发展,随着信息技术的发展,管理信息化是企业和管理者适应时代的需求,各个公司不同程度地引入信息系统管理组织的流程,如科达公司引入 ERP(企业资源计划)系统对组织流程进行再造,在信息透明度、流程标准化方面起到了很好的效果。

3. 企业竞争范式的转变

传统企业的竞争力来源和外部环境与企业的内部资源、能力、知识方面。在信息化时代,影响竞争力因素更加复杂,如图 1-1 所示。

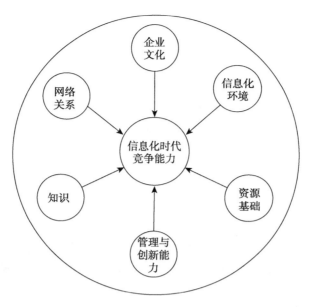

图 1-1 信息化时代竞争能力影响因素

在信息化时代,企业的竞争能力呈现一些新的特征(温池洪,2010):①竞争能力体现在细节上。通过信息化,企业可以了解最终用户的细致需求并且采取措施满足需求,提高整体竞争力。②当代知识更新快,产品开发周期短,生命周期也较短,因此公司需要加强柔性能力,抓住市场机遇在竞争中崭露头角。③竞争跨地域、跨时空。信息化将不同地域企业紧密地联系在一起,地理时间上的限制越来越小,企业的竞争不再是传统的特定目标市场竞争,而转变为全面的竞争。竞争的对象也不再是单一的产品,也逐步涉及制造过程、供应商的效率等。④企业之间竞争转为合作,出现了以信息技术为基础的新型组织,如建立"虚拟组织",进行互补互利的合作,实现共赢。以美特斯邦威(徐世伟,2007)为例,它将服装生产的任务转移给企业外实力雄厚的厂家,而且将销售权以特许权的形式转让给加盟店。公司的主要精力集中在附加值较高的部分——品牌与设计的环节。公司降低了销售成本以及投资工厂的资金,使其更有精力投入设计与品牌的经营商。⑤在企业竞争力维度方面,知识对竞争能力的影响大幅度变大。知识是企业创新的源泉,包括在生产经营过程中积累的学识、市场运营开发的知识、经营管理知识等。企业竞争由传统的产品竞争逐步转向能力竞争,在快速变化的时代中,员工和企业的知识成为一个公司竞争力的核心源泉。

4. 组织结构的转变

互联网时代模糊了员工与领导、员工与客户之间的界限。没有领导,每一个人都是信息的节点,形成扁平化组织。因此出现了无为而治、倒金字塔结构、阿米巴组织、海星模式等思想。在陈立敏的文章中,将组织的变化形容成"航空母舰"到"歼击机群"(图1-2)。

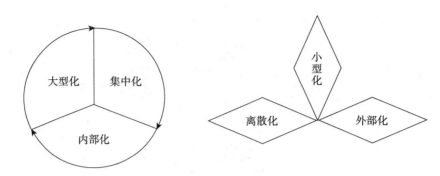

图 1-2　组织结构的变化

传统管理模式主要职责满足生产需要，以机械为中心，劳动力为辅助。互联网解决了信息不对称的问题，形成了自下而上的信息流动，增强了员工的自我约束，加强团队的合作。传统的组织是科层制和官僚制，每级员工有严格的规范、生产方式，具有高度的标准化。但在互联网时代下，新兴组织形态出现，每一个团队或员工是独立的个体，根据外部时刻变化的环境更改自己的工作内容，适应环境，该种组织类似于自然生态系统的组织形态，又称"生态化组织"。同时组织具有扁平化趋势，注重横向联系，将不产生增值的环节去掉，减少中间管理层次，扩大管理幅度。

根据环境和企业的变化，互联网环境下的企业不断朝着灵活性、开放性方向发展，目前出现的一些新型组织模式有（张学峰，1998）：①学习型组织（learning organization），美国大使 P.M.Senge 提出了学习型组织，该组织是一个以系统思考、不断进步、团队学习的组织，以激发个人以及团队的组织。②动态联盟（virtual organization，VO）/虚拟化组织，1991 年 Dr.Roger 和 Dr.Rick Dove（王森，赵桂娟，2002）提出动态联盟的概念，被认为是 21 世纪的企业组织模式。该组织是为了快速识别竞争机会，通过先进信息化手段，跨空间、跨时间，将不同企业联系起来。每个成员以自身的优势以及能力做擅长的事情，集中优势，实现目标。当任务结束时，可解散组织，具有松散、灵活的特点，及时抓住市场动态，增强竞争力。③原子式组织，在扁平式结构中，位于塔尖的领导者地位弱化，分权（decentralization）趋势不断加强，原子式组织便是高度分权化的组织。"无老板的工作"是该组织的本职特征，每个成员都变成了领导者。

组织模式的从量变到质变的转化，增强了企业对外界市场环境的反应能力，改变企业内部传递信息的方式，准确快速抓住市场信息。

5. 对人关注点的转变

在全球化的趋势下，现代企业面临来自全球的挑战与机遇，"以人为本""知识经济"成为不可或缺的要素。人作为企业管理与竞争的核心要素，企业对内部员工和用户的关注正在急剧转变（黄健青，陈欢，2015）。

（1）公司更加注重知识性员工开发。目前，互联网、大数据的出现影响人力市场环境，知识人才的短缺使人才供需矛盾更加突出。传统企业强调组织界限明确，其人力资源管理是基于公司的规章制度和人事管理制度，规定了每个员工的工作内容，以显示绝对的公平与公正（曹龙，陈菊红，2005）。但未来的组织没有固定的模式，企业重视的智力资本、知识资源等应是整个企业的关心点，而不是单一部门的关心点。随着知识经济的到来，传统的人力管理方法不再适用于知识型员工的管理（高艳，2005）。

（2）在员工激励措施逐步走向人性化。苏明城（苏明城，张向前，2009）提出随着组织扁平化、职位模糊化等特征，对员工的"经济人"假设不成立，需要其他激励手段刺激员工，如配房、配车、落户，取代以往组织中的职位晋升。同时，在互联网时代，外部环境瞬息万变，传统僵硬的激励机制不再适用，应采用"柔性激励"强调人性化，如关注知识性员工的个体发展，使之随时学习到先进的技术。

（3）强调员工自主性。在员工管理方面，鼓励员工参与管理，赋予员工一定的权力，增强其责任感也是现代员工管理的一个趋势。同时，弹性工作时间，使员工自主协调工作、生活的时间，提高满意度。在智能设备的普及下，使用自己的设备在任意时间、地点办公的BYOD（自带设备）模式越来越普遍。在BYOD模式下，企业既顺应新科技使用的需求，又满足员工的个性化的追求，一方面提高了员工的工作效率，另一方面也可降低管理的成本。

（4）消费者角色主权化。随着互联网的发展，用户的角色从单一的消费者转变为产品的生产和价值的创造者。企业将用户作为创造价值的环节，可以充分利用客户资源提升企业创新能力。例如，小米手机，在设计环节就使消费者参与进来，使用户获得参与感，对设计阶段具有参与权、话语权。同时由于大数据时代，利用信息技术可以不断收集用户需求的信息，Hong（Paul Hong，William J.Doll，2011）等认为获得用户需求信息有利于企业产品或服务针对性地改进和创新。目前有大量企业利用基于用户的大数据信息来改进产品服务，如黄健倩等（黄健青，陈欢，2015）基于用户价值视角的众筹项目成功影响因素研究中，根据用户价值理论将其各项指标数据进行梳理，结合Logit回归分析法对平台中影响众筹项目成功的因素进行了分析，可以更好地服务于众筹平台的建立。

以国际化、全球化的时代浪潮为导向，现代企业不得不加强对内部员工和用户的关注。柔性管理、虚拟化管理、跨文化管理推动企业注重知识性人才开发与管理，建立与员工的新型关系。互联网、大数据使员工更方便、准确地表达自己的需求，同时企业方面也可对员工创造的价值进行更及时的反馈。

1.3　管理的职能

人们在组成群体或加入群体时，不得不放弃各自为政的自由行为方式，通过协同行动来达到步骤一致，从而保证群体的力量能够满足生存和发展的需要。同时，个体在加入群体之中时有着明确的自身利益需求和目的，由于资源有限和个体利益实现之间存在部分冲突，个体的利益需求将会在群体的整体利益框架下有所调整，这一过程中有着错综复杂的管理活动。

如何认识在实现群体目标的同时达到个体改善生活的目的，每个人有着非常巨大的差异。在经过漫长岁月之后的今天，管理活动首先要解决的是明确群体的共同利益和发展目标；其次是明确群体中各个体的作用和任务目标，并规范相互之间行为关系；再次是协调群体中所有个体做到步骤一致，从而保证群体行为有序地向目标迈进；最后就形成了管理的四大基本职能：计划（planning）、组织、领导和控制。

对管理职能的了解和深刻认识，有助于更好地理解管理的概念。显然，对管理的理解应该有四层含义：第一，管理是一项活动、一个过程；第二，管理的核心是实现组织目标；第三，管理的手段是有效配置组织拥有的各种资源；第四，管理的本质是协调。过程中由于个体之间不同的利益需求和资源的有限，会产生一系列的矛盾和不协调，从而形成实现既定目标的阻力，管理的计划职能、组织职能、领导职能和控制职能就是要努力使组织能够协同行动，有效实现组织的既定目标。

1. 计划职能

计划的含义可从两个角度讨论：其一，从名词的角度（静态的）来理解，计划是指组织目标和实现组织目标的行动方案；其二，从动词的角度（动态的）来理解，计划是指计划工作（制订计划），即拟订和决策组织的目标与实现组织目标的行动方案的过程。从组织的管理活动而言，这就是组织的计划职能。

通常，组织的目标不是单一的，实现组织目标的途径也不会只有一条，因此人们会面临多种行动方案的选择问题。从组织运作角度而言，目标和行动方案就是组织内各部门、各岗位所有活动必须遵循的计划。

管理是一个过程，计划是这一过程中的第一个职能。计划的第一要务是定义组织的目标，包括中、长期目标和近期目标。组织的目标一旦明确，计划确定的行动方案就必须对准组织的目标，计划中规定的一切活动都是为了实现目标。行动方案中的所有活动必须明确这些活动目标、目的、时间、地点、执行人以及执行程序（方案）等。这样，当计划的行动方案付诸实施时，组织就会向目标逐步逼近，最后达到目标。必须注意的是，由于计划的目标不仅有近期的目标，还有中期目标和长期目标。因此，计划内容相应地分为短期计划和中、长期计划（规划）。由于计划目标的时间不同，其面临的问题复杂性和操作性要求也是不同的，管理者必须具有很强的系统思维，以正确认识不同时间目标下组织计划工作的要求和任务，从容开展组织的计划职能。

另外，计划的有效性还取决于决策方案的设计质量，如果提供于决策的方案存在众多的设计缺陷，那么，对于组织而言是非常有害的。因此，计划职能存在相当大的风险，特别是组织的长期计划，存在着更多的不确定因素。对此，许多支持计划和管理决策的研究都是非常重要的，应该有相应的投入，以保障组织的管理职能有良好的开端。

2. 组织职能

计划（目标与行动方案）决定组织。特别是组织的战略目标确定了以后，组织的结构也就相应地形成了。关于组织的含义也可以从两个方面来解释。其一，是以静态结构来解释组织的含义，这是指为达成某些目标而设计并建立的组织系统。这一组织系统有如下特点：①开放系统，不断地与外部环境进行各种资源的交换（exchange）；②技术系统，不断地进行由投入转化为产出的过程；③整合系统，不断地与环境相互作用，并与其各子系统（或系统元素）相互依存。这种组织系统通常被称为组织结构，包括了被固化了的组织机构和其职责、资源的分配以及岗位间的关系等。其二，是从动态活动来解释组织的含义，是指对组织系统拥有的资源的用途加以规定的活动过程。这种有效配置资源、使之有序地得到利用的活动过程，常称为组织工作，也即管理的组织职能。这一动态的过程具有如下作用：明确组织系统的哪些资源用于哪项活动或哪项活动使用哪些资源，这些资源何时使用、何地使用、如何使用等，使得组织的全部资源之间建立起合理的关系。

组织的资源涉及方方面面，除了传统的人、财、物资源外，还有环境（如政策、国内外形势）资源、信息资源等。例如，具体到人力资源，组织职能的重要任务之一，就是把计划所规定的行动内容指定到组织内特定的群体和个人去完成。这就要求，对于组织内的每个成员，都应该能根据其特长被指定担当有利于实现组织目标的一定的工作，即适当的人担当适当的岗位，从事适当的工作，从而做到人尽其才，让每个组织成员的才干和资源力量都能得到充分的发挥。组织职能要保证组织中所有群体和个体（成员）的活动都能相互配合、相互协调、相互促进，以充分发挥组织的整体优势。

3. 领导职能

领导，作为名词来讲是指领导者个人或集体，即上级或上司；从动词和组织的管理活动来讲是指一种行为和影响力，这种行为和影响力能引导、激励或者在某种意义上强迫组织成员去实现组织的目标。所以，领导职能的内容是激励、指导、引导、促进、鼓励和命令。一个组织的目标能够得以实现，是靠组织的全体成员的共同努力。管理的重要职能，就是领导全体成员去实现既定的组织目标。

领导职能是否能够有效展开，很大部分取决于领导者的觉悟和能力，因而领导者的素质是很关键的。另外，环境建设也是非常重要的，计划经济环境与市场经济环境对于组织（无论是企业或是政府）的领导职能而言，是完全不相同的。这方面，存在许多的理论与实践难题，需要理论界和政府、企业共同努力去探索。

4. 控制职能

控制是监督并促使组织的活动按照计划规定的要求展开的活动过程。管理的控制职能意味着去主动发现计划实施中出现的（或潜在的）偏差，并积极采取措施加以纠正（或预防）。

一个组织，或是由于计划过程难以确定众多不定因素的影响，其行动方案存在先天不足；或是在计划实施过程中出现了未曾预料的状况，导致实际行为轨迹偏离组织的既定计划路线和目标。这样，就需要实施控制职能。

通常情况下，控制职能是以组织运营的作业标准和目标实现情况来测定实际的作业状况，通过将计划目标、作业标准与实际结果的比较来决定是否需要采取纠正行动或进行改进。所以，控制职能是组织的一切活动按计划进行并实现组织目标的重要保证。

计划、组织、领导、控制这四种职能是相互关联、不可分割的一个整体。其中某一职能的完成情况会受其他职能完成情况的影响。例如，计划职能是管理过程的第一个职能，为实现组织目标而提供的计划行动方案会直接影响组织的特点和结构。并且，精心制订的周密计划还是组织职能正常开展活动的基础。同时也必须认识到，组织职能在很大程度上决定着计划的成败，一个适当的、合理的组织结构是计划方案得以顺利实施、计划目标得以实现的重要保证。依次展开，领导职能必须适应于计划和组织职能的要求，控制职能则对计划职能、组织职能、领导职能的活动结果加以全面检查，纠正偏差，以保证组织目标的实现，等等。显然，管理活动的各职能之间密切相关，相互支持，从而形成了组织的管理体系。

1.4 管理实践与挑战

1.4.1 管理与组织行为学的研究意义

1. 指导管理实践

管理与组织行为学来源于实践并应用于实践，管理与组织行为学的根本目的在于服务与实践，提高组织效率与效益。

管理与组织行为学的基本理论是工业社会近百年的管理实践的总结，是人类智慧的结晶，囊括了组织个体与群体行为、组织计划与决策、组织设计与变革、组织环境与创新等众多理论与方法，是对管理实践的客观规律与一般方法的概括、总结与提炼，具有很高的实践指导价值。中国改革开放40多年来，管理学者和企业界消化①吸收西方管理理论的精华，结合中国的国情，努力创造着符合中国实际的管理理论体系。在管理理论的指导下，民营企业异军突起，不断发展壮大，成为中国不可或缺的经济发展力量。同时成功地借鉴西方现代企业制度，进行了国有企业的改革，使国有企业恢复了活力和生机。但仍可以看到，随着科技、政治等外在环境的不断变化，管理与组织行为学的研究与应用也应持续地改进与创新，永远没有终点。

2. 培育优秀的企业家

在企业发展过程中，人们会发现不少企业在创业时期，尽管困难重重，由于当时人员少而精干，人心齐，干劲大，因而创造了非凡业绩。然而在公司规模扩大后，有的管理者居功自傲，有的管理者则钩心斗角、争权夺利，最终导致管理失控，企业迅速衰败。由此可见，管理者的素质、工作能力，往往是决定一个企业的成败的关键性因素；一个优秀的管理者，对于企业的长远发展有着举足轻重的作用。优秀管理者的技能对企业组织来说，是一种稀缺（scarce）资源，因此，很多企业不惜重金要争夺优秀管理者。管理与组织行为学的一个重要的目的就是培育更多的优秀企业家，它把抽象的理论与现实经济生活相联系，把应用技术与实际案例相结合，使得学习该课程对于企业承担社会责任，提高管理水平，特别是对于提高各级管理人员对所属员工的心理和行为的预测、引导和控制的能力，及时地协调个人、群体、组织之间的相互关系，充分发挥和调动人们的积极性、主动性和创造性，有效地实现组织目标，取得最佳的经济效益和社会效益，具有十分重要的意义。

3. 提高社会的管理素养

管理与组织行为学作为一门管理学课程，它的一个重要受众是即将进入工作岗位的学生。群体中存在两种类型的人群，要么是管理者，要么是被管理者。管理与组织行为学，不仅有助于造就优秀的管理者，同时也可以提高被管理者的管理素养，成为优秀的被管理者。无论从事何种性质的工作，都离不开管理，懂得了管理与组织行为学的基本知识，有助于了解所承担的工作在整个组织工作体系中的位置以及重要性，从而明确分工与协作，更好地完成工作。另外，管理与组织行为学的知识会帮助人们弄清自己的角色，处理好人际关系，有助于职业生涯的发展。

1.4.2 管理理论和管理实践双向影响

管理理论和管理实践相互推进、互相影响，管理理论带动管理实践的发展，管理实践推动管理理论的发展。

1. 管理实践对管理理论的影响

管理实践是推动管理理论发展的主要推动力，通过对过去企业实践活动的分析，有利于认识未来的管理理论发展方向。

1）秩序催生管理

传统的农民以及小业主，是以"自由人"的身份在分散的场所内工作（王德禄，苏东，2001）。随着时代的发展，"自由人"逐步向"工人"转变，分散的场所也逐步变成固定的工作场所。员工集中在同一场所，就催生出管理者作为管理人统一管理督促员工。同时工作方式从简单的手工操作变为复杂的机械操作，迫使管理人制定一套改进生产水平的制度和管理方式。并且员工在企业中重要性越来越高，员工的心态、需求、人际关系、工作环境等都会影响员工的效率，因此以人为中心的管理理论应运而生。

2）效率提升管理

企业中的效率问题制约着企业的发展，随着企业的进一步扩招，管理层也迎接更多的挑战，如何降低生产成本、提高工作效率满足不断扩大的业务。传统企业会通过加长工时，提高员工工资等手段刺激生产率，因此当泰罗提出以提高效率为重点的经典管理理论时，该理论被广泛接受。

3）技术支持管理

在互联网时代越加激烈的市场竞争条件下，企业只有跟上技术的潮流，应用先进的技术成果，才能保证不被市场所抛弃。管理技术促使管理理论的发展形成，而管理理论的发展也进一步提高管理的技术，如财务系统、物流系统、网络计划等方面的成功实践都为管理科学理论的完善奠定了基础。

2. 管理理论对管理实践的推动

随着互联网时代的发展，催生出的新管理理论（李海舰，田跃新，2014），对企业的实践有很大的推动作用。

1）在新管理理论下进行自组织管理

"零管理"是企业管理的一种创新模式，曾有人将此誉为管理的"最高境界"。"零管理"认为，解决问题的层面越低越好，从而实现高层的"无为而治"，如海尔集团的每个自主经营体都是一个自组织，均有一套完整的运作理念和运作方式。本质为组织的自管理，而且海尔的"自管理"理论包括"自创新""自驱动""自运转"，以及员工"自主挣薪的概念"。海尔为此将员工划分为 AB 类员工（李博，2013），即能够在机制的引导下自创新、自驱动、自运转，持续创造 AB 类产品、用户的员工。AB 类产品是指既给用户创造了价值，又给企业带来了利益的产品；AB 类用户是指对海尔忠诚度高、多次购买海尔产品、并将海尔产品推荐给身边的人的用户。

2）企业部门无边界化

企业利用互联网技术实现在操作、管理和经营三个方面的无边界发展。打破企业内部的固有界限，通过流程再生成实现市场大利益的标准。在研发、制造、销售和物流等方面实现虚拟运作使企业在操作方面实现无边界发展的一个表现。海尔集团的流程再造就是一个很好的案例（路蓉，2004），将财务部门、物流部门、营销部门完全分离出，整合成独立经营的推进本部——物流本部，实现全集团范围的集中营销、集中采购、集中结算。通过重新设计已有的组织结构，将职能化组织结构转变成流程型网络结构，信息垂直沟通链转变成水平沟通流程，形成首尾相接和完整连贯的新的业务流程。

3）企业资源外部整合

互联网环境下的企业需要采用开放式思维进行日常的经营，跳出企业做事，并且运用创新的精神整合外部甚至全球范围内的资金、业务和思想资源。因为更多的资源、更低的成本和更大的利润都来自外部。例如，加拿大矿产公司 Gold Corp 为了解决 Red Lake 矿区的矿脉定位问题，引入与网民协同发展的机制，在社会媒体上公开了该矿从 1948 年至今的全部数据，根据网民回馈的 110 个矿点，准确地发现 80 多处矿脉（冯芷艳，郭迅华，2013）。

4）商业模式的变化

对于传统商业模式中无法产生价值的环节，目前已逐步被互联网时代下的商业模式所取代，如分销渠道曾是传统商业模式的一个重要的环节（罗珉，李亮宇，2015），但此过程的存在造成供应链时间长、获得用户反馈慢等问题。随着信息技术的一个发展，商业资源的流动也产生了变化。例如，宝马4S店的O2O（线下体验+线上购买）模式的开发，可以无须中间多余的分销环节，出厂商直接与购买者进行直线沟通，促使交易的达成。

本章小结

管理是一项有效配置组织资源的活动，在管理过程中通过协调组织中个人和群体行为，确保组织目标得以实现。管理具有计划、组织、领导和控制几大职能。组织行为学就是对一定组织环境中个体、群体以及整体的组织行为进行研究，通常从个体行为、群体行为与组织行为三个层次进行研究。

 思考题

1. 有人说，"管理是科学"；也有人说，"管理是艺术"。你认为管理是科学，还是艺术，谈谈你自己的观点。
2. 组织行为学通常从个体行为、群体行为和组织行为三个层次进行研究，请你谈谈这三个层次之间的关系。

即练即测

蔚来汽车——蔚蓝之路任重而道远

1. 行业背景

我国新能源汽车研发经历了"八五"期间的国家科技攻关项目、"九五"期间的国家重大科技产业工程项目以及"十五""十一五"期间的国家"863"计划电动汽车重大科技专项三个阶段之后，已基本确立"三纵三横"的研发布局，基本形成由总体组负责，整车企业牵头、关键零部件企业配合、产学研相结合，政策、法规、技术标准同步研究，基础设施协调发展的研发体制，且已经拥有一批即将实现产业化的技术产品和整车成果。多项关键技术已接近和达到国际先进水平，并制定了相关标准。国家新能源汽车发展战略导向已明确，且中央政府和地方政府均采取一系列措施保证政策落实。

日本和韩国汽车工业的发展是利用后发优势实现后来者居上的显例。技术跨越理论认为发展中国家可通过有效利用现有的知识和创新资源迅速缩小与发达国家之间的技术差距，利用比较优势和后发优势，通过技术模仿实现赶超。我国传统汽车工业经过40多年改革开放与合资发展，已经在技术、人才、管理、产品等方面形成相对比较优势，而源起于汽车传统动力革命的新能源汽车的产业发展也必须建立在汽车工业已有基础之上，有效利用后发优势，改变单纯"以市场换技术"的联合生产模式，在新能源汽车领域实行自主车企和跨国公司的战略合作与结盟，实现创新资源与核心技术共享，着力提升自主创新能力，培育自主知识产权和自主标准体系，抢占新能源这个汽车行业未来的战略制高点，将新能源汽车产业发展成为我国真正具有国际竞争力的优势产业。

2014年，已经是易车网、车和家、摩拜等多家公司创始人或投资人的李斌被问道："你已经在互联网领域成绩显著，如何才能创造更大价值？"于是，李斌开始实践深藏心中多年的造车梦。投资方也堪称豪华天团：不仅有BAT（百度、阿里巴巴、腾讯）、京东等互联网巨头，还有高瓴资本、红杉资本、淡马锡、IDG资本等一线机构以及部分国有资本。

2. 蔚来汽车的发展

在团队搭建方面，蔚来官网列出了几位主要高管的履历：联合总裁马丁·里奇（Martin Leach）曾是玛莎拉蒂全球CEO（首席执行官）、福特欧洲总裁、马自达全球董事总经理；首席发展官、北美公司CEO伍丝丽（Padmasree Warrior）担任过思科全球首席技术与发展官、摩托罗拉首席技术官，目前她还是微软、自动驾驶行为分析公司Zendrive的董事会成员；秦力宏当过奇瑞销售公司副总、龙湖地产执行董事兼首席市场官；另一位联合创始人、公司执行副总裁郑显聪，此前的经历是玛涅蒂马瑞利中国区总裁和菲亚特中国董事长兼总裁、菲亚特克莱斯勒亚太区副总裁和菲亚特金融公司董事长。有关具体板块方面，万宝龙前中国区董事长陆晓明加盟，掌管蔚来的用户体验；江铃执行副总裁钟万里和来自宝马的一位全球高管将具体负责制造环节；特斯拉前首席信息官Ganesh V. Lyer 2017年4月履新蔚来，他曾是特斯拉构建ERP系统的领袖级人物。另外，前广汽集团副总蒋平、原上汽集团新能源事业部副总经理黄晨东、原观致汽车采购和人力资源及政府事务执行总监周欣以及原观致汽车车辆总成执行总监毛杰（Roger Malkusson）等一杆行业内实力派"选手"均被蔚来收入麾下。公司实行管理扁平化，每个领袖由一位VP（泛指所有高层副级人物）和公司项目管理团队直接负责，李斌参与所有重要决策。

蔚来研发团队位于圣何塞、慕尼黑、伦敦、上海、北京、香港、南京、合肥多地，以整合全球资源为基本理念。全球超过1 000名员工包括中国的超过200名软件工程师，美国圣何塞超过400名数字架构、汽车智能和无人驾驶相关工程师及德国慕尼黑超过130名汽车造型设计师。慕尼黑：蔚来全球设计中心；伦敦：蔚来全球极限性能研发中心、蔚来车队总部；北京：蔚来全球软件研发中心；上海：蔚来全球总部、全球量产车研发中心；南京：蔚来电驱动系统制造基地、蔚来整车试制线；合肥：蔚来整车制造技术基地；圣何塞：蔚来全球自动驾驶研发中心、北美总部。

2018年，蔚来第二工厂完成选址，落户在上海嘉定外冈镇，规划土地800亩（1亩≈666.67平方米）左右。2016年4月，蔚来与江淮达成战略合作协议，双方将全面推进新能源汽车、智能网联汽车产业链合作，预计整体合作规模约100亿元。第一工厂是蔚来与江淮联合打造的制造基地并已经在合肥落地，生产线已经跑通，进入大规模量产前的测试阶段。另外，蔚来还与湖北省达成过战略合作，目标是在武汉建成智能化新能源汽车的整车生产基地。有与广汽集团公司及全资子公司广汽新能源汽车有限公司合作，共同出资设立广汽蔚来新能源汽车有限科技公司。

4S店服务模式上,蔚来汽车是做了勇敢的尝试,把传统的4S店和汽车服务完全打碎,重新构建出另一套适用于全新的电动汽车服务体系。这个创新是值得鼓励的,这个体系是套什么样的体系呢?把充电桩、换电站、充电车、电池、ES8、蔚来专员和用户连接成一个智慧的能源互联网"能源云"来实现这套特殊的服务体系,除此之外,蔚来的服务云也会把蔚来中心、维修中心、交付中心、服务车、ES8、蔚来专员和用户连接成一个智慧的服务互联网,做到"一键维保"。然而,这套系统的实际运作效率还是有待确认。

尽管蔚来汽车生产基地在紧锣密鼓地进行中,但对于用户交付日期一延再延。2018年6月23日,面对如饥似渴的准车主们,李斌在直播中再次将交付日期延后至6月28日。值得庆幸的是,这一次他没有食言。截至8月28日,蔚来已经生产了2 200台蔚来ES8,交付了1 381台蔚来ES8,还有15 761台ES8订单等待交付。这个时机产能恐怕与当初的预期和承诺相距还甚远。蔚来合肥工厂每小时可生产3台至5台车,每天开工8~10小时,目标是将月产能提升至4 500台。据从参观过江淮蔚来工厂人士那里获悉,截至6月15日,工厂当月产能为229台,目标产能为841台,目前正处于产能爬坡阶段。何时能突破产能瓶颈依旧是个未知数。另外,蔚来作为一家定位高端电动车的车企,其合作伙伴江淮汽车在业内属于低端制造汽车商,这让用户不禁忧虑其能否保证高质量的组装制造。

2017年12月16日,蔚来汽车首款量产SUV车型蔚来ES8正式上市。动力配置方面,ES8搭载前后双电机,最大输出功率480千瓦(650马力),最大扭矩840牛·米,百公里加速4.4秒。全系标配最新一代主动式空气悬挂,搭载70千瓦时液冷恒温电池组,60公里/小时等速最大续航里程超过500公里,NEDC综合工况355公里。按理说,这样的性能,别说市内通勤、郊区出游,京津、广深之类双城往返也不在话下。但是实际情况真的是如此吗?前不久,有媒体报道蔚来ES8在高速状态下的续航里程仅为226公里,蔚来ES8在续航里程方面的问题也慢慢显露出来。

怀揣美好的愿景,就能赢得核心竞争力,并践行企业社会责任吗?显然,光有愿景远远还不够。我们认为,一家知名企业除了核心竞争力外,还应该承担企业的社会责任。核心竞争力与社会责任相互融合,得到良性的运营和发展,企业才有能力去长期实践社会责任的各种承诺。作为一家汽车企业,最基础的使命和企业社会责任首先是安全,其次是诚信和可靠。只有兑现了这些,才能在此基础上构建起企业在市场的核心竞争力,而蔚来目前在性能、安全、交付、续航服务方面的表现使其免不了地被质疑。所以,虽然具有先天的各类优势,但是蔚来若要真正达成其蔚蓝天空的企业愿景,还要在车辆设计和安全验证、制造交付能力提升、充电续航服务建设方面改善加强。蔚蓝之路任重道远。

资料来源:

[1] 郑元春,李斌. 聚焦蔚来的未来[N]. 新能源汽车报,2017-02-20(12).

[2] 任怡. 李斌的汽车理想国[J]. 企业观察家,2017(2):36-39.

[3] 刘丽鸣. 蔚来汽车:并非颠覆 互联网造车将重塑汽车产业[J]. 汽车纵横,2016(8):30-35.

案例讨论

1. 通过以上材料,你对蔚来汽车的发展之路有何认识?蔚来汽车在发展过程中出现了哪些问题?

2. 继续挖掘最新的文献,从管理职能的角度分析蔚来汽车出现的问题。

延伸阅读文献

1. 尤建新,陈守明,赵红丹,等. 高级管理学[M]. 3版. 北京:清华大学出版社,2019.

2. 周三多,陈传明,鲁明泓. 管理学——原理与方法[M]. 上海:复旦大学出版社,2011.

第2章 组织环境与管理

 故事引导

"经营之神"的环境观

松下幸之助（日语：まつした こうのすけ；英文名：Konosuke Matsushita；1894 年 11 月 27 日—1989 年 4 月 27 日），是日本著名跨国公司"松下电器"的创始人，被人称为"经营之神"。他首创了"终身雇佣制""年功序列"等日本企业的管理制度，在他的领导下，松下发展成为一个著名的跨国性公司，在全世界设有 230 多家公司，员工总数超过 290 493 人，发展品牌产品涉及家电、数码视听电子、办公产品、航空等诸多领域而享誉全球，企业品牌跃入世界品牌 500 强排行榜。

当有人问松下公司的总裁松下幸之助有什么经营秘诀时，他说："没有别的，看到下雨了，就要打伞。只不过是顺应天地自然的规律去工作而已。"言简意赅的话道出了松下的环境观。

2.1 组织的环境问题

组织环境是一个组织生存发展必须关注的因素，有时甚至攸关组织的生死存亡。特别是在当今的全球化市场经济环境下，科学技术日新月异，大多数行业逐渐从卖方市场转变为买方市场，新兴企业如雨后春笋般不断涌现，企业所面临的组织环境更加复杂和不稳定。这使得越来越多的管理学研究者把目光转向对组织环境的研究。本章对这些相关的组织环境理论进行了综述，主要分为组织环境的概念和组成及组织与环境的关系两个部分。另外，本章所指组织主要是企业组织，组织环境主要是组织所面临的外部环境。

组织环境是一个组织生存的外部条件。在当代，由于全球化的影响，组织赖以生存的外部环境越来越趋于多变、剧变，因此管理者必须非常重视对环境因素的了解和认识。现代管理一般将组织的环境分为自然环境和社会环境。

2.1.1 自然环境

自然环境是组织存在和发展的各种自然条件的总和。其包括矿产、空气、水等自然资源，以及地理位置、地质地貌、气候等因素。这些自然条件主要是组织所存在的地理位置以及这一地理位置上的地形、气候、土壤、山林、水源、动植物、陆地和水中的矿藏等自然物，这些自然物相互联系和作用，组成了整体性的结构。

自然环境是自然界的一个特定部分，从这点上说，它是独立于人的客观存在。但是作

为组织的自然环境，它又总是与人的某种社会活动相联系，是人类各种社会活动，特别是生产活动的物质基础和物质资料的来源。在劳动过程中，人和自然是同时起作用的，随着社会生产力和科学技术的进步，越来越多的自然物进入了人的实践活动范围，成为组织管理的环境因素。

自然环境主要决定组织的资源优势或劣势，组织可以根据自然环境的特点，趋其利而避其劣。例如海湾国家利用其石油资源优势进行发展。自然环境不仅对矿业公司、农场、水运企业至关重要，而且对某些制造业及服务业也很重要。

自然环境对组织环境发展的影响是显著的（dramatic），下面从环境自身属性或其相关角度分三个方面对这种影响进行说明。

一是某些自然资源短缺或即将短缺。地球上的资源包括无限资源、可再生有限资源和不可再生资源。目前，这些资源不同程度上都出现了危机：①无限资源，如空气和水等。从总体上讲是取之不尽、用之不竭的，但污染问题严重，亟待解决。此外，近几十年来，世界各国尤其是城市用水量增加很快（估计世界用水量每 20 年增加一倍），与此同时，世界各地水资源分布不均，而且各年和各季节的情况也不相同，所以目前世界上许多国家和城市面临缺水问题。随着中国城市化的发展，北京、天津和济南等 300 多个城市也开始为水资源不足的问题所困扰。②可再生有限资源，如森林、粮食等。中国森林覆盖率低，仅占国土面积的 12%，人均森林面积只有 0.8 亩，大大低于世界人均森林面积 3.5 亩。③不可再生资源，如石油、煤和金属等矿物。由于这类资源不可再生，所以普遍面临供不应求或在一段时期内供不应求的问题，必须寻找代用品。在这种情况下，需要研究与开发新的资源和原料，这就给某些企业带来了新的市场机会。例如，在中国西北部建设太阳能发电基地，开辟一条"电力丝绸之路"；在内蒙古推广风力发电，充分利用了草原上丰富的风力资源。

二是环境污染日益严重。在许多国家，随着工业化和城市化的发展，环境污染程度日益增加，公众对环境问题越来越关心，政府也开始对污染问题采取积极的应对措施。这对于那些造成环境污染的行业和企业就成为一种环境威胁，它们在社会舆论压力和政府的干预（intervention）下，不得不采取措施控制污染，而这势必会增加它们的生产成本；另外，这给控制污染、研究和开发环保设备的行业与企业带来了新的市场机会。例如，中国火力发电站排放的二氧化硫会导致酸雨的形成，为减少发电带来的环境污染，这些发电站需要安装脱硫装置，从排放的浓烟中除去硫成分。显然这对于一些生产环保装置的企业来说是个好消息，在拥有大约 2 000 个火力发电站的中国，脱硫装置市场大有潜力可挖。

三是政府对自然资源管理的干预日益加强。随着经济发展和科学进步，许多国家的政府对自然资源管理加强了干预。但是，政府为了社会利益和长远利益对自然资源管理进行的干预，往往与企业的经营战略和经济利益相矛盾。例如，为了控制污染，企业必须购置昂贵的环保设备，这样就可能影响到企业的经济效益。中国最大的污染制造者之一是工厂，如果政府按照法律规定的污染标准严格控制污染，有些工厂就要关、停、转，这样就可能影响一部分人的就业，但同时也创造了新的发展机会。

所以说，自然环境对组织环境的影响可以说是双重的，既对组织造成环境威胁，又给组织带来市场机会。

2.1.2 社会环境

组织的社会环境是与组织有关的各种社会关系的总和，它主要是由经济环境、政治环境和文化环境组成的。

（1）经济环境。经济环境的主要因素是市场状况、经济状况及竞争势态等，市场因素是商品经济条件下企业最为关注的环境因素。

（2）政治环境。政治环境对组织的影响是极其深刻的。政治局面稳定性、政治制度及经济管理体制状况、法律及政策状况等都是企业极其关注的环境因素。

（3）文化环境。文化是一个极其广泛的概念，这里主要是指教育、科技、道德、心理习惯以及人们的价值观与道德水准等影响着组织系统的各种文化条件的总体，人们称为文化环境。

下面介绍组织环境分析的两种主要理论。

1. 波特五力模型

波特五力模型是迈克尔·波特（Michael Porter）于 20 世纪 80 年代初提出的，他认为行业中存在五种决定竞争规模和程度的力量，这五种力量综合起来影响着行业的吸引力。五种力量分别为进入/退出壁垒、替代品竞争能力、客户讨价还价能力、供应商讨价还价能力以及现存竞争者之间的竞争，它们之间相互作用的关系，如图 2-1 所示。

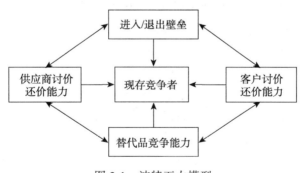

图 2-1 波特五力模型

2. PEST 分析

PEST 分析模型是美国学者 John G.和 Scholes K.于 1999 年提出的，是一种企业所处宏观环境的分析模型。所谓 PEST 即 political（政治）、economic（经济）、social（社会）和 technological（科技）。以上各因素的具体构成及相互关系，如图 2-2 所示。

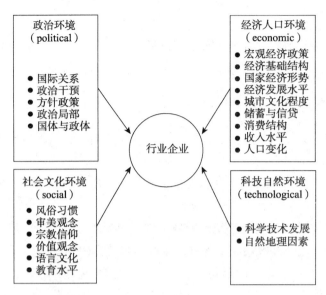

图 2-2 PEST 分析法

下面分别说明 PEST 分析模型中各环境因素对组织的影响。

（1）政治因素。对企业有影响的政治因素主要有国家的政治制度、权力机构、政府颁布的方针政策和政治形势以及国家与地方的法律、法规、法令等。以"营业税改征增值税"这一政策对广告设计公司的影响为例，"营改增"降低了广告设计服务企业的流转税费负担，改善了税制环境。同时，为了能够把握住"营改增"税收政策本身所提供的税收优惠，企业调整自身的经营结构与方式，采用业务模块拆分经营等多种方式进行纳税筹划。此外，"营改增"对企业经营策略的影响也较大，尤其是在企业服务定价、目标客户定位等方面。

（2）经济因素。经济环境是指构成企业生存和发展的社会经济状况及国家的经济政策。组织作为整个社会经济系统中的一个子系统，它的人、财、物和产供销活动，每时每刻都与外界经济环境有着紧密联系。影响组织的经济环境因素有经济发展状况、消费状况、投资状况、对外贸易状况四个方面。经济发展状况反映了一个国家经济发展的总体水平；消费状况反映了消费者的购买力与消费需求水平，由于需求与供给相互影响，消费者需求水平的变动将会影响企业供给的变动；投资是以盈利为目的而将国民收入转移为资本的过程，投资规模的扩大将促进企业的生产；对外贸易目前已成为各国国民经济增长的重要动力，为了应对经济全球化的形势，各企业必定会改进企业的战略以获取全球化的优势并躲避风险。例如，通货膨胀对保险业的发展具有重大影响。就短期而言，通货膨胀改变人们对未来的盈利预期，也会导致货币购买力下降，所以会促进人们对保险的需求。尽管如此，但就长期而言，通货膨胀将对保险公司资产负债管理造成较大压力。中国保险公司资产主要以货币资产和资本市场金融资产为主，实物资产较少，故通货膨胀会造成资产贬值严重。国家为治理通货膨胀，会采取调节税收、利率等手段，这也会对以非实物资产为主的企业造成较大的冲击。另外，通货膨胀将导致保险公司经营成本的增加。因为通货膨胀表现为一般物价水平的上涨，从而推动工资上涨，而工资下调具有一定的刚性，使得保险公司在较长时期内面临人力成本的增加。不仅仅保险公司，其他公司都将面临这一问题。

（3）社会因素。社会环境是指组织所在社会中成员的民族特征、文化传统、价值观念、宗教信仰、教育水平以及风俗习惯等。构成社会环境的要素包括人口规模、年龄结构、种族结构、收入分布、消费结构和水平、人口流动性等。其中人口规模直接影响着一个国家或地区市场的容量，年龄结构则决定消费品的种类及推广方式。

每一个社会都有其核心价值观，它们常常具有高度的持续性，这些价值观和文化传统是历史的沉淀，通过家庭繁衍和社会教育而传播延续，因此具有相当的稳定性。而一些次价值观则是比较容易改变的。每一种文化都是由许多亚文化组成的，它们由共同语言、共同价值观念体系及共同生活经验或生活环境的群体所构成，不同的群体有不同的社会态度、爱好和行为，从而表现出不同的市场需求和不同的消费行为。

不同的国家之间有人文的差异，不同的民族之间同样有差异。中国是多民族国家，虽同是中华民族但存在着较大的人文差异，如藏族的生活方式和藏传佛教的宗教色彩联系紧密，牛是藏族的吉祥动物，在西藏地区的越野车辆市场中日本丰田越野车占据着绝对的市场份额，原因是其标识形似牛头，因而广受藏族人民的欢迎。可见文化对于企业产品销售的影响有时是巨大的。

（4）科技因素。科学技术对企业的影响在任何一个时代都是显而易见的。20世纪计算机技术的发展引起了一次全球范围内的产业革命，微观上对各企业的影响自然不言而喻。近几年来大数据、"互联网+"等依托于信息技术的概念兴起，对众多传统产业进行了颠覆式的再造。互联网思维的观念开始深入人心。李海舰等（2014）提出互联网思维包括三个层次。一是互联网精神，即开放、平等、协作、共享。二是互联网理念，虚拟与实体对接、不局限于传统的时空限制，追求极致化、模块化、个人帝国主义、利用大众力量，以免费的模式增值、关注用户体验。三是互联网经济，分三个层面，交易技术层面：长尾理论；交易结构层面：市场均衡理论；交易绩效层面：消费者主权论。

作为"互联网思维"企业的典型代表小米公司具有如下特点：①公司的核心业务只有产品研发和用户沟通两块，公司有1 600人的研发队伍，2 500人7×24小时的客户服务，围绕用户需求进行产品研发，把用户做成粉丝（米粉），让用户主导产品的创意设计和品牌推广。②自身没有工厂，其部件生产和组装选择全世界范围内质量最好、成本最低的工厂合作，因而产品质高、价低，也即人们所说的小米手机拥有极高性价比。③没有实体店铺，采用互联网的电商直销模式，没有渠道成本，运营效率极高。从现在的情况来看，小米公司这种借鉴了互联网思维的发展模式取得了成功。

2.2 组织环境的概念和理论发展

2.2.1 组织环境的概念

所谓环境，对于一个组织而言，就是指对组织绩效起着潜在影响的外部系统或力量。

也有人将环境描述为"从整个宇宙中减去代表组织的那一部分后余下的部分"。

从系统的思想来看,任何组织都是一个开放系统,与外部大系统——环境之间是相互联系、相互作用的。环境向组织输入,组织又向环境输出(财富,包括产品和服务等)。这些输入和输出带来了环境对组织的影响,又带去了组织对环境的作用。这种组织与环境之间的相互联系和相互作用是极为密切的。因此,组织的管理活动必须考虑其环境问题,并向积极的方向努力。用系统的语言来描述:一个开放系统是由输入、转换过程和输出三部分组成的。

1. 输入

作为一个开放系统,组织从环境中获得各种输入,通常谈得较多的是人力资源、资金、物业、土地、政治体制与政策、人文与科技知识、信息等。

人力资源是实现组织目标、实施管理决策的重要输入,为了提高这一输入的质量,管理者必须重视对人力资源的管理并给予激励,使其为组织目标的实现作出更大贡献,同时也吸引更优秀的人才加入组织的大家庭。

资金是为组织运作而投入的财力,是组织运作必需的重要输入。资金之来源通常有两种:组织的所有者和非所有者。所有者为增加他们在组织中的股份或权益而投入资金,而非所有者则通过借贷或捐赠向组织投入资金。管理者必须清醒认识到,无论是哪种资金来源,投入后回报是必须的,管理的目的是要实现投入的高回报。

物业和土地是一种固定的输入,不能被任意移动。当组织拥有物业和土地时,组织就不必为使用物业和土地而支付租金。而物业和土地不为组织所拥有时,组织就要因使用物业或土地而支付租金,或者对物业或土地有所投资。这就产生了机会成本。所以,拥有物业和土地的组织必须认真看待物业和土地的输入,管理者必须具有机会成本的概念,特别是政府机构,不能因为是无偿使用物业就忽视了机会成本的存在。

政治体制与政策对于组织的运行有着极大的影响,不仅有着行为规范的作用,还影响着其他资源的价值变化。例如,2007年至2008年中国政府采取的从紧的货币政策对于许多房地产开发商而言,产生了极大的压力。

人文与科技知识对于组织的积极影响是不可忽视的。这方面的输入如果没有被重视和得到有效的管理,组织将会停滞不前,落伍于时代的发展,并失去竞争力。

信息是另一种类型的输入。信息来自组织外部的社会、经济、政治、科技、军事等环境,对于组织的管理决策和运作是十分必要的。当组织的运作缺少环境信息的支持时,管理者将成为聋人、瞎人,追求有效管理将寸步难行。

环境对于组织的输入还有更多,难以一一列举。组织的管理活动必须对环境的输入有充分的认识和深入分析,这些输入对于组织的生存和发展而言是至关重要的,尤其是对于环境发生的变化,组织应该有很强的反应能力。在"全球化"众多的热点中,一个很关键的问题是:我们的组织准备好了吗?这不只是对企业提出的问题,对于政府或更广泛意义上的公共组织而言可能更为迫切。

2. 过程

所谓过程，就是将输入转化为输出的活动。如果没有这一转化过程，输入还将是输入（这在实践上已经是不可能的了）。由于组织的性质不同，其过程会有很大差别。就企业而言，服务业与制造业的过程就截然不同；企业内部的各职能之间的过程也有着天壤之别。过程的思想已越来越引起人们的关注，这是 2000 版 ISO 9000 族质量管理标准在修订时所依据的重要思想和方法之一。

组织的管理活动本身是一个过程，其所管理的对象也是一个又一个的过程。所以，过程设计与控制是管理活动的重要内容。

3. 输出

输出是组织向环境提供的产品、服务及其财富。这种输出也许环境很乐意接受，但也可能有不满意。无论是满意还是不满意，这一反馈信息应当是对组织输入的一部分，如果组织忽视了这方面反馈的信息输入，可能会犯致命的错误。

组织的产生源于社会的需要，所以其输出应该让大众满意，获得社会认同。组织的许多输出与其输入几乎同时发生，例如，资源使用的有效性不仅体现于组织输入环节，也是组织输出的重要内容。

组织的输出与组织目标的一致性（consensus）程度反映了组织管理活动的绩效水平。因而，管理职能的重要任务是努力使组织的输出与其目标相一致。

2.2.2 组织环境的理论发展

环境与组织的相互作用集中体现在组织为适应环境而选择某种战略或组织主动用自身的战略来影响环境，因而围绕着环境与组织战略对绩效的影响程度究竟是环境的选择性为主导还是战略的主动适应性为主导的争议诞生了众多的管理理论流派，根据对这一问题的不同看法，可以将战略管理学派分成三组：第一组强调环境对战略的决定作用；第二组看重战略对环境的影响作用；第三组可以认为是前面观点的综合，它代表了目前最新的研究方向，即认为环境与战略之间不是单向的决定关系，而是存在双向复杂的协同演进关系。

1. 强调环境对组织战略决定作用的理论流派

这部分主要包括以下流派：种群生态学派、制度学派和权变理论（contingency theory）学派。虽然以上各流派在环境对战略决定程度上的看法不同，但其都认可在环境与战略关系上，环境起着主导作用，因此组织战略更多地应关注如何适应环境的发展及变化。以下分别介绍各学派的观点及认识。

1）种群生态学派

种群生态理论秉承达尔文的自然选择观点，着眼于整个组织群体或产业，强调环境对企业的残酷选择。对其有突出贡献者是 Harman 和 Freeman，他们强调了细分生存空间的重要作用，认为主观战略决策对企业存亡具有很小作用或根本不具有作用，环境通过资源的稀缺性和优胜劣汰原则来完成对组织群体的选择过程，任何试图通过组织再造来提高生存概率的努力都是徒劳的，甚至起到反作用而降低组织整体的生存概率。作为一个极端的认识，种群生态理论认为组织战略管理好坏对企业发展没有任何差别。退一步讲，组织最优的战略就是专注特定生存空间，并最优化其效率以祈求一个好的结果。组织只能适应环境而无法影响和改变环境。

2）制度学派

在制度学派看来，企业面对两种不同的环境，即技术环境和制度环境。技术环境要求组织有效率，按最大化原则组织生产，而制度环境则要求组织服从（obedience）"合法性"的机制，参照现行的社会构架系统所接受的组织形式和做法，而不管这些形式是否有助于提高组织的运作效率，这是造成组织趋同的原因所在。

制度学派并不是一个严格的、内部观点统一的经济学派。它只是一个笼统的称呼，被用来概括若干在理论、方法和政策主张方面有所相似的经济学家及其理论。这些经济学家指出自由市场经济制度并非是完美无缺的。制度学派以研究"制度"而得名，根据凡勃伦的定义，制度是"广泛存在的社会习惯"，其本身有着进化的过程。因此，制度学派所研究的内容，在经济的市场的因素之外，还包括法律的、社会的、伦理的、历史的各种因素。它们更强调非市场因素，强调制度分析方法或结构分析方法、历史分析方法和社会文化分析方法。它们主张国家对经济进行调节，以克服市场经济所造成的弊端和缺陷。Abrahamson和Fombrum（1994）强调在相同环境下所产生的"宏观文化"对组织的影响是不容忽视的，它极易产生一种群体思维（groupthink）定式，致使组织采取相似的战略决策。对于企业战略，制度学派和新制度学派暗示企业只能采取快速跟进战略，通过不断适应变化的外部环境来寻求生存和发展。

3）权变理论学派

同样是强调组织对环境的依赖性（dependence）和环境条件是组织形式的重要决定因素，权变理论认为战略管理的任务就是让组织更好地与环境相匹配。该流派强调组织对环境的适应性反应，而忽略组织对环境的影响力。认为对环境的良好反应依赖于企业高层管理者对环境的正确认知。所以，有效的战略取决于组织领导者对环境的估计和采取相应的措施。

权变理论一般的含义是在管理中没有一成不变的、普遍适用的、最好的办法，而是应该根据管理对象所处的环境和条件变化而变换相应管理手段与方式，如在高校的学科建设管理中，从纵向来看，学校要适应与社会、主管部门以及校内各院系、处之间的关系；从横向来看，它包含了高校行政、教科研、人事、财务、图书实验设备管理等各分项的管理，这些要素总是处于不断变化中。

因此，在学科建设管理中需要基于组织和环境的特点来确定组织目标、调整组织结构、协调组织活动来适应环境。而要想改变学科建设的外部环境是很困难的，所以管理者需要通过协调内部系统以适应外部环境。例如，在学科发展规划与社会发展的关系处理上，学科规划的目的在于面向社会的需要，此时需要根据社会不断变化的人才和技术需求，针对性地选择和改变重点发展的学科群,同时根据学校的资源现状、发展趋势以及本校运作能力等,在不同阶段选择相适应的学科进行发展。

2. 强调组织战略对环境影响力的理论流派

相对于前面强调环境对组织的选择作用,以下几个流派主要从企业内部出发,侧重于企业自身的管理和行为选择,它们共同的特点是认为在环境与战略的选择适应过程中,组织不是被动地采取适应性反应,而是在相当程度上可以通过主观的战略行为来抵御外界的变化,并且影响环境,进而改变所处环境以求得更有利的地位。强调组织战略主动性的理论主要包括战略选择理论、企业行为理论(behavior theory)和资源基础理论。

1)战略选择理论

战略选择理论最早由 Child(1972)提出,Child 认为组织有机会和能力去重新塑造环境以满足其自身的目标。该理论强调经理行为的主动性和自发性,以及对组织环境的再造能力,认为组织战略对组织环境具有很大的影响力。因此企业可以考虑采用多种战略,通过与外部环境的相互影响来为组织谋求最有力的发展空间。

国内知名家电零售连锁企业国美就是采用不同战略的优化组合来实现企业成长的。美国战略管理学家迈克尔·波特认为,企业要获得竞争优势,要靠两种途径:一种是在行业中处于最低成本的地位,另一种是具有与众不同的产品和服务。再与企业的市场广泛程度结合就形成了三种一般竞争战略,即低成本战略、差异化战略和集中化战略。现在的竞争战略理论,除了三种基本形式,还有混合战略,即低成本与差异化的结合。国美目前采用的是以低成本战略为主、差异化战略为辅的混合战略。

2)企业行为理论

企业行为理论强调组织会通过各种方式主动地影响环境。这个流派的代表学者是 Cyert 和 March,他们认为企业经理会不断地调整资源分配以平衡各干系人的要求,并试图最大化其个人目标。为达到此目的,经理将努力通过改变环境来避免不确定性,寻求较为满意的战略决策,以达到行业平均绩效来谋求稳定地位。该流派认为组织中冗余资源的存在可以缓解环境对组织的冲击。对创新而言,冗余资源是必要而非充分条件。企业创新主要取决于组织对冗余资源的控制和利用,以及从战略层面是否将这些资源用于创新和发现新机会。因此,组织的生存发展与企业规模、冗余资源存量及其分配直接相关。

3)资源基础理论

资源基础理论视企业为各种资源的集合体,包括有形、无形资源以及各种隐性知识,它们共同作用创造出企业优良的绩效。组织的竞争优势源于组织在资源占有及运用能力方面的差异性,所以组织战略的重点应该是努力通过投资不可模仿的独特能力,即通过核心竞争力的建立来维持企业的竞争优势。组织战略的核心应该是最大限度地进行知识创造和整合,而企业经理需要为知识创造提供全方位的支持和协助,包括建立所需的外围网络关系。组织设计和管理应该同时兼顾企业学习能力培养与保持其特有的知识能力。

资源论的假设是:企业具有不同的有形资源和无形资源,这些资源可转变成独特的能力；资源在企业间是不可流动且难以复制的；这些独特的资源与能力是企业持久竞争优势的源泉。

应用资源基础理论较为典型的行业是会计业和建筑业，这里以会计业中的会计师事务所为例进行说明。对于这一类密集型行业，最重要的四大竞争优势（最需要占有的资源）是人力资本、品牌声誉、组织能力和规模。四大会计师事务所安永、德勤、毕马威、普华永道之所以能够在行业内一直占据着领先地位，就是因为它们拥有小型会计师事务所没有的资源——它们几乎拥有会计行业最顶尖的人才、多年积累下来的企业招牌、行业内的人脉基础及庞大的规模。而且四大会计师事务所成立之初都由国家扶助，拥有大量行政性的市场，这些资源是现在成立的会计师事务所没有的。如今四大会计师事务所更是互相竞争，企图掠夺拥有更多的资源，从而使本企业处于更有利的地位。

3. 组织环境与组织战略协同演进

这里需要特别提到的是目前环境与战略关系研究的两个前沿学派：组织学习理论与商业生态系统理论。一方面，它们为环境与战略协同演进研究提供了必要的理论支撑和方法指引；另一方面，各种研究特别是实证研究又反过来对这些理论的丰富和发展起到了重要作用。

1）组织学习理论

Argyris 和 Schon（1978）将组织学习定义为："诊断和改正组织错误。" 1985 年 Fiol 和 Lyles 对"学习"做了更为准确的定义，"通过汲取更好的知识，并加深理解，从而提高行动的过程"。组织学习理论强调为适应环境，企业必须具备一些独特的学习和再学习能力。它看重组织学习在组织发展（organization development），特别是从过去行为到将来行动之间的桥梁作用，认为组织学习过程既体现了对环境的被动适应性，又在一定程度上表现了组织对环境的能动性，即组织可利用其行为来影响环境从而使组织与环境之间达到更好的匹配。更进一步，March 指出组织在资源约束下需要不断平衡面向未来的探索性和强化现有竞争优势的渐进性两种不同的创新形式，以达到有效学习之目的。当然，这些学习方式并非都是相互排斥的，也有可能存在互补关系。

在中国影响了千家万户的阿里巴巴集团就是组织学习的一个很好的例子。在阿里巴巴集团，人被视为最宝贵的财富。如何将每一位阿里人的个人能力成长融为持续的组织创新实践、集体文化传承，是对阿里巴巴集团建立学习型组织的最基础要求。因此，与20多年阿里成长历程伴生的，是一个坚持"知行合一"的学习体系。阿里巴巴集团学习体系分为四个部分：新人系、专业系、管理系以及在线学习平台，对于面临不同业务需求处于不同业务级别的员工进行有针对性的组织学习培训。新人培训自然是面向所有新进员工的，主要目的是传递阿里的核心价值观。专业培训则面向各种有不同业务技能需求的员工，包括运营大学、产品大学、技术大学及罗汉堂四种形式，前三种分别面向处在运营岗、产品经理岗、技术岗的员工，而罗汉堂则是阿里巴巴集团一线且入职在3年以内员工的通用能力培养基地。管理培训面向的就是管理者了，包括"侠客行""湖畔学院"及行动学习"管理三板斧"三种形式。最后阿里学习平台为全体阿里人提供了内部学习和交流的平台。

2）商业生态系统理论

James F. Moore（1993）在《哈佛商业评论》上发表了文章 Predators and Prey: A New Ecology of Competition。在这篇文章中，他首次提出商业生态系统的概念。1996年，他写了《竞争的衰亡：商业生态系统时代的领导与战略》一书，详细阐述了他的商业生态系统理论。商业生态系统理论的新观点主要是：①用商业生态系统来描述组织所处的环境；②任何一个企业都应与其所处环境（商业生态系统）"共同进化"，而不只是竞争、合作或单个企业的进化。显然，"共同进化"是该理论的核心，这一观点超越了对企业之间只是"合作竞争"这一关系的认识。

美国麻省剑桥大学的 James F. Moore（1993）首次系统而又科学地提出了"商业生态系统"的概念，"商业生态系统是以组织和个人的相互作用为基础的经济联合体，……其成员除企业自身外，还包括消费者、主要生产者、竞争者以及其他的风险承担者"。后来，Moore（1998）又进一步强调了商业生态系统的动态性和共生性，完善了商业生态系统的内涵，将其定义为"由相互支持的组织构成的延伸的系统，是消费者、供应商、主要生产者、其他的风险承担者、金融机构、贸易团体、工会、政府以及类似政府的组织等的集合。这些集群以特有的自发性、高度的自组织以及某种偶然的形式聚集到一起"。

Mirva Peltoniemil 和 Elisa Vuori（2004）认为商业生态系统兼有生物生态系统、经济系统、复杂适应系统的特点，并在此基础上给出了一个更完整的定义："所谓商业生态系统，就是由具有一定关联的组织组成的一个动态结构系统，这些组织可能是企业、高校、研究机构、社会公共服务机构及其他各类与系统有关的组织。"

在国内，陆玲（1995）提出了"企业生态链"等概念，并利用"企业群落"特征，使用"企业生态对策"，制定企业竞争战略。就其内容而言，此文所论述的即商业生态系统理论。范保群等（2005）将"商业生态系统"定义为以组织和个人（商业世界中的有机体）的相互作用为基础的经济联合体，是客户、供应商、主要生产厂家以及其他有关人员相互配合以生产商品和服务为目的组成的群体。商业生态系统结构，如图2-3所示。

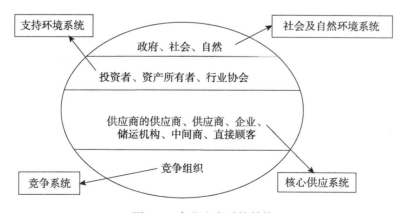

图 2-3　商业生态系统结构

资料来源：潘剑英，王重鸣. 商业生态系统理论模型回顾与研究展望[J]. 外国经济与管理，2012，34（9）：51-58.

从图 2-3 可以看出，商业生态系统由核心企业、扩展的企业以及相关社会组织及其他成员构成。在商业生态系统中，核心企业生产制造对顾客有价值的产品和服务，顾客、供应商、其他生产者、竞争者和其他风险承担者等组成成员是商业生态系统的参与者及获益者。在商业生态系统中，核心企业起领袖作用，它的战略规定和制约着整个商业生态系统的发展方向。为了更清楚地了解商业生态系统的结构与功能，可以将商业生态系统模型分解为核心供应链系统、支持环境系统、竞争系统以及社会自然环境系统几个部分。

目前网络团购吸引了大量的企业和消费者，呈现出比较明显的生态集群特征。整个行业不仅囊括团购平台、商家和消费者三大主体，还有金融机构、物流企业、网络服务提供商、软件制造商、支付机构等参与方。网络团购的这种以网络团购平台为核心，大量其他的企业和机构超越空间界限，通过网络相互协调、相互支撑以满足消费者的最终价值为导向进行相关的信息交换、资源共享和价值分配的现象呈现出一个完整商业生态系统的明显特征。在整个商业生态系统中，资金为自然生态系统的能量，消费者为能量生产者。团购平台（如糯米网等）是整个系统内部信息传播和能量分配的核心，它从消费者手中收取相应的能量（资金），并按照一定的分配原则向其他的参与者进行分配，故团购平台为初级能量消费者。商家、支付机构、提供服务的网络商（如提供位置推荐的百度地图等）等从团购平台获取能量，并继续分配给下一层的消费者，故它们为次级能量消费者。三级能量消费者为物流商以及为各次级能量消费者提供支撑服务的机构等。在商业生态系统中，能量流和信息流的通畅对促进网络团购各参与者资源共享、实现协同效应（synergy）有着重要的作用。

再以丰田公司为例进行说明。丰田公司为与全球汽车制造商竞争，采用了创新共生战略，也即以自己为核心构建起一个商业生态系统。丰田公司创新共生战略就是丰田公司以满足顾客需求为企业宗旨，整合利用全球各相关企业的互补性资源，利用价值链理论重新审视企业的业务流程。对投资、研发、供应、生产、组装、销售和服务在全球范围内进行优化配置，以此降低成本，提升质量，不断创新，改变了传统企业与上下游企业之间的互动着重关注议价情况的模式，同时也与其他汽车制造商（如美国通用汽车公司）广泛地开展合作，形成了共同进化的良好企业集群形态，最终实现各结点企业的共赢。

2.3 组织环境的影响与管理对策

2.3.1 组织宏观环境的影响与管理对策

任何组织都必定要和环境相互发生影响。并且，这种来自环境的影响是很难改变的，对于组织而言有时甚至是无能为力的。因此，对外部环境的了解、认识和掌握程度，往往会很大程度地影响到组织能否正确、及时和迅速地对环境变化作出反应，影响到组织管理的绩效水平。对于环境的影响，一般可以归纳为经济、社会、技术三个主要方面。

1. 经济环境的影响

对于一个组织,无论是公共组织还是企业组织,经济环境都会给它带来很大影响。从组织本身来讲,不仅组织的投入受到经济环境的影响,组织的产出也受到经济环境的影响。因此,如果组织不能使自己的活动适应于所处的经济环境,其生存和发展将会遇到很大的阻力。

1)资金环境

几乎所有的组织都需要资金,这是组织获得人力资源和物质资源等输入的基础。资金的满足程度取决于组织对资金的需要量、组织自身的实力、组织的信誉程度、环境的经济形势、资金的供给能力等因素。一般来讲,组织对资金的需要量是视资金供给条件而变化的。条件优惠,对资金的需要量增大;条件苛刻,对资金的需要量就会减少。组织的实力反映其偿还能力(回报能力)的大小。通常回报率高的组织,其资金的需求容易得到满足;反之,则比较困难。当然,同时还取决于组织的声誉、组织及其成员与外界的关系密切程度。但是,如果环境形势不好,资金供应有限,则组织获得资金的难度就大。而经济形势和外界资金的供应能力,是不受组织所摆布的。即使是超级大国美国,也无法改变"次贷危机"引发的全球性经济危机。所有人都眼睁睁地看到,那些首当其冲的金融企业和汽车企业等,在这场经济危机下难逃厄运,只能翘首以待政府的救助。在2007年底或2008年初就预计这场金融旋风并做好资金准备的企业,在此后爆发危机时却得以逆流而上,赢得了发展。因此,必须对组织所处的资金环境有充分的认识和理解。只有这样,组织才能在各种资金环境下,都能自如地向目标前进。

2)人力资源环境

组织由人组成,但组织所需要的人力资源,不只是数量上的满足,更重要的是符合组织所要求的质量。这里有三个重要约束因素:素质与能力、适合性和工资水平。并且,这三个因素往往渗透在一起发生着作用。如果所提供的人力资源素质与能力不能满足组织的需要,即使工资水平不高,组织也难以录用,这就是一些组织不惜重金到远处去请专家的缘故。但如果人力资源的素质和能力虽然水平不低,但与组织的岗位不协调,即不适合,则组织仍然不能录用。从人的角度讲,有一句话叫"人挪活,树挪死",就是指人不断寻求新的发展方向的目的,是找到一个更加合适的工作位子,使自己的能力得到充分的发挥。工资水平仍然是组织获得人力资源的一个重要的约束因素。工资水平低,组织能较多地录用人员;相反,工资水平高,则组织就会遇到人力成本的挑战。因此,一些发达的工业国家纷纷转向国外投资,兴办境外企业,其目的之一就是借助发展中国家的廉价劳力,降低其人力成本。

3)物质环境

人、财、物是一个组织不可缺少的三大资源,物质资源的短缺永远是组织生存和发展的一个威胁。在科技进步的今天,物资的短缺有两层含义:一是数量的短缺,导致供应上的不足;二是一些物质被限制或限量使用。数量上的短缺,原因有资源稀少、储量少、开采难度高或成本高、距产地较远且运输成本高或进口成本高等,这类问题是组织建立时必须考虑的(源头管理的思想),只要解决得好将有助于保证组织的生存和发展。但如果所需的物质资源是被限制或限量使用的,组织会受到来自政府或其他方面的严格控制。当组织对这两个短缺含义有深刻的认识时,则可能促进组织创新并为组织的进一步发展创造新的机会——开辟组织新的发展领域。

2. 社会环境的影响

社会环境主要是指环境中人们的价值观、信念、心理状况、受教育水平以及政治和伦理等诸因素。

1) 觉悟环境

人的觉悟包含着他的价值观、信念、心理及其受教育水平等诸方面因素。组织处于社会环境之中,就会受到来自方方面面的人们的觉悟的影响。随着社会经济的发展,人们的觉悟也在发生着变化。因此,组织要从现实社会人们的觉悟出发来推动各项工作,超越或落后都是不适宜的。另外,为维护社会稳定和人们正常工作、生活而建立的社会秩序,反映了同时代人们的觉悟水平。不同时代出生的人受到了不同的社会环境影响,有着不同的价值观等,由此产生了种种冲突,形成了所谓的"代沟"。另外,地区的不同也会导致觉悟的差异。个人或组织,都必须顺应这种环境条件,其行为必须考虑到社会秩序及其社会影响。

2) 政治环境

政治环境是指社会政治制度、政治形势、政治潮流、国际关系、国家法令、政府政策等。这些因素编织成一张庞大而复杂的网,把社会中的所有组织或个人包围起来。因而,组织的管理活动不可能不受这些因素的制约和影响。其中特别重要的是法律。法律的威力在于它的严肃性和不可变通性,从而使它对个人或组织的行为产生巨大的约束力。法律的制定,不仅使个人和组织的行为有法可依,而且必须是有法必依、执法必严、违法必究。做到以事实为依据,以法律为准绳,在法律面前人人平等。只有这样,社会中的个人或组织的权益才能得到保护。组织必须对其所处的政治环境有足够的认识,而且要有一定的预见性和适变性。否则,组织就可能不合潮流,不能对新的形势、国家法令和政府政策作出迅速反应,以致组织的发展陷入被动。例如,为了应对经济通胀,2007年开始中国政府采取了从紧的货币政策,这一政策不断加强,一直延续到2008年上半年。当美国"次贷危机"引发了全球经济危机后,中国政府于2008年下半年又转而开始"投入拉动",以避免经济滑坡。前后短时间内经济政策形成了巨大反差,如果各地政府和企业没有充分的认识与准备,将难以招架外部激烈动荡的经济形势和剧变的政策环境。

3) 伦理环境

伦理环境包括普遍为人们所接受并付诸行动的各种行为准则,它还包括道德准则和社会公德。这些准则大多并没有形成法律条文,但对于约束个人或组织行为却有巨大作用和威力。由于伦理的准则是建立在一定社会范围内公认的基础上的,因此其概念是模糊的,在不同的国家、民族、社会中会有不同的解释。例如，在一些国家或地区被认为是不道德的事物，在另一些国家或地区却是完全符合道德标准的，这种事例是司空见惯的。又如，对于人权问题的观点，东西方一直存在着认识上的冲突，常常成为相互间沟通的障碍。

3. 技术环境的影响

科学技术的发展对组织的管理有着强烈的影响。现代社会的科技进步成果，不仅大大减轻了人们的劳动强度、提高了劳动生产率，提供质量更好、功能更加丰富的产品和服务，还带来了管理上观念和方法的转变、更新。

1）生产运作技术环境

技术的进步，对于组织的生产运作而言，主要体现在自动化程度、作业的工艺能力和效率的提高，以及作业操作简化、劳动强度降低等方面。从公共组织的运作管理角度认识技术进步，更有助于其公平、公正、公开和效率水平的提高。对这一方面技术环境的深刻认识，有助于技术进步的成果得到充分应用，并推动组织结构和管理方式的变革，最终使组织得以有益的发展。

2）辅助技术环境

辅助技术虽没有直接生产产品或用于作业，但却对生产与运作效率的提高和工作环境的改善有着重大影响。辅助技术的进步同样也会对工作质量以及工作结果——产品和服务质量发生重大作用，如空调技术（包括温度调节、湿度调节、空气净化等）和消音技术（降低噪声）的进步，为组织的生产运作活动创造了良好的工作环境，有助于管理活动的改善和效率提升。

3）管理技术环境

管理技术有硬的和软的两部分，硬技术是为软技术服务的。例如，管理信息系统的系统本质是软技术，在计算机等信息技术的支持下，成为软、硬技术的集成技术支持组织的管理活动。网络计划技术、线性规划、决策技术等数量技术及其程序软件，都是支持管理活动的软技术。管理技术的发展进步会对管理的思想、管理的方式甚至管理的组织形态发生作用。例如，随着管理信息系统的技术进步，促进了组织结构的扁平化发展。因此，组织必须对管理技术领域的发展有充分的认识。

总之，技术环境从劳动力、劳动对象和劳动资料三个方面推动着生产力的提高。不同的技术条件和技术过程，所需要的管理也不同。科学技术的发展进步推动着管理思想和方法的变革、创新。

组织必须对所处的经济环境、社会环境、技术环境有良好的认识，并能预见这些环境的发展变化趋势，对环境的影响有足够的估计，才能使组织的各项工作顺应环境，并且能有效地借助环境的影响，去有效地实现组织的目标。

2.3.2 组织微观环境的影响与管理对策

经济环境、社会环境和技术环境对组织的影响，是一般意义上的环境影响因素。对于一个特定的组织而言,有着具体、特殊的直接环境(specific environment)影响因素。以企业为例,其直接环境影响因素有竞争者、政府、顾客、供应商、金融机构、工会和股东等。这些特殊的环境因素对于企业这一类组织的影响极大,左右着组织行为,也对组织的管理绩效发生巨大作用。

1. 竞争者

每一个组织,都存在一个或多个竞争者。无论是经济的原因还是政治的原因,组织都不能忽视竞争者的存在。否则,会付出惨重的代价。例如,铁路运输企业必须关注来自航空运输、船舶运输和公路运输的竞争对手;上海汽车工业集团在国内要关注来自一汽、二汽、比亚迪等竞争对手的发展,还要承受中国加入WTO(世界贸易组织)后来自国际跨国汽车工业集团的竞争压力;Coca Cola始终关注着Pepsi Cola的挑战;美国GM公司关注着日本Toyota公司、德国VW公司等竞争。一有疏忽,市场就会向竞争对手倾斜。这种现象不仅在企业中有所体现,由于资源的短缺和政治等原因,地区间的竞争、党派之间的竞争依然存在,甚至国家之间也会面临竞争压力。

2. 政府

在市场经济环境下,政府虽然没有直接对企业指手画脚,但却通过法律、法规等制约着企业行为——能做什么和不能做什么。例如,美国1890年通过的《谢尔曼反托拉斯法》,力求阻止企业的垄断行为;美国1964年通过的《公民权利法案》将雇主解雇雇员、拒绝雇佣或在雇佣中因种族、肤色、宗教、性别、国籍而歧视雇员的行为视为非法;1993年通过《中华人民共和国消费者权益保护法》,不仅规定了因商品或服务质量不合格造成他人财产、人身损害的民事责任,还规定了经营者违反《中华人民共和国消费者权益保护法》的行政责任和刑事责任;由于"三鹿奶粉"事件,为进一步规范食品企业行为,2008年9月18日国务院决定废止1999年12月5日发布的《国务院关于进一步加强产品质量工作若干问题的决定》(国发〔1999〕24号)中有关食品质量免检制度的内容,中国国家质检总局于同日决定废止《产品免于质量监督检查管理办法》(国家质量监督检验检疫总局令第9号);由于"次贷"问题的爆发,2008年美国及欧洲众多银行发生危机,各国政府纷纷出手救助,推动了一轮私有银行国有化的高潮。

3. 顾客

组织是为满足顾客需要而存在的。企业如此,公共组织也是如此。例如,政府的存在是为了向公众提供公共行政服务;学校的存在是为了向公众提供教育服务。当进行公民投票选举时,公众的投票倾向就反映了他们对政府服务的满意程度。对于企业而言,顾客的意义就更直观了,顾客的不满意或不忠诚,会让企业瞬间失去市场,迅速垮台。在今天多变的市场环境下,来自顾客的风险也在逐步增大,选择顾客也是一项艰巨的工作,这会影响企业今后的发展轨迹——产品研发方向、发展规模等。在2008年激烈动荡的经济形势下,许多现代服务供应商面临严峻的挑战——大量的欧美企业由于陷入困境而首先对外包业务进行"瘦身",已经直接威胁到设在发展中国家的服务供应商的生存。

因此,组织必须看清楚顾客需求的不确定性,要充分认识顾客要求的波动性和持续的发展变化。如果组织不积极主动地适应顾客需求的发展变化,不持续改进和提高其产品与服务质量,就会导致顾客的不满意,或在市场和经济环境发生巨大波动时丢失顾客,从而失去生存的空间。

4. 供应商

与供应商的关系越来越密切,这是新时代组织发展的必然选择。

通常说供应商依赖于需方,但随着市场竞争的加剧和全球经济组织方式的变化,需方对供应商的依赖性也在逐渐增强,供需双方正逐步发展成为利益共同体,一个稳定的和积极进取的供应商对于组织的发展与竞争力的增强已越来越显得重要了。

随着对效率和有效性追求的迫切性增强,供应链管理的概念已深入企业,并已经推动政府开始改变其采购模式,以尽可能低的成本来保证所需的持续稳定供应。

5. 金融机构

对于企业而言,除了股东外,金融机构的资本支持是不能忽视的。当企业快速发展时,金融机构的影响力会增大,那么企业所面临的金融风险也就增大。特别是 2007 年后,世界经济动荡不定,中国央行(中国人民银行)在 2007 年和 2008 年两个年度内上上下下已经多次调整了银行存贷款利率,无论对于企业还是政府的决策和运行都存在着提高财务风险的可能。

随着经济全球化的发展,金融风险以多种方式影响到企业。企业管理的作用是充分利用金融资源来保证发展中持续的资金需要得到满足,同时又能避免或降低风险,为企业发展创造出更好的绩效,更好地实现企业的目标。

6. 工会

工会的影响在发展中国家一时还难以看得非常清晰,但是,在发达的工业国家,工会的力量对于企业,乃至政府的影响已经是举足轻重了。工会的努力,让许多员工免予失业,为许多员工争取了权利,也为许多员工赢得了加薪机会。但是,也有许多企业由于与工会谈判不果而陷入困境,甚至导致破产。例如,美国最大汽车零部件供应商 DELPHI 于 2005 年 10 月 8 日宣告"申请破产保护",虽然不能说都是因为工会而使得该企业陷于绝境,但工会的推波助澜加快了 DELPHI 生存和竞争能力的衰弱。在欧洲,特别是法国,工会的作用也是显而易见的,那些时不时的罢工,让政府和企业都感到头痛无比。

2009 年,中国上汽也面临类似的问题。上汽收购韩国双龙汽车后,在韩国的投资发展一直不顺利,特别是与双龙汽车工会之间始终未能达成良好的合作。在双龙汽车面临市场环境严峻挑战的 2008 年和 2009 年,双龙工会的集会和抗议始终不断,甚至还发生多起围堵中国大使馆的事件,无疑也给困难中的双龙汽车"雪上加霜"(图 2-4)。2009 年 1 月 8 日韩国双龙汽车董事会决定申请企业"回生"流程,并于第二天向韩国地方法院递交了申请。整个过程造成上汽约 40 亿元的损失。

图 2-4　2009 年 1 月 5 日韩国双龙汽车工会举行抗议集会
资料来源：http://www.360doc.com/content/17/0325/06/35635208_639929101.shtml

显然，任何组织都必须重视工会的力量，不仅不能低估工会的作用，还要充分利用工会的力量支持组织目标的实现。

2.4　组织环境的发展与管理创新

2.4.1　近年来组织环境的发展

今天的国际社会环境，迫使组织向外开放并不断增强对环境的适变能力。组织必须遵守国家法律、法规和社会公德，向挑战者作出积极、有效的反应。政府机构和上市公司由于其运作的透明度，受到的环境影响比较直观和明确，因而其管理者感受到的压力更加明显。跨国知名企业由于其强盛的社会知名度，也因此而被广泛地关注，管理者感受到的压力也不小。这些环境给组织带来的压力，已经成为组织管理决策的强有力的约束力量。不难发现，环境力量大多数是动态的，对组织管理活动产生了相当大的不确定性：顾客的偏好改变了；新法律、法规出台了；供应商未能按合同规定的日期交货；竞争对手开发应用了新的技术；美国"9·11"事件发生，全球性恐怖行动掀起；亚洲金融风暴；美国"次贷危机"导致全球性经济危机、石油价格和股市大跌；等等。在某种程度上，这些环境波动的不确定性是难以预料的，但有时带来了巨大压力，从而迫使组织的管理者以其不很情愿的方式作出反应。

2007 年，中国政府根据经济发展的实际情况作出了"实施经济紧缩政策"的决策，并在 2007 年、2008 年连续出台相应的政策对经济发展状况予以干预。随着银行存贷款利率的不断提升、银根的收紧和房价的下滑，许多房地产开发商明显感受到了经济压力的加重。与此同时，2008 年受全世界整个经济发展走入低谷的影响，中国的经济形势也于下半年开始出现逆转，除了股市一蹶不振、外贸增长受阻之外，实体经济也开始出现不良状况。2008 年 10 月，中国的整体经济发展已经显示出令人担忧的下滑，于是政府不得不作出投放 4 万亿人民币以阻止经济发展下滑的决策。同时，政府还呼吁企业要努力克服当前的困难，坚持不裁员，共同为维护社会稳定作出贡献。

显然，环境对于组织的影响是巨大的，无论是政府还是企业，在变幻莫测的环境下，为了生存和发展都很艰难地进行着探索和抉择，主动或被动地适应于环境的发展变化。

2.4.2 环境波动促进组织创新

环境的发展变化对组织有很大影响，组织的管理者必须对此有所了解、有所认识、有所准备。组织要充分利用环境的正面影响，减少或避免其负面影响，从而创造良好的管理绩效，积极有效地实现组织的目标。

以墨守成规的方式迎接环境变化的挑战不是一种积极的态度，组织在发展中必须摒弃陈旧的思想和行为方式，在创新中找到发展的出路。中国共产党的十一届三中全会创新了中国的社会主义发展道路，带来了 40 多年翻天覆地的巨大变化，民生质量显著提高。国企改制、民企发展、金融创新等，都为活跃市场经济、增添社会财富、优化配置资源、推动科技进步等带来了积极的作用。在接受了知识经济浪潮的洗礼后，人们明白了自主创新的重要意义，中国在加入 WTO（世界贸易组织）后的 21 世纪终于迸发出"走创新型国家之路"的新思想。特别是经过近年来经济波动和 2008 年经济危机的洗礼，政府对创新的急迫性有了更深的认识，能够生存下来的企业更是需要通过创新得以继续健康发展。俗话说，不能用犯错的方式去纠正错误。并且，即使组织的发展一直非常顺利，但那也已经是昨天的事了，今天和明天仍然会有许多困难与变化在发出挑战。所以，组织创新不只是纠正错误的需要，更是避免犯错和持续健康发展的需要。

今天，自主创新已经成为一种共识，但是创新之路是漫长和艰难的，必须脚踏实地，一步一步走出中国人自己的发展道路，不能奢望奇迹发生，更不能异想天开地幻想"第七个大饼"的"吃饱"效果。如果静心观察欧美发达国家和成功企业的发展历程，可以看到：所有的"发达"和"成功"都不是一夜之间一蹴而就的，"发达"和"成功"来自持续的"创新"——创新的社会环境、创新的组织文化、创新的综合能力。

本章小结

管理源自人类为求生存和发展的基本需求。随着社会进步和经济发展，管理理论与实践也越来越丰富。管理的基本职能有计划、组织、领导和控制。管理的实践和发展受经济环境、社会环境和技术环境的影响，从企业的角度特别要关注竞争者、工会、政府、股东、顾客、公众、供应商和金融机构等直接影响因素的作用。环境的发展变化对组织的生存和发展提出了挑战，也促进了组织创新。

思考题

即练即测

2009年，全球的汽车工业遭遇了前所未有的挑战，连美国的三大汽车巨头也摇摇欲坠。但是，最先倒下的却可能是韩国双龙汽车。请就本章学习的基本概念对这一事件展开讨论，并对中国上汽在这一事件中的表现进行评判。

 案例分析

Airware——无人机行业的黄粱一梦

它曾从硅谷顶级投资机构和应用行业的工业巨头融资1.18亿美元，是无人机行业仅次于大疆的融资大户；它曾站在市场的风口浪尖，与NASA（美国国家航空航天局）合作开发UAS（无人机系统）交通管理系统，被授予"世界经济论坛科技先锋"、世界清洁能源前百强称号；它曾以超前的技术水平，被认为代表无人机行业应用系统的未来，号称无人机界的微软，它就是Airware。

然而，成立7年之后一切归零，道一句再见都来不及挥手。2018年9月14日，Airware在其网站上正式宣布将停止运营。而就在四天前，其旗下的RedBird公司位于东京的总部大楼才刚刚开业。Airware的轰然倒闭，引发了行业的重大反响，也让市场开始质疑无人机的市场神话是否将逐步迈入破灭。

有关这家公司倒闭的原因众说纷纭，国内众多评论员一度放言Airware是因为"干不过大疆"才倒闭。那么，真的是大疆把它打败，还是另有他因？带着这个问题，我们整理了Airware的成长轨迹，以窥探Airware失败的真正原因。

1. 诞生

Airware于2011年在加州成立，最初的名称为"无人创新公司"（Unmanned Innovation, Inc.），后更名为Airware。其创始人乔纳森·唐尼（Jonathan Downey）父母均为飞行员，本人毕业于MIT（麻省理工学院）电气工程与计算机科学专业。其创建Airware的初衷是为了解决当时市场上无人机自动驾驶系统缺乏灵活性和价格昂贵的痛点。因此成立之初，公司的主要业务是提供自动驾驶系统，使无人机更好地按照既定路线飞行并收集数据。

在早期的发展中，Airware选择了规避和大疆等消费级无人机硬件企业的竞争，专注于

开发自动驾驶和图像识别软件系统,帮助特定行业的企业客户收集空中数据,进行诸如屋面定损、矿井原材料管理以及建筑工地施工地图绘制等专业性作业,通过这种方式,企业就不必使用价格昂贵的直升机来从事这些工作,也可以不必派遣专人前往检查,从而避免危险的发生。出色的软件研发能力使其迅速建立了较高的技术壁垒,取得了领先的行业地位。这种差异化发展路线引起了资本兴趣,加之无人机行业风口的到来,给 Airware 带来了后续多轮融资,其一度被认为有望成为无人机领域的微软。

2. 崛起

无人机的研发、生产和投入使用成为各国竞争力的重要体现。从全球无人机研制的区域市场构成来看,世界无人机市场主要集中在北美和欧洲地区。美国和以色列在军用无人机方面研发技术遥遥领先于其他国家,自 2012 年以来,美国无人机交易占全球份额的 65%。

众所周知,美国十分重视高科技产业的发展,美国政府也始终大力推行产业政策。在美国,扶持高科技产业已成为其推动科技发展的常态,产业补贴乃是家常便饭。2000—2015 年,美国联邦政府以拨款、税收抵免等方式至少向企业补贴了 680 亿美元,其中 582 家大公司获得的补贴占总额的 67%。享受美国政府补贴的行业十分广泛,在列入统计的 49 个行业中,汽车、航空航天、军工、电气电子设备、油气、金融、化工、金属、零售、信息技术等均在前列。除了联邦政府,美国州和地方政府也给予了企业大量补贴。

自 2012 年获得由家人和朋友提供的 28 万美元种子融资起,Airware 共进行了 10 轮融资,达到 1.18 亿美元,其融资额度在无人机行业仅次于第一位的大疆。且投资者阵容堪称豪华,既包括知名的顶级投资公司,也有可提供优质行业应用市场资源的工业巨头。其主要融资情况如下。

(1) 2013 年 5 月获得了 1 220 万美元的 A 轮融资,投资者包括投资过 Facebook、Instagram、Twitter、Airbnb 的硅谷顶级投资公司 Andreessen Horowitz 和谷歌旗下的 Google Ventures 等;

(2) 2014 年 7 月获得了 2 500 万美元的 B 轮融资,投资者包括 Andreessen Horowitz 和投资过 Uber 的硅谷知名风险投资机构 First Round Capital 等,同年通用电气公司也宣布正式投资 Airware;

(3) 2016 年 3 月获得了 3 000 万美元的 C 轮融资,由国际性风险投资公司 NextWorld Capital 领投,硅谷最老牌的风投企业 KPCB 以及 Andreessen Horowitz、DHVC 等跟投;

(4) 2017 年 2 月获得了来自通用电气公司、英特尔公司(Intel)以及建筑设备公司卡特彼勒(Caterpillar)等企业的进一步战略投资。

在大量资金和行业资源支持下,Airware 开始了快速的发展和扩张。公司花费重金雇用了来自 NASA、Google、Autodest 和 SpaceX 的顶尖技术人员,这些极具天赋的优秀人才使得 Airware 在软件上保持了领先甚至超前于业界的优势,并使得其有实力进入无人机设备研发领域。同时,Airware 在 2015 年设立了商业无人机基金(Commercial Drone Fund)用于投资市场,进行行业拓展和国际化。2016 年,Airware 通过该基金收购了为建筑和矿业公司提供无人机分析服务的法国公司 Redbird，包括其 38 位团队成员以及相关技术和业务。Redbird 的巴黎办事处也成为 Airware 的欧洲总部，推动其在欧洲的扩张进程。

同时，Airware 开始着手构建自己的无人机解决方案体系。Airware 的软件当时在业界处于超前市场的领先地位，以至于当时市场上的硬件系统甚至无法提供其测试软件和训练算法所需的数据粒度。所以 Airware 决定自行研发设计定制的硬件，包括两架室内无人机、一架 AT-28 多旋翼飞机以及一架 Cygnet 固定翼飞机。接下来，Airware 将产品线从最初的自动驾驶系统进一步延伸到包括飞行控制体系、定制无人机和硬件操作设备以及基于云的数据分析与服务系统的空中信息平台，通过高度自动化商业无人机系统提供企业需要收集、管理和分析的航空数据。同时，Airware 融资所得的资金也被用于扩展公司的工程、销售、市场和客户支持。

在产品和服务上，Airware 将其业务拓展至矿产和采石、建筑施工、商业和住宅保险以及物业管理等领域，提供诸如屋面定损、矿井原材料管理以及建筑工地施工地图绘制等行业解决方案，帮助相关企业节省运营成本，提高工人安全性和改善决策。而与 NASA、通用电气、卡特彼勒等行业巨头的合作使得其业务发展又登上了一个新台阶，包括与 GE 协作其工业级客户提供更安全、更高效的解决方案，通过卡特彼勒进入采矿业领域等。2014 年 9 月 18 日，基于在无人飞行系统商业领域有着相同的界面和相应的安全可靠诉求，Airware 与 NASA 合作开发 UAS 交通管理系统，运营和测试各种飞行器、传感器和定制软件，如飞行间距、防撞系统、四维轨迹建模。此外，Airware 拥有广泛的合作伙伴，他们为 Airware 的商业应用提供了优质的设备、运载工具、传感器和软件等，构建了较为灵活的生态系统。

3. 转衰

时间转到 2017 年，Airware 的发展看起来一路向好，行业影响力不断上升。2017 年 6 月 16 日，凭借新技术对商业和社会产生重大影响与推动第四次工业革命，Airware 被授予"世界经济论坛科技先锋"称号，被誉为世界上最具创新精神的公司之一。2018 年 1 月 24 日，Airware 获得 2018 年世界清洁能源前百强称号，该称号代表了影响广泛行业未来的最具创新性和前景的创意。

然而在 Airware 光鲜亮丽的外表背后，负面信息也不断爆出。首先是其硬件研发项目的失败。由于 Airware 的软件远远超前于市场，其所选择的又是企业级的专业市场，为了实现最佳的应用效果，Airwar 选择自行研发设计定制化的无人机硬件。Airware 通常会跟一些无人机硬件商（Altavian、Allied Drones、Delta Drone 等）合作，在硬件被售卖给最终客户之后，再根据最终客户需求进行定制化的软件开发。不过这种办法相对比较被动，软件定制时间也比较长。所以 Airware 现在采用了主动出击的方式，通过与特定无人机及传感器的绑定，搭配上自己的 OS（操作系统）+特定应用，组装成全套解决方案后出售给不同的客户。尽管投入了大量的工程时间和制造工艺，但最终这两个项目都失败了，因为彼时没有被 Airware 视为竞争对手的消费级硬件企业中国大疆和 eBee 都研发出了足以与其竞争的无人机设备平台，已经能够解决越来越多的商业化应用问题，并配备自己适合的企业软件，根本不需要 Airwave 的软件。后来大疆甚至将其软件开发，推出 SDK（软件开发工具包），建立自己的生态体系，这对于 Airwave 更是雪上加霜，意味耗费了 Airware 大量时间和精力研发硬件平台的努力付诸东流。

其次是对于其提供服务能力的质疑。硬件研发的失败不仅消耗了 Airware 大量的资源，同时也拖累了其软件开发和行业解决方案的进展。当 Airware 放弃发展硬件的战略转回软件领域时，该行业已有了长足的发展，公司原先领先的竞争优势难以维持。以采矿领域为例，由于 Airware 缺乏竞争优势并且工程周期缓慢，导致通过卡特彼勒的经销商从销售硬件到无人机软件的策略也碰了壁。因此卡特彼勒公司表示，它们将停止对 Airware 的投资，并意向撤回资金。有关人士表示：出现这些问题的原因并不是由于管理团队没有进行良性管理，而是销售团队无法销售一种比市场上同类产品使用起来更烦琐的产品。

除此之外，关于 Airware 管理层的争议也逐渐浮出水面。前员工们在招聘网站 Glassdoor 上几乎一致性地吐槽了这家公司"缺少透明度""管理混乱""CEO 就顾着参加社交活动，缺乏管理经验"。网上信息也显示，虽然对 Airware 的管理是创始人兼 CEO Downey 的主要工作，但其近年来在一间叫作 Signal Fire 的风投企业做了不少投资项目，涉及领域包含 AR（增强现实）、航天、生物科技、房地产和智能机器设备等，另外还有各种行业协会组织，可以说涉猎广泛，野心勃勃。2017 年 6 月，Downey 更是将 CEO 的工作脱手交由公司 COO（首席运营官）Yvonne Wassenaar 来打理，而 Wassenaar 之前并没有担任企业 CEO 的经验。尽管业界认为 Wassenaar 出任首席执行官的工作表现更加出色，自上任以来一直致力于依靠融资拯救公司，但最终依然难以力挽狂澜。

4. 陨落

由于前期的硬件开发战略消耗了 Airware 大量的资金，软件和服务开发失去了领先地位，加之无人机行业应用市场仍不成熟，Airware 出现了资金短缺的问题，在经历了长达 18 个月的资金筹措无果，也无法被卡特彼勒等行业巨头收购之后，Airware 最终耗尽所有资金，于 2018 年 9 月 16 日宣布停止运营。其倒闭直接导致约 120 名员工失业，投资机构之前的 1.18 亿美元融资石沉大海。

资料来源：

[1] CEN. 烧尽 1.18 亿美元融资，无人机创企 Airware 轰然倒闭[EB/OL].(2018-09-16). https://baijiahao.baidu.com/s?id=1611732902322220240&wfr=spider&for=pc.

[2] 大禾. Airware 的雄心：成为无人机领域里的安卓系统[EB/OL].(2018-04-20). https://digi.tech.qq.com/a/20150420/012391.htm（有改动）.

案例讨论

1. 根据以上材料，分析 Airware 公司在初始阶段面临的组织宏观环境。

2. 运用波特五力模型分析 Airware 公司进入无人机硬件研发领域所面临竞争环境，并试分析其失败可能存在的原因。

延伸阅读文献

拓展阅读

1. 尤建新，陈守明，赵红丹，等. 高级管理学[M]. 3 版. 北京：清华大学出版社，2019.

2. 里德. 管理思维创新——如何构建你的心智模式[M]. 北京：经济管理出版社，2004.

第3章 组织的社会责任与管理

 故事引导

比尔·盖茨的社会责任观

CCTV（中国中央电视台）1 套《高端访问》栏目播出了水均益采访比尔·盖茨的报道。当水均益问到如何看待钱、上亿的财富时，比尔·盖茨说，有了一些财富，是很令人欣慰的。像我的孩子们的教育问题，以及安排很好的假期，对其中的花费问题我从来不必去担心，这是一个很大的好处。但是实际上在世界上只有很少的一部分人才会没有这样的担心。它使我能专注于学习和工作，除此之外，我还将我的财富很好地运用到基金会上。基金会应该能够作出很多突破，那就是平等地对待所有生命，通过提供疫苗和药品，治疗那些在贫穷国家中出现的疾病，使它们可以消除数以百万计的死亡，所以我召集了一些深信我们可以会对社会产生积极影响的人。任何超过百万美元的财富都有回报社会的责任。

3.1 组织的社会责任问题

随着社会的发展和时代的变迁，企业在社会生活中所扮演的角色不断扩大，社会大众受企业影响的范围也在持续增加。因此，企业社会责任的概念越来越受到重视。企业社会责任已经成为企业、政府及社会所面临的一项重要议题。目前，企业社会责任运动不仅是一种理念，更是一种实践。在国际社会中，越来越多的人和企业已经从以盈利为目的的经营理念转向以获取多元化目标为目的的经营理念。此外，来自社会各界包括舆论和各种法规的压力，也从另一面促成了这一运动的发展。可以说，国际企业社会责任运动已经成为在消费者、企业及其他利益相关者共同推动下的不可阻挡的国际社会潮流。但是，在企业社会责任运动不断发展的同时，该运动所引发的争论也没有休止。早在20世纪中期，国外理论界就对企业社会责任相关问题展开争论，与此同时，国际企业社会责任运动对国际贸易的影响也越发突出，国际企业社会责任运动引发的国际贸易摩擦和冲突也相当频繁。可以预见，企业社会责任作为社会热点问题在理论界的争论和国际社会事务交流中的冲突将会继续下去，而且将会更加激烈。

3.2 社会责任的概念和理论发展

3.2.1 社会责任的概念

1923 年，英国学者 Shledon 在《管理的哲学》一书中最早提出了企业社会责任的概念，

他指出，工业的目标不单纯是生产商品，而且是生产在社会上一部分人眼中有价值的商品。他认为企业社会责任含有道德因素。

20 世纪 30—70 年代，学术界对关于企业是否应该承担社会责任的问题争论不休，其中著名的有 Berel 与 Dodd 之间的论战。Dodd 认为，公司作为一个经济组织，在创造利润的同时也有服务社会的功能。而 Bowen 在其 1953 年出版的《商人的社会责任》一书中提出了现代的企业社会责任概念，认为商人"有义务按照社会的目标和价值观的要求，制定政策，作出决定，以及采取行动"。在这一阶段，企业社会责任争论的重点是企业是否应承担经济目标以外的其他社会目标。社会普遍认为，在自由市场经济条件下，企业的社会责任就是追求利润最大化。

20 世纪 70 年代到 20 世纪末，众多的学者、专家和企业家都加入了研究企业社会责任概念的大军中，企业社会概念的范围更加扩大。美国佐治亚大学教授卡罗尔将广义的企业社会责任分为了企业经济责任（economic responsibility）、法律责任（legal responsibility）、伦理责任（ethical responsibility）和自主性责任（philanthropic responsibility）。1991 年卡罗尔将自主性责任明确界定为"慈善责任"。Carroll 企业社会责任金字塔模型，如图 3-1 所示。1997 年，Elkington 最早提出了三重底线的概念，认为企业行为要满足经济底线、社会底线与环境底线。也就是此时，中国有少数学者开始关注企业社会责任这一话题，系统性的理论研究不多见。学者王秋垂（1987）认为，企业社会责任是"企业出于自愿，以积极主动的态度参与社会、解决社会问题，为社会作出贡献"；刘俊海（1997）则认为，"公司的社会责任，是指公司不能仅仅以最大限度地为股东谋求营利作为自己的唯一存在目的，而应当负有维护和增进社会其他主体利益的义务"。这一阶段，国内对企业社会责任的理解较为狭隘，国外对企业社会责任的研究重点已经不再是企业是否需要履行社会责任的问题，而是企业应该履行哪些社会责任的问题，即企业社会责任概念中应该包括的责任内容与范畴。

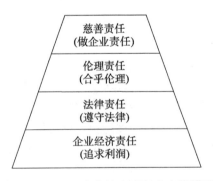

图 3-1 Carroll 企业社会责任金字塔模型

资料来源：CARROLL A B. The pyramid of corporate social responsibility: toward the moral management of organizational stakeholders[J]. Business horizons, 1991, 34(4): 39-48.

到了 21 世纪，经济全球化使履行社会责任日益成为全球企业的共同义务。除了学者和企业家，国际组织成为推动企业社会责任理论和实践向前发展的重要力量。联合国的"全球契约"认为,企业履行社会责任须遵循"全球契约"的十项原则,包含人权、劳工、环境和反贪污四个方面。欧盟(EU)表示,社会责任是企业与股东在协商自愿的基础上,把给社会和环境带来的影响整合到企业经营运作以及与利益相关方互动过程中。中国也紧跟时代浪潮,尤其是加入 WTO 后,国内有关企业社会责任的文献明显增加,学者们对企业社会责任概念的研究也获得一些初步发展,如周祖城(2005)认为,"企业社会责任是指企业应该承担的,以利益相关者为对象,包含经济责任、法律责任和道德责任在内的一种综合责任"。这一时期对企业社会责任的研究,除了定义企业社会责任的内容与范畴外,还提出了企业履行社会责任的方式,即企业要怎样履行社会责任。

许多学者将组织的社会责任定义在组织的社会义务和社会反应这两个概念的范畴内。所谓社会义务就是指组织参与社会活动所履行的经济上和法律上的义务,这是组织存在的社会基础;所谓社会反应就是指组织在社会活动中适应不断变化的社会环境的能力,这是组织能够生存下去和得以发展的重要因素。组织的社会责任应该综合并超越了社会义务和社会反应的概念,还包括了组织具有追求对社会公众利益的贡献和不损害社会公众利益的道德力量,这一力量是使得组织在当今世界社会经济环境下获得长期成功的关键。对于企业而言,其强烈的社会责任感将有助于企业长期经济目标的实现,这是有效的管理所追求的目标。

3.2.2 企业社会责任的驱动因素

1. 外部驱动因素

作为以追求经济利益为核心目标的经济组织,企业不可能自动自主地投入资源关注社会公共利益,除非这种投入能够给企业带来足够的经济利益的回报。

1)企业面临外部的压力

第二次世界大战后,由于社会政治、经济、文化的发展,科学技术的进步,各种社会矛盾进一步尖锐化、复杂化,各类社会利益集团在西方各国大量涌现:一是工会。职员与企业谈判实力的明显差距导致单个职员无法与企业抗争,建立工会则是职员维护自身利益的有效方式。二是自然资源和环境保护利益集团。工业化以来的企业大规模生产经营活动导致日益严重的生态破坏与环境污染,由于环境污染导致人类生存环境日益恶化,发达国家各国政府与民间团体早在 19 世纪中期就开始关注和控制环境污染。三是消费者利益集团。由于市场信息在消费者与企业之间的非对称分布,消费者始终处于相对于企业的弱势地位。发达国家的消费者逐步采取组织和集体行动以迫使企业承担某些责任,这种组织性和集体性消费者权益保护行动逐步演变成为对当代社会产生了广泛而深远影响的消费者运动。肯尼迪总统也提出消费者该享有安全权、知情权、选择权和听证权四种权利。

企业或其他组织必须对各种外部压力作出必要的反应,因为企业作为社会经济环境的组成部分根本上无法自足,必须依赖外部环境获取必要的资源,如资本、劳动力、原材料、信息、消费市场、社会和政治支持或合法性支持等。斯坦福研究所(Stanford Research

Institute，SRI）在 1963 年提出利益相关者是除股东以外的一些团体，没有其支持，组织就不可能生存。Rhenman（1964）认为，企业利益相关者不仅依靠企业获益，企业也依靠他们维持生存，提出了企业与利益相关者相互依存的关系。Frederick（1998）提出将利益相关者分为直接利益相关者和间接利益相关者，有关学者据此将主要的利益相关者进行划分。直接利益相关者，也就是与企业直接发生市场交易关系利益相关者，主要有股东、债权人、供货商、雇员、消费者、竞争者等；间接利益相关者，也就是与企业无市场交易关系的利益相关者，主要有政府、社会活动团体、媒体、公众等。企业与其各种主要利益相关者相互依赖，如图 3-2 所示。

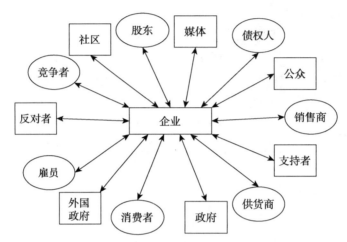

图 3-2　企业与其各种主要利益相关者相互依赖
注：椭圆为市场型利益相关者，矩形为非市场型利益相关者

2）施压方式

依据利益相关者的组织程度和组织方式，可以将利益相关者迫使企业关注自身权益的方式区分为三大类：个体行动方式、集体行动方式和联合行动方式。个体行动方式是指利益相关者单独采取行动推动企业关注或者满足自己的权益要求。集体行动方式是指企业中具有相同或相似权益的利益相关者采取一致行动以维护共同的权益，如雇员组建工会、消费者通过参与消费者协会争取和维护自己的利益等。联合行动方式是指各种具有不同利益要求的利益相关者组织采取联合一致的行动，如工会、消费者组织、环保组织等采取联合一致的行动对企业施压。

耐克公司作为一家跨国企业，面临着全球相关利益者的压力。在 1992 年，《哈泼斯杂志》发表揭露耐克公司合作生产企业的恶劣生产条件以后，美国消费者迅速作出激烈反应；在消费者运动和劳工组织的推动下，耐克公司迅速制定了《生产守则》。

2．内部驱动因素

1）利他因素

在企业拥有权和管理权"两权分离"的企业制度下，企业管理者注重企业经济和技术目标的同时，也会非常关注并满足股东以外的更广泛的利益相关者权益。丢诺利诺和阿玛迪将利他动机论与著名心理学家马斯洛关于个体需求五层次理论有机结合得出企业作为经济主体的五个层次的基本需求：生存、安全、归属、尊重、自我实现。企业五层次需求，如表 3-1 所示。

表 3-1 企业五层次需求

需求层次	动机	定义	主要评价标准
生存	自利	获得生存与发展机会的需求	获利能力
安全	自利	获得持续盈利和稳定增长能力的需求	红利分配、股利发放率
归属	自利	维护与其他组织建设性关系的需求	交易关系、企业知名度
尊重	自利	企业获得竞争性优势的需求	市场份额、价格影响能力、企业形象
自我实现	利他	追求某种终极目标、意义的需求	工作内容的多元化、社区关系、政府关系

资料来源：TUZZOLINO F, ARMANDI B R. A need-hierarchy framework for assessing corporate social responsibility[J]. Academy of management review, 1981, 6(1): 21-28.

2）利己因素

根据理性人假设，经济主体行为的基本动机是自身利益最大化，企业作为当代社会中的最重要经济主体，其基本逻辑是追求利润最大化，即使承担社会责任时也莫不如此。戴维斯认为企业必须承担与其日益强大的社会权势相匹配的社会责任，否则从长远看，社会将最终剥夺企业占有财富和社会的力量，即所谓"戴维斯责任铁律"。其中隐含的意义就是：企业主要是出于自我保护的利己动机才愿意承担社会责任。

3.2.3 社会责任的不同观点

对企业的社会角色所持的不同观点，产生了对企业社会责任的不同认识。通常讲有两种相反的观点：观点之一是古典（或纯经济的）观，认为企业的唯一社会责任就是使利润最大化；观点之二是社会经济观，即站在社会经济的立场上，认为企业的责任不仅是使利润最大化，还要保护和增加社会财富。

1. 社会责任的古典观

古典观的代表人物是经济学家、诺贝尔奖获得者 Milton Friedman。Friedman 认为，当今企业中大多数管理者是职业经理人，这意味着他们并不拥有所管理的公司。他们也是雇员，要向股东负责。因此，他们的主要责任就是最大限度地满足股东的利益。那么，股东的利益是什么呢？Friedman 认为股东只关心一件事：财务收益。

按照 Friedman 的观点，当管理者将企业的资源用于社会目的时，即用于尽社会责任时，导致利润和股息下降，会损害股东的利益；或使工资和福利下降，则会损害企业员工的利益；或使价格上涨，会损害顾客的利益。无论哪种结果，最终都会导致企业受损。以微观经济学的角度更容易印证 Friedman 的观点，在竞争市场中，企业履行社会责任而增加的成本要么转嫁给消费者而损失市场；要么转嫁给股东而损失回报；还有第三个威胁，就是输给外部的竞争者。这样的观点对于企业履行社会责任是有抵触的，在其观点之下企业就有可能采取"打擦边球"绕行的行为。

2. 社会责任的社会经济观

社会经济观认为，随着时代的变迁，企业的社会期望也有了变化。企业的成立和经营需经政府的批准，因而政府对企业运行和发展的影响是很大的。为了争取政府的支持，企业在对股东负责的同时，还要对产生和支持它的社会负责。

社会经济观的支持者认为，利润最大化是当今企业的第二位目标，而不是第一位目标，企业的第一位目标是保证自身的生存。为此，企业必须关注社会对企业的接纳，必须考虑企业承担必要的社会责任以及相应的成本，必须关注维护社会利益和积极增进社会利益。例如，企业应承担环境保护的责任、多为慈善事业尽一点力、解决劳动力就业问题、保障职业安全和卫生等。

对于古典观，社会经济观的支持者认为那已经是落时了。现代的企业已不再是几十年前的那种纯粹的经济组织了，它们已越来越多地卷入社会、政治和法律的旋涡之中。一方面，企业为了自身的利益而影响政府的公共政策；而另一方面，也同样为了企业自身的利益而必须尽其社会义务和社会责任。因此，承担社会责任，对于当今企业而言已成必然。

虽然在社会经济观的主导下，组织需要履行更多的社会责任已经得到普遍赞同，但当真的采取行动投入更多的资源去承担更多份额的社会责任时，投资者开始担心这样做会不会违反追求企业利润最大化的原则。他们想要了解组织的社会责任和经济绩效之间到底存在怎样的关系？社会责任活动会降低或提高一个企业的经济绩效吗？管理学者在此方面做了一些理论和实证的研究。

一些学者从理论角度提出了社会责任促进企业经济绩效提高的假说：消费者更愿意购买富有社会责任感的企业的产品和服务，从而社会责任和企业的经济绩效正相关。

企业社会责任与企业绩效之间的关系的实证研究有两种基本类型，第一种研究是用事件研究方法来评价当企业承担社会责任或不承担社会责任时的一个短期绩效影响。这些研究的结果是多种多样的，两者之间没有确定的关系。例如，Wright 和 Ferris（1997）发现二者之间的负相关关系，Posnikoff（1997）报告二者之间存在正相关关系，还有 Teoh 等（1999）在研究南非种族隔离政争论事件后发现企业社会责任与企业绩效之间不存在关系。其他研究也同样说明企业社会责任与短期财政回报之间的关系的不稳定性（McWilliams and Siegel，1997）。第二种研究方法是考察企业社会责任与企业长期绩效之间的关系。这些研究的结果也是不确定的。Aupperle 等人（1985）发现企业社会表现与利润之间不存在任何关系。Mcguire 等人（1988）发现将来的绩效相比过去的绩效与企业社会表现的相关性更高。Waddock 和 Graves（1997）发现企业社会表现指数与后几年的企业绩效呈显著的正相关关系。

罗学明等（2006）的新近研究深化了社会责任和企业业绩之间的关系研究。他们认为，客户满意部分地起到了企业社会责任和企业市场价值之间关系的中间变量的作用，即企业的社会责任与客户满意正相关，客户满意与企业的市场价值正相关。

关于企业社会责任与经济绩效相关性的研究受到的最大质疑来自"社会责任"与"经济绩效"的衡量方法。大多数方法是通过分析企业年报内容，引证公司文档中有关社会活动的描述，或者采用公众感觉的"声誉"指数，还有专业公司（如 KLD 公司等）提供的"社会责任指数"来确认企业的社会责任表现。这些标准不能准确反映企业真实的社会责任。相对来讲企业经济绩效的尺度更为客观，但多数研究采用的是短期的经济绩效。由于社会责任对企业利润的影响存在着时间的滞后，短期财务指标便不可能得出有效的结果。

即使有证据表明社会责任和经济绩效是正相关的，这也许并不意味着社会责任产生了更高的经济效益。也可能正相反，就是说，它可能表明正是高利润才使得企业能够参与社会活动。McWilliams 等（2000）的研究发现，如果原有不完善的实证分析考虑足够的自变量因素转变为"正确"的研究的话，那么社会责任对公司财务绩效的影响是中性的。

假如社会责任对企业财务绩效的影响是中性的，那么其中最有意义的结论是，没有足够的证据表明，一个企业的社会责任行动明显降低了其长期经济绩效。如果政治和社会压力迫使企业承担社会责任，这就意味着企业必须考虑社会目标。

所有的这些研究有助于人们不断加深对企业社会责任的认识，当然，人们也希望得出社会责任与经济绩效之间正相关的结论，这会促进企业更好地认识其社会责任。但是，研究的复杂化，无助于问题的有效解决。所以，应该回归企业的本原性责任。这样做，简化了问题，更重要的是有助于人们正确认识企业的社会责任。必须认识到，企业向社会提供满足需要的产品和服务也是其责任的重要部分，繁荣社会、丰富社会经济活动、提供就业和投资机会、开展社会救助、不损害环境和浪费资源等都是企业的责任。避免社会责任与经济绩效产生负相关的任务主要不在企业，而在于公共组织。因此，在强调和鼓励企业承担社会责任的同时，人们更要认识到，社会的游戏规则应该鼓励企业履行其社会责任，公共组织特别是政府和社会团体应该为之努力。

3. 回归本原性

无论是古典观，还是社会经济观，都纠缠在企业利润与社会责任的冲突上。即使是社会经济观，也是强调了社会责任的优先顺序。本书作者在 2007 年 1 月江浙工商领袖峰会上指出，企业的社会责任与生俱有，不是一件新生事物。要正确认识企业的社会责任，还必须还原到诞生企业的原始目的，这在前面已经有陈述。这样，基于本原性的观点，犹如在电影中看到的小作坊、茶馆，这些企业虽然非常原始，但却清楚地反映了企业诞生的原始目的。而且组织结构也是简单明了，老板、伙计、经理经常三位一体。不仅如此，对于社会责任的认识也很清晰：一方面，企业是社会分工的产物，专业化分工可以降低整体的社会成本;另一方面,企业是利人利己的工具,满足了供需双方的需要。显然,企业的诞生满足了人们改善生活的需要,并为社会富裕和有效配置资源作出了贡献。

随着社会的发展,企业也发展了、壮大了,变得复杂了。企业的组织结构复杂了,人事关系复杂了,有了股东、职业经理人以及普通雇员之分。企业目的也不简单了,逐步逐步地社会责任成为奢侈品了。甚至在 MBA 课堂上,也顺理成章地把经济效益看成企业的头等大事,追求股东利益最大化成为衡量企业管理绩效的标准。近几年来,社会责任才逐步成了人们关注和评判企业成熟的热点,成了企业很光荣的、了不起的一件善事。正因为如此,人们就很容易将社会责任与慈善事业挂钩,似乎是一种恩赐或施舍。一个原本很简单的、企业与生俱有的社会责任,今天变得如此复杂,难道不值得大家一起反思吗?

重提本原性,是还原企业的本来属性和其诞生的目的,是为了使得今天被复杂化了的社会责任再次变为简单。

(1)提供产品和服务以满足需求。提供产品和服务,满足人们的需求,这既是诞生企业的原始目的,也是今天企业应该认识的社会责任。只有这样,"顾客是上帝"才不会仅仅是一句口号。即使是对股东利益的考虑,也应该是在满足企业原始目的的基础上才能得以实现。

(2)有助于社会资源的优化配置。企业应该有助于社会资源的优化配置,这也是企业必须认识的社会责任。股东仅仅是企业经济形态下的投资者,如果全方位地认识资源的投入,那么经理人和普通员工也将自己的知识与能力、有限的发展机会贡献给了企业,社会的其他资源也因为企业活动而被消耗。所以,企业一方面提供了满足相关方利益的平台,同时,另一方面也通过市场机制的作用,对社会资源的配置产生了影响。这种影响涉及环境资源的保护,矿产资源、水资源、能源等人类今天关心的一切资源的优化配置。

(3)创造财富,为社会繁荣和富裕做贡献。企业的经济贡献与社会责任并不是相悖的。经济贡献大,能够为社会繁荣昌盛、人民生活富裕创造良好的条件,但这仅仅是企业履行其社会责任的一部分。企业的贡献还可以是集技术进步和文化建设的成果,以影响和支持文明社会的进步并壮大。

社会责任不等于慈善,更不是股东利益的对立面。在鼓励企业承担其社会责任的时候,千万不要把社会责任复杂化了,更不要高谈阔论或流于形式。企业只要做其该做的,能够满足市场对其产品和服务的需求、有助于资源的优化配置、创造就业机会和社会财富,为社会繁荣作出贡献,这就是尽其社会责任了。

3.2.4 企业社会责任的发生机理

在劳动者组织、消费者组织、环保组织等利益相关者压力的推动下,企业不断审视在社会中所处的位置,从而为实现其自身价值,承担相应的社会责任,并进一步为企业赢得直接或间接的商业利益。企业社会责任发生机理,如图 3-3 所示。

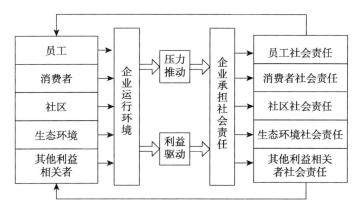

图 3-3　企业社会责任发生机理

资料来源：唐更华. 企业社会责任发生机理研究[M]. 长沙：湖南人民出版社, 2008.

3.2.5　承担社会责任对企业绩效的影响

企业最关心的还是自身的发展，要让企业真正承担起社会责任来，就必须先让企业意识到企业社会责任与企业绩效目标是一致的。企业绩效有很多种衡量方法，本文采用"增加价值"这个指标。根据已有研究（杨春清，朱卫东，2015），企业的增加价值=职工薪酬+利息+税费+股利+留存收益。下文从利益相关者的视角对企业承担社会责任和增加价值之间的关系进行机理分析。

1. 员工社会责任对增加价值的作用机理

在现代社会，企业要想获得持续的竞争优势最主要的就是应该善用人力资源。良好的企业社会的绩效不仅有利于员工的士气和组织的凝聚力（cohesive）的提升，而且会改善企业共同应付困难的能力，这样可以避免员工频繁跳槽所带来的困扰，进一步会节约很多费用，如管理费用、招聘费用等，从而会提升企业生产效率和增加价值。如果员工的行为与企业的目标趋向一致，那么就更容易度量员工的贡献了，这样员工就会较少出现卸责行为。而卸责行为少了，企业的一些成本也会随之减少。因此，如果企业对员工积极履行社会责任，将会节约很多度量成本，进而使增加价值得到提升。

2. 债权人社会责任对增加价值的作用机理

企业由于信用问题没有按期还本付息，进而陷入债务纠纷，诸如这样的社会责任事件一旦频繁发生，就会对企业的社会形象和声誉产生极大的影响，进而会影响企业增加价值的提升。所以，企业只有积极履行对债权人的责任，遵守信用，提升企业的社会形象，保证债权人贷出的资金的安全性以及收益性，才能使债权人后期更愿意向企业提供更多的资金，这样就可以保证资金来源的稳定性，就可以使企业规模扩大，使生产效益得到提高，最终使企业的增加价值得到提升。增加价值的提升又会推动企业履行新的社会责任，这样就会形成一个良性的循环。

3. 消费者社会责任对增加价值的作用机理

企业对消费者承担相应的社会责任就会增加消费者信任、满意与认同，就会对消费者的购买意向和产品感知质量产生影响，也会影响消费者的购买行为和口碑的传播，进而会影响增加价值的提升。同时企业有良好的信誉，会使企业的信息成本下降，从而也会导致增加价值的提升。增加价值的提升又会反过来推动企业履行新的社会责任，这样就会形成一个良性的循环。

4. 供应商社会责任对增加价值的作用机理

企业对供应商的社会责任主要表现在企业是否履行商业信用，按时偿还供应商原材料、服务等所欠款项以及企业所持现金对该债务的保障程度。企业与供应商之间存在着不完全的契约关系，契约的不完全性以及信息的不对称必然会导致企业成本的增加，如企业无故拖欠货款，供应商采取欺骗的方式提供不合格产品或服务及双方漫长的纠缠行为，持续下去会导致交易中断，不能满足各自的需求，进而影响双方正常的生产经营活动，两败俱伤。所以，企业履行好对供应商的社会责任，不仅会导致企业成本的降低，还能使企业经营活动正常，进而使增加价值得到提升。

5. 政府社会责任对增加价值的作用机理

企业若自觉遵守国家的各项法律法规，与政府保持和谐的关系，有利于企业对社会环境的适应能力。在市场经济中，政府的适当宏观调控是非常有必要的，因为市场失灵时有发生，这些都被实践证实了。政府只有通过税收的方式获得收入，才有能力为企业提供有关服务。如果政府的公共收益得到满足了，就可以为企业提供更多和更好的公共服务，如市场机制的完善，基础设施建设的改善等，进而促进企业价值的提高。

6. 社区社会责任对增加价值的作用机理

企业对社区的社会责任主要体现在对公共事业如慈善事业的关怀和投入，以及提供尽可能多的就业岗位以满足社会人的需求。企业的发展需要社会公众的支持，回馈社会就是企业履行对社区的社会责任，这样也有利于企业良好的社会形象的塑造，也使竞争力得到提高，使企业价值不断地提升。因此，企业应该关心社区的建设，协调好自身与社区内各方面的关系，实现企业与社区的和谐发展、共同发展。

3.3 履行社会责任的挑战和管理行动

3.3.1 履行社会责任的挑战

今天的社会责任从方方面面影响着企业的管理活动，在法律法规、成本、社会公众以及长远发展等方面给予企业一定的压力。

1. 法律法规的压力和机会

无论是资源、环境的要求，还是推动经济增长、维持市场秩序的需求，政府无时无刻不面对着这些国际社会的共同要求和满足国内公众利益的压力，为此，政府制定出了一系列法律、法规以适应发展。对于企业而言，站在传统观念上看待这些个条条框框感到是沉重的负担，甚至对多变的政策环境牢骚满腹。但是，与政府一起建设共荣的环境是企业应尽的责任。如果企业能够换一个角度来看这方面的问题，这种压力就可能是企业新的商机。

2. 成本的压力和机会

社会责任的体现有时会以各种形式影响到企业的成本，如对排放征费，这一项就会增加企业的成本压力，即使是换一种方法如考虑循环利用、回收等也是需要增加投入的。随着企业对环境保护认知的提高，企业逐步意识到，具有社会责任的战略也可能会带来长期的成本优势。以环境保护为例，如果仅仅是跟随法律被动接招，则一旦法律发生变化，就会因迫于无奈的赔偿和紧急升级技术与运作方式而不仅使成本大幅度提高，还会陷于竞争中的被动。并且，这种被动的行为将对企业产生负面影响，从而阻挠社会各种资源对企业的投入，有碍企业的顺利发展。反其道而行之，企业就能争取到积极主动的发展。

3. 公众压力和动力

由于看事物的角度不同，公众有时候是很挑剔的，有时候是很可爱的。无论是企业盈利还是亏损，都会有来自公众的种种非议。如果企业不小心触犯公德，那更是难逃公众的惩罚。所以，公众的压力很不好应付，处理不好会有损企业形象和发展。是以积极的姿态还是以消极的态度来面对公众的社会责任要求，其结果可能会有很大不同，企业必须有清醒的认识。将公众的压力变为企业的动力，以积极的态度创造一个具有社会责任的企业形象，以获得更多的顾客、更好的员工和许多其他益处，包括获得政府的优惠或资助等，那么，就有可能赢得公众可爱的一面。当企业能够获得公众的厚爱，那么，没有什么可以阻挡其健康发展的了。

4. 长远的可持续发展要求

企业不仅要抓好眼前利益，还必须关注企业的长远利益。社会责任对企业的正面影响或负面影响，其效果有很大部分是滞后的，这就给企业带来了巨大压力。可持续发展的概念对于一个具体企业而言，要求其经营决策既能够考虑企业当前的利益增长要求，又能够展望企业长期的生存和健康发展，这就给企业的管理活动增添了压力。由于企业的长远发展存在着许多不定因素，在顾及眼前利益的时候，往往会疏忽对于长远问题的判断和耐心。在今天面临世界经济危机的时候，对于长远利益的考虑显示出了更大的魅力。许多急功近利的企业，虽然在急速增长的经济推动下取得了令人耀眼的成就，但在2008年这场风浪中显得中气不足、一泻千里。显然，企业的健康发展有赖于在战略制定和实施管理活动时是否具有正确的眼光、坚强的毅力和娴熟的管理技能，但是，更重要的是企业的管理者是否认识到：企业健康成长正是最重要的社会责任。

对社会责任的正确认识，可以把所有上述的压力转化为企业发展的动力。在这方面，政府不仅有责任鼓励企业着眼长远发展，多为社会做贡献，同时也要以身作则尽好其社会责任，完成政府应该承担的使命。

3.3.2 履行社会责任的管理行动

企业履行社会责任的内容体现于方方面面，不胜枚举。下面主要讨论企业对顾客的责任、对社会公众的责任、对政府的责任、对投资者的责任、对员工的责任、对竞争者的责任六个方面的行动。

1. 企业对顾客的责任

企业是为顾客而诞生的，因此，对顾客尽责任是企业首要的社会责任。"顾客是上帝"，顾客的忠诚度对企业的生存和发展有着致命的影响。因此，为了做好这方面的工作，许多企业或自己或依靠中介机构开展了顾客满意的调查，就连国际标准化组织在颁布 2000 版 ISO 9000 族质量管理体系标准时，也专门增添了关于"顾客满意"的内容。为使顾客满意，企业至少要做到：提供优质安全、符合顾客需要的产品和服务；提供及时、正确和明了的产品信息；提供优质的售前、售中和售后服务，帮助顾客正确选购产品、正确安装和正确使用产品；建立质量管理体系和环境管理体系，并通过第三方认证和进行持续的改进。2008 年举世震惊的"三鹿奶粉"事件所暴露的质量、安全问题，一个非常重要的因素就是企业缺乏社会责任，其行为已经构成了对顾客的犯罪。

2. 企业对社会公众的责任

企业的价值在于对社会的贡献，因此，对社会公众的责任是其社会责任的重要内容之一。企业对社会公众的责任主要体现在资源与环境保护、社会富裕和社会繁荣、提供就业机会、科技进步等方面。

资源与环境保护是企业体现其社会责任的重要活动。在可持续发展的概念带动下，包括绿色设计、绿色材料、绿色工艺、绿色产品等一系列研制和生产的"绿色"过程，都成为企业在实施资源与环境保护中的重要活动内容，国际标准化组织 1996 年颁布的 ISO 14000 环境管理系列标准更是为企业承担其环境责任提供了有效的支持。

社会富裕和社会繁荣是企业在体现其社会责任中的经济任务。作为社会的一分子，企业应以创造社会利益为己任，在增加社会财富、实现社会繁荣和共同富裕方面扮演重要角色。

提供就业机会是企业为社会做贡献的重要内容，企业的发展、壮大不仅为投资者创造了更多的机会，也为劳动力就业提供了更广阔的机会。就业问题一直是政府最为关注的问题，也是社会公众最关心的问题，企业对于社会就业问题的贡献将会获得良好的社会效应和市场回报。

科技进步是生产力发展的重要源泉，也是生产力发展的必然要求。因此，企业研制和生产新产品需要依靠科技进步的支持，但同时也促进了科技进步和教育的发展。科技进步为企业带来了经济效益，同时也为社会公众带来了新知识、新技术财富，推动了社会文明进步。许多企业专门为公众开设了参观节目，除了广告的意图外，也是传播科技知识的一个重要举措。

3. 企业对政府的责任

许多时候，企业总是将政府视作对手，导致了许多对抗性的管理决策和沉重的代价。今天，企业已经认识到自身的存在离不开政府的支持，并且在保持竞争的公平性方面政府有着积极的作用，因而企业也应尽力支持政府的工作。例如，要积极参与政府倡导的公共事业；带头执行法律、法规；要为政府的实事工程做贡献；努力完成政府布置的任务；帮助化解政府的困难；为政府积极输送人才；等等。

4. 企业对投资者的责任

企业必须能为投资者带来有吸引力的投资回报。如果只想获取投资者资金，而不考虑投资者的投资回报的话，那是对投资者的不负责任。这不仅会给投资者带来损失，也带来了社会经济资源的机会损失。

企业必须将其财务状况及时、准确地报告给投资者，企业错报或假报其财务状况，是对投资者的欺骗，其影响面不局限于一个企业的投资者，还会影响整个社会资源的优化配置。这就是那些上市公司为什么要定期公告其经营行为和财务状况的原因，因为公司一旦上市后，就成为公众企业，企业有责任让股东们时刻了解他们投资对象的经营状况。其实，政府虽然不是企业，但有点类似上市公司的性质，必须做到公平、公正、公开，因为政府的"股东"就是其服务的公民们。

5. 企业对员工的责任

员工是企业最重要的资源。为使这一资源充分发挥作用，企业必须为他们创造良好的工作环境，包括人际关系融洽，有助于个人自身发展，良好的安全健康和卫生条件，积极有效的激励制度，极有吸引力的继续教育机会，公平的和非歧视的管理政策与态度等。特别是不得有种族、肤色、语言、国籍、性别等的歧视和不公平问题出现，这类问题不仅无助于企业取得绩效，而且会损害员工的利益，并导致人力资源效率的降低。另外，企业还必须关注员工的报酬，这是他们的劳动所得，应该让员工们能感到劳有所值。但这一切，还只是从企业管理者的角度出发的，这对于尽责任的企业而言是远远不够的。企业必须保护和发展员工资源，保证员工在心理、生理和文化素质等方面的健康以及生活快乐是企业的重要责任。

6. 企业对竞争者的责任

谈到对竞争者的责任，许多企业会不以为然，竞争都来不及，谈何责任？在市场经济机制逐步完善的今天，全社会都提倡公平、有序的竞争，因而，企业应在市场规则之下，积极参与这一公平、有序的竞争，而不能压制竞争或搞恶性竞争。公平、有序的竞争，对于参与竞争的各方都有促进，为社会公众、投资者、顾客带来益处，并推动科技进步和社会的发展，特别是有助于社会文明的健康发展。因此，每一个参与竞争的企业都应该负起这一责任，要正确处理好与竞争者之间公平的关系，不能为了本企业的利益就以不当手段来搞垮竞争者。公平、有序，为社会创造一个健康的竞争环境，不只是企业对竞争者的责任，更应该是企业为维护市场健康发展而应负的社会责任。

3.4 社会责任实践的发展与管理创新

3.4.1 积极履行社会责任

目前为止，世界难题有许多，组织如何尽其社会责任也是其中的一个重大难题。在实践中，无论是公共组织还是非公组织，应该怎么做才能更好地履行社会责任呢？这个问题没有标准答案，但是对于公共组织和非公组织而言存在着一些共性，下面以环境责任为例，提供一些建议。

1. 树立系统思想

对环境问题的系统思考，可以贯穿于组织的输入、过程和输出的各个环节之中。输入涉及资源的破坏或保护，环境问题的压力会导致资源价格的上升，从而导致对技术创新的追求以使资源得以有效的利用。换句话说，环境问题不只是对过程和输出有"绿色"的要求，对输入也有"绿色"的要求，如"绿色"设计、"绿色"资源等。为了降低组织的输出对环境的负面影响，组织必须从源头开始抓起，而不能仅依赖于末端处理，这就不能孤立地认识环境问题，必须以系统思想为主导，统筹地考虑组织对环境的影响以及带来的经济问题和社会问题。从源头做起，系统地思考和解决问题，并利用提高环境觉悟所带来的机会，使得履行环境责任更有价值。

2. 战略方面的行动

以系统思想来看环境与社会经济的发展问题，是组织的战略问题。无论是政府还是企业，都负有保护环境的责任。以企业为例，如果认为保护环境的责任是企业长期竞争优势的重要资源，那么在战略内容中：要加入环境概念的教育；要加入环境管理体系的要求；要加入开展"绿色"产品设计和工艺的要求；要提倡实施清洁生产方式；要关注环境保护带来的机遇；要加入对社会公众和后代的环境责任要求；要坚持放弃有损环境的利益企图；等等。

3. 法律领域的行动

具有社会责任的组织首先要遵纪守法，要站在战略的高度来主动走在环境保护的法律、法规和相关政策的前面,避免出现与法律、法规发生正面冲突的状况,做政府倡导的、公众拥护的事。作为政府,就更应该在这方面作出表率,并在创造良好的环境保护的法律、法规和政策环境方面积极作为。作为企业,不仅自己应该努力成为环境保护方面的遵纪守法者,在商业伙伴方面,无论是供应商还是顾客,合作的对象也应该是有社会责任的,这样才会有助于组织的公共形象不断地改善。

4. 对企业生产与运作方面的行动

最需要提倡的是清洁生产方式,因为这样就可以减轻末端处理的压力,而且这也是积极主动和更有效的对环境贡献的运作方式。要以零污染和零排放为目标(这可是长远的目标),推动生产和运作过程的技术进步,积极推动新技术、新材料、新工艺的发展推广工作,还要带动供应商为环境绩效作出贡献,从而从源头开始就为清洁生产打好基础。这听起来似乎是企业的社会责任,但更是政府的社会责任,离开政府的支持和长远战略的考虑,企业将无能为力。

5. 企业在营销方面的行动

企业在向市场投放产品或服务时,必须积极扮演环境友好的角色,要通过一系列的环境友好行动使公众和政府感受到产品在环境绩效方面的差异化,从而争取到政府的支持和公众的偏爱。但必须注意的是,环境友好的营销行动应该是实事求是的,是真正有能力做到的,并且能够向公众、顾客提供有力证据的。政府应该鼓励企业在这方面的积极作为。

6. 财会方面的行动

承担环境责任的行动是有成本的,也会取得绩效,其信息来源的一个重要方面就是组织的财会系统。按传统的会计制度来考虑对改善环境的新技术投资,由于其回报的长期性或潜在性可能难以马上看到其绩效,这样就会阻碍投资的顺利进行。建立环境会计体系,可以支持企业识别在环境责任方面决策的成本与绩效问题,这不仅会有助于企业更好地进行决策,也为政府支持企业提供了有力依据。

7. 融资方面的行动

随着全球经济的发展和人类对可持续发展概念认识的进步,具有环境责任的企业比其他企业大大降低了可预见风险,并使其社会公众形象大大改善从而在资本市场上获得额外回报。有社会责任的投资机构乐于对这类企业提供服务,因为它们认为对社会负责的投资具有良好的发展前景,如果企业能在履行环境责任中有创造性的表现,对于提高投资质量是极有帮助的。所以,积极负责的环境态度将有助于企业在融资方面得到很好的发展。

3.4.2 千丝万缕的社会责任

2008年9月12日,英国第三大旅游运营商XL休闲集团突然宣布破产,旗下航空公司航班全部停运,致使数万旅客滞留国外。英国民航局发言人13日说,民航局将耗资至少2 000

万英镑（约合 3 400 万美元），尽快安排航班运送滞留旅客回国。英国民航局初步统计，XL 休闲集团突然倒闭前，这家公司大约 8.5 万名顾客已启程前往全球大约 50 个目的地。民航局发言人说，当局将启动"20 年来最具挑战性的紧急空运"，租用航班把这些旅客送回英国。预计需至少耗资 2 000 万英镑、耗时 2 周。

据新华社石家庄 2008 年 12 月 25 日电，石家庄市人民政府 25 日上午举行新闻发布会称，石家庄市中级人民法院已经受理了对三鹿集团进行破产清算的申请。截至 10 月 31 日财务审计和资产评估，三鹿集团资产总额为 15.61 亿元，总负债 17.62 亿元，净资产 – 2.01 亿元。中国经营报 2008 年 12 月 24 日的消息说，在宣布三鹿集团进入破产程序之前，石家庄市政府已经开始了一系列行动，以帮助三鹿集团缓解支付患病婴幼儿的治疗和赔偿费用等问题。在采取的措施中，石家庄市政府已经把市政府大院的南院和西院，还有一个下属酒店抵押给了银行，筹集了 9.2 个亿上缴给国家暂时成立的临时赔偿机构。

当企业丧失其行为能力时，政府有责任出面保护无辜的受害者。上述案例中，无论是英国民航局的举动还是石家庄市政府采取的行动，都是政府履行社会责任的典型例子。也许人们认为这是情理之中的事，但是，真的都是这样吗？以三鹿问题为例，就有人对石家庄市政府将政府大院抵押给银行筹集赔款的做法提出异议：如此做法，其精神值得肯定。但是，可能带来一些负面影响。暂且不谈石家庄市政府有没有擅自决定抵押国有资产——政府大院的权力，仅从抵押风险分析，至少会表现在三个方面：首先是信贷资金风险；其次是政府社会信用风险；最后是法律公信力降低风险。所以，对于这种千丝万缕、错综复杂的社会责任，许多组织难以有正确的认识，更难以有正确的行为选择。但是，这并非说没有正确的选择。生存和发展的需要迫使组织正视这些问题与困难，没有办法逃避，以积极的姿态、创新组织的发展思路，就一定能找到适合的健康成长之路。

本章小结

企业的社会责任与生俱有，正确认识企业的社会责任，就必须回归到诞生企业的原始目的。在具体的行动上，企业必须系统地关注对顾客的责任、对社会公众的责任、对政府的责任、对投资者的责任、对员工的责任、对竞争者的责任的方面的工作。有社会责任感的企业，无论在战略上还是在战术上都会比其他企业有更多的赢取机会。

思考题

2008 年 9 月，中国"三鹿奶粉"事件造成了广大消费者对国产奶粉的极大不信任，也引发了对企业"社会责任"的大讨论。请就组织的"社会责任"这一概念对"三鹿奶粉"事件的各方责任展开讨论，并提出你认为的关键因素是什么？

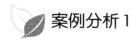 **案例分析1**

从碧桂园看企业社会责任

碧桂园集团公司（以下简称"碧桂园"），成立于1992年，企业总部位于广东省佛山市顺德区，是中国最大的新型城镇化住宅开发商之一。碧桂园采用集中及标准化的运营模式，业务涉及众多方面，包含建筑安装、房屋装修、物业发展、物业管理、物业投资、酒店发展和管理等。碧桂园自创立以来，得益于中国日趋兴旺的经济发展，逐步走出广东省，拓展至全国其他经济高增长地区。2006年碧桂园获得中国工商管理总局授予的"中国驰名商标"称号。除广东省外，目前碧桂园已在25个省/直辖市/自治区的多个地区拥有物业开发项目。自2011年12月，碧桂园成功进军了国外市场，在马来西亚及澳大利亚拥有开发项目。碧桂园企业凭借强劲的自身实力，2018年7月在美国《财富》杂志发布的世界500强排行榜中，碧桂园位居第353位。2018年9月，碧桂园在中国企业500强排行榜中，排名第80位，表现十分抢眼。

在企业的快速扩张下，碧桂园在短短的20多年时间内发展成为国内一线的房地产开发商之一，同时也因为这样的"高周转"运营模式，为后面发生的一系列安全事故等问题埋下了隐患。2018年8月21日创始人杨国强发布了一封《行稳致远——杨国强致投资者的一封信》的公开信，信中对于碧桂园近期发生的安全事故作出了检讨和回应。在发生问题的时候，企业是如何对待问题、解决问题的方式是公众更为关注的一点。

1. 碧桂园的成长初期

1992年"碧桂园"的名字第一次出现在世人面前。也正是这一年，第一个碧桂园项目正式在广东顺德诞生。老板名字叫杨国强，广东顺德人，曾经是一个普通包工头，后来和香港人合作办学校，学校承诺家长10万元保送到大学，就用这笔资金盖起了第一个碧桂园——顺德碧桂园。在随后的一段时间里，碧桂园都没有作出亮眼的成绩。

2002年，碧桂园的重大项目即凤凰城项目落地，填补了广州地产市场的空白。目前碧桂园已在广州布局了几十个社区大盘，并且涉足各名校及五星级酒店，足迹遍布各个城区，帮助近几十万的客户实现安居广州的梦想。至此，碧桂园将目标客户群锁定在"成长发展型"，集中于"先富"和"新富"，这些都是有相对稳定工作环境和薪资的高知族群。随着这一目标客户群的锁定，大大扩张了市场的新需求。自此碧桂园的发展战略转为"深耕三四线，拥抱一二线"，为后续开启碧桂园辉煌的成长篇章奠定了坚实的基础。同时，碧桂园也一直坚守"给您一个五星级的家"的承诺，以为目标人群提供更高品质的服务为己任，秉持筑好房，做好产品的理念，对地产的园林概念严苛细节，对各项配套设施都力求完美，对房地产服务追求专业。

2007年，碧桂园在香港上市，正式步入了新的发展阶段。从1992年起，碧桂园一直奉行要开发大盘、持续开发单盘的原则，采用不断层层跟进的方式提高效率。到2007年，碧桂园有几十个项目处于不同的发展阶段，拥有的各种土地储备资源超过1800万平方米。依据当时的开发速度，可满足未来至少5年内的发展需要。在这种背景下，碧桂园于2007年上市，也自此成功铸造了一个国际性的地产品牌。自上市之后，碧桂园的销售额接近5500亿元，纳税总额也超过了300亿万元，顺理成章地成为当地守法依规的纳税大户。碧桂园所到之处，都给人留下了良好的印象，努力建造高性价比的房子，满足追求者的居住生活梦想。碧桂园上市之后，在此前"给您一个五星级的家"的同时，也提出了"希望社会因我们的存在而变得更加美好"的口号；从单纯服务"购房者"扩展到更好地服务购房者所生活的整个社会。碧桂园不但继续坚持"快速、大规模、物美价廉住宅工厂"的特色，也强调要做"有良心、有社会责任感的阳光企业"。

2. 碧桂园的高速发展期

2008年碧桂园布局全国，打造"五星级的家"开始正式被消费者关注，当年碧桂园在各地先后开启23个楼盘。碧桂园在整个地域布局快速扩张的同时也重点关注其产品定位的提升。例如，他们推出的"创优100"计划、园林改造计划、投入更多精力致力于研发更符合科学居住的户型等举措，碧桂园在消费者心中的形象逐渐高大起来。

为了适应快速发展战略，碧桂园在高速发展期也对其管理模式进行了改变，力求符合企业的发展要求。作为民营房地产企业，碧桂园在创业初期实行的是垂直管理模式，其弊端在企业发展初期并不明显，但随着企业发展到较大规模，它的局限性就会突显出来。杨国强意识到垂直化管理的弊端，于是在2010年7月22日，碧桂园革新了集团的管理模式，实现了"总部—区域—项目"的三级管控。

房地产行业投资周期长，资金链难以得到保证，因此碧桂园在其快速发展时期，适时地根据我国居民对住房的基本需求开发项目。碧桂园项目相对较高的容积率及拿地选址为它们的快速发展提供了资金快速回笼的保障。除了对产品的重视，碧桂园也意识到树立员工主人翁意识的重要性。先后提出了"成就共享"及"同心共享"的口号，创新了房地产行业的合伙人制度，各项举措使得碧桂园的职工收入在业内有一定优势。以上发展战略为碧桂园的飞速发展奠定了坚实基础，2013年，碧桂园实现了第一个"千亿年"，此后每年销售额都是持续增长，2016年的销售额达到3 088亿元，高达2012年476亿元的6.5倍。

在追求企业快速发展的同时，碧桂园也没有忽略它的社会责任。杨国强设立了"仲明大学生助学金"来帮助贫困优秀学子顺利完成学业，自1997年设立以来，累计捐款已超3000万元，广东省上万名大学生获得过资助。除此之外，碧桂园还出资办立国华中学，以高质量的教学方法和优秀的师资力量，向全国范围招收品学兼优的贫困学子。多年来碧桂园在创立奖学金、扶贫计划等方面大力响应号召，为部分地区的扶贫工作作出了巨大贡献。

3. 碧桂园的问题爆发期

碧桂园在大跨步向前迈进发展自己的同时，企业的一些大小问题也随之被社会逐渐公布出来，而这两年更是集中爆发期，数量之多令人咋舌。

碧桂园的"高周转"模式的弊端凸显。碧桂园的"高周转"模式，所谓的"456"，即拿地后4个月开盘，5个月资金回笼，6个月资金回正。过于追求增长速度难免会出现问题，不规范、赶工期等导致质量出现问题的概率就会增加。房企采用"高周转"模式，核心原因是房地产进入新常态，所以借此模式来提高单位时间内资金的利用率。这样做一方面透支了市场的购买需求，另一方面也会造成产品问题，导致房子质量、施工过程出现问题。

碧桂园资金链发生问题。政府的限购、限售、加息等政策的影响，导致房地产企业资金链面临重大考验。对于高负债的开发商来说是痛苦的，而速度之王碧桂园更是苦不堪言，这也倒逼着碧桂园只有以更快的速度进行开发，才能还本付息，从而造成高周转的恶性循环。

企业内部管理质量管控和监督机制存在问题。碧桂园的问题频发，管理层的管理制度和监督有着相当大的责任。碧桂园签发《碧桂园集团强制自行监理实施方案》通知，要求2014年10月1日开始推广"自行监理"，而按照《建设工程质量管理条例》第35条规定，监理单位往往是第三方公司，跟甲方和施工方不能有利害关系。但是，为了快，为了更多的钱，碧桂园把监理这一环"阉割"了，在碧桂园的工地上，经常出现监理和施工方都是碧桂园自己人的情况。从那以后，碧桂园楼盘质量江河日下。实行有效的监督机制，做好各个环节安全隐患的检查与质量的管理，必须将质量与安全放在首位并能切实有效地实施。

在2018年第二季度初的4月，广西壮族自治区西南部的崇左市开展的碧桂园项目二期工地上就发生了一起造成一死一伤的严重坍塌事故。6月在上海的工地上，又发生了一起更严重的造成一死九伤的安全事故悲剧，主要的事故原因竟然是上海碧桂园建筑工地的模架倒塌了。而在7月，碧桂园在全国各地的工地如杭州萧山，安阳，淅川惊人地接连出现事故。事故原因有工地发生火灾，地基有明显裂痕，路面塌方，新房变危房等。据媒体不完全统计，目前有事故发生且有负面消息的楼盘涉及河北、广东、安徽、江苏、浙江、山东、湖南、湖北、河南、福建、四川、江西等全国17个城市。

与此同时，全国各地对碧桂园房屋质量问题的维权消息也不时被媒体曝光，墙皮脱落或是房屋漏水等事件不胜枚举。这些房屋质量问题直接破坏了业主的装修，耗费了业主大量的财力、物力，许多业主联合起来将碧桂园告上法庭。对于消费者来说，买房是一件终身大事，谁都想拥有一个五星级的家，没有谁愿意上法庭打官司。可是碧桂园出现这样有安全质量问题的房子，只会引起消费者的投诉与强烈不满，最终也只能使消费者为了维权诉诸法律。

企业的价值体现在多个方面，对股东要给予回报，对消费者要提供优质的产品和服务，对职工要创造更好的劳动、生活和发展条件，对自然环境要给予更好的保护，对国家和社会要创造财富、提供就业岗位、缴纳税收，等等。充分体现企业价值，是企业基本的社会责任，也是应尽责任。

碧桂园项目发生问题后，碧桂园在其广东佛山总部举行全国媒体见面会，就近期外界关注的问题进行集中回应。碧桂园董事局主席杨国强表示，以后出现事故的公司项目要立即处理，不能找任何理由。"我要求组成一个50人的团队，研究一个更好的施工方法"。针对之前发生的安全事故，碧桂园采取了若干措施，实施管控方面的升级：①对集团全部项目停工整顿，自查自纠，这项工作已经基本完成。②集团已经号召所有区域开展安全质量交叉检查的启动会，进一步巩固上一阶段自查自纠的成果。③对区域的工作精简，进而建立安全质量工作方面的长效管控机制，形成项目总经理安全质量的抽检制度。④施工合同条款中明确承包人需在确保安全质量的条件下履行合同，如果发包人，也就是各个项目的工程存在安全质量等方面隐患的，承包人即碧桂园，可以拒绝执行。⑤公布了集团总部相关人员的电话和邮箱地址，同时制定了恶劣天气下的安全风险管控方案。

碧桂园以上措施虽然实质上未能消除问题发生的事实，但可以体会到企业再这样下去将步入生死存亡阶段，在我国能够主动认错的企业不多，碧桂园能够主动站出来接受社会的监督，改正错误，相信碧桂园能给客户一个更满意的家。

资料来源：
[1] 张玉荣. 碧桂园：积极践行企业社会责任[J]. 小康，2017（8）：72-75.
[2] 碧桂园：焕发全球500强魅力成就行业典范[J]. 中国物业管理，2016（7）：2-5.
[3] 孙海亮. 失控的碧桂园，荒谬的公关[J]. 公关世界，2018（19）：56-59.

案例讨论

1. 结合碧桂园企业成长、发展、问题爆发的历程，分析碧桂园可以从哪些方面来承担企业社会责任。

2. 结合本章内容，谈谈碧桂园针对发生的安全事故所采取的措施，可以为企业避免哪些风险？碧桂园要持续健康发展，应该在今后的路程上更加关注什么？请继续查阅关于碧桂园和社会责任等方面的资料，对上述问题展开讨论。

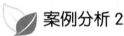

案例分析 2

中国企业家有责任建构新的全球化规则

《中国经济周刊》：今年夏季达沃斯的主题是"领导力4.0：全球化新时代的成功之道"，请您谈一谈，全球化新时代，需要什么样的领导力？

宋志平：这个题目是企业家们非常重视，都在思考的。当前，国际化的一些规则正在被颠覆和改变。我们必须致力于构建新的规则，同时也要让自己适应这场变化，包括国际格局、利益格局的变化，也包括技术格局对产业深刻的影响。

在这个新的阶段，作为企业的领导，其领导力至少有三点是非常之重要的。

第一，企业家得融入全球化的进程。过去40年，中国企业经历了长足的发展，现在，中国是世界的市场，世界也成了中国的市场，已经高度融合在一起了。所以作为中国企业，就不能只关注自己的市场，而要更多关注国际市场，融入全球化过程中来。在此过程中有我们的思考、参与和引导。

说到全球化，虽然是政府搭台，但其核心主体还是企业，尤其大企业，要积极发声，去引导全球化的进程，包括一些规则的制定等。这也是我们的一个责任。

第二，企业家要提升技术创新和变革的能力。工业 4.0 是以数字技术为基础的，作为企业家，创新的意识一定要跟上时代的步伐。今后的企业，最大的红利是面对创新和变革的适应力。中国建材目前在 3D（三维）打印、新材料、无人工厂建设等方面，发展速度是很快的。

第三，企业家要更多着眼于不确定性，提升经营水平。过去，我们更多关注企业内部的管理，围绕着生产更多的产品来满足需求；而现在，随着信息化时代的到来，管理下移，作为企业领导，最应该关注的是企业经营环境变化的不确定性，这是被人替代不了的。每天都有新技术，市场每天都在变化，企业领导应该眼睛向外，面对不确定性做正确的选择，提升经营水平。

《中国经济周刊》：在全球化新时代，中国企业家，尤其是中国的央企，当前面临的挑战是什么呢？

宋志平：挑战其实很多，如果要总结一下，我觉得有四大挑战。

第一，是贸易保护主义。贸易保护主义是全球化进程中是一股逆流，大家都反对，包括美国很多企业家都公开反对，但是也不可小觑，贸易保护主义抬头是个现实。对我们来讲，这是一个挺大的挑战。中国建材在美国、欧洲都有不少的企业，也会遇到贸易保护主义的问题，但是我们还是很坚定全球化是主流，是谁也挡不住的。同时，我们也在积极做工作。比如说，西方对国企有些误会，我们要给它们讲清楚，中国的国企为什么能够满足竞争中性，让国际市场能够接纳我们，这是当务之急。

第二，是气候问题，这是全人类共同面临的大问题。中国建材的一个主要产品是水泥，水泥是我们缺少不了的，但其二氧化碳排放多，怎么办？我们现在采取了三项大的措施：一是用新能源替代传统的火电，二是用新的技术减少烧煤的量，三是提高标号减少石灰石的用量。通过这些措施，能够减少约 40% 的二氧化碳排放。

第三，是新技术革命带来的挑战。目前，我们的工厂在进行大规模的智能化改造，速度超出大家的想象。这是中国人的一个偏好，我们在做智能化这方面，进展是非常之快的。但是，这也带来了一些问题，比如大家最担心的就是智能化会不会带来就业的问题。我个人在这个问题上是乐观的，智能化可以弥补劳动力的不足，同时也可以改变分工，让劳动力更多地去做服务性的工作。

第四，是贫富两极分化、财富分配不合理的挑战。80%的财富聚集在 1%的人手里，这肯定是不对的。中国建材现在正在进行制度改革，其中一个重要方面就是分配制度，通过员工持股、经营股票计划、科技分红等，让人力资本的拥有者、让劳动者也能够享受财富的分配。

我们说华为的成功，其核心是什么？我觉得核心还不仅仅是技术，其核心是两点：一是企业家精神，有任正非；二是机制革命，有"财散人聚"的分配机制。我觉得当今企业都应该研究华为，其凝聚力和创新活力来自哪儿。

《中国经济周刊》：中国建材是率先迈出全球化步伐的中央企业，在这么多年的全球化过程当中，中国建材现在的全球化思路与早些年相比，会发生一些变化吗？

宋志平：这个变化很大。第一阶段，我们的全球化其实就是出口创汇、引进技术，这是我们对全球化的理解。第二阶段，我们通过引进消化吸收再创新，拥有了一定的能力。比如在中国建材，我们做了一些成套装备，做 EPC（项目总承包）等等，在全球尤其在"一带一路"国家，有 60%～70%的水泥厂和玻璃厂，是中国建材这一家企业在建设，支持了"一带一路"和全球化的发展。

现在来讲，又有不同。在全球化的过程中，我们全方位融入，既不是简单的 EPC，也不是简单的出口，甚至也不是简单的投资，而是融入全球化的各种机会，比如技术、管理、服务等各个方面。

在全球化进程中，还有一个很重要的方面，是要整合全球的创新资源，这是我现在思考比较多的。尽管有一些国家，在高科技方面对我们进行限制，但我们创新资源的来源是多方面的。对于中国企业来说，整合全球创新要素的能力是很重要的，不要把创新要素的来源放在一个篮子里。

资料来源：

姚冬琴. 专访中国建材董事长宋志平：中国企业家有责任建构新的全球化规则[J]. 中国经济周刊，2019（13）：44-46.

案例讨论

1. 企业家的社会责任与企业的社会责任是相同的吗？为什么？
2. 宋志平的讲话中，哪些社会责任是目前众多企业缺乏认识的？

延伸阅读文献

拓展阅读

1. 尤建新，陈守明，赵红丹，等. 高级管理学[M]. 3 版. 北京：清华大学出版社，2019.

2. 里德. 管理思维创新——如何构建你的心智模式[M]. 北京：经济管理出版社，2004.

第4章 组织战略与管理

 故事引导

长者的恩赐

从前,有两个饥饿的人得到了一位长者的恩赐:一根鱼竿和一篓鲜活硕大的鱼。其中,一个人要了一篓鱼,另一个人要了一根鱼竿,于是他们分道扬镳了。得到鱼的人原地就用干柴搭起篝火煮起了鱼,他狼吞虎咽,还没有品出鲜鱼的肉香,转瞬间,连鱼带汤就被他吃了个精光,不久,他便饿死在空空的鱼篓旁。另一个人则提着鱼竿继续忍饥挨饿,一步步艰难地向海边走去,可当他已经看到不远处那片蔚蓝色的海洋时,他浑身的最后一点力气也使完了,他也只能眼巴巴地带着无尽的遗憾撒手人间。

又有两个饥饿的人,他们同样得到了长者恩赐的一根鱼竿和一篓鱼。只是他们并没有各奔东西,而是商定共同去找寻大海,他俩每次只煮一条鱼,他们经过遥远的跋涉,来到了海边,从此,两人开始了捕鱼为生的日子,几年后,他们盖起了房子,有了各自的家庭、子女,有了自己建造的渔船,过上了幸福安康的生活。

一个人只顾眼前的利益,得到的终将是短暂的欢愉;一个人目标高远,但也要面对现实的生活。只有把理想和现实有机结合起来,才有可能成为一个成功之人。组织也是一样,在制定战略目标时需要兼顾组织内外环境。

4.1 组织的战略问题

随着经济全球化、科学技术高速发展和大数据时代的到来,环境的开放性和多样性导致组织所面临的竞争环境越来越激烈。尽管战略管理思想的发展历程才50多年,但组织战略(企业战略,简称战略)的重要性和复杂性已日益突显。

基于管理学和经济学,通过理论和实践的相辅相成,当今的学术界已形成了许多经典并极具代表性的组织战略理论。然而,随着时代和环境的变化,以及企业自身的成长,组织战略理论指导着实践,而在应用于实践的过程中,也产生了不少问题,这些从实践中获取的经验教训也进一步促进了战略理论的发展。一方面,理论指导实践,即理论推动实践发展;另一方面,理论也是实践经验的归纳总结,即实践促进理论发展。不难看出,二者是相互影响和相互促进的。

那么,组织战略的理论和实践是按什么规律发展的?为什么同一阶段会产生不同的观点?这些观点有何异同?哪些因素会对组织战略造成影响?如何实践组织战略理论才能获

得成功？组织战略发展的新方向是什么？回答上述这些问题显得尤为重要。

4.2 组织战略的理论和实践发展

本章通过追源溯流，对战略思想和实际应用的过往与发展进行研究，将组织战略理论的发展分为三大阶段：第一阶段强调战略适应环境；第二阶段强调外部环境决定战略；第三阶段强调战略的制定需要综合关注外部环境、内部环境以及人的影响。第三阶段代表了现代化的战略理论研究方向，即认为战略存在复杂的决定因素，需要多因素、多角度地协同考虑，来促进战略的实施。

4.2.1 经典组织战略理论

"战略"一词原为军事领域术语，是指基于战争目的、为取得成功而使用战斗手段的一种艺术。《中国大百科全书》中的解释是：战略是指导战争全局的方略。英语中战略叫"strategy"，在《简明不列颠百科全书》中的解释是：在战争中利用军事手段达到战争目的的科学和艺术。

1. 钱德勒的战略研究

20 世纪 60 年代初，随着西方企业管理理论不断发展，企业战略思想逐渐形成。不断涌现的战略专家和战略理论揭开了现代战略管理的序幕。

战略管理理论来源于管理理论。1938 年，巴纳德首次将战略的概念引入管理理论，指出企业做所有决策时必须考虑战略因素。一般认为，美国著名管理学家 Alfred D. Chandler 是研究战略管理理论的第一人，1962 年，他在《战略与结构：工业企业史的考证》一书的中提出企业战略问题并进行了研究。这一巨著后来被人们称为钱氏三部曲的第一部（钱氏三部曲的第二部——《看得见的手：美国企业的管理革命》，钱氏三部曲最后一部——《规模与范围：工业资本主义的原动力》），也让 Chandler 在学术界声名鹊起。该书论述了分部制管理结构的产生完善过程，具体以杜邦公司、通用汽车公司、新泽西标准石油公司和西尔斯公司为代表。早期美国企业通过纵向一体化和横向合并两种战略竞争市场份额时，逐步确立了集权（centralization）的职能制结构。第一次世界大战后，美国企业实行海外扩张和多元化战略，很多企业开始走出国门，企业管理结构也随之改变，这就是上述四家公司发明的分部制管理结构。

Chandler 在书中通过领先企业的案例研究，提出了"结构追随战略"的论点并分析环境、战略和组织之间的相互关系。指出组织战略影响组织结构，组织结构的发展是与组织战略的调整相适应的。他认为，组织结构必须适应企业战略，随着战略的变化而变化，而企业战略则应当适应环境(满足市场需求)。因此，钱德勒被公认为环境—战略—组织理论的第一位企业战略专家，他确立了"环境—战略—结构"这一以环境为基础的经典战略理论分析方法。

2. 安索夫的战略研究

关于战略构造问题的研究，在 Chandler 的基础上，形成了两个相近的学派："设计学派"和"计划学派"。设计学派，以安德鲁斯教授及其同仁为代表。设计学派认为，企业战略的形成必须由企业高层经理负责，而且战略的形成应当是一个精心设计的过程，战略由四个要素构成，即个人价值观和渴望、公司实力、市场机会、社会责任。其中个人价值观和公司实力是企业内部因素，市场机会和社会责任为外部环境因素，他主张企业通过战略管理优化资源配置，形成异于竞争者的独特能力，以获取竞争优势。战略应当清晰、简明，易于理解和贯彻。

计划学派是以美国著名的战略学家安索夫为杰出代表。1965 年，安索夫出版的第一本有关战略的著作《企业战略》，开始了现代企业战略理论研究，被誉为"战略管理之父"。他在其著作《企业战略》中开始使用战略管理一词，将战略从军事领域拓展至经济管理活动。1972 年，安索夫再次丰富战略管理思想，指出企业的高层管理人员为了保证企业的持续生存和发展，通过综合企业外部环境与内部条件，对企业的全部经营活动所进行的根本性和长远性的规划与指导。他在 1979 年整理出版了《战略管理》一书，提出"结构决定战略，战略追随结构，战略管理过程是一个开放系统"的观点。

此后，众多学者参与了企业战略理论的研究，根据他们研究视角的不同形成了诸多理论学派，有结构学派、设计学派、权力学派、定位学派、创意学派、计划学派、环境学派、认知学派、学习学派、文化学派等。

3. 其他战略研究

1978 年，Miles 和 Snow 在《组织的战略结构和过程》中提出将组织战略分为防守型、进攻型、分析型和反应型四种类型。认为组织置身于外部影响与外部关系构成的环境中，需要采取适当的措施来应对环境制定相应的战略。他们将这一过程定义为适应性周期，在适应性周期中企业体现出四类基本战略：防御型，其目标市场是一个较为狭长的细分市场，企业注重对市场的掌控。进攻型，企业注重创新，在较大程度上对未来进行探索和试验，发现潜在机会。分析型，是防御型和进攻型的结合。这类型的企业，既注重对传统产品和服务的维持，同时也不断尝试新的定位寻找新的发展机会。反应型，这是在适应性周期中的被动反应。Miles 和 Snow 认为反应型是企业的一个剩余战略，仅仅在其他三类战略不能奏效时才可能出现。

4.2.2 现代组织战略理论

在 20 世纪 70 年代的大众商业和学术期刊报刊上，公开发表了大量的宣扬正式"战略计划"优点的论文。在一定程度上，这些论文获得了较大成功，它们将战略进程中一些必要的东西深深植根于管理人员的头脑之中。但从 80 年代以后，一股来自经济学界的强风席卷了整个战略管理领域。

1. 早期产业组织学派理论

产业组织学派理论沿袭了迁移阶段的大部分前提条件及其基本模式,但它也从两方面增加了一些内容:从形式上,产业组织学派强调了战略制定过程和战略内容本身的重要性;从性质上,产业组织学特别重视战略内容,从原来这一领域中单纯地注重规定内容扩展到实际调查。而在此之前,多年来战略计划总是过于笼统地看待战略的内容,而且战略模式也只是毫无创新的重复。

产业组织学派思想的出现使企业家和学者们越来越认识到市场结构与战略因素,如产业集中度、规模经济、垂直一体化、产业壁垒、产品差异等对企业盈利能力的影响比外部总体政治、经济环境的影响要大。市场不完善对企业的盈利与成长的影响越来越强,行业的选择与市场定位成为企业战略的核心问题。

目前有两种模型解释企业如何获得战略竞争力与超额利润。其中一种是产业组织模型,认为企业的外部环境是企业战略行动的主要决定因素,该模型强调企业成功的关键是选择有吸引力的行业。

1)产业组织学派的理论假设

产业组织学派是由哈佛的梅森、贝恩等人倡导。这一学派的核心思想是:企业的竞争战略必须将企业与它所处的环境相联系,而行业是企业经营最直接的环境,每个行业的结构又决定了企业潜在的利润水平。产业组织理论的四个假设。

(1)外部环境施加压力约束决定企业能否赢得超额利润。

(2)同行业的大多数企业拥有相似的战略相关资源并根据这些资源实施类似的战略。

(3)实施战略所需要的资源在企业间可以自由流动,资源差只是暂时的存在。

(4)战略家是理性人,根据企业利润最大化原则做决策。

2)SCP(结构—行为—绩效)分析框架。产业组织体系的创建是由梅森于1938年建立一个产业组织研究小组开始的。主要对市场结构、竞争行为、经营业绩的三者的关系做实证研究,研究各种不完全竞争模型的实证与规范含义,政府反托拉斯活动的组织及其后果,旨在提高市场绩效的各种管理政策。梅森于1939年发表《大企业的生产与价格政策》。克拉克等人对有效竞争做了深入的研究,认为有效竞争既能获得规模经济,又能维护市场公正与效率。产业组织学派成熟的标志是1959年梅森的弟子贝恩《产业组织》一书的出版。提出了结构——绩效范式。贝恩重点研究了产业集中、产品差异化、进入壁垒、规模经济等对市场结构与经营绩效的影响。谢勒在1970年出版了《产业市场结构与绩效》,对市场行为以经营绩效的关系做了深入的研究。确立了结构行为绩效的SCP分析框架。

2. 波特的竞争战略理论

20世纪80年代初期,波特提出了企业发展的竞争战略和获得竞争优势的方法。波特著名的"三部曲"对竞争战略理论作出了重要的贡献,波特的竞争战略思想为指导企业竞争行为提供了基本方法。波特深受美国以梅森和贝恩为代表的产业组织学派的影响,并且致力于将产业经济学运用于企业战略研究领域，将产业组织中的 SCP 分析框架引入研究之中，提出了以产业结构分析为基础的竞争战略。

1）五力模型

波特在《竞争战略：分析行业和竞争者的技术》一书中提出了决定产业竞争的五种作用力，即新进入者的威胁、替代品的威胁、买方的竞价能力、卖方的竞价能力、现有竞争者之间的争夺。

（1）新进入者的威胁。行业必须针对新竞争者作出竞争性的反应，这就不可避免地消耗自身部分资源，因此会降低利润率。对于一个产业来讲，进入威胁的大小取决于所呈现的进入壁垒，潜在进入者可能遇到的现存守成者的反击。

（2）替代品的威胁。广义地看，一个产业的所有公司都与生产替代品的产业竞争。替代品设置了产业中可谋取利润的定价上限，从而限制了一个产业的潜在收益。

（3）买方的竞价能力。买方的产业竞争手段是压低价格、要求较高的产品质量或提供更多的服务项目，并且从竞争者彼此对立的状态中获利，所有这些都是以产业利润作为代价的。

（4）卖方的竞价能力。供应商们可能通过提价或降低所购产品或服务的威胁来向某个产业中的企业施加压力。

（5）现有竞争者之间的争夺。如果行业内现有竞争者之间的竞争激烈的话，他们会采取各种手段来争夺市场地位。

2）三大竞争战略

在《竞争战略：分析行业和竞争者的技术》一书中，波特还提出了三种基本的竞争战略，即成本领先战略、差异化战略、目标集聚战略。

（1）成本领先战略。成本领先战略在 20 世纪 70 年代由于经验曲线概念的流行而得到日益普遍的应用，即通过一系列针对本战略的具体政策在产业中保持总成本领先。

（2）差异化战略。差异化战略就是将公司提供的产品或服务差异化，形成在全行业范围内具有独特性的东西。

（3）目标集聚战略。目标集聚战略就是主攻某个特定的顾客群、某产品系列的一个细分区段或某一个地区市场。

3）多元化成长理论

波特在《哈佛商业评论》上发表了《从竞争优势到竞争战略》一文，他研究了 33 家美国著名大公司从 1950 年到 1986 年的多元化经营情况，这些公司平均每个公司涉足 80 个新行业和 27 个新领域。超过 70% 的新行业是通过兼并进入的，22% 是投资兴建的，8% 是合资的。有些兼并过多的公司不但没有增值，反而陷入困境。波特认为多元化经营的公司战略要素通过三项基本检验：行业吸引力检验、进入成本检验与协同效应检验。研究提出了公司战略概念：组合管理、重组、技能转移与活动共享。波特指出核心业务是企业多元化经营成功的关键。核心业务是那些处于有吸引力的行业、能够取得持久竞争优势、同其他业务具有重要内在关联、能够为多元化提供技能与活动的业务。为此，波特提出了一个行动方案。

（1）分析现有业务单元的相关性。

（2）选择能成为公司战略基础的核心业务。

（3）创立水平组织机制以疏导核心业务间的关系为未来的相关多元化奠定基础。

（4）寻找具有共享活动的多元化机会。

（5）如果没有共享活动的机会和这种机会受到限制，那么通过寻找技能转移的机会实现多元化。

（6）对于兼并的管理不善的公司，应采取重组战略。

（7）分红让股东成为组合管理者。

3. 核心能力学派理论

普拉哈拉德和哈默尔（1990）在其《企业核心竞争力》中提出核心竞争力理论，指出在战略管理实践上，要求企业从自身资源和能力出发，在自己拥有一定优势的产业及其相关产业进行经营活动，从而避免受到产业吸引力诱导而盲目进入不相关产业进行多元化经营。核心竞争力，又称"核心（竞争）能力""核心竞争优势"，是一个企业（人才，国家或者参与竞争的个体）能够长期获得竞争优势的能力；是企业所特有的、能够经得起时间考验的、具有延展性，并且是竞争对手难以模仿的技术或能力，是应对变革与激烈的外部竞争，并且取胜于竞争对手的能力的集合。核心竞争力是企业竞争力中那些最基本的能使整个企业保持长期稳定的竞争优势、获得稳定超额利润的竞争力，是将技能资产和运作机制有机融合的企业自身组织能力，是企业推行内部管理性战略和外部交易性战略的结果。

核心竞争力是在企业一系列发展和决策过程中形成的，具有独特性，是由企业获得长期稳定的竞争优势的企业战略和实施战略的团队执行力决定的。所以学者提出，战略管理与企业核心竞争力的关系密切。首先，战略管理是企业核心竞争的基础。

（1）战略制定是企业核心竞争力的构建。

（2）战略执行是企业核心竞争力的形成。

（3）战略管理是企业核心竞争力的提升。

其次，企业核心竞争力是战略管理的体现。

（1）企业核心竞争力是战略的执行力。

（2）企业核心竞争力是战略管理的整合力。

（3）企业核心竞争力是战略管理的洞察力和预见力。

培育和发展核心竞争力是现代企业迫切面对的重大课题，企业管理者应从企业战略管理的高度对核心竞争力进行正确的认识和准确的把握，进而推动适应社会主义市场经济和企业发展的运行机制的建立与完善，不断地增强核心竞争力，使企业在市场竞争中立于不败之地。同时，通过制定明确的、可操作的战略目标体系，帮助企业作出正确的战略决策，并加强企业战略的执行力度，提高核心竞争力，在竞争中获得优势。

4.2.3 组织战略理论的新发展

企业采用的战略与不断变化的市场环境条件息息相关。20世纪末以来，特别是进入21世纪，产业环境的变化、科技创新带来的市场需求变化、跨国公司带来的竞争国际化，都要求企业相应地调整和优化企业战略，综合考虑企业的内在竞争力和企业所处的外部环境。

1. 超越竞争战略理论

20世纪90年代以前，竞争和竞争优势对企业战略管理的理论与实践产生了强烈的影响。科技的变革、需求的改变使得市场环境日趋复杂，以往的一味地竞争已经不能满足企业的发展需求。在此背景下，爱德华·德·博诺于1996年出版《超越竞争》一书，提出了"超越竞争"的观念，而超越竞争则成为战略管理理论发展的一个新热点。

以下这些理论主张超越传统战略理论所强调的竞争性战略思维，故统称为超越竞争理论。

2. 战略联盟理论

无论是以外部市场环境为重心的战略，还是以内部环境或者两者相结合为基础的战略，它们都是以企业自身的生存与发展为目标，建立在提高企业竞争力和竞争优势的基础上。随着科学技术的不断进步和经济全球化的进一步发展，市场竞争变得更加激烈，很多企业渴望提升竞争力，并寻求以低成本来克服新市场进入壁垒，从而意识到企业间合作的重要性。在这一背景下，出现了由两个或两个以上企业组成的战略联盟，联盟成员间展开合作、同担风险、共同收益。

美国DEC公司总裁J. Hopland和管理学家R. Nigel提出了战略联盟的概念，并指出战略联盟是指两个或两个以上有着共同战略利益和对等经营实力的企业，为达到共同拥有市场、共同使用资源等战略目标，通过各种协议、契约而结成的优势互补或优势相长、风险共担、生产要素水平式双向或多向流动的一种松散的合作模式。

战略联盟具备着网络组织的特点。

（1）边界模糊。

（2）关系松散，合作方主要通过协商来解决问题。

（3）机动灵活，战略联盟组建过程简单，适应环境变化时可迅速解散。

（4）动作高效，合作方将自身核心资源加入联盟当中，使得联盟可完成单一企业难以完成的任务。

战略联盟还具备着互补性、快速性、低成本等优势，但是其本身存在着很多缺陷。在此背景下，企业还在寻找一种更优的组织战略管理形式。

3. 战略集群理论

迈克尔·波特继1990年在《国家竞争优势》中提出集群的概念后，在1998年又发表了《产业集群与竞争》，在该文中，波特肯定了企业集群对维持企业竞争优势的重要性。他认为，在一定的地理位置上集中的相互关联的企业以及相关机构可以使企业享受集群带来的规模经济和范围经济的好处，而又可以保持自身行动的敏捷性。基于诚信基础上的企业集群可以减少交易费用，可以使经验、知识、技能很快地在企业之间传播开来，从而有利于企业创新机制的培育。集群将是产业组织的发展模式，在未来变幻莫测的环境中，企业之间的竞争将体现为集群之间的竞争。

4. 战略网络理论

1998年，美国管理学家Jarillo在《战略网络》一文中，最早提出了战略网络的概念，并强调企业网络及其关系网络对企业战略是至关重要的。战略网络是将企业网络与传统战略理论相结合而形成的一种战略管理理论。其定义为：在有独特性但又相互联系的营利性组织之间的长期的、有目的的组织安排，通过网络内部的组织获得或保持竞争优势。战略网络是企业竞争优势之源，是介于市场组织和层级组织之间的一种中间组织模式，是一种平等、独立的合作协调关系。战略网络思想是近年来对传统企业战略管理视角的完善性拓展。

5. 战略生态理论

随着人们对生态系统和社会组织的深入理解，人们发现人类社会的组织、运转和自然界的生态系统之间有相似之处，也不断有学者将"生态系统"的概念引入社会科学领域。

1996年，美国学者穆尔（James F. Moore）出版的《竞争的衰亡：商业生态系统时代的领导与战略》提出了战略生态理论，他提出了"商业生态系统"这一全新的概念。打破了传统的以行业划分为前提的战略理论的限制。在商业生态系统中，企业不再把行业的界限视为给定的，核心企业负责生产出对顾客有价值的产品和服务。商业生态系统的成员还包括顾客、供应商、其他生产者、市场中介、竞争者和其他风险承担者等。商业生态系统中的成员共同发展自身能力和作业，同时倾向于按核心企业指引的方向发展。企业所组成的经济联合体通过从商业生态系统中获取的信息，可以快速了解市场需求的变化，利用商业生态系统所提供的资源共同制定发展战略，引导产生并设法满足新的市场需求。不过在商业生态系统中依然存在竞争，只不过竞争不再是产品和产品之间、企业和企业之间的竞争，而变为不同商业生态系统间的竞争以及在商业系统内取得核心企业地位的竞争。

6. 柔性战略理论

柔性战略（strategic flexibility）即战略灵活性，是指基于原有战略，通过提高能力，有效调整该战略。但是，传统的柔性战略研究只针对既定战略下可选择的行动范围，却并未涉及企业竞争的各类影响因素。

1998年，中国学者汪应络教授、李垣和刘益发表《企业柔性战略——跨世纪战略管理研究与实践的前沿》一文，提出了柔性战略的概念：企业为了更有效地实现企业目标，在动态的环境下，主动适应变化、利用变化和制造变化以提高自身竞争能力而制定的一组可选择的行动规则及相应方案。柔性战略适用于多变环境中的企业竞争，因此需要考虑的范围包括竞争的各类因素，主要包括资源柔性、能力柔性、组织柔性、生产柔性和文化柔性。

柔性战略包含以下含义。

（1）柔性战略强调战略的博弈性而非计划性。

（2）柔性战略强调利用和制造变化而非仅仅适应环境变化来提高企业竞争力，并确立新的竞争优势。

（3）柔性战略是一个分层次的战略，依赖于企业柔性系统。

（4）柔性战略强调机会导向而非指标（目标）导向。

（5）柔性战略依托于企业创新，强调企业家和组织群体的双重创新。

（6）柔性战略关注企业战略的转换成本和转换效率。

7. 边缘竞争战略理论

1998年，布朗与艾森哈特合作出版了《边缘竞争》一书，基于环境复杂性理论和进化理论，提出了一个全新的战略管理理论——边缘竞争战略理论。他们认为高速变化和不可预测性是未来企业经营环境的特征，因此，战略管理最重要的就是对变革进行管理，即预测变革、对变更作出反应和领导变革。如何有效地将变革管理三个层次的内容融合在一起，是管理变革的关键。

边缘竞争战略认为，企业应通过不断的变更管理来构建和调整企业竞争优势，根据一系列不相关的竞争力来彻底改造企业优势，保持企业在无序和有序之间的平衡。并且，该理论认同战略和组织结构相匹配的传统战略理论，提出边缘竞争战略的成功实施，需要相应的组织结构的支持，这种组织结构的特点是在固定式结构和松散式结构之间寻求最佳的结合形式。较之传统战略思想，边缘竞争战略具有不确定性、不可控制性、低效率性、战略行动前瞻性、连续及多样性和领导特异性。

4.2.4 实践发展的规律探索

虽然组织战略理论的发展历程只有短短60年，但随着企业面临的内外环境变化，众多学者不同程度地侧重不同方面提出了对战略的观点和理论。实践先于理论的建立，理论的扩散进而影响着战略管理的实践，而实践成果又反过来影响理论的提出。在理论和实践二者的相互作用下，探求组织战略的影响因素、发展规律和未来趋势是十分必要的。

1. 组织战略理论发展规律

20世纪60年代，在组织战略管理思想出现的早期，主要是基于凯恩斯经济学的相关理论，主张要使企业的能力（内部资源）与外部环境实现最佳匹配，研究重点在于企业内部和外部环境两个方面。

20世纪80年代初兴起的产业组织学派，重视战略的制定、战略内容本身和实际调查，强调行业选择和市场定位是组织战略的核心问题。可以说，这个时候的组织战略是由外部市场导向的。

20世纪90年代出现的核心能力理论，强调企业内部的独特资源和能力是竞争的利器，组织战略管理理论研究的重心再次转回企业内部。

从20世纪末一直到进入21世纪，竞争环境不断变化且日趋复杂，产业多元化的跨地区企业日益增多，传统的战略管理方法已不适应于新的外部环境，战略管理理论发展自此进入了新的时期。具有主导地位的战略生态理论集成了产业组织学派和能力与资源学派的特点，注重商业生态系统的组织和个体形成内部联合，关注并引导外部市场需求变化，共同发展自身资源和能力以实现共赢。新时期的战略理论强调内外兼顾，关注人的作用，研究重心由企业内部再次回到初期所强调的内部与外部并行。

2. 组织战略实践发展规律

大规模企业的出现，是组织战略管理理论产生的重要前提。随着企业规模的扩大，其涉及的领域增多，面临的外部环境和内部环境就越来越复杂，资本的高投入也为企业带来更高的风险性和不确定性，并且企业对政治、经济和社会的影响也逐步增大。随之而来的是，企业不再仅仅满足于高利润目标，而开始关注于企业自身的长远及可持续发展。

组织战略实践最早主要源于美国制造业的企业实践，而后日本企业在敏捷制造、精益生产实践上所取得的成功，进一步将组织战略管理的理论体系扩展到生产领域。随着信息产行业的兴起和新竞争方式的产生，战略实践开始强调信息化、产业多元化、技术交叉化、竞争协作和知识管理。自2001年起，中国加入WTO，逐渐广泛地参与世界经济活动，一些企业的成功实践经验也开始受到广泛的关注，在一定程度上促进了组织战略理论的发展。

基本上，理论发展是略微滞后于相应的实践发展的。早期的经典战略理论是对20世纪上半期的企业实践的总结，以产业组织学派为代表的现代战略理论是对20世纪60年代后期和70年代的企业实践的总结，核心能力理论则是对80年代的日本企业成功实践的经验总结。可以看出，理论源于实践经验的总结。同样，新战略理论的产生和广泛传播也指导着随后一段时期内的企业战略实践，即理论是实践发展的一大推动力。

3. 组织战略的未来发展趋势

进入21世纪以来，全球化经济不断深化，资本全球流动更加便捷，互联网等信息技术也极大地改变了信息传输方式和信息传输效率，企业管理国际化和信息化也成为发展的重要方向。全球化经济促进了跨国企业的快速发展，也促进了资本跨国投资和企业多元化经营与发展。因而，多元化战略和一体化战略也逐渐更受重视。

现将组织战略的未来发展趋势归纳总结如下。

1）基于企业文化和知识，有效治理、管理和学习，实现持续性的内在竞争优势

一方面，企业文化的建立和员工的知识积累是未来组织战略制定的基础，它们是企业内部的能力、资源和知识的重要组成。并且，应在价值链理论的基础上，保留企业核心活动，适当地将其他业务选择外包。只有企业内部系统化、知识化和协调化，并不断学习，企业才具有持续性的内在战略优势。

另一方面，战略管理的制定和实施的主体都是企业的员工，所以人对于企业的战略管

理有着重要的影响。在战略管理研究早期，和传统的社会学科一样，往往不考虑人的影响因素或者将人假设为完全理性的，但是随着研究的深入，人的影响对于战略管理的制定和实施越来越重要。Powell（2014）认为，战略管理有 75%是与人相关的，有 25%与人关系不大，人性的回归对于战略管理能够带来更好的理论和更加严格的研究成果，从而使战略管理在战略和道德责任之间的鸿沟得到弥补。因此，未来的组织战略应基于企业文化和知识，重视并充分考虑人在战略管理方面的作用，通过有效治理、管理和学习实现持续性的内在竞争优势。

2）在互联网环境下，基于知识转移，关注国际化战略

互联网的发展促进了企业内部的信息交互和企业从市场中信息的获取，从而使企业更容易获取市场信息，进行战略制定和实施时更加合理可靠。互联网和信息技术给企业的战略管理带来了巨大的影响。

张玲玲、林健（2002）分析了信息技术在企业中应用的演变过程，从信息技术战略管理的角度归纳并提出了信息技术在企业中应用的五阶段模型，并认为随着信息技术在企业中应用的深入，信息技术对企业组织结构、流程的影响越来越显著，与企业战略的关系也日益密切。因此围绕企业商业利益和企业战略实现，在企业信息化前对组织结构和业务流程进行分析与调整，在企业信息化中对其进行动态调整和优化，使信息技术始终支持并为企业利益的实现而服务是十分必要的。

此外，战略也不再局限于既定的行业和产品，而是扩展到多行业、跨地区的竞争。随着世界经济一体化，跨国企业大量涌现，着眼于国际化市场，致力于实现母子公司间的知识传递、转移和创新等。

因此，企业应站在全球化和多元化的角度，基于互联网前提，充分应用IT（信息技术）带来的优势，综合考虑资源配置、流程组合等，优化战略制定的效果。并且，还应扩大战略管理的考虑范畴，不局限于当前行业和市场，放眼于全球和多元化的产业。

3）重视知识基础观，考虑多元化和一体化的战略集群与战略联盟

在当前合作经济时代的背景下，企业之间相互依赖、相互影响的网络结构日益受到关注。未来企业应重视企业间的战略合作与协调，通过寻求企业合作以及考虑兼并收购，使企业在整体中占据一个更有利的地位，由单个企业的竞争拓展至企业战略集群形式的战略合作的竞争，由相对单一化的企业实力竞争变为优势多元化、一体化的联盟实力竞争，以适应复杂多变的外界环境，降低单个企业的成本和风险，并形成知识、经验和技能的共享，将单个企业优势转化成企业集群的核心竞争力。

此外，企业集群应尽量收集商业生态系统中的信息，快速了解市场的变化，并充分应用商业生态系统的资源，设法满足变化的市场需求。竞争力不再局限于组织个体，而是扩展到以组织为基本单位的商业生态系统当中。

因此，企业应积极寻求企业合作，树立商业生态系统意识，放弃散兵作战的形式，形成优势共享、劣势共担的格局。

4）鼓励战略创新，要求企业战略高度弹性化（柔性），提高组织绩效

环境的急剧变化促使战略创新的发展。企业在面临复杂、不确定且快速变化的外部环境时，应鼓励管理层在缜密的思考和精确的市场调查下进行组织战略的创新，并制定具有高度弹性化的组织战略，保持与外部环境变化同步的动态调整，即具备快速反应能力。

郭金林（2005）曾列举了网络时代背景下战略创新对结构的影响：战略创新使得由命令链和层级控制型传统企业向合作与沟通型组织发展；战略创新导致了组织结构弹性化、虚拟化和决策分散化；战略创新使得传统企业组织的顺序化和连贯性生产向网络型企业的并行化与非连续化生产转变。

未来，影响组织成败的要点就在于企业能否对市场发展趋势作出准确和有预见性的判断，是否能够迅速应对变化的市场需求，以及是否能够开发、制定、实施并实时更新出一套满足自身特色化的战略体系。

因此，未来组织战略应基于组织绩效这一根本性目的，鼓励创新和动态化、高度弹性化的战略，以为组织创造持久性的战略竞争优势。

5）提高战略领导能力，重视战略风险

技术的快速变更和信息爆炸式的增长，导致企业对未来的可预见性越来越低，不确定性激增，战略管理所面临的挑战也日益巨大。战略管理风险研究借鉴金融市场理论，但与金融市场公认的"高风险，高收益"不同，战略风险与企业绩效呈明显的负相关关系。而代理理论也指出，企业领导和高层管理团队的决策可能有冒险活动的倾向。蓝海林指出组织的战略管理者在战略实施过程的决策时，需要保证应变能力和博弈能力，以及速度和创新。

因此，有必要提高企业的战略领导能力，并重视战略风险。

4.3 战略管理的要点

4.3.1 组织战略

战略是一个组织对其未来发展所做的长远性、全局性谋划。组织战略实质上是逐步推进组织目的和使命实现的管理工具，一般由组织目标和策略组成。组织目标的具体形式可以是企业愿景的阶段性分解，也可以是组织特定时间阶段内的整体性任务目标。策略是实施战略的指导思想和行动框架，其核心是组织资源来落实战略，将战略转化为具体目标及行动计划方案。战略的核心问题是组织方向的确定和策略的选择。

就一个具体组织而言，组织战略可以分为综合战略和专业战略。综合战略一般是涉及组织全局和整体问题的战略谋划，专业战略是涉及组织某一方面专业问题的战略谋划。以企业为例，综合战略关心企业整体发展问题，提供企业发展的总体目标、战略部署、总体思路和策略构架；而专业战略主要涉及营销、品牌、融资、研发、人才等某一个方面的具体问题。企业战略虽然有多种形式，但基本属性相同，都是对企业发展长期性、基本性问题的谋划。例如，企业竞争战略是对企业竞争对手状况以及如何应对竞争对手挑战的整体

性策划和谋略，企业研发战略是对企业研发方向、研究策略选择、研究组织形式等根本性问题的策划和谋略。总之，无论是综合战略还是专业战略，只要涉及企业整体或某一个专业领域长期性、基本性问题，就属于企业战略的范畴。

1. 组织战略的特征

组织战略是根据组织目的设立组织愿景目标，并对实现组织愿景目标的路径和措施进行总体谋划的活动。因而，组织战略具有以下六个基本特征。

1）前瞻性

组织战略是对组织未来一段时间内发展问题的谋划。良好的组织战略应该建立在对组织自身和环境发展趋势深刻洞悉的基础之上，必须具有前瞻性。具有前瞻性的组织战略能够合理地界定企业组织方向和长远目标，以及实现组织目标的具体路径，为组织的具体运作和管理提供工作方针与行动指南。

2）全局性

组织战略是对组织全局、长远发展问题的规划，全局性是组织战略的基本特征。战略全局性体现在以下三个重要方面：一是立足于对组织发展环境的全局性分析，包括与组织发展相关的政治、经济、文化、社会等各种因素。组织发展环境的全局性分析能够揭示特定社会背景之下组织自身的特征，能够在全局的大背景中合理确定组织自身的定位，如对经济全球化、技术综合化发展大趋势的分析，能够清楚地辨析出未来经济竞争的核心要素和主要模式，IBM、GE等跨国公司正是在这种大环境因素分析下，发现了服务经济将占据价值链的高端，进而确定了由制造型企业向服务型企业转型的战略方向。二是对组织所处行业的全局性分析，包括行业的市场结构特征，行业内的竞争态势，行业自身的演进及发展规律研究等，如国内有些小型制药企业较早洞察到制药产业技术开发投入大、对品牌依赖度高等趋势，主动接受大型品牌企业的收购，实现了自身的持续发展的价值提升。三是对组织自身所有要素的全局性分析，包括组织的领导及成员、组织的财务状况、组织的物质基础、组织的社会资源等。

3）系统性

为解决全局性问题设计思路和总体方案，必须坚持系统性思想、提供系统性的措施支持，系统性也是组织战略的固有属性。战略系统性主要体现在围绕组织的愿景目标，系统思考实现这些目标所需要的各种要素和措施，形成三个相互支撑的体系：一是组织战略体系，包括组织综合战略和专业战略，以专业战略支撑和落实总体战略；二是战略实施体系，将战略目标分解，将专业战略落实到具体部门和单位，构成彼此相互关联的实施系统；三是战略管理系统，将战略制定、战略落实、战略实施评估、绩效考评等有机结合，形成完整的管理体系。

4）长远性

战略着眼于未来，长远性也是战略的基本特征。战略的长远性主要体现在以下两个方面：一是战略视角立足长远性，战略尽管服务于一个特定时期，但战略不是目的，只是实现组织目的和使命的手段；因而，一个特定的战略在兼顾即期目标和利益的同时，必须着眼于更为长远的生存和发展需要，将战略视为实现组织使命和目的长远路途上的一个阶段。二是战略效应的长远性，由于战略本身涉及全局整体性问题，战略效应的实现和发挥都会有一个较长的过程，不能奢求战略在某一个时期实施以后就取得立竿见影的效果。

5）动态性

战略是一系列组织决策的集合。决策是建立在对未来发展趋势的某些假定和预测基础之上，随着组织内外部环境的发展变化，任何组织决策都存在不确定性，组织战略也不例外。因而，对组织战略作出动态优化和调整，也是组织战略的固有属性。

2. 组织战略的要素

战略是基于特定理念和思想、对组织发展问题进行的规划。按照战略理念和思想的不同，可以将战略的形态分为不同的类型。以企业为例，可以将其战略类型分为拓展型、稳健型、收缩型。

1）拓展型战略

拓展型战略是指采用积极进攻态度的战略心态，以拓展业务、拓展市场等为主要战略形式的战略类型。主要适合居于行业龙头地位、有发展后劲的企业，以及新兴行业中的企业选择。具体的战略形式又可以细分为市场拓展（渗透）战略、业务拓展（多元化）战略及联合经营战略等。

（1）市场拓展战略。市场拓展战略是指以实现市场逐步扩张为目标的战略形式，该战略可以通过扩大生产规模、提高生产能力、增加产品功能、改进产品用途、拓宽销售渠道、开发新市场、降低产品成本、集中资源优势等单一策略或组合策略来开展，其战略核心体现在两个方面：利用现有产品开辟新市场实现拓展、向现有市场提供新产品实现拓展。

市场拓展战略是比较典型的竞争战略，按照实现拓展的手段可以将其再细分为成本领先战略、差异化战略、集中化战略三种最有竞争力的战略形式。成本领先战略是通过加强成本控制，使企业总体经营成本处于行业最低水平的战略；差异化战略是企业采取的有别于竞争对手经营特色（从产品、品牌、服务方式、发展策略等方面）的战略；集中化战略是企业通过集中资源形成专业化优势（服务专业市场或立足某一区域市场等）的战略。

（2）业务拓展战略。业务拓展战略也称为多元化战略，是指一个企业通过同时经营两个或两个以上行业实现拓展，又可称"多行业经营"。实现业务拓展有三种主要形式：一是同心多元化，是指利用原有技术及优势资源，面对新市场、新顾客增加新业务实现多元化经营；二是水平多元化，是指针对现有市场和顾客，采用新技术增加新业务实现的多元化经营；三是综合多元化，是指直接利用新技术进入新市场实现的多元化经营。

多元化战略适合大中型企业选择，该战略能充分利用企业的经营资源，提高闲置资产的利用率，通过扩大经营范围，缓解竞争压力，降低经营成本，分散经营风险，增强综合竞争优势，加快集团化进程。但实施多元化战略应考虑选择行业的关联性、企业控制力及跨行业投资风险。

（3）联合经营战略。联合经营战略是指两个或两个以上独立的经营实体横向联合成立一个经营实体或企业集团的拓展战略，是社会经济发展到一定阶段的必然形式。实施该战略有利于实现企业资源的有效组合与合理调配，增加经营资本规模，实现优势互补，增强集合竞争力，加快拓展速度，促进规模化经济的发展。在西方发达国家，联合经营战略主要采取控股形式组建成立企业集团。企业集团的共同特点是：由控股公司（母公司）以资本为纽带建立对子公司的控制关系，集团成员之间采用环行持股（相互持股）和单向持股两种持股方式。发达国家联合经营的具体形式又可以分两种：一是为以大银行为核心的集团控制形式，二是以大生产企业为核心对子公司进行垂直控制形式。

2）稳健型战略

稳健型战略是采取稳定发展心态的战略形态，主要适合中等及以下规模的企业或行业不景气的大型企业选择，可分为无增长战略（维持产量、品牌、形象、地位等水平不变）、微增长战略（竞争水平在原基础上略有增长）两种战略形式。稳健型战略强调保存实力，逐步积蓄力量，能有效控制经营风险，但发展速度缓慢，竞争力相对较弱。

3）收缩型战略

收缩型战略是采取保守经营心态的战略形态，主要适合处于市场疲软、通货膨胀、产品进入衰退期、管理失控、经营亏损、资金不足、资源匮乏、发展方向模糊等危机状态下的企业选择。收缩型战略具体可分为转移战略、撤退战略和清算战略。转移战略是通过改变经营计划、调整经营部署、转移市场区域（主要是从大市场转移到小市场）或行业领域（从高技术含量向低技术含量的领域转移）的战略；撤退战略是通过削减支出、降低产量、退出或放弃部分地域或市场渠道的战略；清算战略是通过出售或转让企业部分或全部资产以偿还债务或停止经营活动的战略。收缩型战略的优点是通过整合有效资源，优化产业结构，保存有生力量，能减少企业亏损，延续企业生命，并能通过集中资源优势，加强内部改制，以图新的发展。其缺点是容易荒废企业部分有效资源，影响企业声誉，导致士气低落，造成人才流失，威胁企业生存。

4.3.2 公司层战略

公司层战略确定公司应该从事什么事业，以及希望从事什么事业。描述公司层战略最常用的方法是大战略框架。图4-1给出了SWOT分析与大战略之间的关系。

1. 公司稳定战略

公司稳定战略的特征是公司基本不进行重大的变革。这种战略的做法是通过提供同样的产品和服务持续不断地服务于同样的客户，保持市场份额，维持公司的投资回报率。当投资者对组织的绩效满意，并且环境相对稳定时才可以用此战略。

2. 公司增长战略

公司增长战略寻求扩大组织的规模。公司增长战略可以有不同的几条扩张路径：集中增长方式、纵向一体化方式、横向一体化方式和非相关多元化方式。

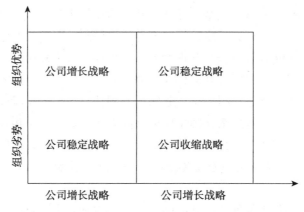

图 4-1 SWOT 分析与大战略之间的关系

集中增长方式，又称直接扩张方式，是从内部提高公司的销售额、扩大产能和扩大员工队伍，即通过扩大原有业务来增长，而不是通过收购兼并实现规模的扩大。

纵向一体化方式是指公司通过控制供应商（后向一体化）和控制客户（前向一体化）来实现组织的扩展。

横向一体化方式是指公司通过合并同一产业的其他组织的方式实现增长，即合并竞争对手的业务。

前面的收购兼并主要是在相关业务单位之间进行的，非相关多元化方式是指公司通过收购和兼并不同产业、不同业务的公司而实现增长。这种战略的理论基础在于资产组合（portfolio）理论。

3. 公司收缩战略

公司收缩战略就是缩小公司的经营规模。这种战略往往是在处理公司危机或预测环境有巨大变化时采用的，也会因为投资者的战略变化所导致。要清楚的是，公司收缩战略并不是消极的概念，多数情况下是公司改变投资意愿或应对多变环境的一种积极战略，即使是由于公司的劣势或危机，也可以是主动采用的一种积极战略姿态。

4.3.3 业务层战略

美国著名管理学家、哈佛大学商学研究院著名教授迈克尔·波特认为组织竞争战略主要包括三种：成本领先战略、差异化战略、集中一点战略。在现实的企业竞争中，这三种战略往往不是独立存在的，而是相互贯彻实现的。

1. 成本领先战略

成本领先战略又叫低成本战略，指的是与同行相比，该企业在竞争中通过成本领先取得竞争优势。成本领先战略的顺利实施有很多种途径，对于不同产业来说，成本优势的来源也不尽相同。规模效益是人们最为熟知的，一般的，企业的生产规模扩大的情况下，单位产品的生产成本就会有所降低,除了这种已经耳熟能详的方式之外,多元化经营更多种类的产品或产业也是企业拓展规模的一种有效方式,因为这时即使有个别产品或者产业的亏损,也不会影响企业总体盈利的局面,上述即:首先,通过扩大企业生产规模的方法会给企业带来成本上的竞争优势;其次,与供应商的关系策略也是非常有效地降低成本的手段,和以往落后的经济模式相比,重要地位使得企业运作过程中的每个环节都贯彻节约成本的思想,这有利于企业构筑一个以成本战略为核心的大环境。

一个企业要想长期处于成本领先的地位,就必须保证它的价格低于或等于同等水平的其他公司的产品,这时它的低成本就会成为其高收益的基础,但是,拥有成本优势的企业并不能轻视对于产品质量和特性的追求,因为一旦成本上的优势不被客户接受,企业就必然要通过进一步下调价格才能实现销售额上的突破,这就会使价格带来的优势没有发挥它的最佳效益。例如,得克萨斯仪器公司和美国西北航空公司就是处于这种困境中的两个典型企业,不同的是得克萨斯仪器公司因无法摆脱产品设计瓶颈,缺乏别具一格的产品而退出了手表生产制造行业,美国西北航空公司却及时发现了问题,于是企业集中现今的市场经济所形成的过剩经济和强劲竞争局面决定了供应商在谈判中不再处于决定性地位,所以企业应当利用环境的契机,运用一定的谈判策略和有利的供应商之间建立长期友好的伙伴关系。除此之外,建立企业成本章化和生产工艺创新也是经营成本的有效手段。将成本置于企业文化的精力加强产品营销手段、提升服务质量,从而顺利渡过难关,使得其产品与其他航空龙头企业相抗衡。

成本领先战略在实施过程中会依据企业自身的差别,企业所处发展阶段的差别以及企业战略目标的不同而有所区别。一般而言,成本领先战略的实施可以分为以下两种。

1)降低成本

降低成本是成本领先战略的最低实施标准,将降低成本作为竞争优势的原动力。这里的成本并不是狭义的生产成本,而是企业的总成本,所以,管理者不能只将目光局限于降低原材料的支出,而是应该加强对企业整个运作过程中的资金管理,如提高企业的劳动生产率,合理改善企业的组织结构,优化产品,等等。

2)改变企业的成本生成

从更高层面上来说,企业的成本是基于一定的组织结构生成的,组织有其一定的运作方式。一般的,单位产品生产所要消耗的生产原料及工人费用是有一个底线的,当企业无法缩减这部分开支时,一味追求市场占有率而放弃产品利润的举措是不明智的,此时必须从设备和工艺的更新、设计理念的突破等方面寻求有效出路,通过改良产品成本生成的结构性因素才可能进一步降低成本。

实施成本领先战略的优势显而易见:首先,成本上的优势是与同行业其他竞争者抗衡的一种有效手段;其次,能有效实现与供应商以及消费者之间的良好关系;最后,能有效屏蔽其他竞争者踏入该行业竞争。但是,实施成本领先战略也要依据具体情况制定合理措施,否则可能会导致产品利润过低,不能及时应对市场波动等不良后果。

2. 差异化战略

差异化战略是指通过在企业产品或服务上寻求创新和突破，以脱颖而出为核心竞争力带动产品的销售，又被称为别具一格战略或者差别化战略。也就是说，在这种战略的指导下，企业旨在寻找一种与众不同，而这种与众不同能够满足顾客的某种价值需要。

需要注意的是，在差异化引导的同时，也不能放弃节约生产成本，只不过相对而言，这时成本不能成为公司战略的首要指导方向。迈克尔·波特也曾提出过，实施差异化战略的一个巨大挑战就是可能会与竞争更多市场份额的目的发生冲突，因为实现差异化往往会使得产品价格提升，如深入的市场调研、优质的产品生产原材料、高端的概念设计、周密的营销策略、便捷的服务渠道等。但并不是所有的顾客都能接受建立在优质产品和服务上的高价格，这就需要企业做好可能无法兼顾市场占有率的思想准备，建立起自己周全的战略实施方案。

寻求产品独特的方式有很多，这就决定了差异化战略的多样性。常见的有产品差异化战略、营销差异化战略、服务差异化战略、人力差异化战略、形象差异化战略等。产品差异化战略是建立在潜在消费者喜好的基础上，寻找消费者可能的价值需求，在产品设计中融入独特的元素，从而提供同行业竞争者所无法给予的产品特性。这种差异化战略可能带来的巨大利益就是建立消费者对企业的信赖，建立良好的企顾关系。营销差异化战略的核心是找出目标细分市场，针对确定的潜在消费者群体，通过满足顾客的特定需求，引入产品品牌。由此可见，敏锐的市场洞察力是实施营销差异化战略所必不可少的因素，企业要善于寻找现有市场需求中的空白，积极研发新的产品性能，出奇制胜。服务差异化战略，顾名思义指的是通过提供特有的服务获取潜在的市场和顾客，如提供送货上门，货到付款，24h 上门维修等人性化服务，为消费者带来切实的便捷。人力差异化战略也是企业获得竞争优势的来源之一，高素质、有创意的员工往往会成为企业的制胜法宝。而形象差异化战略则是着手于企业在市场中的形象塑造来实现竞争优势的，好的企业一定会有其独特的企业文化和深厚的底蕴，使得企业和每一位员工都透露出浓厚的企业文化气息，为顾客营造良好的印象，有利于企业和顾客之间建立良好的信赖关系。综上所述，差异化战略的实施于段多种多样，每种方法都有其独特的优势，当然，最理想的状态则是企业能够综合从各方面谋求突破，实现竞争优势的建立。

实施差异化战略的优势不言而喻：能建立企业和消费者之间的良好信赖关系；足够坚强有力的壁垒，阻止竞争者进入；有效减少顾客购买过程中的讨价还价；等等。而差异化战略更多的是伴随着较大的风险：失去部分顾客或是细分市场。当差异化战略引导下的产品价格超出顾客的心理承受能力的时候，他们可能会放弃对个性的追求而选择性价比更高的商品；当差异化概念被窃取或模仿的情况下，产品所蕴含的特有价值就无法被消费者或市场所认可，这可能给企业带来巨大的经济损失。

由于差异化战略往往伴随着失去大份额市场占有率的风险，所以在实施过程中还有几点需要注意：首先，明确差异化战略的服务对象和突破点。要弄清楚这种差异是要针对什么样的顾客群,满足它们的何种需求,以及价格和差异相较而言处于怎样的地位。这样才能有一个清晰的目标。其次,取舍得当。不能在谋求差异的过程中迷失了自己本身的特点,去做一些自己不擅长的事情,抑或完全摒弃自己曾经建立的核心竞争优势,等等。最后,做好长期作战的思想准备,任何一个战略尤其是这种风险性比较高的企业战略,由于其颠覆了市场对于某一方面价值诉求的固有理解,可能在短时期内不会为市场及顾客所接受,因此可能不会有大的价值回报,但不能轻易放弃,新的理念,只要是真实地为消费者带来好的服务的,就一定会被接受。所以企业一定要坚持自己的战略,规划好每一阶段的任务,才能获得应得的回报。

3. 集中一点战略

集中一点战略,是指企业通过选择某一产业的部分市场或一些细分市场,使其战略只适合于为这部分市场服务而不顾及其他。这时候,企业能够在这一特定的目标市场中实现其在全面市场中所不能具备的竞争优势。也就是说这种战略与其他战略截然不同主要是因为它是以在一个产业内狭窄的竞争范围进行选择为基础的。在这种战略引导下,企业能更有效地为某一特定的顾客群服务。

集中一点战略的实施有两种主要方式:一种是基于产品在目标市场的成本优势,被称为成本集中,这种战略主要依靠该部分目标市场与其他市场在成本行为上的差异来谋求利润的;而另一种则是基于产品在目标市场上构建别具一格的形象的,叫作别具一格集中,这种战略则是以该目标市场中的潜在顾客的特殊需求来实现盈利的。这两种形式的集中一点战略实现的基础都是由于企业经营的产品在该目标市场中具有不同于其他市场的优越性,因此,实施集中一点战略的企业往往会将其全部的精力都投入在为这部分目标市场提供更适宜的产品和服务上,由此来实现其竞争优势。不难得出,集中一点战略可能并不能带来成本领先战略或差异化战略所能实现的全方位的利益,但是它能在这个狭窄的市场中实现成本领先战略或者差异化战略都能达到的效果,因此,可以认为集中一点战略是成本领先战略或差异化战略在一个狭窄的市场范围内的各自实施或者综合实施,也是中小型企业在竞争浪潮中获得一席之地的有效手段。虽然这个狭小的市场对于某些企业来说似乎缺乏吸引力,但是如果企业能在这狭小的目标市场中保持其成本领先优势或者别具一格形象,而且从结构上来看这一部分市场确实有着巨大的潜力,那么集中一点战略给企业所带来的收益却是不容小觑的。

从以上的叙述中可以发现,成功实施集中一点战略的一个重要基础就是要求企业的产品在部分目标市场中具有其他市场所不具有的竞争优势,否则该战略就无法顺利实现,这就要求企业在选择合适竞争战略的时候认清市场行情。例如,饮料行业中的皇冠公司专门生产可乐类饮料,但是可口可乐公司、百事可乐公司则选择生产各种不同类型的饮料,对产品品种进行多元化经营,值得注意的是,即使可口可乐公司和百事可乐公司产品种类繁多,但是它们依然保证了在可乐类饮料市场中的良好服务,并因其产品丰富带来的顾客信任使其在可乐市场中占有巨大份额,在竞争中取得比皇冠公司更好的经济效益,这就是由于皇冠公司对市场分析得不透彻所造成的战略失误。

4.4 目标管理

4.4.1 组织目标

组织目标是一个组织未来一段时间内争取达到的期望状态或结果。每一个组织在任何一个时间阶段都有自己特定的目标。组织目标是组织成员的行动指南,是组织计划、协调、控制和考核的基本依据,也是实现组织目的、完成组织使命的重要载体。组织目标与组织目的和组织使命密切相关。为了清晰界定组织目标的含义,下面首先分析组织目标与组织目的和组织使命之间的关系。

组织目的是组织存在的根本理由。著名管理学家 Chester Irving Barnard 将组织目的视为组织最重要的构成要素。Chester Irving Barnard 认为：一个组织没有目的就没有协作,也就失去了继续存续的理由和可能。组织目的尽管不是恒定的,也会随着社会的发展变化而调整,但它是组织的长远追求和发展方向。按照 James G. Collins 等学者的观点,组织目的至少是一个组织 100 年以上的追求和发展方向。当然,组织目的是通过具体的企业组织活动而逐步实现的。组织目标是组织目的在特定发展阶段上的具体化,是在组织目的基础上,对支撑组织目的实现的阶段性活动或任务的期望状态或结果的描述。因而,组织目的是本,组织目标是标；组织目的是因,组织目标是果。

组织使命是在社会背景下对组织目的的定位。任何组织都是社会系统中的一个单元,都必须在社会背景下生存和发展。组织目的不可能仅仅是依据组织成员自身的追求和动机作出的选择,必须充分考虑社会分工以及社会对组织的期待。因而,组织使命是从一个组织在社会中应该承担的责任、发挥的功能等角度,对组织存在理由的描述。当组织将自身置于社会背景,在将自身追求与社会期待有机结合的前提下构造组织目的时,就实现了组织目的与组织使命的融合和统一。与组织目的一样,组织使命是组织的"最终、最高"目标,或者说是组织的终极目标。对很多组织来说,组织使命是一个组织必须永远追求的方向,不仅短期内难以实现,可能永远都难以说已经完成。

1. 组织目标的特点

尽管不同的组织具有不同的组织目标,同一组织在不同的发展阶段组织目标也有所不同；但综合而言,组织目标具有以下共性特点。

第一,阶段性。组织目标是针对特定时间阶段而言的,一个特定的组织目标只在特定时间阶段内发挥作用；时间发生变化,组织目标也应该进行调整,如一个企业在创业阶段,往往以获得必要的生产要素承诺和认同,将企业组织起来并存活下去为组织目标；渡过了创业阶段,企业即以获得盈利、建立起自我发展能力为组织目标。

第二,多元性。就一个特定组织的整个生命周期而言,处于不同发展阶段具有不同的组织目标；就某一特定发展阶段的组织而言，其组织目标也是多元的，如一个处于成长阶段的企业组织，既有追求盈利的经济目标，也有树立良好企业形象、体现企业社会责任的社会目标。就一个大学而言，既有追求学科领先的学术目标，也有培养学生的社会目标等。

第三，层次性。多元的组织目标往往被划分为不同的层次，共同构成一个组织目标体系。如按照企业的组织层次划分，一个企业既有整体层次的战略目标，也有运作层次的经营目标，还有操作层次的作业目标；如按照时间层次划分，企业发展目标可以分为长期目标、中期目标和短期目标等。不同层次的组织目标在组织中发挥不同的作用。

第四，差异性。不同组织具有不同的组织目标。组织目标上的差异可以成为识别组织性质、类别和社会功能的基本标志，如企业是个经济组织，追求利润是其基本目标；而大学是个公共组织，为社会创造知识、培养人才是其基本追求。两者在组织目标上的差异，成为区分两个组织性质、类别和社会功能的重要依据。

2. 组织目标的类型

组织目标有多种类型。美国著名管理学家 Simon 认为，任何组织都可以将其目标分为两个：一个是维持组织生存的目标，另一个是保证组织发展壮大的目标。Perrow 则将企业目标区分为社会目标、产量目标、系统目标、产品特性目标、派生目标五类；其中，产量目标包括企业向消费者提供产品和服务的质量与数量等，系统目标包括企业增长率、市场份额、组织气氛和在本行业中的地位等，产品特性目标包括向消费者提供的产品或服务的品种、独特性、新颖性等，派生目标包括参与政治活动、赞助教育事业、促进员工发展等。显然，依据特定的分类方法，可以将组织目标分为不同的类型。下面介绍的是依据组织目标层次及组织目标作用的时间期限，对组织目标进行的分类。

1）不同层次的组织目标

按照组织目标的层次，可以将组织目标分为战略目标、业务和职能目标、作业目标等。

战略目标。战略目标是以整体组织为主体、涉及组织使命的目标，对组织发展方向和内容的界定。以企业为例，组织的战略目标涉及企业自身如何定位？开展什么业务、在什么特定的市场领域开展业务等问题。战略目标是企业的最高目标，承担指明组织活动内容和方向的功能。所以，在具体表述上，组织的战略目标一般比较原则，较少涉及明确的达成标准。

业务和职能目标。业务和职能目标是在战略目标框架下、为组织的某一业务或某一职能部门设定的发展方向和目标。以家电生产制造企业为例，业务目标具体包括洗衣机、电视机、冰箱等业务的如何组织和开展、在什么市场上销售、具体的经营策略是什么、预期回报率如何等。职能目标主要包括市场开拓、研发等职能部门提供服务的数量和质量，开展服务的基本策略等。业务目标和职能目标是企业的中间层次目标，承担为具体业务或职能发展经营方向和策略等职能。

作业目标是在战略目标和业务目标框架下，对某一生产环节设定的发展目标。仍以家电生产制造企业为例，作业目标主要包括某一型号的特定产品、在特定时期内的产量等。

作业目标是企业的基层目标,承担为特定生产作业制定任务及工作标准等职能。

2)不同时限的组织目标

按照组织目标作用的时限,可以将组织目标分为长期目标、中期目标和短期目标等。

长期目标。长期目标是根据组织的目的和使命,结合对组织所处的内外部环境进行的战略分析(strategic analysis),为组织的长期发展所提出的战略任务目标。组织的长期目标是将组织的目的和使命与现实工作结合的桥梁和手段,能够为组织指明一个具体的前进方向和奋斗目标,是实现组织的目的和使命的重要里程碑与灯塔。组织的长期目标一般具有战略目标性质,通常是制定组织战略的结果。长期目标具有相对稳定性,一旦确定便不可随意更改。长期目标与组织的规模有关,也与组织主要业务活动的周期有关。一般说来,10年以上的组织目标都可以称为长期目标。与组织长期目标相对应的一个热点名词是愿景。

愿景,其实也是组织追求的一个长期目标。在翻译 Peter Senge 使用的"vision"一词时,中国大陆和台湾的有些学者直接将其译成了"长远目标""远大目标"。台湾中山大学的杨硕英教授等人感觉"远大目标"等词,并没有真实反映出 Peter Senge 在《第五项修炼》中所蕴含的思想,借用了道家"有愿便有力"的说法,创造了一个新的汉语词汇"愿景"。愿景即为"愿望+远景",指内心最渴望实现的远大目标。愿景的作用时限为多长合理呢?James G. Collins 等学者发表在《哈佛商业评论》的文章中有深入探讨。就一般大型组织而言,愿景应该是 20~30 年的奋斗目标;对一般中小型组织而言,应该是 10~20 年的奋斗目标。组织长期目标的时限过长,离现实太远,甚至难以给人形象上的概念,不可能对人产生现实的激励和引导力量。组织长期目标的时限过短,离现实太近,难以激发人们精神上的力量。因而,长期目标是组织的灯塔,负责引导组织的方向。

中期目标。中期目标是把组织的长期目标进行分解,将长期目标提出的战略任务具体化,一般对应 3~5 年期限的组织目标。因为长期目标具有战略目标属性,一般比较概括和原则,并不适合直接指导组织的具体行动,如某一公司的长期目标规定,在今后 10~20 年内争取产值和利润翻两番,进入世界 500 强行列。这是一个长期战略任务目标,怎么去实现这个目标呢?需要将这个长期战略任务目标分解为相对明确、具体的中期任务目标。中期任务目标要把企业产值和利润翻两番的战略任务转化为某一个特定业务增加多少,与之对应的生产设备要增加或更新多少,职工要增加多少,管理要有什么改进,劳动生产率要提高多少,要开辟哪些原料和市场基地等具体任务。可以说,中期目标是长期目标的具体化,是实现长期目标的任务清单。

短期目标。短期目标是中期目标进一步的分解和具体化,是一般对应 1 年周期的具体操作计划目标。从时限上说,短期目标把具体任务落实到年度,明确一个特定年份应该完成的任务、实现的目标;从组织层次上说,短期目标把任务落实到组织中的每一个基层单位甚至每一个成员。对各个单位和成员应该完成任务的数量、质量、技术要求和工作程序都作出具体规定,并且在物资和设备上给予保证,与之对应的责任、权限和报酬也都作出明确划分。总之,短期目标使组织的目标可以直接变成组织成员的行动。组织成员的绝大部分时间，都是为执行短期的操作目标而进行活动的。

长期目标、中期目标和短期目标，在完成时间上的区别，当然是一个比一个短，但是时间上的划分并不是绝对的，如对于一个国家来说，5 年计划就可以算作中期目标，但是对于一个创业企业来说，5 年计划就可能成为长期目标，而年度计划就可能是它的中期目标。

3. 组织目标的确定

组织目标受组织追求、社会期待及环境等多种因素影响和制约。科学、合理地确定组织目标，必须认真研究一些基本要素，遵循合理的操作步骤。

1）确定组织目标的基本要素

（1）组织追求。从实践的角度讲，组织追求往往首先表现为领导的追求，由领导提出追求设想，在组织成员中沟通、征询意见，经过多轮反复，最终被大多数组织成员认同和接受，成为整个组织追求。就企业而言，企业的追求首先表现为企业家的追求以及企业管理团队的追求。但组织的领导者或企业家提出最初的追求设想并不容易。因为每个人的思维都受特定的成长经历和环境条件影响，具有自己的心理界限。因此，Peter Senge 主张，组织的领导者或企业家必须首先进行"自我超越"。所谓"自我超越"，就是要不断超越自己的心理界限、挖掘自己的潜能、提升自己的创造力。用 Peter Senge 话说，就是"学习如何扩展自己的能力，创造出我们想要的结果，并且塑造出一种组织环境，鼓励所有的成员自我发展、自我实现选择的目标和愿景。"

自我超越的目的就是使组织领导寻找自己内在的追求，首先建立起个人的愿景。就个人而言，愿景是指对生活乃至生命最高层次意义的愿望与期盼，它能够给人们带来生活乃至生命的动力。而自我超越的重要方法就是保持创造性张力。Peter Senge 说："创造性张力是自我超越的核心原理，它整合了这项修炼的所有要素。"所谓创造性张力，就是你的愿景与你的现状之间的差距。自我超越的内容涉及每个人的价值观。而要改变价值观，绝不是一朝一夕就能完成的，要经过艰苦的长期能力。审视自己的生活经历可以发现："我们所信奉的价值观（我们声称自己相信的价值观）和实际发挥作用的价值观（实际引导行为的价值观）之间，有很大的差别。后者深深根植于人们的脑海中，无法轻易觉察，人们很少把它挖掘出来，加以质疑。"

就个人而言，自我超越能否成功取决于自己的毅力和悟性，特别是能否不断改善心智模式。所谓心智模式就是指深植于人们心灵的各种图像，可以理解为每一个人理解与看待周围事物的思维方式。心智模式影响个人及组织的学习能力，它就像一块顽石，在人们心中根深蒂固；被习惯的东西束缚，不愿接受新东西，不愿学习。改善心智模式，就是要"持续不断地厘清、反省以及改进人们内在的世界图像，并且检视内在图像如何影响人们的行动和决策。"而组织自我超越修炼成功与否，很大程度上取决于领导者能否身体力行，并走在他人前列。Peter Senge 说："自我超越层次高的人，经由与外在整体连成的一体感，会自然而然地形成一个更宽阔的'愿景'，不再是以自我为中心。当人类所追求的愿景超出个人的利益，便会产生一股强大的力量。"自我超越修炼能够激发组织领导和组织员工对生命崇高意义的追求。

在组织领导意识到自身的内在真实追求,并将其集合为组织追求以后,便需要在组织成员中进行反复的意见征询和沟通,使个人愿景汇集成为组织的共同愿景。建立共同愿景一般需要经过五个阶段:一是告知,领导将愿景告知员工;二是推介,领导推动员工投入与全心奉献;三是测试,了解员工对愿景的真实反映;四是征询,领导邀请整个组织当其顾问,共塑愿景;五是共同创造,让愿景成为每个人的追求,每个人都为愿景而工作。针对大多数员工想要创造的未来,以及大家希望据以达成目标的原则和实践方法,发展出共同的组织愿景,能够激起和唤醒大家共同的目的感与命运感,以及对共同愿景的高度承诺和奉献精神。

(2)社会期待。社会期待是指政府和社会大众对组织在社会大舞台上所扮演的角色、应该发挥的作用和理应承担的功能等的心理认定。社会期待表明了在社会背景中,与组织有相互关联和作用的其他组织或个人,对组织行为的期许。组织自身追求与社会期待的协调程度,影响着组织自身的心理状态,影响着组织在社会中被重视和认可的程度,影响着组织从社会获得资源支持的力度,也影响着组织目标实现的可能性。

社会对特定组织的期待与社会性质、发展阶段、民众素养等诸多因素有关。由于不同社会具有不同的主流价值观,对特定组织的期待会有很大不同。以企业为例,西方国家由于信奉个人主义价值观,对企业在救济社会灾情等方面的责任要求相对较低;而东方国家信奉集体主义价值观,对企业在济危救困方面则提出较高要求。例如,汶川地震发生以后,万科董事长王石就万科员工向汶川大地震捐款一事发表了自己的观点,认为每个员工捐100~200元就足够了。也许这种言论在西方国家不会引起太多人的关注,但在中国却引起轩然大波。一时间,王石成为千夫所指的对象;导致王石不得不向全体民众道歉,并且将万科向地震灾区的捐款增加到1亿元人民币。社会发展阶段不同,人们对特定组织的社会期待也有所不同。在农业社会,社会主体大多以个体劳作方式从事生产活动,组织化的劳动很少,社会对特定组织的期待也低。产业革命以后,随着生产方式社会化程度的提高,特别是随着经济一体化程度的加强,社会经济生活不仅日益复杂,不同组织之间的联系也越来越紧密,社会对特定组织的期待则越来越高。显然,社会期待对特定组织确定自身目的和使命有非常重要的影响;清晰洞悉社会对特定组织的期待是合理确定组织目标的现实需要。

清晰洞悉社会对组织的期待,既需要认真研究社会对组织类型的分工和职责的界定,也需要根据组织自身的本质特点,按照组织本来应该有的特质培育组织。以企业为例,从社会分工的角度讲当然首先是个经济组织,追求盈利应该是企业的基本目的;但企业又是社会系统中的一个单元,必须承担特定的社会责任;因而,从企业作为一个经济组织的角度出发,企业应该承担为社会创造价值的职责。从企业组织自身特点讲,企业本质上是按照特定目的、有意识地调整了人的行为的集合。企业有自身的心理追求、行为偏好,但企业的行为必须考虑对社会的影响,必须与社会普遍的行为规范和准则相一致。显然,不论从什么角度出发，组织都应该做个好的社会公民。有些企业认为自己是私人企业，只要安分守己、只管自己赚钱就够了，不用考虑什么社会期待、社会责任，实际上这是行不通的。

（3）环境影响。除了社会期待以外，组织环境对组织目的及目标的定位也具有重要影响。首先，不同环境为组织发展和成长提供的资源支持有很大不同。以大学为例，北京、上海的大学由于享有得天独厚的经济、文化、人才及国际交往等条件，建设一流大学的物质和人才基础相对较好，对确定自身的发展目标有重要影响。其次，社会环境蕴含着对组织的需求，规定着组织向社会提供产品或服务的范围，自然影响着组织目标的内容和范围。任何组织都是通过向社会提供社会所需的产品或服务，实现与其他社会主体的交换而生存的。环境不仅决定着对特定组织需求的内容，也决定着需求水平的高低；环境甚至决定着对特定组织需求的时限，进而影响着组织的生命周期。有些社会需要（社会利益）在社会生活中长期存在，以满足这类需要为目标的社会组织生命周期也较长。有些社会需要（社会利益）偶然出现，以满足这类需要为目标的社会组织生命周期相对较短。最后，组织目标随环境的发展变化而变化。环境发生变化，对组织需求的内容和数量都会发生变化，组织目标也应该是随着环境、时间以及条件变化不断调整。

2）确定组织目标的合理步骤

具体确定组织目标需要经过以下三个步骤。

第一步，确定组织目的。在认真研究了上述基本要素以后，必须将组织追求、社会期待以及环境影响等综合起来系统思考，按照组织追求、社会期待、环境影响相协同的原则，首先确定组织的目的和使命，以此作为组织的长远追求和前进方向。

第二步，确定战略目标。一代管理学宗师 Peter F. Drucker 说："并不是有了工作才有目标，而是相反，有了目标才能确定每个人的工作。所以企业的使命和任务，必须转化为目标。"依据组织的目的和使命，以及可以预测和控制的时间阶段，确定组织的战略目标或总体目标，是确定组织目标的第二步工作。组织战略目标或总体目标将成为指导组织工作及发展的指南。

第三步，战略目标分解。战略目标是组织制订工作规划（或计划）以及其他各项工作安排的基础，只有把概括的、笼统的战略目标转化为具体的工作目标，才能确实指导工作实践，也才能实现组织的预期效益。对管理者来说，目标就好比路标，它指明了组织努力的方向，确定了组织应在哪些领域取得成就的标准，要想在管理实践中得到满意的效益，就不能将组织目标停留在目的性阶段，必须将其分解为并提升为组织整体的自觉追求。因此，将组织的战略目标分解为业务目标、职能目标和作业目标，是组织目标制定工作的重要内容。通过组织目标分解，可以建立起一个明确的、贯穿于组织各项活动的统一目标体系，该目标体系通常由若干子目标支持，构成特定的层次性结构。

4.4.2 目标管理

所谓目标管理（management by objective，MBO），就是管理"目标"，即依据目标进行管理。这就是 P. Drucker 对目标管理的简单解释。

1. 目标管理的理论

在 1945 年出版的《管理实践》一书中，Drucker 首先提出了"目标管理与自我控制"的主张。他认为组织的各级管理人员必须以"目标"来领导其下级，并衡量下级的贡献，以实现组织的总目标。如果没有计划好的、并且方向一致的目标来指导每个成员工作，则组织的规模越大，人员越多，发生冲突和浪费的可能性就越大。所以，Drucker 指出，各级管理人员必须清楚地知道组织总目标对其个人有什么要求，他的上级领导也必须知道他对总目标的贡献能力如何，对他有什么期望并且确定如何鉴定他的成就。当组织的每个层次都能这样做的时候，组织的总目标才有希望实现。

Drucker 提出的"目标管理"在理论上有所建树。他认为，古典管理学派以工作为中心忽视了人的一面，而行为科学又以人为中心忽视了同工作结合的一面，目标管理则综合了这两个方面的优点，弥补了不足。在管理实践上，有助于纠正三种"错误观点"：第一种"错误观点"是"过分强调个人技能第一"，以至于组织成员都只关注自己的专业技能，而忽略了组织录用他们的目的，使组织整体变成了一堆散沙；第二种"错误观点"是"过分强调集中"，以至于组织成员尽力顺从（compliance）上级的所言所行，忘掉了工作的真正要求，使整个组织成为几个领导者喜怒哀乐的应声筒；第三种"错误观点"是"不同层次的见仁见智"，以至上下意见不沟通，赏罚不一，是非没有一定标准，从而使组织变成了争吵、抱怨、赌气的场合。Drucker 认为，组织必须以"目标"来贯穿各阶层努力的方向、程度及奖惩标准，并且从组织的最高管理者到最基层的管理人员都必须向组织的目标集中力量。当组织的所有成员都拥有自己的努力目标后，他就能进行自我控制，以求个人的行为符合组织整体的目标。

2. 目标管理的基本内容

目标管理的基本内容是动员组织的全体成员参与制定组织和个人的目标，并保证这些目标的实现。目标管理的具体内容包括三个方面：目标体系的制定、目标的实施和目标成果的评价。

1）目标体系的制定

目标体系的制定是目标管理的第一个阶段。首先由组织的领导者根据其上级组织和服务对象的要求，结合组织的发展听取组织内各层人员的意见后确定组织的总体目标。如果是企业、其上级组织和服务对象则代表投资者、社会和市场。其次是组织内各部门根据其职能，为完成组织的总体目标而提出部门目标。再次是部门内各小组为完成所在部门的目标而制定小组的目标。最后由小组中各岗位人员根据小组的目标和岗位职能制定各岗位个人的目标。这样，自上而下把组织的总体目标层层展开，最后落实到组织的每个成员，形成一个完整的目标连锁体系，共同为保证实现组织的总体目标而奋斗。图 4-2 为目标体系示意图。

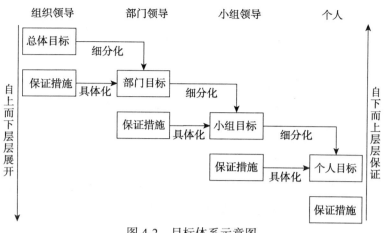

图 4-2 目标体系示意图

2）目标的实施

目标的实施是目标管理的第二个阶段。目标的实施包括三方面的工作：一是通过对下级人员委任权限，使每个组织成员都能明确在实现组织总目标中自己的责任，让他们在工作中能实行自我管理，独立自主地实现个人目标；二是加强与下级人员的意见交流和进行必要的指导，由下级人员自行选择实现目标的方法和手段，从而充分发挥各级人员的积极性、主动性、创造性和工作才能，提高工作效率，保证各级目标的全面实现；三是各级目标的实施者都必须严格按照"目标实施计划"的要求开展工作，使每个工作岗位都能有条不紊、忙而不乱地进行工作，从而保证实现预期的各项目标值。

3）目标成果的评价

对目标成果的评价是目标管理的最后一个阶段，其目的是促进各级管理工作的改善，鼓舞组织全体成员的斗志，以便更好地为保证达到总目标而奋斗。评价工作是在目标实施活动已按预定要求完成时开始的，根据预定的目标值对实际取得的工作成绩进行比较评价，并与奖惩制度挂钩。评价的结果应及时反馈给目标的实施人员，以便让每一个成员都能很好地总结其工作的经验教训。

目标成果的评价有以下几个步骤。

（1）目标实施者自我评定个人成果。各级目标的具体实施人员应根据预定的目标值和自己的实际工作情况进行自我评定，要求自我检查一下在目标的实施过程中原定的措施手段是否合适、自己的适变能力和努力程度如何以及怎样改进等。

（2）上级对评定工作的指导。各级管理者应对下级的自我评定进行指导，使各级人员能恰当评价个人成果。各级管理者在进行指导时，应婉转地提出自己的看法，积极引导和鼓励下级为达到下一个目标而继续努力。

（3）考核评定小组的综合评议。各级考核评定小组应根据各部门、各岗位的目标实施计划和自我评定情况，对各项目标逐一进行考核评定。在评定过程中，应注重实际取得的成果，要与目标的实施者充分交换评定意见，以减少或避免评定工作中的片面性和局限性。

（4）奖励与总结。目标成果的评价应与组织的人事制度和奖惩制度相结合，目标的达成要有利于个人的发展，并与个人的经济利益挂起钩来，从而充分体现出目标管理的激励作用。

总之，目标管理是一个不间断的、反复出现的循环过程，每一循环都是在前一循环的基础上提出新的目标体系，使新一循环的目标管理活动有更新的内容，从而使组织的管理活动达到更高的水平。

3. 目标管理的任务

组织开展目标管理的主要任务，是为了让组织各成员进一步明确组织的目标和各相关层面（部门和个人）的目标、分清各目标的次序、合理使用资源并有效地保持实现目标的过程和方向。

1）明确目标，并能具体化

目标管理的首要任务是明确组织的目标，并能让相关人员认识目标、理解目标。其次是目标必须是真实而具体的。如果组织的目标不够具体，那么就要提出组织"应以什么为目标"及"能以什么为目标"的问题来组织讨论，以便真正明确目标和理解目标。

2）明确目标次序

许多情况下，组织的目标不是唯一的。多个目标的存在，使得组织必须安排好目标的次序，因为资源不允许组织同时完成所有的目标。组织在排列出目标的优先顺序后，将要整合相关资源去努力实现组织的目标。对于延缓什么目标或放弃什么目标，管理者必须做系统的检查，并认真、慎重地作出决断。一定要注意，在实施目标管理的过程中，目标次序的决定将影响管理者对资源的配置，从而决定了组织的效率和效果。

3）合理配置资源

管理者必须考虑怎样配置为达成管理目标所必需的资源，尤其是人力资源。目标管理计划的成功很大程度上依赖于资源分配的合理性，否则只不过是一个良好的构想而已，甚至连良好构想都称不上。

4）有效的测评和控制

管理者应能够有效地对实现目标的过程进行测量和评估，以保证对过程的控制和目标的实现。如果管理者缺乏有效的测评方法，既不能对过程实施有效的测量，也不能对过程中各阶段的成果进行有效评估，那就无法进行反馈和实施控制，更不能有效地对紧后的管理活动有所指导，从而使管理目标的实现得不到有效的保证。目标管理中很重要的任务是建立反馈系统，并使管理者都能认识这一反馈系统对管理活动的重要性和学会应用反馈系统。

本章小结

任何组织得以在社会上衍生和存在，首先在于这个组织满足着特定的社会需求、承担着特定的社会使命。本章从组织目的和组织使命出发，引出了组织目标的概念；论证了组织目的、组织使命与组织目标的关系，分析了组织目标的基本特点和类型，进而给出了确定组织目标需要考虑的基本要素，以及确定组织目标基本方法和步骤。

组织目标是通过一系列的组织活动或工作完成的。在对组织工作流程进行简要介绍的基础上，重要研究了工作流程的设计和再造；在合理流程的基础上，给出了具体工作设计的基本思路和方法。

然后将战略视为逐步推进组织目的和组织使命实现的管理工具，对组织战略的含义、特征进行了分析，基于不同的战略理念和思想，给出了不同的战略类型；使组织战略与组织目的和组织使命之间形成特定的对应关系。

思考题

有这样一个寓言，两个人在树林里过夜，早上树林里突然跑出一头大狗熊，其中一个人忙着穿球鞋；另一个人对他说："你把球鞋穿上有什么用？我们反正跑不过狗熊。"忙着穿球鞋的人说："我不是要跑过狗熊，而是要跑过你。"请从组织战略的角度，谈谈组织如何在复杂多变的环境中谋求生存与发展。

即练即测

案例分析

银隆新能源　下一个格力还是下一个乐视

2017年6月播出的央视《对话》节目片头的画外音提出：是什么力量让董明珠押上全部身家去"豪赌"？在访谈环节中，董明珠坦诚了投资银隆新能源股份有限公司（以下简称"银隆"）的初衷："在全球的新能源领域里，还没有哪个国家绝对领先，这就是我们创新的最好的机会。（银隆）的电池生产、纳米技术还是很令人震惊的。它是埋在沙里的金子，我们是去把它挖出来……银隆缺管理、缺资金。（银隆）前期的发展通过几轮的融资，更重要的是，说得不客气一点，通过社会上的高利贷来支撑它的发展。"

随后，董明珠和银隆创始人魏银仓的一番对话颇耐人寻味。董明珠提出："现在必须是奔跑，你不睡觉、不休息并不重要！重要的是我们在每一个细节管理上一定要有苛刻的标准和检测手段，让任何瑕疵都不能遗漏。"魏银仓的回答却是"尽力而为"。董明珠马上强调："这就是留有余地，什么叫尽力而为？作为一个公司的一把手，必须的（胜任）。除非你不在其位。在其位，谋其政，你一定要用极致的眼光要求你的队伍，这没有什么尽力而为的事情。"

这番对话似乎预示了节目播出后的一年多时间银隆发生的一切，也似乎是这一切的答案。

1. 行业背景

大力发展新能源汽车，既符合我国的国情，也代表了世界汽车产业发展的方向。新能

源汽车行业的发展，是建设资源节约型社会、环境友好型社会和生态文明的重要载体，也是转变发展方式、确保能源安全、有效控制气体排放、帮助我国汽车产业弯道超车的重要战略部署。

自2009年财政部、科技部联合发布《关于开展节能与新能源汽车示范推广试点工作的通知》和《节能与新能源汽车示范推广财政补助资金管理暂行办法》以来，我国政府对新能源购车的扶持和补贴力度强力促进了新能源汽车市场的迅速成长。与此同时，各路产业资本可谓跑步入场，抢占先发优势。2012年，国务院发布了《节能与新能源汽车产业发展规划（2012—2020年）》，明确了我国节能与新能源汽车发展的技术路线和主要目标，以纯电驱动为新能源汽车发展和汽车工业转型的主要战略取向，提出了要重点建设动力电池产业聚集区域，力争形成2~3家产销规模超过百亿瓦时、具有关键材料研发生产能力的龙头企业，在正负极、隔膜、电解质等关键材料领域分别形成2~3家骨干生产企业。

2017年以来，工信部、国家发展和改革委员会、科技部联合印发了《汽车产业中长期发展规划》，国家发展和改革委员会发布了《汽车产业投资管理规定（征求意见稿）》等重要政策，从财政补贴、技术标准、产品准入、社会投资等多个方面引导新能源汽车行业向更高质量发展。在政策的催化作用下，2009年到2017年，新能源汽车国家与地方两级补贴总额估计已经达到1 600亿元。到2018年6月底，中国的新能源汽车保有量为199万辆，几乎已达全球新能源汽车保有量的50%（公安部交管局统计数据）。根据中国汽车工业协会发布的数据，2018年1—8月，新能源汽车产销量分别为60.7万辆和60.1万辆，同比增幅高达75.4%和88%。

2. 银隆——希望之星

银隆的前身珠海银通新能源有限公司成立于2009年，可谓是新能源汽车电池市场上的先知先觉者。2009年，珠海银隆新能源产业园正式动工，2010年8月开始投产纯电动公交车。2011年，银隆战略控股纳斯达克上市公司美国奥钛纳米技术有限公司，将该公司的国际领先专利技术——钛酸锂电池材料和锂电储能系统制备技术收入囊中。此后，银隆逐步解决了电池安全性、一致性、快速充放电、循环寿命等难题。2012年，银隆全资收购珠海广通汽车有限公司，获得了客车整车生产资质，并建立研究中心，对大三电（电池、电机、电控）和小三电（电动空调、电动助力泵、电动一体化气泵）技术进行系统研究。2013年，银隆在河北成立北方奥钛，从事纳米级钛酸锂材料和电池的生产，并收购石家庄中博汽车有限公司，获得客车和SUV生产资质。至此，银隆完善了从电池材料—电池—终端应用的全产业链，成为国内电动车电池行业的一颗希望之星。2014年，银隆获得了大量电动公交订单，2015年1—9月签署订单超过35亿元，并与石家庄、邯郸、湛江公交等签署了长期框架协议。其研发的银隆钛电池产品，具有6分钟快充放、–50℃~60℃耐宽温、30年循环使用寿命、不起火、不爆炸、高安全、高效率等特性。

3. 顺势扩张

在业内看来，钛酸锂电池是锂电中寿命长、安全度高的电池。从生命周期看，普通锂离子电池约为 1 000~2 000 次循环，钛酸锂则是 1 万~2 万次循环，是前者的 10 倍。此外，其具有循环性能优越、容量衰减小、充放电速度快等优点，以及具有非常好的耐过充和过放特征。

银隆的首席科学家为"亚洲电动车之父"陈清泉院士。他曾在公开采访中表示，对电动汽车而言，除了整车制造之外，核心技术有三大件：电池、电机和电控，这三大件里最为核心的是电池。电动汽车对于动力电池的要求基本是能量密度和功率密度要高、成本要低、充电速度要快、寿命长、安全可靠等。钛酸锂电池（银隆专利技术）最大的好处就是可快速充电，寿命长，不怕高温和低温。陈清泉院士同时也指出，钛酸锂还具有能量密度低、成本高等缺点。他强调，要结合碳酸锂的优势和劣势来看待它的发展，而且钛酸锂电池一定要用对地方。钛酸锂的特性使得其应用于公交、物流车等路线较固定的车辆时具有很好的优势。尤其是其低温充放电性能良好，冬季在中国东北等低温地区使用时优势更为明显。

基于对自身技术优势的明确定位，银隆从最初就采用差异化战略和集中化战略，主攻新能源客车市场中的纯电动客车市场。根据数据显示，2014 年、2015 年和 2016 年 1 月至 6 月，银隆纯电动客车销售收入分别为 1.83 亿元、37.1 亿元和 22.15 亿元，占主营业务收入的比例分别为 58.93%、96.24% 和 89.37%。2016 年，银隆新能源客车销量达到 5 285 辆，同比增长 96.6%。2017 年，银隆销售的纯电动客车总数量约 7 000 辆，比上一年度又有显著增长。

高速的发展离不开资本市场的支持。从 2009 年到 2016 年 2 月，银隆共完成了三轮股权融资。创始人魏银仓曾在电视节目中介绍：银隆的第一轮融资解决了企业的生存问题；第二轮融资解决了发展问题；第三轮融资，也就是董明珠、王健林等入股，给银隆带来的不仅是资金，更有企业的文化、理念，使银隆发生了翻天覆地的变化。2015 年 5 月完成首轮融资，投资方为中信证券股份有限公司旗下的青岛金石灏汭投资有限公司等 10 家单位。2016 年 2 月完成第二轮融资，投资方为三峡资本控股有限责任公司旗下的北京普润立方壹号股权投资中心（有限合伙）等 20 家单位。2016 年，格力收购银隆 100% 股权事件沸沸扬扬，在格力股东会否决收购银隆后，最终在 2016 年底，董明珠个人联同大连万达集团股份有限公司、中集集团、北京燕赵汇金国际投资有限责任公司、江苏京东邦能投资管理有限公司与银隆签订 30 亿元增资协议，五方获得珠海银隆 22.39% 的股权。增资后银隆的估值为 134 亿元。

除了股权融资之外，银隆也有不少债权融资。2017 年 8 月，银隆时任董事长魏银仓公开表示，已获得了中信银行等多家银行的支持，其中，中信银行的综合授信额度为 276 亿元。在资本的大力扶持下，银隆已经成为一家集银隆钛核心材料、电池、电机电控、充电设备、智能储能系统、纯电动整车研发、生产、销售为一体的全球综合新能源产业集团。总部位于珠海，拥有邯郸、石家庄、成都、天津、南京、洛阳、兰州等众多产业园。在全球拥有美国奥钛钛酸锂纳米材料研究院、电池研究院、商用车/专用车研究院、电池应用及

PACK 研究院、奥钛国际储能研究院、燃料电池研究院 6 个研究院和 1 个充电中心。

仅在董明珠进入银隆并成为第二大股东之后的 8 个月，银隆就签下总计约 800 亿元的 7 个新能源产业园项目。目前，银隆生产的新能源汽车于北京、广州、深圳、哈尔滨、天津、成都、南京、洛阳、石家庄、武汉、长沙、贵州、珠海等全国 80 多个城市运营。在国内已与国家电网、南方电网、中国中车、神华集团、中国铁塔等央企进行了合作。2017 年 3 月，科技部发布了独角兽企业榜单。这份包含 164 家企业的榜单中，有银隆、宁德时代、威马汽车、蔚来汽车等 9 家新能源汽车及动力电池领域的企业上榜。为了进一步实现快速扩张的目标，2017 年 5 月，银隆在广东证监局办理了辅导备案登记，并进行受理公示，进入上市辅导阶段。

4. 危机已现

如同当年的乐视，在其最耀眼的时刻，危机突然来临。导火索便是国家和各地方补贴政策的变化。截至 2017 年底，国家和各地方财政补贴已超过千亿元。整个新能源汽车行业的生存严重依赖政策补贴。电动客车市场方面，在 2016 年之前，公交公司购买新能源客车所享受的省市级补贴力度较大，大部分地区省市两级补贴金额已经与中央补贴金额达成了 1∶1、0.5∶1 或 0.3∶1 的比例，少部分城市省市两级补贴甚至超过中央补贴金额。但是，补贴力度的突然下滑让整个市场产生了危机感。2017 年初四部委联合发布的《关于开展 2016 年度新能源汽车补贴资金清算工作的通知》要求："非个人用户购买的新能源汽车申请补贴，累计行驶里程须达到 3 万公里（作业类专用车除外），目前行驶里程尚不达标的新能源汽车，应在达标后申请补贴。"相关部委随后发布的 2018 年新能源汽车补贴政策，将对纯电动汽车补贴的起步门槛从 100km 的续航要求提升为 150km。续航在 300km 以下的纯电动汽车所能够获得的补贴金额出现了不同程度的降低。但如果续航里程超过了 300km，补贴金额还将有所增加。而且，根据国家相关规划，在 2020 年之前，新能源汽车的政府补贴将逐年减少，直至 2020 年全部取消补贴。

银隆曾表示，其 2017 年总销售回款大约是 80 亿元，其中有十几亿元是当年订单的销售回款，数十亿元是 2016 年订单的回款，还有十几亿元是 2015 年的国家补贴资金。国家补贴资金是其主要的收入来源之一。银隆 2014 年、2015 年以及 2016 年申报的国家补贴金额分别为 5 550 万元、10.16 亿元、21.35 亿元，三年累计超过 30 亿元，但是过去几年的利润远低于上述数字。在新规下，原计划中的补贴款何时能够落实实在是未知数，未来没有了补贴，银隆又该如何扩大销量以确保生存。

随着银隆产能的扩大，销量却未迅速提升。2017 年，银隆销售的电动客车总数量约 7 000 辆，虽比 2016 年有所增长，但距其 30 000 辆的目标差近 80%。当年存货量同比上升超过 102% 之多，存货周转率比 2016 年降低了 41%，净利润同比下降 34%。银隆原先大量依靠融资推动各地生产园区的建设仍需要大量资金，在目前全市场流动性相对紧张且银隆本身营收情况变差的趋势下，如何支撑这些工程的完工？即使新产线投入生产，新增的产能又是否能及时消化？

进入2018年，根据相关媒体的报道，银隆的现金流状况更加令人担忧。虽然2016年底董明珠携一众明星企业家进行了30亿元的增资，但是仅过了13个月，就有媒体曝光称银隆拖欠多家供应商款项，且欠款总额超过10亿元，导致银隆的供应商之一珠海思齐电动汽车设备有限公司在2018年1月发动员工在银隆总部拉出讨债条幅向银隆讨债。根据公开信息，2018年1—6月，有3家公司——珠海思齐电动汽车设备有限公司、深圳市铭恒达精密五金有限公司、东莞市荣恒机械科技有限公司，均因买卖合同纠纷分别起诉了银隆。2018年7月，还在建造中的南京银隆新能源商用车不动产项目被江苏省高级人民法院依据民事裁定进行查封，期限自2018年7月20日起至2021年7月19日止。根据相关报道，起因是承建单位因前期垫资太多。以上3家原告公司不久之后相继撤诉，虽然南京银隆项目查封两天后旋即解封，但是银隆的资金状况已显风雨飘摇之态。2018年8月，又有媒体报道银隆大规模减员，员工数量从1.8万人骤减至1万人。

与此同时，银隆出产的客车质量也受到市场的质疑。《证券时报》记者在珠海采访了部分驾驶银隆电动公交的公交司机，司机们反映"由于续航里程短，充电次数太频繁，每个司机都嫌麻烦。而中兴新能源制造的续航两百多公里的客车要方便得多。"据报道，由于续航里程短导致电动公交车使用中的种种不便，河北省武安市已经将一些跑乡镇的银隆电动公交车又换回燃油公交车。就连董明珠也坦承，此前银隆造车粗制滥造的情况尤为严重，为此和魏银仓还发生过争执。"我一看，缝隙那么大。"在看过银隆产品后她向魏银仓责问，"别人车都这样，日本车（无缝）90万，我这车才多少钱？"魏银仓如是说。或许与银隆的经营困局有关，2018年6月，根据广东证监局发布的已报备拟上市公司辅导工作进度表显示，银隆历时8个月的上市辅导已经终止。

自身尚未走出困局，新能源客车市场的又一次变革也已到来。银隆的核心技术——钛酸锂电池在新能源客车市场的优势还能保持多久，成为市场较为关心的问题。国内客车行业上市公司宇通客车深耕市场多年，始终处于领先地位。2017年，宇通客车的新能源客车销量超过1万辆，位居第一；比亚迪在凭借自身的电池技术优势，迅速进入该市场，2018年销量排名第二；而银隆仅列第三，与市场领跑者差距巨大。同时，随着2020年补贴政策的取消渐行渐近，韩国动力电池企业LG化学和三星SDI正欲在中国投资加入中国动力电池的市场的竞争，这两家企业在技术方面也拥有一定的竞争优势。

种种内忧外患，使得银隆内部管理层频繁变动。2017年底，公司创始人魏银仓辞任银隆董事长，公司董事长、法人代表均变更为当时的公司总裁孙国华。仅仅4个月后，孙国华被免去董事长和总裁职务，卢春泉和赖信华接替孙国华分别担任银隆董事长与总裁。据媒体报道，目前银隆的组织架构中，高管中有多人来自格力系，且多负责银隆的实权部门，涉及车辆生产、研发、品质管控、供应链管理、财务等核心部门。现任总裁赖信华，此前担任格力郑州公司总经理；副总裁戴贤，此前担任格力物资采购中心副总监；董事会秘书、副总裁李志，此前担任格力电器财务部部长助理；副总裁白小平，此前在格力任质控部下属科室主任。在董明珠正式进入银隆后，曾毫不客气地对外表示，银隆缺乏企业文化和工匠精神，必须被彻底矫正。在商业模式上，"银隆过去靠银行融资生存，作为一家制造业企业，更应该依靠市场"。

5. "大佬"的眼光

除了新能源客车，银隆的另一个主业是储能。董明珠曾经表示，相对于银隆的电动客车业务，其更看重的其实是储能业务："如果未来国内的楼宇大规模使用储能电池，那么这个市场甚至不止千亿，而是可以达到万亿级别。"银隆推出的钛酸锂储能电站，已在美国与AES电网公司有8年的运营经验，产品分为家庭储能及工业储能。其储能电站，可在10分钟内快速充放电。

董明珠的设想是，格力电器正在推进智能家居战略，而与其他企业的智能家居系统不同，格力的智能家居系统的着眼点在于节能。除太阳能光伏系统之外，银隆的储能技术可以帮助格力打通从创能、储能到家电能源管理等整个系统。王健林也对银隆储能技术的商业化抱有希望："这事我在十多年前被外国人忽悠过，但那时候可能技术不太好，效果不是很好，所以这次投资我也在看银隆能不能把技术稍微商业化。"每一个万达广场都需要配1~2万个停车位，其对储能的需求可想而知。

但是，也有业内人士认为：从制造成本及商用场景来看，钛酸锂做储能都太贵了。钛酸锂电池能量密度低，为储备相同能量，体积必然增大，相应的隔膜、铜箔、铝箔、电解液也全面增多，很难突破成本控制瓶颈，制造成本太高。至于所谓的"30年不用换电池"，客户出于资金成本的考量很难购买长达二三十年的服务，再算上货币购买价值的更迭并不划算。而且，十来年内也许会有更好的技术和设备迭代，到时候前期投入都成为沉没成本。

曾有媒体采访董明珠："作为银隆的白武士，作为和孙宏斌一样的强人，董明珠担心银隆成为下一个乐视吗？"董明珠回答："我没什么担心，我只是一路拼杀。未来，银隆的储能业务是否能够及时支撑起公司的生存和发展，银隆会成为下一个格力还是下一个乐视，留给银隆的时间可能不多了。"

资料来源：

[1] 任诗发. 2018年新能源客车补贴政策解读[J]. 汽车与配件, 2018（9）: 51-53.

[2] 唐堃, 金虹, 潘广宏, 等. 钛酸锂电池技术及其产业发展现状[J]. 新材料产业, 2015, （9）: 12-17.

[3] 董明珠VS魏银仓, 银隆新能源还能赢得市场吗？[J]. 变频器世界, 2018（11）: 54-55.

[4] 刘步尘. 珠海银隆会成为"汽车版乐视"吗？[J]. 中外管理, 2018（3）: 32.

案例讨论

1. 试分析银隆目前遇到了哪些困难，它们是如何产生的？
2. 银隆未来应选择何种竞争战略？

延伸阅读文献

1. JOHNSON G, SCHOLES K. Exploring corporate strategy—text and cases[M]. 6th ed. London: Pearson Education, 2002.
2. 兰伯特. 关键管理问题：各种商业模式的睿智精要[M]. 北京：经济管理出版社，2004.
3. 金，莫博涅. 蓝海战略[M]. 北京：商务印书馆，2005.

拓展阅读

第5章 组织结构与组织设计

 故事引导

刻舟求剑的故事

我们对于刻舟求剑的故事都很熟悉。刻舟求剑是《吕氏春秋·察今》中记述的一则寓言,说的是楚国有人坐船渡河时,不慎把剑掉入江中,他在舟上刻下记号,说:"这是我把剑掉下的地方。"当舟停驶时,他才沿着记号跳入河中找剑,遍寻不获。

该寓言劝勉为政者要明白世事在变,若不知改革,就无法治国。对于组织也是一样,管理者应该根据外部环境或者内部条件的变化不断地对管理策略作出评估和调整,积极推动组织变革。如果组织的外部环境或者内部条件发生了变化,而管理者没有对此作出应变或者应变不当,那么组织就无法实现既定的目标,这就会产生危机。

5.1 组织的结构问题

企业组织结构历来是企业组织研究和管理学研究的重点。企业组织结构理论与实践的不断发展,既是顺应环境变化的要求,也是企业自身持续发展的要求。不论企业所处的年代、行业,其组织结构往往表现为一个纵横交错的网络,纵向层次是组织成员或机构之间的隶属和领导关系,横向层次是同一层次上的不同单位或部门之间的协作关系。伴随着全球化、信息化、大数据时代,企业组织结构理论与实践需要适应新环境,从而使企业本身在愈发激烈的竞争环境中,从容面对机遇和风险。

组织结构的发展主要以组织变革的灵活性和组织核心业务能力的保证为基本原则,目前的发展趋势是项目型和网络型组织,组织结构的扁平化、网络化、虚拟化是现代企业组织结构不变的发展方向。组织设计的理论与方法,从时间维度和方法层面都是跟随企业实践而发展的,从一定程度上是组织结构理论的实现途径。

5.2 组织结构与组织设计的理论和实践发展

5.2.1 组织结构的理论和实践发展

1. 古典组织理论

在古典组织观中(W. G. Scott, 1961),组织结构是使组织内部不同职能部门相互关系

实现系统化、合理化的有效手段,是使组织运行整体一致的核心协调机制(楼园,2006),其本身意味着企业组织的体系化与结构化,具体包括企业组织的稳定、明确的相互关系形式、清晰的职权等。这一时期对组织结构的研究,主要研究单个企业内部的、封闭的、正式组织结构,建立理性系统来分析企业组织结构。在组织理论层面,马克斯·韦伯与20世纪20年代提出的科层制思想,是古典组织结构观的重要理论基础,在韦伯看来,科层组织的本质是法定权力的合理化与组织化(黄汉民,2003)。

在实践层面,以亚当·斯密的劳动分工理论和泰勒的职能化原则为基础建立的金字塔式的组织结构为起点,常见的直线式组织、职能制组织、直线职能制组织和参谋职能制组织等,都是强调法定权力系统化和合理化的组织形式。20世纪60年代以后,随着企业实践需要,诞生了常见的事业部型结构和矩阵结构等(沈正宁,2008)。现今大部分企业组织在其组织结构中,通过组合结构的形式,应用着以上几类组织形式。

2. 新古典组织理论

新古典组织理论(人际关系理论)在古典组织理论的基础上,将关注点转向组织中的非正式组织与人际关系的作用,如社会系统学派的代表人物巴纳德(1938)最早提出的协作系统,马约(1945)的人际关系理论以及古尔德纳(1954)的冲突模型。若将正式的组织结构作为组织目标的规范结构,而非正式组织结构,就是组织成员的行动结构,后者决定着组织成员行为方向。这一时期的组织理论都有一个显著特征,就是强调组织成员的行动结构(黄汉民,2003)。其在古典理论时期宏观控制组织运行之余,补足了对于微观组织成员行为的分析。

在组织结构上的实践,这一时期的学者主要关注企业内人际关系的部分,如感情、人格、协作等社会性关系。在梅奥和麦格雷戈的人性假设基础上建立起的职工参与决策制,可以追溯到20世纪50年代的工作生活质量(quality of worklife,QWL)运动的兴起,目前仍是许多公司沿用的激励措施。又如通用汽车公司CEO杰克·韦尔奇在公司管理沟通领域提出的"无边界理念",将各个职能部门之间的障碍全部清除,不仅实现上下沟通制,而且是信息交流的完全自由。

3. 现代组织理论

现代组织理论是将古典与新古典两个阶段的组织理论相结合。从宏观上,关注组织的整体运行;从微观上,关注组织中个人行为对组织效率的影响,在一个新的、系统的、社会的框架下来分析企业的组织结构。这一阶段的学者们的研究方向完成了从封闭系统向开放系统的转换。开放系统视角的组织研究,从注重内部特征转向强调组织外部事件和进程的重要性,组织的环境(包括经济、政治、文化、社会、技术)和组织之间的要素成为组织研究的重点(罗珉,2004)。随之而来的代表理论有劳伦斯和洛奇(1967)的权变理论、米勒和赖斯(1967)的社会技术系统、汉南和弗瑞曼(1977)的总体生态理论。前者尝试探索组织与环境之间的关系，分析分系统之内和各系统之间的相互关系；强调组织的多变性，并注重研究组织在变化的、特殊的环境下，最适用的组织结构设计（organization structure design）（朱晓武，2010）。后两者将企业组织视作一个系统，具有自适应、自进化的能力。

社会技术系统理论关注，组织既是一个社会系统，又是一个技术系统，并强调技术系统的重要性，认为技术系统是组织同环境进行联系的中介；而生态组织理论中与组织结构相关的研究，其研究主线是探讨通才组织（具有多样化条件下的广适应力）与专才组织（具有有限环境条件下的高成长率）之间生存策略的差异（彭璧玉，2006）。

5.2.2 组织设计的理论和实践发展

美国组织理论家 Karl Weick 认为，组织设计是指按照因果关系把各种动因、行为、社会支持和期望组合起来，形成相互作用的一种模式。组织设计包括组织结构的设计、决策过程的设计、资源分配方案的设计以及激励机制的设计。

一般来说，组织结构的设计过程中都存在三个互相联系的问题：①管理层次划分；②部门划分；③职权划分。组织内部和外部环境的变化影响着这三个问题，故组织结构的形式具有多样性。组织设计应该正确处理这三个问题。

传统组织设计的理论以泰勒、韦伯以及法约尔的科学管理理论为基础，主要指组织结构的设计。现代的组织设计除了组织结构的设计（职能、框架以及协调方式），也包括组织运行的设计（管理规范、激励制度以及人员）。

20 世纪 90 年代之前，企业组织理论主要建立在劳动分工的基础上，核心内容是职务体系、部门结构和组织层级以及权责的分配的研究。1993 年，迈克尔·哈默提出"业务流程再造"理论，说明造成经营行为欠佳的原因并非形式上的组织结构，而是组织中各项业务的实际开展过程或者流程。传统组织结构是按照专业化的分工逻辑来设计的，组织中活动的流程是碎片化的，因而是无形的、不可见的和无人管理的。为使经营绩效得到明显改善，企业必须对业务的流程作出根本性的重新思考以及彻底的（radical）重新设计。于是新的以流程或者过程为中心的组织结构的研究拉开了序幕。

John（2004）提出，近 20 年以来组织结构方面的创新主要有：①企业集中于核心的业务并且将许多非核心的业务外包；②企业和顾客以及供应商的关系被重新定义，长期的伙伴关系替代简单交易关系；③一些管理层级消失，职能专家到业务单位中工作，在线管理者有了更多的权力和责任；④伴随这些变化，为了加快决策的进度并且促进学习，组织的不同部门的人开始联系在一起，一种改进的信息和评估的系统出现，沟通变得更加水平化。

组织设计既然非常复杂，它的影响因素也包括多个方面。

1. 环境因素对组织结构设计的影响

组织面临的环境的不确定性制约着组织的结构和管理的体制，只有与外部的环境相适应的结构才是有效的组织结构（饶佳宁，2005）。环境对组织结构的影响主要体现在三个不同层次上面，分别是职务和部门的设计、各部门之间的关系以及组织结构的总体特征（易树平，2005）。环境可以被分为"简单、复杂、稳定、动荡"四种情况（Duncan，1972）。由此将环境组合为四种模式。不同的环境所对应的组织结构的形式不同。环境程序与组织结构之间的关系如表 5-1 所示。

表 5-1　环境程度与组织结构之间的关系

环境动荡程度	环境复杂程度	
	简单	复杂
动荡	组织结构特征：规范化、集权化程度高，个别部门采用柔性组织 组织结构：机械——有机结构；如矩阵	组织结构特征：规范化、集权化程度都低、多采用分权形式 组织结构：有机结构，如事业部制、混合式
稳定	组织结构特征：专业分工程度高、正规化程度高，规章制度、工程程度多，多采用集权形式 组织结构：机械结构，如直线式、直线职能制	组织结构特征：专业分工细，规范化程度高，但由于人员知识程度较高，工作独立性强，多采用分权形式 组织结构：机械——有机结构，如母子公司制

修保新（2007）等研究了面向使命的组织以其设计方法，在基于粒度计算的组织设计方法的基础上，提出了鲁棒性组织设计的方法。讨论了这两阶段的组织设计方法，并给出了基于遗传算法的平台集粒化方法。

总的来说，组织设计的变化受环境扰动，组织设计变量之间又互有影响，其中一个变量的变化，也会引起其他变量的变化（夏若江，2009）。

2. 管理因素对企业组织结构设计的影响分析

管理因素是指与企业的内部管理及经营运作直接相关的因素，主要包括企业战略、组织技术、企业文化三个方面。

（1）企业战略与组织结构之间的有效结合是企业生存的关键。一个企业的成功在于制定适当的战略来达到其目标。同时建立适当的组织结构来贯彻其战略。美国学者钱德勒（A. D. Chandler）提出环境决定战略，组织结构适配战略的思想。

与钱德勒相一致，迈克尔·波特（Michael Porter）也主张，战略应该超前于结构。他认为，产业结构决定了企业的战略位置，而企业的战略位置又决定了企业的组织结构。

苏涛（2000）提出，企业的经营战略在两个层面上影响着企业的组织结构：第一，不同战略下业务活动不同，从而管理职务和部门的设计也不同；第二，组织工作重点会随战略重点的改变而改变，从而各部门以及职务在组织中的重要程度也改变，并最终引起各管理职务和部门之间关系的调整。

明茨伯格认为，战略发展和结构设计二者相互支持，并且它们共同支撑组织，是相互领先却又相互跟随的。经营战略决定组织结构，组织结构反过来也作用于经营战略，即结构对经营战略有促进或者制约的作用。

迈尔斯和斯诺根据企业改变其产品或者市场的程度,把组织的战略划分为四种类型:防守型战略、进攻型战略、分析型战略和反应战略。每种战略类型有其相对应的组织结构。企业四种经营战略及其相对应的组织结构的特征,如表 5-2 所示。

表 5-2　企业四种经营战略及其相对应的组织结构的特征

外部环境	企业内部劣势	企业内部优势
机会	扭转型战略 组织结构:稳定性,简单性的报告关系,集权管理为主,直线职能式+矩阵式	发展型战略 组织结构:规范化程度高,在集权管理的基础上个别部门采用分权结构。地区失业部、混合式(直线职能式+事业部制)
威胁	防守型战略 组织结构:精简机构;集中决策、分散经营;事业部制结构,网络结构	多种经营战略 组织结构:针对企业规模和市场情况采取集权式结构或分权式结构;直线职能式或事业部制、矩阵式

彭新武(2008)指出,钱德勒提出的组织结构应跟随其战略的结论,适合于当企业所处的外部环境相对比较稳定时的情景。随着信息时代及全球经济一体化的到来,市场竞争加剧使得企业面临的环境呈现出复杂、多变、不稳定的特点,这就使得战略本身的柔性、灵活性、适应性等特点日益突显。这时组织形式的变动很难适应一种难以预料的战略变化。管理者必须从传统的"战略决定结构"转向由业务流程和员工行为来确定员工被组织起来的方式。

(2)组织技术是使组织的投入变为组织的产出的工具、技能及行动。组织技术是企业生产、管理手段是否先进的重要反映。组织技术主要包括两个方面的内容:一是企业采用先进的生产方式和机器设备的制造技术,二是以信息技术为基础的企业的经营运作的管理技术。组织的技术水平影响职能划分和职务设置等组织结构特征因素。

最先研究制造技术的是英国产业社会学家乔·伍德瓦特(Joan Woodward)。她认为技术的复杂性决定着企业的发展规模和组织结构。根据技术的复杂性将企业的生产模式分为三种类型:单件和小批量生产、大批量生产、连续生产。每一类生产过程有相应的组织结构。

Khurana(1999)考虑了生产技术复杂性的两个维度:产品复杂度和过程复杂度。将生产技术复杂性分为零活生产、批量生产、装配线和连续加工生产四种类型。与 Woodward 的分类的不同之处是,Woodward 的分类侧重于过程复杂性这一个维度。

组织中的每个部门都有明显的技术特征,所以进行组织设计时从部门的技术类型入手是必要的。美国组织学家查尔斯·贝鲁(Charles Perrow)认为部门技术受两类因素的影响:①工作的多元性,即生产过程中是否出现很多不可预测的情况;②工作活动的可分析性,即工作是否能按部就班、依照固有程序完成。据此组织技术可划分为不同的技术类型:常规型、工程型、工艺型和非常规型。每种技术类型都要求有相适应的组织结构。四种技术类型相对应的组织结构特征,如表 5-3 所示。

表 5-3　四种技术类型对应的组织结构特征

技术类型	常规型	工程型	工艺型	非常规型
特点	工作被规范化和标准化，且极少变化	工作易变性大，但可能通过理性或推理方法解决问题	工作变化不大，但转换过程不可分析和理解	工作高度可变，故其转换过程不可分析或不易理解
管理幅度	大	中等	略大	较小
适合部门	汽车装配、银行出纳部门等	工程和会计部门	炼钢熔炉工程师、制衣人员等	战略研究、产品研发部门
规范化程度	高	低	适中	低
集权化程度	高	高	低	低
工人技能水平	低	高	低	高
沟通方式	书面	书面+口头	口头	口头
控制方式	计划和规章制度	报告和会议	培训和会议	小组会议
匹配组织结构	机械式	机械+有机式	机械式+有机式	有机式

信息技术指企业组织内部各部门之间及企业组织之间进行信息沟通的工具和手段。高晶等（2007）的研究表明，信息技术的发展与组织结构的变革紧密相关。不同形态的组织结构的信息过程具有不同的特征；不同的信息过程又会产生不同的组织绩效，促使组织向更有利于信息传递与技术应用的结构进行变革。

（3）企业文化。企业文化在组织中发挥两个关键作用：①培养集体认同感；②指导组织成员日常的工作。因此，企业文化对组织设计的影响是很大的。

一方面，企业文化要引导和塑造管理者与员工的行为；另一方面，必须重视企业文化、企业战略和环境三者之间的关系，根据环境和企业战略的重点来选择企业文化的类型。

根据竞争性环境所需要的灵活性或稳定性程度以及战略的重心和强度侧重于内部或外部的程度，企业文化存在四种主要类型：使命型文化、适应性文化、官僚制文化和小团体文化。

由于企业所处环境和经营战略影响着企业的组织结构形式，并且同样影响着企业文化。因此只有企业文化与企业组织结构互相配合，才能发挥其效用。不同类型的企业文化有其相对应的组织结构特征。四类企业文化相对应的企业组织结构特征，如表5-4所示。

表 5-4　四类企业文化相对应的企业组织结构特征

组织结构特征	使命型文化	适应性文化	官僚制文化	小团体文化
管理层次	较少	少	多	少
管理幅度	较大	大	小	大
规范化程度	高	低	高	低
制度化程度	较高	低	高	较高
专业化程度	高	高	低	低
集权化程度	高	低	高	低
沟通方式	正式沟通	非正式沟通	正式沟通	非正式沟通
价值观	重视目标实现	重视创新精神	重视服从、契约	重视员工参与
匹配组织结构	有机式+机械式	有机式	机械式	机械式+有机式

第 5 章　组织结构与组织设计

虽然组织文化比组织设计更具惰性,并且组织文化影响力更持久,但组织设计也能够影响和培育组织文化。例如,丰田生产网络组织设计对网络文化的影响。丰田网络在日本称为丰田群落,丰田在丰田群落里推进"共存共荣"的哲学,并将此作为核心价值观,创造出了在网络层面的知识获取、储备和扩散的共同网络认同。这些措施主要包括:建立供应商联盟、建立丰田经营管理咨询分部、组建自愿组合的学习小组,或知识共享的次级网络论坛、企业间雇员交换。这些措施创造了网络认同,使知识共享成为下意识的活动,并非成本利益计算的成果。丰田生产网络知识共享行为的产生和取得的成效是与其组织设计密切相关的。

3. 企业规模对组织结构设计的影响分析

企业规模是影响组织设计的基本因素,并且与组织所处的发展阶段有关。处于不同发展阶段的企业有不同的规模,组织结构面对的主要矛盾和问题就不同,因而组织结构设计的主要任务也就不同。例如,新成立的企业,会面临规章制度不健全等问题;而一些老企业,则常常具有缺乏创新等问题。不同的问题需要采取不同的方法去解决。

(1)划分企业的规模,可采用多种指标。国际上普遍采用的标准为根据产品批量划分同类企业规模。以中国钢铁企业为例,大型企业为年生产能力在400万吨以上的企业,中型企业为年生产能力在100万~400万吨的企业,100万吨以下的为小型企业。产品批量的大小能较直观反映出企业的人数多少、劳动分工及组织的复杂程度。企业规模大小对组织结构产生不同的影响,如表5-5所示。

表5-5 企业规模大小对组织结构产生不同的影响

组织结构特征因素	大型企业	中型企业	小型企业
管理层次	多	较多	少
管理幅度	较大	较小	大
关键职能	多	较多	少
专业化程度	高	较高	低
集权程度	低	较高	高
规范化程度	高	较高	低
制度化程度	高	较高	低
地区分布	广泛	较广	集中
专业人员比例	多	较多	少
管理人员比例	多	少	少
生产人员比例	多	多	多
匹配组织结构	混合式、多维式	事业部制、母子公司制、直线职能制	直线职能制、直线制

一般认为,大型多元企业的组织机构非常的复杂,这是因为企业所辖行业多元、规模庞大。因此需要设置分权式"母公司—子公司"形式的纵向多链条式的组织结构与控制体系(汤谷良等(2009))。但华润的"6S"管理体系,却偏重从制度的设计入手,使集团内部

各业务单元严格局限于"投资中心-利润中心"这一种两层管理体系,实现了控制系统的简洁、明了。由此看来,组织结构追随组织战略不是固定、僵化的,组织结构的灵活性与战略的灵活性同等重要。

华润实施利润中心管理体制之后,利润中心直接对华润集团的总部负责,因此在集团内部很容易实现扁平、灵活的管理体制,并保证了各子公司具有固定、快速、准确的市场反应机制。

(2)每个企业都经历了从简单到复杂的发展过程,当企业发展达到一定程度时,原有的企业组织结构就需要变革。适合每一发展阶段的组织结构是几种典型的模式的组合及创新。

奎因和梅隆把组织的生命周期划分为四个阶段:创业阶段、成长阶段、成熟阶段和精细阶段。企业发展各阶段相匹配的组织结构,如表5-6所示。

表5-6 企业发展各阶段相匹配的组织结构

组织特征	创业阶段	成长阶段	成熟阶段	精细阶段
规范化程度	非规范化	有某些业务程序	规范化程度高	完善的业务程序
专业化程度	非专业化	建立专业化部门	分工精细、增加新专业	清晰的分工体系、专业化部门
制度化程度	非常少	有一些规章制度	规章制度多且规范	广泛的规章制度
集权程度	集中在企业主一人	高层管理者	高层战略决策,中层经营权	分权形式
沟通机制	非正式沟通	基本为非正式沟通	正式沟通	正式沟通和非正式沟通
控制机制	企业主个人监督	非规范化、个人	规范、依靠制度进行	非常规范的控制体系
组织目标	企业生存	继续成长	内部稳定、创新、扩大市场	强研发能力,完备的组织
组织危机	需要有能力领导	需要权力下放	需要医治大企业病	需要更新组织
匹配组织结构	直线制	直线职能制	事业部制或母子公司制	混合式、矩阵式、多维式

5.3 组织结构与组织设计

5.3.1 组织结构

1. 组织结构的概念

组织结构是围绕组织目标对组织要素的一种特定配置,是对组织的工作任务如何进行分工、分组和协调合作的一种制度安排。组织的正常运行依靠组织结构支撑。但是,组织并不由结构开始的,组织首先由一些基本单元或要素构成。组织结构是对这些要素进行特定的排列组合的结果。因此,设计合理的组织结构必须首先了解组织的基本要素。

2. 组织的基本要素

"现代管理理论之父"Chester Irving Barnard 在其《经理人员的职能》一书中指出,尽管组织千差万别,但不管什么样的组织都有以下三个基本要素:共同的目的、协作的愿望和信息。组织的产生、存续与发展只有通过这三个基本要素的结合才能实现。

1）共同的目的

基于做好组织设计的需要，不仅要了解组织的基本要素，还必须清楚组织要素的合理形态，如组织目的，不能以抽象的概念形态存在，必须内化为整个组织共享的追求；因而，Chester Irving Barnard 把共同的目的作为组织的基本要素。没有组织目的，组织中的个体与群体就无法了解和预测组织要求他们采取什么行动和作出什么样的决定，就没有行为方向，也不可能有组织成员对组织协作愿望。为了做好组织设计，必须研究搞清楚对与组织目的相关的以下问题。

一是组织目的不仅要得到组织成员的理解，而且必须为各个成员所接受。也就是说组织目的不能仅仅停留在组织成员的口头上、脑海里，必须成为组织成员的共同意志和行动指南。如果组织成员不接受组织目的，就不可能有统一的行动和决策，实现组织目标也就无从谈起。

二是要注意组织的各个成员在理解组织目的时，存在着协作性理解和主观性理解的矛盾。所谓协作性理解就是指组织成员脱离个人立场，从组织整体利益出发，客观地理解组织目的；所谓主观性理解就是指组织成员以个人的主观想法理解组织目的。显然，现实中这种理解上的矛盾是难以避免的，特别是在组织目的是无形的、一般化的情况下，这种矛盾会更加突出。为了减少这种矛盾，Chester Irving Barnard 指出"让组织的参加者把作为协作系统基础而起作用的客观目的认定为组织目的"是非常重要的，"让职工相信一个共同目的确实存在，是经营者不可缺少的职能"。

三是必须要区分组织目的和参加组织的各个成员的个人目的。一个人参加到一个组织以后，很自然地会表现出双重人格，即个人人格和组织人格。当一个人为了满足个人目的或个人动机而采取合理行动时，就可以说这种人在这个时刻表现出个人人格。当一个人为了实现组织的共同目的而采取的合理行动时，就可以说这种人在这个时刻表现出组织人格。组织的共同目的是外在的、客观的、非个人的，而个人的目的是内在的、主观的、个人的。组织目的和个人目的之间并没有直接联系，两者在绝大多数情况下是不一致的，甚至是背道而驰的。因而，协调个人人格与组织人格的不一致，引导组织参加者更多地表现组织人格，或在必要的情况下个人人格服从组织人格是组织管理的基本任务。

四是组织是把组织目的作为一个要素而形成起来的。所谓组织是把组织目的作为一个要素，就是说为了适应组织环境的变化，组织目的是可以不断调整变化的。

2）协作的愿望

所谓协作的愿望就是指个人要为组织目的贡献力量的愿望，是"依赖他人对个人行为的支配，是个人行为的非个人化"。组织的实体是人的行为，组织理论应以人的行为和决策为研究对象。但人的行为和决策都是动机这种心理因素作用的结果，因而，组织成员的协作愿望对组织来说是必不可少的。关于协作的愿望有以下两个问题需要研究。

一是协作的愿望强度随个人的不同而有很大的区别。组织内不同的成员对组织协作的愿望是有很大区别的。一般说来，感觉到自己在组织中得到重视的成员对组织的协作的愿望较强，感觉自己在组织中不受重视的成员对组织的协作的愿望较弱；正式组织的规模越小、越单一，其成员的协作的愿望越大，组织的规模越大、越综合，其成员的协作的愿望越小。

二是个人协作的愿望的强弱不是固定的，而是经常变化的。这种变化与组织的状况、环境和变化，以及个人的心态等多种因素有关。

3）信息

信息就是向个人传递情报或想法的网络。没有信息传递，组织成员之间就不能沟通，组织目标就不能传递，组织就不能运转。

显然，组织结构就是对上述组织要素的特定排列和各个要素之间作用方式的有关制度安排。由于实践中组织的共同目的需要进行必要的分解，实现组织目的需要必要的作业和管理活动，完成作业和管理活动又离不开必要的组织资源。所以，组织结构直接表现为对组织共同目的的分解、对作业和管理活动的区分、对组织资源的配置以及为保证组织正常运转所制定的规则与信息传递通道。对组织要素排列、分解、区分、配置与规则等的制定过程就是组织设计过程。

3. 组织结构设计

组织结构设计就是指为了实现组织目的，结合组织的外部环境和内部条件，将组织中的成员、任务、权力和工作流程等以一定的结构形式建立起最有效的相互协调关系的过程。尽管现实生活中绝大多数的组织结构是组织运行过程中讨价还价的结果，但组织结构的最初形态是设计出来的。一般说来，组织结构设计要完成以下任务或遵从以下步骤。

1）工作专门化

所谓工作专门化（work specialization）就是指把组织中的一系列活动（或完整的工作任务）划分成若干相对独立的单元或工作步骤的细化程度。

工作专门化意味着组织中的每个人每天面对一个工作单元或步骤，并且周而复始、循环往复。无疑，这对明确组织成员的责任、提高员工的工作熟练程度和专门技能、方便员工绩效测度等具有好处。相对于每个员工都参与组织工作中的每一个步骤而言，节省了大量培训费用。同时，工作专门化可以实现对不同工作技能水平的员工做不同岗位的工作安排，有利于人尽其才，提高组织资源的利用效率。所以，自20世纪40年代后期开始，工作专门化被广泛应用于工业生产领域。工作专门化确实为人们带来了很大效率，以至于许多管理人员把它作为提高生产效率的不竭之源。

然而，任何事情都有其两面性，工作专门化也是如此。特别是工作专门化走向极端的时候，它的局限性就明显地表现出来。到了20世纪60年代后，人们发现每天从事简单重复工作的工人容易产生疲劳感和厌倦情绪，进而导致压力感、低生产率等。人的非经济因素的影响抑制了生产效率的提高，甚至抵消了工作专门化带来的好处。因此，人们开始寻求新的工作组织方式，以克服工作专门化的不足。特别是随着社会发展和技术进步，大量简单重复性的专门化工作完全可以由机械来完成，而留给人们的工作可以逐步摆脱工作专门化的制约。

尽管工作专门化有其局限性，但并不意味着它已经过时。实际上，在某些领域，特别是在技术技能要求不高、劳动密集性的制造和服务领域，工作专门化它仍具有重要作用。

2）划分工作部门

当工作专门化完成了对完整工作任务的细分后，就要考虑如何对它们进行分组。为什么要对各个工作单元进行分组呢？因为，组织要对其内部的各个工作单元进行协调。当组织的完整工作任务较为复杂，其内部的工作单元较多的情况下，协调工作不可能由一个人来完成。因而，就必须要对各个工作单元进行分组，使之成为不同的工作部门，以使协调、管理工作能够顺利进行。这种分组工作过程，就是部门化（deparmentalization）的过程。

对工作单元或步骤进行分组可以有很多依据，最简单、最原始的就是人数，如军队中团、营、连等部门的划分和中、小学校中学生班级的确定等。当然，这种分类方法只适合于组织的资源主要是没有专业区别的人力、组织成员不存在明显工作性质区别的情况下。在现代社会中，这种分类方法逐渐在退出历史舞台。

对一般组织而言，对工作单元或步骤进行分组主要依据是活动的职能。把从属于同一职能的工作单元或步骤安排到一个部门中，有利于管理、协调，也有利于实现成员之间的交流、合作和规模经济，提高工作效率。因而，很多组织都采用这种分类方法，如制造型企业中，一般按开发、制造、销售、采购、人事、财务等职能把从属于它们的工作单元或步骤划分到各自的部门中。

还可以按生产产品的类型、地域、生产过程、顾客类型等对工作单元或步骤进行分组。所谓按生产产品的类型分组就是把与同一产品生产有关的工作单元或步骤划分到一个部门，如某些大集团公司的电视机公司、计算机公司、冰箱公司、空调公司等。所谓按地域分组就是把同一地域的工作单元或步骤分在一个部门，如某些公司的华北事业部、华东事业部、华南事业部、西北事业部、华中事业部等。所谓按生产过程分组就是把从属于生产过程中某一特定生产阶段的工作单元或步骤划分到一个部门，如一些机器制造企业的铸造车间、锻压车间、机加工车间、装配车间等。所谓按顾客类型分组就是把为同一类顾客提供服务的工作单元或步骤划分到一个部门，如某些公司的批发服务部、零售服务部，医院的儿科、妇科等。

此外，还有其他的分组依据，如时间等。当然，在实际组织部门化的过程中，会出现组内再分组的情况，特别是较大的组织中，这种情况是难以避免的。此时，可能需要综合利用不同的分组依据进行分组。现实中，很多企业就是这样做的，如有些企业先按产品分组，然后再按职能分组等。

3）明确管理幅度与管理层级

所谓管理幅度（span of management）就是指一个管理者可以有效地直接管理下属的个数。由于人的能力限制，任何管理者的管理幅度都不可能无限大。这样，对大组织来说，为了保证管理的有效，就需要确定不同的管理层级。

管理层级与管理幅度密切相关。管理幅度小，管理层级自然就多。管理层级多，会造成很多问题：一是使得组织管理人员膨胀、增加管理费用；二是过多的层级造成协调、管理的困难；三是由于组织从上到下的信息传递通道过长，导致信息传递耗损、失真等。管理幅度大，管理层级少，有利于信息传递与沟通，能够降低管理费用，也增加了下属的自主空间，使得他们能较好地发挥主观能动性。因此，努力拓宽管理幅度是社会不断发展的必然倾向和结果。

4）审视命令链

所谓命令链（chain of command）就是指从组织最高层权威者出发的一切信息（命令、指示等）到达最基层人员或从最基层人员出发到达最高层权威者的各种信息（报告等）通过各个连接点必须经过的、一条不间断路线。为了维护组织工作的协调和统一，人们需要明确组织内的员工个人和工作群体由谁给谁下指令，谁应该向谁汇报工作。这种制度安排就会在组织中形成很多由上向下的命令链。通过审视命令链，可以检验组织设计是否合理。组织中命令链的多少与长短、与管理幅度有关。

最早提出命令链概念的是法国著名的管理学创始人 Fayol。Fayol 注意到由于组织内的层级造成的命令链，并提出了为了维持命令统一性首先应该坚持的层级原则。所谓层级原则就是指来自高层权威者的命令和指示与从最基层人员出发的报告都不能脱离命令链传递。但 Fayol 同时也发现，在大企业特别是行政机关内命令链过长，这势必造成严重的官僚主义，使得某些重要事物难以迅速处理影响事业的发展。因此，必须把重视命令链与迅速作出决定两者协调起来，于是产生了著名的"法约尔跳板"原则。所谓"跳板"原则就是指处于较低层级的人员对一些问题可以跨越原有的层级界限，直接与有关人员协商解决。上级管理者应鼓励下级人员利用"跳板"，这样不仅能利用捷径解决问题，避免官僚主义，还能养成下级人员敢于负责的精神和勇气。

在传统的管理中，人们注重命令统一性和维持命令链的层级原则。尽管 Fayol 提出了"跳板"原则，他也主张下级人员不能随意脱离命令链。但随着管理环境的变化和管理活动本身的日益复杂，应该鼓励利用"跳板"；而且应该提倡把很多权限直接下放给下级人员，使下级人员拥有更多直接决策的权力。

5）权力设计（集权与分权）

组织层级、命令链决定了组织内部的上下级关系。但哪些权力由上级行使，哪些权力由下级拥有，这些具体的权力关系需要在组织设计中给予明确界定。组织权力关系的界定，实际上就是权力设计；而权力设计的核心问题是集权与分权问题。所谓集权就是指把组织中的主要权力特别是决策权集中于高层；所谓分权就是指把组织中的一些权力包括决策权下放给下级直至基层人员，使他们能够参加管理活动，享有一定的自主决策权。

从理论的角度讲，集权与分权需要考虑组织的业务特点，按照权责一致、权力制约的原则进行设计。所谓权责一致就是指任何权力都应该承担应相应的责任，任何责任都应该有相应的权力做保障。所谓权力制约就是指任何权力都要有一定的制约力量。没有约束和制约的权力必然导致腐败。当然，责任是对权力最有效、最规范的制约。但在组织活动实践，很多责任是事后才能认定，而且有些权力一旦发生乱用现象将导致严重后果，这种情况下就需要对权力设计前置制约。例如，重要经费的支出和使用往往以联名签字方式形成彼此制约。对权力的制约无疑将影响组织运作效率，但从更高的层次上能够降低组织风险、减少组织损失。

从实践的状态看，集权与分权很大程度上是由处于最高层的管理者自身的领导方式决定的。高层管理者的个人领导风格，可以影响或破坏组织设计的权力结构，使组织的实际权力状态逐步偏离设计形态，而偏向于领导偏好的状态。集权和分权两种权力状态在实践中的效果明显不同。一般说来，过度集权往往导致高层管理者事无巨细，淹没于繁杂的具体事物之中，顾此失彼，忽视了有关组织战略性、方向性等重大问题，而且会诱发官僚主义、命令主义作风。相反，高层管理者把与下属应该承担的责任相对应的权力下放给下属，不仅减轻了自己的负担，能够集中精力把重要的事情做好，还能激发下属的积极性和责任心，使他们充分发挥主观能动性，提高管理工作的效率。

近些年来，分权趋势明显占了上风。这一方面与管理活动日益复杂有关，高层管理者难以独立承担大量、繁重管理任务；另一方面也受管理环境的多变影响，多变的环境使得组织必须适时适应这种变化。而为了适应这种变化，就必须增强组织的灵活性，必须使直接接触顾客的基层人员享有必要的自主决策权。

6）规范化

所谓规范化（formalization）就是指组织利用规章制度将组织设计的结果固化，用以指导员工和管理者的行为、实行工作标准化。与管理人员的随机指挥活动相比，使用规章制度约束、规范人们的行为更具公开性和合理性。或者说，依靠规章制度规范与管理人的行为是一种法治管理模式，而依靠管理者的随机指挥和实时监控更大程度上是一种人治模式。因而，对组织内部可以规范化、制度化的活动（包括工作内容、工作时间、工作手段等）应尽量采用规章和制度来管理，并尽量为每项活动提供标准，努力实现标准化。

组织的规范化程度与组织的性质和组织内部工作的性质有关。一般说来，如果组织的工作以程序化工作为主，则组织的规范化程度可以高些；如果组织的工作以非程序化的工作为主，则不宜采用过多的制度、规范标准，组织的规范化程度就应该低些，以抑制人们的创造力和创新精神，如一般机器制造、加工型企业的规范化程度比较高，而一般研究机构的规范化程度较低。同一组织内不同工作间的规范化程度也有区别，一般组织内部的财务工作规范化程度较高，而开发型工作的规范化程度低些。

4. 组织结构类型

从理论上说，不同性质的组织有不同的组织结构类型选择，组织结构形式可能有很多以至于无数种。下面介绍常见的组织结构类型。

1）简单组织结构

简单组织结构是最古老的组织结构形式，也是现实组织中仍然广泛使用的组织结构形式。以企业为例，简单组织结构是不设层级，由企业主统一、直接管理整个企业的组织结构形式，简单组织结构，如图5-1所示。

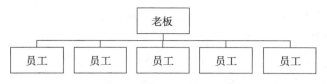

图 5-1 简单组织结构

这种组织结构的最大特点是简单，管理费用低，指挥系统、权责体系清晰明了。它既没有职能部门，也没有下属机构，权利集中统一于老板，正规化程度很低。它一般只适合规模较小的企业。随着组织规模逐步扩大，老板直接管理的下属人数超过其管理幅度时，就应该增加层级；否则，就会造成管理混乱。中国著名的联想公司在创业的1984—1987年，就采用了这种被主要创始人柳传志称为"单板快船"的结构形式。

2）直线制组织结构

直线制组织结构保持了简单组织结构的基本特征。它依然不设专门的职能机构，指挥权、管理权仍然控制在最高管理者手中，但增加了管理层级协助最高管理者工作。这些业务部门经理作为经理的助手，对上接受经理的指示，对下按经理的意图协助组织生产作业活动。直线制组织结构，如图5-2所示。

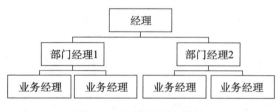

图 5-2 直线制组织结构

直线制组织结构保持了简单组织结构的职责清晰、管理费用低等优点，但要求最高管理者具有较为全面的管理和生产技能知识。这种结构对最高管理者有高度依赖，容易潜伏比较大的管理风险：一是一旦最高管理者失误或离开管理职位，组织就会遭受较大损失；二是在组织内部形成集权管理的文化氛围，对组织长期发展不利；三是在组织规模发展到一定程度以后，最高管理者难以深入了解组织内的所有问题，必然导致管理粗放。

3）直线职能制组织结构

直线职能制组织结构形式是在组织规模逐步扩大、业务逐渐多元、管理日益复杂的情况下产生的。从实践的角度考察，直线职能制组织结构来源于 DuPont 公司的集团式经营方式。自 1802 年创立以后，DuPont 公司长期实行简单的直线制组织结构，特别是在公司第二代领导人 Henry 执政的 40 多年，直线制的单人决策管理模式取得了巨大成功。由于当时公司规模不大，经营产品单一，公司产品质量占绝对优势，市场相对简单，加之"Henry 将军"精力非凡，使 DuPont 公司从负债高达 50 多万美元的无名小企业，一跃发展成为业内的首领。然而，当接力棒传到公司的第三代继承人 Eugene 手中时，直线制的经营模式终于崩溃。Eugene 是 Henry 的侄子，他没有像 Henry 那样与公司一起成长的经历，也没有 Henry 那样充沛的精力。他试图继承伯父的风格，仍然采取绝对控制的直线制管理方式，亲自处理具体事务，很快使公司陷入复杂的矛盾之中。1902 年，Eugene 病倒去世，两位副董事长和秘书兼财务长也终于因累致病而死，公司随即陷入困境。在公司处于危机、无人敢接重任、家族准备将公司卖给他人的时候，三位有过在铁路、钢铁、电气和机械等行业工作经历与大企业管理经验的堂兄弟担起了挽救家族的责任。他们果敢地抛弃了"Henry 将军"的直线制管理方式，精心设计了一个集团式经营的管理体制。DuPont 公司成为美国历史上第一个把直线制单人决策改为集团式经营的公司。

集团式经营最主要的特点是建立了隶属最高决策机构董事会的"执行委员会"，执行委员会由高层经营管理者和一些助理组成，主席由董事长兼任。在职能分工的基础上，建立了制造、销售、采购、基本建设投资、运输和人事等职能部门。公司执行委员会建立了预测、长期规划、预算编制和资源分配等管理制度，对各类事务采取投票表决制。由于这种管理体制权力高度集中在执行委员会，实行统一指挥、垂直领导、专业分工等原则，公司秩序井然、职责清楚、效率较高，大大促进了公司发展。20 世纪初，公司五种炸药已占全国产量的 64%~74%，无烟军用炸药占 100%。公司资产由 1902 年的 2 400 万美元，增加到 1918 年的 3 亿美元。

直线职能制组织结构的最大特点是用专业分工的职能化管理者代替直线制组织中的全能管理者。具体做法是：在直线制组织结构的各个层级上设置职能部门，这些职能部门协助自己所在层级的管理者执行管理任务。直线职能制的主要优点是把大量同行专家配置在一个部门，利于交流和专门化，也能够实现规模经济。同时，每个专业领域的管理工作都由高层领导委托或授权具有专业知识的专门职能机构来完成，真正实现了管理职业化、专家化，利于发挥专家的作用，克服直线制中可能出现的管理粗放的弊端。专业的职能机构不具有直接指挥权，只发挥参谋作用，对下级进行业务指导；只在得到领导授权的情况下，才对自己负责的某些业务实施领导。直线职能制组织结构，如图 5-3 所示。

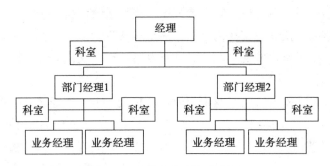

图 5-3　直线职能制组织结构

直线职能制组织结构综合了直线制组织结构和职能制组织结构两种组织结构的优点，既保证了集中统一指挥，又发挥了各种专家在业务管理上的作用。其缺点是各个职能部门自成体系，相互之间信息沟通不通畅，容易导致工作重复、互相扯皮。另外，由于各自为政，各个职能部门为突出自己的地位和重要性，容易导致争资源、扩规模，致使机构膨胀，官僚主义严重，对环境变化反应迟缓弊端等。

4）事业部制组织结构

事业部组织结构是在 20 世纪 20 年代，由美国通用汽车公司副总裁 Sloan 创立的，故称为"Sloan 模型"。事业部制组织结构实际上是一种分权式的企业组织模式。这种组织结构在总公司领导下设立多个事业部，各个事业部有各自独立的产品和市场，是实现独立核算的利润中心。公司总部只保留战略制定、预算、重要人事任免、投资等重要决策权。在公司快速发展，逐步向多角化经营方向拓展的情况下，DuPont 公司创立并实行的直线职能制组织结构遇到了严重问题。由于公司组织结构对新业务的拓展和成长缺乏适应力，抑制了公司新业务的拓展。为此，DuPont 公司对组织结构进行了进一步变革：在公司执行委员会下，除了由副董事长领导的咨询和财力两个总部外，按产品种类设置了若干分部，在分部下再设置职能部门。各个分部经理独立处理自己管理范围之内的事务，高层管理者通过财务与助手监督各个分部，用利润指标对他们考核，实际上也建立了事业部管理体制。这种体制把政策制定与行政执行分开，使高层领导摆脱了日常经营事务，使 DuPont 公司成为一个高效能的企业集团。组织结构具有较大弹性，使得公司经营领域拓展、业务扩张、发展新产品等工作顺利推进。在 20 世纪中期，DuPont 公司已成为全球最有影响力的化学工业公司，控制了一大批有重要意义的产品制造与生产。事业部设立的职能机构是事业部领导的参谋机构；下设的具体业务部门，一般建立成为按照事业部制订的经营计划从事具体经营实践活动的成本中心。事业部制组织结构，如图 5-4 所示。

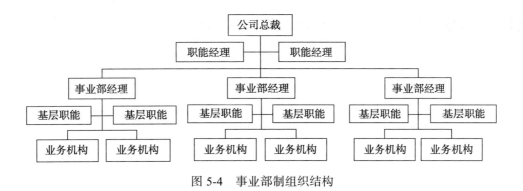

图 5-4 事业部制组织结构

事业部制组织结构具有以下优点：一是组织最高管理层能够摆脱具体的日常管理事务，集中精力于组织战略和长远规划；二是对从事不同业务领域的事业部赋予较大的经营自主权，提高了管理的灵活性和适应性；三是把公司统一管理、多种经营和专业分工较好地结合起来，有利于调动经营管理人员的积极性；四是公司、事业部通过明确的责、权、利划分，分别建成战略中心、利润中心，使各个管理层次分别依据自己的经济责任和权限，相对独立地进行管理运作，保证了公司利润来源；五是能够培养和训练管理人才，特别是独当一面的领军人才。联想集团公司1992年开展事业部制试点,1994年全面推行事业部制,不仅赋予品牌电脑事业部较大的经营自主权,使得当时的事业部经理杨元庆能够导演一场降价狂潮,使联想品牌电脑一举跃升为国内市场老大;更为重要的在于培养了杨元庆这样一批少壮派领军人才。

当然,事业部制组织结构也有明显的缺点:一是职能机构设置重复,造成管理费用增加;二是需要很多高素质的专业人员来运作和监督事业部的生产经营活动;三是各个事业部都有本部门的独立经济利益,容易导致相互间激烈竞争,或发生内耗;四是各个事业部相对独立,专业人员等资源共享性较差,如宝洁公司每一个洗发水品牌都是一个事业部,导致不同洗发水事业部之间存在竞争,在市场拓展、公司形象维护等方面重复劳动。

一般说来,使用事业部制组织结构需要满足三个基本条件:一是公司规模足够大,业务相对多元、复杂;二是公司内部业务之间彼此独立,不存在较强的关联性;三是有合适的管理队伍支撑。针对事业部制组织结构存在的问题,20世纪70年代,美国、日本等大公司在事业部制组织结构的基础上,又发展出一种新的组织结构——超事业部制,就是在最高层和事业部之间增加了一级管理机构,主要负责和统辖各个事业部的活动,使领导方式在分权的基础上适当集中,特别是加强了研究和开发活动的统筹与协调,增强了组织的整体实力。

5)矩阵组织结构

不论是直线职能制,还是事业部制,都通过职能部门化把同类专家组织在一起,利于实现规模经济和特殊资源的共享。但也带来一些新问题,由于不同专业领域的专家配置在不同的部门,各部门之间专家的协调比较困难。对大多数组织而言,主要需要按产品、专业等业务部门化展开,如研究开发机构、医院、大型企业(如电子、航空航天领域某个型号产品的研制)、大学等。而在业务活动中,也需要职能领域的各类专家。如何有效协调职能部门化和业务部门化两个范畴之间的关系,特别是有效利用从属于职能部门化的各类专家,发挥各类专家的综合效益,是为组织结构设计和组织运行提出的新的课题。产生于20世纪50年代的矩阵组织结构就是力图解决上述问题的一种创新性尝试,理想的矩阵组织结构,如图5-5所示。

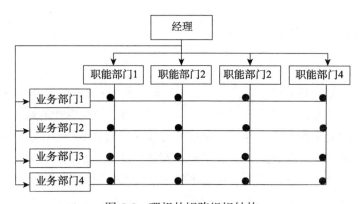

图5-5 理想的矩阵组织结构

矩阵组织结构将各类专家设计为双重归属，既归属于职能部门，也归属于业务部门。这种设计的初衷是将职能部门化与业务部门化的优点结合起来，既发挥职能部门化所拥有的专家资源集聚，具有较好的规模经济和协同效用；也能够发挥业务部门化所拥有的各种类型专家统一在一个部门内，便于协调和配合的效应。显然，这种组织结构具有如下优点：一是加强了组织内部职能部门间的横向联系，克服了彼此之间相互脱节、各自为政的现象；二是专业人员和其他专业资源能够得到充分利用；三是人员组合具有较大的灵活机动性；四是各个专业领域人员的相互配合，有利于相互学习、激发新思维。然而，矩阵组织结构在实际运作中面临的一个最大问题是：组织成员的归属不清，一个人同时归属于两个部门，违背"命令统一，即一个下属只向一个上级汇报的基本原则"。由于组织成员不固定在一个职位，容易产生临时概念；面对职能部门与项目小组的双重领导，容易造成矛盾和责任模糊不清状况。因而，尽管这种组织结构出于良好的设想及愿望，但实践中难以实际使用。实践中使用的矩阵组织结构通常是被"改变"以后的形态，即将业务部门转化为承担临时任务的"项目小组"，使其成为一种动态的临时性组织，如为了完成某一项目，由各个职能部门抽调人员组成项目小组（项目经理部），项目小组包含完成项目任务所需要的各类专业人才。当项目完成后，该项目小组就不再存在，其成员根据新任务的需要再重新组合成新的项目小组。横向的职能部门和纵向的项目小组排列在一起，便形成了实际的矩阵组织结构，如图 5-6 所示。目前，很多研究机构、投资公司、咨询公司等均采用这种结构形式。

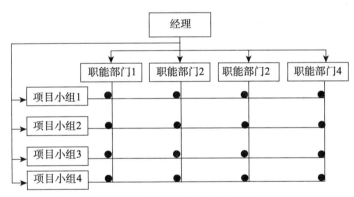

图 5-6　实际的矩阵组织结构

6）多维立体型组织结构

多维立体型组织结构由美国 Dow Corning 公司于 1967 年提出。这种组织结构利用矩阵组织结构和事业部制组织结构的特点，为适应大型公司、特别是跨国、跨地区公司的需要产生。多维立体型组织结构由三维构成，一是按产品或服务特点划分的业务单元，一般建设成为事业部；二是按管理工作需要划分的职能机构，一般为高层领导的参谋机构；三是按地区划分的区域平台，主要负责区域共性管理事务。首先，之所以设计多维立体型组织结构，主要是由于随着企业规模的扩张、业务领域的拓展、经营氛围的扩大，管理职能非常复杂，从属于总部的管理职能机构必不可少；其次，在规模庞大的背景下，多元业务单元需要建设成为事业部形态的独立利润中心；再次，多元业务在特定区域内同时开展，引致很多区域层面的共性问题，如区域公共关系、区域品牌维护、区域产品服务等。如果这些业务分别由各个事业单位单独展开，既缺乏统一的协调，也缺乏规模经济性。因而，大型企业通常都采用多维立体型组织结构。

1998年，联想集团在完成内地联想与香港联想的重组后，中国科学院计算技术研究所新技术发展公司改造为联想控股股份有限公司，北京联想作为联想控股股份有限公司的投资投入香港联想。因而，联想控股股份有限公司成为拥有香港联想73.4%股份的控股股东（原来为持股40%的非控股股东）。北京联想成为香港联想的子公司。内地联想与香港联想整合成为一体，其业务被确定为品牌电脑、板卡制造、集成系统、代理分销、线路版制和其他业务六大部分，建立了如图5-7所示的京港整合后联想集团的组织结构。

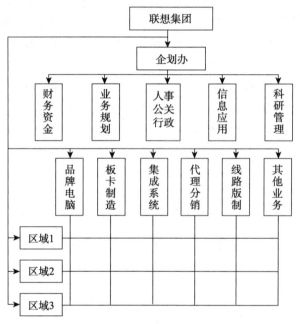

图 5-7　京港整合后联想集团的组织结构

建立多维立体型组织结构需要具备三个基本条件：一是企业规模大，而且业务多元，具备将业务单元建设为利润中心的条件；二是不同的业务单元在区域层面具有较多的共性问题，建立一个区域组织进行协调具有统一规范性和规模经济性；三是组织成员对制度规范具有较高的尊重和承诺，形成了通过制度协调解决问题的组织文化。

在多维立体型组织结构中，事业单元和区域机构实质上构成了矩阵组织结构；两个系统之间的分工、沟通、协调不可避免。为了使该结构能够有效运作，需要建立职能部门、事业单元和区域机构之间的有效协调机制；对什么样的工作由区域机构负责，什么样的工作由业务单元负责，什么样的工作需要两个系统协商，什么样的工作需要三方代表协调都制定出明确的规范。每个系统及管理人员都要严格遵守规范，否则组织将陷入混乱状态。

当然，如果组织形成了尊重制度的良好文化，这种组织结构能够发挥良好效益。首先，事业单元和区域机构在某些工作领域形成一定程度上的彼此交叉，既对各自形成一定的制约，也有利于促使每个部门都从组织整体利益出发考虑问题，避免凭借某一系统提供的信息对重大问题进行决策。其次，区域机构承担区域层面的一些共性业务，能够有效维护公司的统一形象，降低不同业务部门之间的重复劳动。最后，这种组织结构建立的事先协调机制，减少了执行过程中事业单元、职能部门、区域机构各部门间的矛盾和摩擦。

7）新型组织结构

截止到20世纪80年代末期，常见的组织结构基本是上述六种类型。当然，这些组织结构一定程度上都是对实际存在的、丰富的组织结构形式的理论抽象。大多数现实的组织结构并不是以某一种单纯的形式存在，往往是多种组织结构类型的综合体。进入20世纪90年代以后，随着社会生产力的发展、科技进步及环境的变化，特别是人们对组织特征及管理规律认识的深化，围绕组织理论的研究取得了丰硕成果，出现了许多新的结构类型，如虚拟组织、不规则企业（fractal company）、无边界组织（boundaryless organization）、网状组织（network organization）等。限于篇幅，本书对新型组织结构不做详细介绍。

5. 组织结构类型的选择

前面介绍了不同的组织结构类型，其中直线制组织结构等一般组织结构相对较为正规、刚性较大、灵活性较差，而事业部制组织结构、矩阵组织结构及新型组织结构则正规化程度较低、较为灵活、具有较大的弹性。概括起来说，按极端情形将组织结构分为两种模型，即机械模型和有机模型。两种模型在影响组织结构的六个关键因素上明显不同。可以用表5-7概括机械模型和有机模型的特点。

表 5-7　机械模型和有机模型的特点

关键因素	机械模型	有机模型
专门化	高度专门化	多功能团队
部门化	僵化、稳定	跨等级团队
管理幅度	管理幅度窄	管理幅度宽
命令链	自上而下明确的线路	信息自由流通
权力设计	集权	分权
规范化	高度	低度

不管是机械模型，还是有机模型，在现实组织结构中都是客观存在的。有些组织选择了机械模型，有些组织选择了有机模型。到底哪些因素影响组织对两种模型的选择呢？也就是说一个组织选择组织结构类型的依据是什么呢？一般认为主要有以下四个因素。

1）组织战略

组织结构是为实现组织目标服务的，组织目标又是由组织的总体战略决定的。因而，组织结构应该服从于组织战略。就一个组织而言，不论是其战略的初始选择，还是其战略的调整，都要求组织结构与其相适应。一般说来，组织战略有以下三种模式，每种模式对组织结构的要求是不一样的。

一般说来，当一个组织实施以引进新产品和新服务为主体内容的创新战略时，如高技术公司微软公司、3M公司等，则要求组织结构相对具有灵活性，适宜采用有机模型。当一个组织采取严格控制成本、限制不必要的发明创新和营销费用、尽量压低基本产品价格的成本最小战略时，如一般技术含量较低、劳动密集型的仓储公司、普通日用消费品公司等，则没有必要采用有机模型，而适宜采用机械模型。当一个组织试图利用上述两种战略的优势，以追求风险最小化、利润最大化为主要内容的模仿战略时，则适宜采用有机模型与机械模型相结合的结构类型，对一般的、目前的活动控制要严，对创新活动控制要松。

2）组织规模

组织规模不仅表现为组织人数的多少，还与组织的发展阶段密切相关。一般说来，组织规模越大，组织结构的层级就会越多，组织专门化、部门化的程度就相对越高。而组织处于不同的发展阶段，组织活动内容的多少、复杂程度都会不同，自然其组织结构类型也应该有所不同。一般说来，组织处于创业初期，相对适宜采用个人决策的简单结构；当组织发展到一定程度，则应该逐步提高组织化和管理规范化程度，则应该逐步切换到管理分工的直线职能制组织结构。

3）技术

技术是把组织的投入转变为产品与服务的手段。技术不仅影响组织活动的效果和效率，还会对组织活动内容的划分产生重要影响。所以，技术不同，组织的组织结构选择亦应有所差别。另外，技术本身的性质也对组织的活动安排和组织结构选择有重要影响。一般说来，常规性技术机械性可能强一些，非常规性技术需要较高的有机性。

4）环境

环境是指组织外部可能影响组织绩效的多种机构和因素，如政府、顾客、公众压力群体、供应商、竞争者等。由于任何一个组织都是社会大系统中的一个子系统，它与社会大系统中的其他子系统之间存在着各种各样的联系，所以组织环境对组织结构的设计和选择有重要影响。另外，对于组织来说，组织环境是外生变量，是组织自身难以控制的。因而，组织环境是不确定的，而调整组织结构是减少环境不确定性的重要方法之一。适时调整组织结构是不断适应环境变化的必然要求。

一般用以下三个关键维度即环境容量、环境稳定性与环境复杂性来描述环境变量的特征。所谓环境容量，指环境可支持组织发展的程度。广阔并不断成长的环境容量不仅可为组织带来丰富的资源，还能为组织提供较多的改错机会。不妨思考一下，为什么世界上很多国家和地区仿效美国的硅谷建立自己的高新技术产业开发区却少有成功？为什么风险投资业只有在美国取得了真正成功并发挥了积极作用？这显然与美国社会具有发展风险投资业、高新技术产业所要求的广阔和丰富的环境容量有关。环境容量不同，组织的资源及发展机遇与改错机会不同，组织结构自然不同。一般说来，相对丰富的环境，对组织结构有较大的宽容，其有机性要求可相对低一些；而稀少、贫瘠的环境则对组织结构提出较高要求,要求组织结构具有较大的灵活适应性。所谓环境稳定性,指环境保持一种不变状态的程度。相对稳定的环境能够使组织比较容易地预测未来活动的结果,降低决策和管理的难度,使得组织比较从容;动态的、多变的环境使组织对未来的状况难以把握、决策困难度增加。像美国、苏联的很多军工企业,在"冷战"期间面对稳定、单一的组织环境,其经营活动难度较小,对组织结构有机性要求也不高;但"冷战"结束后,这种环境变化了,它们要面对变幻莫测的环境,其组织结构就应该保持较高的机动、灵活性。所谓环境复杂性,指环境要素的异质性和集中性状况。这里的环境要素主要指顾客和竞争者。同质、单一、简单的环境对组织结构有机性要求相对较低,如烟草、铁路运输等行业,顾客群体相对固定,竞争对手相对较少,组织环境相对简单;异质、分散、复杂的环境则要求组织结构保持较高的有机性,如计算机数据处理业,每天都有新的竞争对手出现,组织环境复杂得多。

概括起来说,大容量、稳定、简单的环境可以采用机械模型的组织结构;稀少、动态、复杂的环境则应采用有机模型的组织结构。在图 5-8 所示的组织环境三维度模型中,组织环境处于左上方区域的组织其组织结构可以采用机械模型;组织环境处于右下方区域的组织其组织结构则应该采用有机模型。

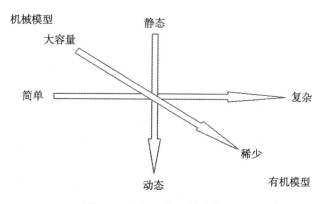

图 5-8　组织环境三维度模型

5.3.2　组织设计

前面介绍了组织结构设计和组织流程设计。组织结构设计主要是从纵的方向对组织内部部门、层级以及相互之间关系的设置,组织流程设计主要是从横的方向对组织内部前因后果关系的一系列工作程序的设置,两者都是从相对宏观的角度对组织业务活动和管理活动的安排;而工作设计则是从相对微观的角度对组织内个体工作方式的安排。显然,工作设计对员工工作时的灵活程度、对工作本身的感受及工作满意度等有更为重要和直接的影响。由于工作设计不仅直接决定着个体的工作内容,还在很大程度上影响着个体生活的组织支持系统(如假期、闲暇时间、工作条件与环境等),对个体在工作中感知到的压力也有决定性影响。因而,组织的工作设计非常基础和重要。

1. 工作特性

在现实组织中，人们对工作的感受是不同的。有些工作更有趣、富有挑战性，有些工作相对枯燥、乏味。即使对同一工作，当人们以不同方式完成时，自身感受也是不一样的。因而，组织内工作设计的意义不仅在于确定个体的工作内容与方式，还要根据工作本身的性质、承担具体工作个体的人格特征及基本需要，在可供选择的工作内容与方式中确定适合于特定个体的具体内容与方式。为了做好工作设计，首先需要了解工作的特性，也就是如何描述工作；然后必须了解就一般意义而言，人更喜欢什么样的工作？怎样的工作或工作方式对人能产生较大激励。

1）工作任务特性理论

所谓工作任务特性理论就是组织行为学家对工作内容与工作方式进行描述的理论。他们设置了一些变量用以描述工作的特性，力图通过对这些变量值的研究鉴别不同工作内容的特性、区分不同工作方式优劣。目前，有关的理论很多，下面介绍三种较为常用和重要的理论。

第一，必备任务特性理论。20世纪60年代中期，Turner和Lawrence提出了一套方法用以评价不同工作种类对员工工作满意度与缺勤情况的影响。他们用六个变量来界定工作的复杂性：A. 变化性、B. 自主性、C. 责任、D. 所需知识和技能、E. 所需的社会交往、F. 可选择的社会交往。一项工作在上述六个变量的量值或得分，就表明了这一工作的工作任务特性。一项工作在上述几个方面得分也高，这项工作的复杂度就也高。

Turner和Lawrence通过实证研究证实，从事高度复杂工作的员工具有良好的出勤记录。再加上了个人背景后，他们又发现了工作满意度与任务复杂性之间的关系。事实表明：来自城市的员工对复杂程度低的工作满意度高，来自农村的员工正相反。因而，他们得到结论：来自城市的员工工作之外兴趣广泛，工作本身对他们的内在激励较低；来自农村的员工工作之外兴趣较少，工作本身对他们的内在激励较高。

第二，工作特性模型。Hackman和Oldham在必备任务特性理论的基础上，提出了工作特性模型。他们认为，任何工作都可以用五个核心维度来描述。

（1）技能多样性：表示完成这一工作需要不同类型活动的程度，以及由此决定完成这一工作对员工所应具备的多样化技能和才干的要求程度。

（2）任务同一性：表示这一工作保持其自身完整性的程度。如果工作是一系列条块分明工作的集合，则其同一性就较高；如果工作只是一系列条块分明工作中的一个部分，则其同一性就较低，如家具制造者同一性得分就较高，而家具制造厂中的锯木工人同一性得分就较低。

（3）任务重要性：表示完成工作对别人生活或工作的影响程度，如医院中医生任务重要性得分就较高，擦地板的工人任务重要性得分就较低。

（4）工作自主性：表示员工对自己工作内容、工作程序、工作方式安排上的自由、独立程度。

（5）工作反馈：表示员工完成任务的过程中，能够获得有关自己工作绩效方面直接而明确信息的程度。

Hackman 和 Oldham 把五个维度结合起来,提出了如图 5-9 所示的工作特性模型。在这个模型中,前三个维度相互结合产生有意义的工作,也就是说如果一个工作在这三个维度上得分较高,它就是有意义的。具有自主性(discretion)的工作会使人产生责任感,也就是说如果一个工作在工作自主性这个维度上得分较高,就会使员工主动承担责任。工作反馈使员工知道自己的工作绩效和工作效率。从激励的角度讲,如果员工得知(关于结果的知识)他个人(体会到的责任)在他喜欢的(体验到的意义)工作方面干得很好,员工就会得到内在的激励。同时,工作各个维度与工作结果之间相关程度受到员工成长需要强度的调节和影响。

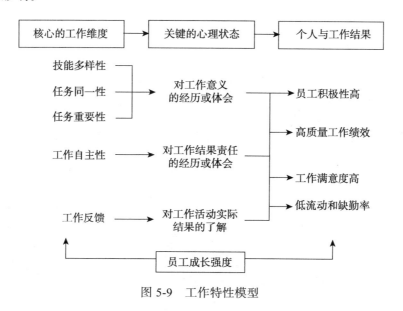

图 5-9 工作特性模型

他们进一步将上述几个维度归并,得到一个预测性指数,即激励潜能分数(motivating potential score,MPS)。激励潜能分数可用下式计算。

$$激励潜能分数 MPS = \left\{\frac{技能多样性+任务同一性+任务重要性}{3}\right\} \times 工作自主性 \times 工作反馈$$

通过上式可以看出,要想使工作对员工产生较大的激励,必须是在导致工作意义的三个变量中至少有一个得分较高,同时,工作自主性和工作反馈的得分也应较高。而且,通过这个模型还可以看出,工作自主性和工作反馈对增加激励潜能分数有倍增效应。而工作自主性和工作反馈恰恰是可以通过改善工作设计、改善管理可以实现的。当然,上述模型正确与否是很难定量验证的,对这个模型的具体表达形式也存有争议,如有人认为五个维度不存在相乘关系,应该都是相加。但大量实证研究证明,这个理论的基本框架是正确的。

2. 工作设计

不论是必备任务特性理论,还是工作特性模型都是通过一些变量来确定各种工作的不同。按照这两个理论,提高工作各个变量的值对激励员工是有好处的。因而,完全可以通过工作重新设计,增大工作变量值。具体的工作重新设计方式可以是工作轮换、工作扩大化与工作丰富化、弹性工作时间与在家办公等。

1)工作轮换

所谓工作轮换就是指员工在技术要求相近、技术水平相当的工作岗位之间交叉换位。首先,工作轮换能在一定程度上丰富员工的工作内容,减少员工长期在同一岗位上工作产生的枯燥感,调动员工的工作积极性。其次,它也能扩展员工的技术范围,培养员工的多岗位技能,提高员工的工作适应性。再次,随着人员流动,它还能带来组织内部不同思想的交流,提高组织内部知识共享程度,进而增强组织的学习能力、应变能力,提高组织的机动性和适应性。

当然,工作轮换也有一些弊端,如会造成企业培训费用增加,由于员工岗位的变动,不利于员工在一个岗位上专业技能的提高;还会造成组织之间人际关系的不断变动与调整,当员工离开自己已经熟悉的工作岗位转换到另一个岗位时,由于对新岗位需要一个熟悉过程,会影响员工的工作效率。

2)工作扩大化与工作丰富化

所谓工作扩大化就是指对工作内容的横向扩展,如一个教师可以不仅仅教授一门课程,可以扩展到教授两门相关课程;所谓工作丰富化就是指对工作内容的纵向扩展,如一个员工原来只负责某一整体工作中的一个部分,改变为由他负责整体工作。一般说来,工作扩大化很难在增加员工工作的挑战性和意义性方面有多大贡献;反之,甚至可能导致员工烦躁感增加。适当的工作丰富化一般会增强员工的独立性、自由度和责任感,及时提供反馈信息,使员工满意度增加。因而,人们倾向提倡工作丰富化。

工作丰富化有以下主要途径:一是构建完整自然的工作单位,使员工尽可能承担独立而有意义的工作整体;二是建立员工与其服务对象的直接关系,提高其技能多样性及反馈程度;三是尽量将计划、执行与控制连接在一起,使员工拥有较多的自主权、决策权和控制权,提高其成就感;四是建立合理的工作反馈体系,拓展反馈渠道;五是对工作任务进行合理组合,以增强技能多样性和任务同一性。图5-10是工作丰富化方式与核心工作维度的关系。

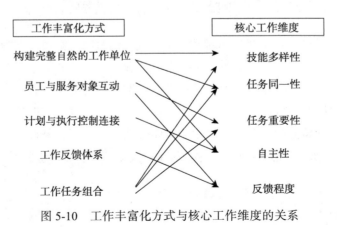

图5-10 工作丰富化方式与核心工作维度的关系

当然，实践中有些情况下工作扩大化与工作丰富化很难截然分开，如在一个流水线上，把原来由 2~3 个员工完成的任务，扩展为由一名员工完成，既可能是横向的扩展，也可能是纵向的扩展。有些工作任务的方向性并不十分明显，横向与纵向的区分也比较困难。

3）弹性工作时间与任务分担

所谓弹性工作时间就是指员工在某一个特定的时间区间内有相对自由的工作时间；也就是说，员工的上班时间富有弹性。如把工作时间分为核心时间和弹性时间，核心时间为每个员工必须上班的时间，弹性时间为自由选择时间。在弹性时间员工可根据自己的愿望，自主安排工作时间。实行弹性工作时间的好处是员工具有自主选择权，能提高员工的满意度，又能促使员工努力提高工作速度和效率；同时，还能减少员工加班的开支，减少员工对监工等管理人员的敌意，提高员工出勤率；等等。对于大城市而言，还有助于错开公共交通的高峰时间。表 5-8 为一个弹性工作时间方案。虽然弹性工作时间在很多组织应用都收到很好效果，但它并不适用于所有类型的工作。例如，流水作业或有固定服务时间的组织就难以采用弹性工作时间。另外，员工乘坐单位固定时间、路线班车的单位，实现弹性工作时间也有一些现实困难。

表 5-8 弹性工作时间方案

弹性时间	核心时间	午间（午餐、休息）	核心时间	弹性时间
8-9 A.M.	9-12 A.M.	12 noon-1 P.M.	1-5 P.M.	5-6 P.M.

任务分担是另外一种可选择工作时间的工作设计方案。所谓任务分担就是指允许两个或两个以上员工通过平均分担任务的方式自由安排自己的工作时间，如处于哺乳期的妇女一般难以坚持全日制工作，两个母亲可以通过任务分担，每人每天上半天班。

4）在家办公

在家办公是近些年发展很快的工作方式安排。据估计，美国目前约有 5% 以上的劳动力在家办公。在家办公不仅省去了员工每天往返于公司与家庭之间的时间，使工作时间更宽裕和灵活；也避免了同事之间的干扰，有利于提高工作效率，如美国实行在家办公的公司，员工工作效率一般提高 26%，主要原因是没有彼此之间的相互干扰。同时，在家办公还节省了办公室和办公费用。

当然，实行在家办公并不适合所用的工作，它只适合少数工作领域，如通过计算机的信息处理、通过电话的商务接洽与订购等。也不是所有的人都喜欢在家办公，长期在家办公、不能与他人交流，难以实现知识与信息共享，也会使人产生孤独感。

5.3.3 组织流程与再造

长期以来，人们非常注重对组织结构的研究，并取得了很多进展。但在复杂多变的组织环境下仅仅从结构的视角考察组织，难以解决今天面临的各种问题。其实，组织除了结构以外，还有流程。如果说关注结构更多的是从纵向对组织问题的研究的话，那么，关注流程则更多的是从横向对组织问题的研究。

1. 流程与组织流程

流程是英文单词 process 的译语。这个词还可译为"过程"或"进程"等。流程这个词在 20 世纪 90 年代流行起来，源于 Michael Hammer 和 James Champy 在 1993 年合著的《改革公司：企业革命的宣言书》一书中提出的"流程"更重要的概念。Hammer 和 Champy 为"企业改革"下定义时使用了四个关键词，即基本的、彻底的、显著的和流程的。所谓"基本的"就是指企业管理人员在对企业进行改革之前，必须先就自己的公司及其运作过程提出一些最基本的问题：我们为什么要做这样的工作？我们为什么要这样做？所谓"彻底的"就是指改革要从根本的问题入手，要彻底抛弃旧的工作程序。所谓"显著的"就是指改革要使企业的经营业绩得到显著的改进。所谓"流程的"就是指改革要从业务流程入手，以流程为导向。而且，他们认为"彻底的"最要紧，"流程的"更重要。

1）流程的概念

所谓流程就是指有相互联系、彼此影响、有前因后果关系和投入与产出的一系列事物。具体地说，完成某一项工作的业务程序、一种报表的流转、一个新产品的开发等都是流程。显然，流程有大有小、有长有短。按照这个概念，就可以把形形色色、千头万绪的企业生产经营活动梳理出头绪来，构成一个一个的流程。

2）组织流程

把流程放在组织的背景中考察，其含义往往被赋予更多的系统论内容。所谓组织流程有两重含义：一是指组织内的所有流程，二是指由整个组织所有活动构成的、前后贯穿在一起、从头到尾的业务过程。显然，这个业务过程是一个流程链。按照第一重含义理解组织流程，一个组织内会有多种、多个流程；按照第二重含义理解组织流程，一个组织内只有一个组织流程。当然，本书作者并不主张对两者做详细区分，实践所提的组织流程概念既包括组织内的所有流程，也包括前后贯穿在一起的流程链。

2. 组织流程的特征

流程不是新概念，它是早已在组织内存在的客观事实。但自 Adam Smith 发现分工的好处以来，人们一直按照首先把劳动分成最简单、最基本的操作，然后对其进行部门化归并，进而确定领导者与各个部门以及各个部门之间关系，形成特定的组织结构的思路来思考问题。人们研究提高生产效率、适应环境变化等企业改革问题往往局限于结构、功能和任务等，而对流程未予充分重视。Michael Hammer 和 James Champy 之所以提出流程更重要的概念，原因在于相对于结构而言，流程的作用更根本。流程有以下特征。

第一，流程不着眼于某一个孤立的任务，而是着眼于为一个期望的结果作出贡献的整个一群任务。这就避免了在组织中只关注结构带来的、广泛存在的每个人只关心自己的有限责任，而不顾及组织整体目标；工作中相互矛盾、相互误解，常常以牺牲整体利益来取得局部最优的现象。

第二，流程关注的是结果，而不是采用何种办法去产生结果。尽管流程连接了一个组织从投入到产出的所有业务活动，但其最本质的内容是它的产出，而其余一切问题都是枝节问题，如任何一个生产服务型企业，其营销工作的目的都是"获得订单"，而"获得订单"本身就是一个流程。如果从流程的观点考察这项工作，人们最关注这个流程的结果，而是否建立或建立一个什么样的销售部门、开展什么样的活动并不重要。但如果从组织结构考察这个问题，很可能把着眼点放在部门构建上和部门的职责确定上。

第三，流程中最重要的是顾客，流程的观点就是顾客的观点。一般认为，对所有组织特别是商业组织来说，其顾客并不关心组织内部的组织结构和管理哲学如何，他只注意公司提供的产品和服务。而所有的产品和服务都是由组织流程产生的。流程能够把顾客与组织的业务活动连接在一起，使组织活动更好地为顾客服务。

第四，流程是从横向对组织业务的关注。传统的企业管理一直侧重于从结构上、纵向上关注企业的生产经营活动，如分工、专业化、职责划分、确定管理规范等。流程着眼于从横向上把过去造成的最简单、最基本的操作重新连成协调一致的业务流程。

3. 组织流程设计和流程再造

组织流程设计是组织设计的重要内容之一。从公司改革的角度讲，组织流程设计既包括新组织流程的设计，更是指对老组织流程的再造。

1）流程设计的概念

所谓流程设计就是指对组织内有前因后果关系一系列业务活动的程序界定与安排。再造是电子工程的一个概念，其原意是指将原有的电子产品拆开，通过功能成本分析设计出更好、更新版本的产品。Michael Hammer 将其引入组织中，指对组织用来进行价值创造和运作的程序重新加以考虑与设计。Hammer 和 Champy 在《改革公司：企业革命的宣言书》一书中对再造所了多处说明，如再造就是重新创造自己；再造就是从头开始，从零开始；再造就是把旧体系搁在一边，回到起点，创造好办法；再造就是搜索组织业务工作的新模式；再造就是为了顾客的利益重新建造公司；等等。

2）流程再造的典型案例

为了清楚地表达流程再造的含义和操作过程，下面给出两个公司流程再造的实例。

案例1

国际商用机器信用公司

国际商用机器信用（IBM-Credit）公司是 IBM 出全资设立的附属机构。如果它作为一家独立公司的话，它应该是《幸福》服业 100 家最大企业之一。它的主要业务是为购买 IBM 产品和服务的客户融资。由于市场竞争之激烈，向客户融资是吸引消费者购买本公司产品的重要手段，因而国际商用机器信用公司在 IBM 占有重要地位。

该公司过去的业务流程如下。

（1）当一个 IBM 的现场销售人员与客户签订了售货合同，且客户提出融资申请后，现场销售人员要带着客户要求融资的申请书到康涅狄格州的旧格林威治,在公司的有关会议上汇报。在有十几个人参加的初审评估会上,听取汇报的人将有关融资请求记录在特定的表格上,交由有关工作人员处理。

(2)工作人员将处理好的记录表格送到楼上信用部。该部的专门人员首先将有关信息输入电脑核查申请人信用度,并将结果填到表上,然后送交经营部。

(3)经营部根据客户的请求,对标准贷款合同进行修改,并根据申请者情况在申请文件上加上某些特殊条款。将有关内容输入电脑系统,把表格转至核价部门。

(4)核价部门在接到申请后,由核价员将有关数据输入电脑系统中确定客户应承担的利率。将利率填写在表格上,连同其他材料一并转到一个办事组。

(5)办事组将所有材料装入一个信封内,委托快寄公司送到某地的销售代表手中。

上述整个工作流程平均要 6 天时间,有时要长达两周。各地的销售代表非常着急,因为在激烈竞争的电脑行业,客户随时都有可能获得其他融资渠道并购买其他厂家的产品。所以,他们经常打电话询问客户融资申请的审批情况。但他们通常不仅不能得到有关结果的信息,往往连申请在哪一个部门进行都不知道。

为了改变这种状况,公司提出了改进方案:既设立一个控制台,由控制台收发各个部门处理的申请,使销售代表能随时了解客户的申请在哪个部门。但这样做又是业务流程趋于复杂,反而增加了申请办理周期。

公司的两个高级管理人员终于萌发了一种新的思想,他们试图找到解决这一问题的新思路。他们首先做了一个实验:由他们亲自拿着一份申请走完 5 个部门,每到一个部门都请工作人员停下手中的工作,先为他们办理申请。实验证实完成处理一份申请的实际工作总时间为 90 分钟。因而,他们意识到需要改进的不是具体操作步骤,而是这个业务流程。

他们对现有的业务流程进行了反思。为什么这项工作一定要经过上述程序,并要用四个专业人员完成呢?原因在于人们对这项工作的某些隐含假定。首先,人们认为审查融资申请是一项专业性很强的工作,因而需要专业人员来处理;其次,每份申请都可能有其独到和难处理的地方,所以需要 4 位训练有素的人员来完成。实际上,认真考察一下就会发现,绝大多数申请是简单的。而以前的流程是按照最复杂的情况设计的,显然它是过于复杂了。所以,他们对公司的整个业务流程进行了改革。他们开发了一个综合的计算机系统后,并由 1 个人综合办事员完全代替了原来的 4 个人。改革以后,绝大多数一般业务一个综合办事员完全能够胜任,只是遇到例外困难时需要找专家咨询。为此,公司指定了 4 位专家,在综合办事员需要的情况下可向他们咨询。做了上述改革后,一份申请的审理时间由原来的平均 6 天缩短为 4 小时,而相同时间内所处理的交易笔数比过去增加了 100 倍。

案例 2

Ford 汽车公司

20 世纪 80 年代初期,Ford 汽车公司和美国其他公司一样,想通过裁员降低管理费用。

改革的部门之一就是应付账款部门。应付账款部门是负责向 Ford 汽车公司的供货商付款的职能机构。当时，该公司北美应付账款部门就有 500 多人，它们通过使用电脑使该部门工作人员的数量减到 400 人。

后来，Ford 汽车公司参与了日本 Mazda 汽车公司的股份。它们发现 Mazda 汽车公司雇用的应付账款人员只有 5 人，这使它们受到很大震动。尽管 Mazda 汽车公司规模要小些，但如此悬殊的差距不是用员工的工作效率能够解释的。这促使它们进行深刻的反思：是不是它们的工作程序有问题？以前的改革是从部门入手的，只注意到通过自动化提高效率。却没有关注它们的工作程序，也就是说没有注意流程。因而，它们认识到必须对基本业务流程进行重新审视、对基本的工作程序进行重新设计。

那么？怎样考察流程呢？通过分析它们发现，应付账款并不是流程，而是由采购流程造成的工作部门。采购流程不仅包括应付账款部门，还包括购货和收货部门。是现有的采购工作流程，决定了应付账款部门的存在和应付账款部门的工作内容。Ford 汽车公司原来的采购工作流程如图 5-11 所示。

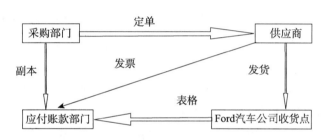

图 5-11　Ford 汽车公司原来的采购工作流程

当 Ford 汽车公司的采购部门向供应商发出定单时，同时向应付账款部门提供副本。供应商接到定单后，即按定单发货，同时向 Ford 汽车公司的应付账款部门发出发票。Ford 汽车公司的收货点负责接收供应商发出的货物，并将收货情况填入规定的表格提供给应付账款部门。这样，每完成一笔货物的订、收，应付账款部门应该收到三份凭证。该部门核对三份凭证，如果三份凭证相符，则签字付款；如果三份凭证不符，则要落实不符的原因。通常的情况是，这个部门要用绝大多数人力和时间来核对三份凭证，而三份凭证不符的情形又是极其少见的。这里正好符合 Vilfredo Pareto 所说的"80/20 法则"，即用 80%的精力在做 20%的事情。

如果只从应付账款部门内找原因，很难大幅度地提高效率。人们同样需要反思的是，为什么要设立应付账款部门？为什么一定要三份凭证？按照关注流程的思想，Ford 汽车公司改革了原来的采购工作流程。取消发票，将原来由应付账款部门负责的核对业务交给收货部门。大大精简了应付账款部门的人数，改革后该部门只有 125 人。Ford 汽车公司的发动机事业部，也进行了类似的改革，改革后应付账款部门人数只是原来的 5%。甚至在后来逐步取消了应付账款部门。

Ford 汽车公司新的采购流程,如图 5-12 所示。

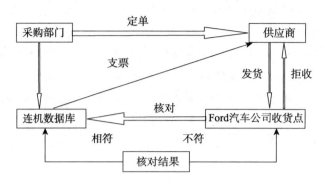

图 5-12　Ford 汽车公司新的采购流程

当 Ford 汽车公司的采购部门向供应商发出定单时,同时在连机数据库中输入有关数据。供应商接到定单后,即按定单发货。Ford 汽车公司收货点负责接收供应商发出的货物,并对货物进行核对。它首先通过电脑终端从连机数据库中查找采购部门输入的有关信息,并与所收货物进行对比。如果所收货物与采购部门输入连机数据库中的定货信息相符,则在电脑终端输入已收货物的信息,连机数据库记录下这一信息,并自动签发一张支票在适当时候发给供应商;如果所收货物与采购部门输入连机数据库中的定货信息不相符,则拒绝签收,将其退还供应商。Ford 汽车公司采购流程改革的绩效非常明显,它打破了"不见到发票不能付款"的传统概念,改变为"收到货物才付款"。该公司的有些部门甚至做了更进一步的改革,把"收到货物才付款"改变为"货物使用才付款",在更大程度上精简了采购流程和收货流程,达到了提高效率的目的,同时也降低企业库存、改善了公司现金支出的状况。

上述两个案例充分说明,流程再造对提高企业效率的重要作用。也证明了公司改革不能只关注结构,必须从流程入手。通过上述两个案例,可以归纳出成功改革的一些共性特征:一是要以流程为导向,不能把注意力放在具体操作或工作上,要冲破部门界限,不能只在结构上做文章;二是公司的改革者要有追求一流、敢于超越的雄心壮志,不怕困难、勇往直前;三是要打破常规,敢于推翻传统规则和理念,通过对核心生产过程的评估,揭示组织中那些没有价值的活动;四是要创造性地应用信息技术;五是要了解组织的独特优势,围绕组织的目标和独特优势构造组织流程。

4. 流程再造后的特征与变化

通过上述两个案例,还可以看出经过流程再造后公司组织形态发生的变化:一是以前的若干个职位组合成一个新职位,出现了一条龙工作人员,如国际商用机器信用公司案例中的综合办事员;二是管理人员和工作人员职权与身份的变化,一般工作人员享有决定权,管理者由监工变为教练,主管人员成为真正意义上的领导;三是工作步骤按照自然顺序进行,由单一工作变为多方面工作;四是组织绩效评估及价值观发生改变,绩效评估从以往的重视活动过程到重视结果,价值观从维护型变为开拓型;五是组织结构层次减少、趋向扁平化,很多部门改造为流程小组,减少了检查和控制。

5.4 组织变革与组织发展

20年前,企业变革是偶尔发生的事情;现在,企业变革已是司空见惯。伴随着管理实践的巨大变化,管理理论也空前丰富和发展。近20年来,特别是近10年来,商业领域内"以人为本"管理思想的复归、学习型组织的出现、公司流程再造的开展以及公司购并重组高潮的兴起,都使企业管理理念与方法发生革命性变化。

5.4.1 组织变革的含义和类型

1. 组织变革的含义

1)什么是组织变革

组织变革的表述很多,不同学者从不同的角度对组织变革进行描述。Michael Hammer 和 James Champy 认为:企业变革就是"为了实现工作绩效的显著提高,彻底反思和重新设计企业的流程"。Steven P. Robbins 认为:"组织变革就是一种变化。"事实上,所谓组织变革就是指对构成组织的诸方面要素进行调整、改革的过程。因而,关于组织变革,有两个要点:一是组织变革一定要有组织构成要素的变化,二是组织变革要带来组织绩效的显著提高。本书作者认为,组织变革概念本身并不重要,重要的是组织变革的目的及其影响组织变革的各种因素。

2)组织变革的目的

组织变革的目的主要有三个。

一是提高组织适应内外环境变化的能力,这是保证组织长久生存的需要。在现实生活中人们看到很多组织,包括一些很大、有很多年历史的组织就是因为不能适应环境的变化而消亡或瓦解了。当人们翻开200年前的历史,当时很多著名的企业今天已经无踪无迹了,像 DuPont 公司那样保持长久辉煌的百年老店并不多见。近些年来,不管是国内还是国外,这样的例子更不鲜见。曾经创造了辉煌业绩的美国著名电脑公司王安公司倒闭了;神速崛起的沈阳飞龙、珠海巨人倒下了;曾经是中国钟表的一颗星的中国烟台北极星停摆了。究其原因,都是因为这些组织不能环境的变化作出及时的改变。

二是改变组织员工的行为,保证员工对组织的承诺并与组织密切合作,这是保证组织成败的关键。正如现代管理论创始人 Chester Irving Barnard 所说,组织的实体是经过调整了的人的行为。一个组织的战斗力最终体现在能否把它的成员紧密团结在一起,并为一个共同承诺的目标而奋斗。组织环境不断变化,组织自身不断发展,组织成员追求也在不同变化;如何在不断变化的形势下,保持组织目标与组织成员追求的协调,并促成组织成员的行为与实现组织目标的要求相一致,是组织管理、组织变革的重要任务。现实中有许多名存实亡或一片散沙的组织,这样的组织是没有战斗力的。

三是提高组织资源利用和运行效率,这是保证组织获得较高绩效和利润的需要。任何实现组织目标的活动都是需要耗费资源的,也就是说组织活动是一种必须利用资源的活动。任何组织资源的最初配置与安排,都会随着组织的发展与变化而丧失其合理性和经济性。因而,为了保证组织运作的低成本和高利润(收益),必须对组织的资源配置现状适时进行调整,以不断提高组织资源利用和运行效率。

3)影响组织变革的因素

影响组织变革的主要因素可归纳为以下几个方面。

一是组织变革的动力,即组织变革的动因及其强度。变革以及变革愿望的强弱,影响着人们变革的决心和对变革活动的投入。一般说来,组织变革的动因越充分,变革的愿望越强烈,人们对变革活动的投入就越高,变革成功的可能性就越大。因而,组织变革的动力在很大程度上决定了变革能否顺利展开并获得成功。

二是组织变革的行为主体,即由谁来领导、执行、完成组织变革。由谁来领导、执行、完成组织变革受组织变革动因和目的的影响,也在很大程度上决定着组织变革的方式与方法。一般说来,由组织高层领导发起并实施的组织变革,即自上而下的组织变革通常采用渐进推进的方式,容易做到事先计划,能够注重变革本身的平稳性,因而一般具有建设意义;而由一般群众发起并实施的组织变革,即自下而上的变革往往采用激进的方式进行,很大程度上带有强制性、革命性,相对说来很难做到事先计划,容易产生破坏性。当然,上述两种情形都有例外。

三是组织变革的方式与方法,即采用什么样的方式推进组织变革。采用什么样的方式推进组织变革,不仅影响组织变革的推进速度,更对组织变革的结果起着决定性影响,如中国的经济体制改革采用渐进推进变革方式,取得了非常大的成功;而有些国家采取激进的变革方式,对社会产生很大的冲击。当然,每个组织有自己不同的情况,组织变革的方式与方法应该视具体情况而定。

四是组织变革的环境。任何组织都存在特定的组织环境之中,任何组织变革都在特定的环境下进行,因而组织环境对组织变革有重要影响。宽松的环境能对组织变革提供支持,恶劣的环境会对组织变革形成制约。

五是组织变革的管理。能否对组织变革实施有效管理,是决定组织变革成功与否的重要因素。诸如组织变革阻力的克服、组织变革的时机的把握、组织变革的系统设计等都对组织变革有重要影响。

2. 组织变革的类型

1)按组织变革的内容分类

按组织变革的内容,组织变革可分为技术变革、结构变革、环境变革、人员变革、流程变革、文化变革等。组织的技术变革与人员变革是组织运作过程中的经常性工作,可以伴随组织运作过程实施，这些变革不一定带来组织构造与运作模式的变化。组织的环境变革不以组织自身意愿为转移，它只对组织变革提出要求，或者说为组织变革创造了压力，但并不一定导致组织自身的变革。组织的结构、流程与文化变革是涉及组织构成方式、组织运作模式与组织运作理念的变革，是组织变革的重要和主体内容。

2）按组织变革的程度分类

按组织变革的程度，组织变革可分为第一层次的变革和第二层次的变革。人们把把微小、缓慢、渐进的改革称为第一层次的变革（或者就叫渐进式变革）；把多维度、多层次、不连续、激进的改革称为第二层次的变革（或者叫作革命式变革）。一般说来，第一层次的变革在短时间内不会造成组织构成要素的重大改变，也不会导致组织成员价值观的迅速调整和改变，更不会带来组织功能的根本性提高。一般说来，第二层次的变革要涉及现行组织结构的重构，涉及组织与环境的关系的调整；因而，也必然要改变原有的观念。用哈默和钱皮的话说，一切都要"重新开始"。

3）按组织变革的方式分类

按组织变革的方式，组织变革可分为计划式变革和非计划式变革。所谓计划式变革就是指事先有明确目的，有经过论证的行动方案和不同阶段目标、重点，有组织的组织变革形式，如很多企业的组织变革、政府机构的变革都是有计划的变革。所谓非计划式变革就是指事先没有明确目的，缺乏经过论证的行动方案和不同阶段目标、重点的组织变革形式。这种变革形式在实践中又有不同表现形式，有些变革是由于受组织环境等非可预知的突发性因素影响，在没有任何准备情况下的被动变革，如有些企业在突发的东南亚金融危机中变革；有些是由于变革领导者或发动者的工作失误，在没有明白变革目标、方向、步骤等要务的情况下匆忙变革；有些是由于变革本身的复杂性，在短期内对组织变革本难以作出详细规划；等等。

5.4.2 组织变革的动力源和阻力

1. 组织变革的动力源

组织变革的动力源是多方面的，有的来自组织内部高层管理者个人的行为偏好、组织成员的态度；有的来自组织经营活动内容的调整；还有的来自组织外部环境的变化。从现实的企业组织考察，绝大多数企业变革的动力主要来自各个方面环境的变化。这些变化是多方面的、全方位的。既有政治、社会、文化的，更有经济、技术的。Steven P. Robbins 将组织变革的动力源归结为六个方面：劳动力的性质的变化、技术的变化、经济冲击、竞争格局的变化、社会趋势的变化、世界政治。Hammer 和 Champy 将其归结为三种力量。认为今天有三种力量正在驱使企业变革。他们称这三种力量为三"C"即顾客 customers、竞争 competition、变化 change。具体地说体现在以下几点。

1）顾客占上风

传统的商业关系中，一直是供给者占据上风。然而，自 20 世纪 80 年代初期以来，在发达国家买卖双方关系中的支配力量发生了变化，顾客开始居于主导地位。这种变化表现在以下几个方面：一是商品交易中出现了从卖方市场向买方市场的转变。从消费者选择机会的增加到消费者的需求愿望得到尊重，再到消费者主权得以实现，顾客成为市场的主宰和决定性力量。二是顾客表现出明显的个性化趋向。过去人们认为消费者的需求是基本一样的，因而，人们习惯采用大批量生产方式，向市场提供大批量产品；然而，今天的环境变化了，消费者表现出明显的个性化趋向，使过去那种与大宗商品市场相适应的大批量生产方式难以为继。三是顾客对产品与服务的质量要求越来越高。以前产品质量好的概念是方便、耐用，能够满足人们需要；今天，好产品的概念被极大丰富化了，不仅传统意义的产品质量要好，产品还被赋予很多非使用性功能，要求产品符合人性特点、要有丰富的文化功能。服务的概念也于以往有很大不同，以往的服务主要指售前、售中、售后服务，现在的服务还要加上诸如信贷服务等内容。四是由于大量简单易学、功能齐全的新产品的出现，使得顾客大大减小了对厂商的依赖，如台式打印机、一次性成像相机等"傻瓜型"产品的涌现，使得很多相关服务领域受到较大冲击。五是由于现代信息业的发达，消费者素养的提高，使得消费者学习能力增强，如现在的顾客可以很快地学习到银行购买债券的信息或利率的变化信息，自己选择自己的投资方式，而不在依赖于专业服务机构。

2）竞争在加剧

与过去相比，企业所面对的竞争不论在竞争内容上，还是在竞争空间上都发生了非常大的变化。首先看竞争内容：以前的竞争概念比较简单，只要生产的产品或服务能够满足人们的需要且价格便宜，就有竞争力。因此说，以前的竞争内容主要是价格竞争。现在不同了，不仅要价格便宜，还要质量好，功能强，售前、售中、售后服务周到，还要考虑在顾客融资等方面的竞争。其次看竞争空间：以前厂商的服务范围往往只是一个区域或一个国家。随着全球市场的形成，现在的厂商必须面对来自全球各个国家企业的竞争，同时也逼迫自己必须把视野扩大到全球范围。最后是竞争结果的残酷性。随着知识经济时代的到来，很多产品的成本主要体现在研发阶段，而其生产过程几乎不需要成本就可以大批量复制。这些高技术领域内竞争的结局可能只能存在一个到两个胜者；而且，在这些领域内，胜者很快成为行业基准的制定者，其他企图参与竞争的企业都要以胜者的标准为基本水准。

般说来，后起的竞争者要加入这种领域的竞争是非常困难的。也就是说，当一个竞争者在一次竞争中失败后，它面临的很可能是在这一领域内永久淘汰出局，形成所谓的"第一者通赢"的局面。而少数胜利者在一个新的起点、新的层次上展开新的竞争。所以说，现在的企业要想在市场上立足，必须使自己能够与世界最优秀的企业并驾齐驱。面对这样的现实，人们就不难理解，为什么 Jack Welch 提出"不是第一，就是第二；不能做第三和第四"的经营管理理念。

3）变化是常事

20世纪20—40年代，Ford 汽车公司生产的"T"型车曾经供整整一代人使用，而今天投入使用的电脑可能很快就落后了。技术的迅速变化促进了产品革新，产品周期极大地缩短了。特别是在金融服务领域，某一项服务的畅销期可能不超过几个月。不仅如此，新产品推出的时间也越来越快。更令人担忧的是一个新的变化可能会在不知不觉中迅猛爆发，如 1997 年 7 月起源于泰国的"东南亚金融危机"，在一夜之间形成风暴，并波及日本、中国、俄罗斯等国，对世界经济造成深刻影响。生活在当今时代，人们需要随时、随地提防可能横空出世的机遇或挑战。国际经济一体化趋势的加强，防不胜防的"蝴蝶效应"使企业必须时刻处于迎接变化的准备中。

2. 组织变革的阻力

组织变革总要涉及现有利益关系的调整、现有权力体系的重构、现有资源配置的变动。因而，组织变革不可能一帆风顺、不可能没有阻力。实际上，组织变革总是在推动力与阻力之间的相互较量中不断前进和完成的。

1）如何认识阻力

现代管理理论认为，组织变革过程中存在阻力并不是坏事情。就像人走路一样，没有阻力会使人失去平衡；组织变革过程没有阻力，就会使组织行为变得混乱而随意。因而，阻力能使组织变革具有一定稳定性；同时，阻力能带来功能正常的冲突，导致不同观点的交锋，提高组织变革的预见性和决策的科学性与准确性。当然，变革阻力过大会妨碍组织变革的正常进程，阻碍组织的发展与进步，降低组织的适应性，甚至会断送组织的未来。

2）阻力的类型

组织变革阻力表现为多种方式，来自多个方面；因而，呈现出多种类型。

按照组织变革阻力的表现形式，可将其分为公开的阻力和隐藏的阻力。所谓公开的阻力就是指公开表现出来的反对、抵制和破坏；所谓隐藏的阻力就是指非公开的、秘密的、不易被觉察的反对、抵制和破坏。

按照组织变革阻力发生作用的时间，可将其分为现实的阻力和潜在的阻力。所谓现实的阻力就是指已经显现出来，已经或即将直接发生作用的阻力；所谓潜在的阻力就是指能够有基本预见与判断，当并非一定会发生，即使发生也要滞后一段时间的阻力。

按照组织变革阻力的来源，可将其分为个体阻力和组织阻力。所谓个体阻力就是指来自个人的阻力；所谓组织阻力就是指由于组织因素造成的阻力。个体阻力与组织阻力是组织变革的最主要阻力源，下面重点介绍这两种阻力。

第一，个体阻力。组织变革的个体阻力主要来自个体的某些基本需要与个性特征，一般表现为以下几个方面。

一是选择性信息加工。所谓选择性信息加工，就是由人的认知与思维局限造成的。一个人不可能对他所能获得的所有信息给予同等的关注，更不可能对各种信息作出同样的反应。一般说来，人们更倾向于对自己已经熟悉或自己感兴趣的东西予以较多的关注。另外，人们对信息的解释往往是先入为主。一旦对某一事物形成了自己的态度，对他人的意见与建议往往只在自己的态度之内作出反应。也就是说，在自己态度形成以后，人们只喜欢自己想听的东西；而对与自己态度相悖的建议与行动，往往表示反感或抵触。这就决定了有些人在观念上，会形成对组织变革的抵制，如对医疗体制进行改革，很多老年人在并不了解实际变革内容的情况下,本能地认为自己是变革的最大失利者,对变革表现出抵触情绪。

二是习惯。大凡有学习能力的动物,都会对自己已经习得的、熟悉的行为养成一定的惯性。人类作为万灵之首,自然也有自己的行为习惯。人们每天要对复杂的生活,每天要作出成百上千的决策,但哪个人也不可能对这些决策的所有备选方案都做仔细认真的考察。为了应付环境的复杂性,人们往往依赖于习惯对这些决策以及各种变化作出反应。习惯使人感到踏实、给人安全感,习惯也是人获得满足的源泉。但习惯也容易成为变革的阻力,习惯通常成为人们反对改变的理由。特别是思维习惯的日积月累,往往形成一个人的心智模式,使之成为挡在人们面前的一块玻璃,妨碍人们对变革本身的认识。

三是对未知的恐惧。与习惯相反,人们对自己未知的、不熟悉的东西往往表现出一定的担忧和畏惧。任何变革都带有很大的偶然性和不可预知因素,都存在着一定风险;这些风险可能成为人们对变革进行抵制的理由。

四是利益损失。变革自然伴随着资源、权力的再分配和调整。尽管绝大多数变革的终极目的是使每个人受益,但在改革初期,在资源与权力再分配和调整过程中,不可避免地要牺牲一部分人的利益。

第二,组织阻力。相对于个人阻力而言,组织阻力往往对变革具有更大的威胁。组织阻力主要来源于以下几个方面。

一是结构惯性。所谓结构惯性主要就是指组织在长期运作过程中形成的、被绝大多数成员认同的运作惯例。组织运作惯例主要表现在以下三个方面:其一是运行惯例,指组织的各个阶层由于经验和知识的积累所形成的、处理日常事务方面的工作程序和标准。在实际社会生活中,人们所做的工作大部分并不是最近形成的计划或战略的结果,而是源于人们对如何工作和何时工作的累积知识与经验。这些知识与经验,成为人们的基本工作程序和标准,往往成为人们的共同行动。投资惯例,主要指组织利用其资产或累积财富,在拓展新的价值创造途径方面形成的惯例。其二是投资惯例,主要有两种:第一种指组织对自己现在的资源进行扩张、改造的惯例;第二种指组织运用资源开发新的发展领域的惯例。其三是调适惯例,主要指组织调整资产与资源以适应不断变化的环境的惯例。这种惯例表现为三个方面的能力:第一是灵活运用组织内部资源的能力,第二是运用组织外部资源的能力,第三是组织创新方面的能力。由于组织变革势必对组织惯例形成冲击,而组织惯例又根深蒂固于组织之中,自然会形成抵制变革的巨大阻力。

二是对已有资源分配和权力关系的威胁。任何变革都必然带有组织内部资源和权力的再分配与调整,在变革的过程中总会有人暂时或长期失去一部分利益;这种是资源、权力和利益关系的再分配与调整,必然导致一部分人对变革形成抵触心理,并且在行动上抵制变革,如在国有企业变革过程中,由于产业结构和产品结构的调整,要有一部分工人离开工作岗位;由于管理体制的变革,要削弱一部分机构或个人对企业的干预权;企业产权关系的调整,要削弱企业管理者对企业的内部控制权;等等。这些因素都有可能成为变革的破坏力量和阻力。

三是群体惯性。组织变革中的群体惯性主要来源于以下两个方面:一是指某些特定群体在长期共事过程中形成了固有的群体规范，这些规范对个体有很大约束，成为个体接受变革的抵制力量；二是指特定的群体由于工作经验、专业知识等习惯了现有的工作方式，组织变革会对他们的知识与经验形成挑战和威胁，使得他们可能成为变革的阻力。

四是不变革部分的牵制。有些变革者在推动变革过程中，或没有注意到组织变革的系统性，或在变革过程中采取了分段推进的改革策略；造成组织的一部分内容处于变革之中，而另一部分内容不做变革；这样，不变革部分往往对变革部分形成很大牵制，如企业为了推进技术创新，只注重技术开发部门的变革，不涉及企业总体组织结构与功能的调整，不注重企业绩效评估体系和激励政策的调整，不涉及企业文化的变革与再造，都会对企业技术创新形成制约与牵制，形成技术变革的阻力。

3）变革阻力的克服

Kotter 与 Schlesinger 研究了克服组织变革初始抗拒的策略，并给出了具体的管理方法，对克服组织变革阻力有较强的借鉴意义。他们提出的策略有以下几点。

一是让关键人物参与变革。让关键人物参与变革有两层含义：一方面强调组织变革过程中领导的作用，组织的关键领导者必须支持并亲自参与组织变革；另一方面其更重要的意义在于强调组织内部除了正式领导人以外的关键人物的参与和支持。虽然各组织之间的情况可能有所不同，但通常每个组织都会存在非正式领导人或可能对组织及其他人产生负面影响的人，让这些人参与到变革中来，对化解变革阻力有重要意义。

二是教育与沟通。组织变革往往涉及组织成员的利益，而且很可能需要某些成员作出暂时的牺牲；因而，在变革之前通过各种形式对大家进行教育、与大家沟通、阐明变革的理由，使得大家对变革有正确理解进而支持变革是非常重要的。这种教育与沟通包括在变革过程开始之前的讨论，也包括在变革过程中对变革情况的通报，主要目的是要让大家了解变革的逻辑所在。

三是分享与参与。所谓分享既包括分享变革进展的信息，也包括分享变革的阶段性成果。所谓参与就是指在可能的情况下，使更多的人参与到变革的过程中来。参与可以发挥很好的沟通与交流作用，它可以成为对变革的有正面影响的力量。特别是在组织内广泛寻求各方面的意见，让尽可能多的人协助参与变革的设计和决策并参与变革实践，不仅提高个体对变革理解和承诺的有效方式，还能形成团队或任务压力等，促使组织成员成为变革的推动力量。

四是促进与支持。变革过程中不仅要认真倾听大家提出的意见与问题，还要对克服变革过程中存在的困难提供具体帮助与支持。组织变革过程中的促进与支持至少包括以下几个方面：一是对变革过程中可能遇到损失的个人或群体提供必要的补偿；二是对组织成员进行新技能或复合性技能的培训和训练，协助人们克服初始的绩效压力等；三是对积极支持变革的组织成员提供及时激励。

五是谈判与协议。与实际的或潜在的变革抗拒者谈判，在向其提供鼓励、并设身处地为他们提供利益的前提下，力争以他们达成支持、至少是不反对变革的协议，以确保他们不成为变革的阻碍力量。

六是操纵与收买。对通过上述措施都难以克服的变革阻力，特别是群体阻力，可以通过操纵或收买其骨干的做法，分化阻碍力量，促使其转化为变革的支持者与拥护者。

七是明确与绝对的强制。明确与绝对的强制可能是在推进变革时的最后策略选择。如果经过多方面工作抗拒者仍持续反抗，可以通过明确各种严重后果给他们以必要的威胁；必要的情况下，可以利用各种手段和力量强行推行变革。

3. 组织变革的错误

组织变革是风险极高的活动，容易发生十大错误。

一是不了解组织变革的要义却说正在变革。组织变革是一种彻底的、根本的、基础的、显著的组织改变。所谓彻底的，就是强调组织变革一定要抛弃侥幸心理和畏难情绪，要有一往无前的大无畏勇气和决心，不达目的决不罢休。所谓根本的，就是强调组织变革一定要涉及制约组织进步与发展的根本内容，不要头痛医头、脚痛医脚，更不要做表面文章；要敢于碰硬，敢于涉及实质问题。所谓基础的，就是强调变革要从基础入手，要循序渐进。所谓显著的，就是强调变革一定要有显著的效果、取得明显的组织和个体绩效。而现实中的有些变革推动者，并不理解变革的要义，把变革作为一种时尚，不涉及实质问题、做表面文章，缺乏变革的系统思考，而嘴上却喊着变革的口号。这种变革不是真正意义上的变革，也是组织变革中容易犯的第一个错误。因而，在实施组织变革前，变革领导者首先一定要确信知道变革的要义，然后再做真正属于变革的事情。

二是把变革用于不恰当方面。组织变革有多种形式，有流程变革、结构变革、文化变革等。对一个具体组织而言，在不同条件下制约组织发展的根本内容并不一样：有些是因为组织的工作流程不合理，有些根本原因是组织文化落后，有些主要是因为人的素质，有些是因为制度安排不合理，等等。组织变革一定要改变组织内部最根本的制约因素，而不能舍本逐末、把精力过多花费在直接问题上。在组织变革中，往往容易在部门、机构设置等问题上花费很多时间，而在组织的文化、理念、业务流程上轻描淡写。

三是在分析组织现状上花费过多时间。在组织变革之前，对组织现状进行分析，以发现问题、找出症结，无疑是必要的；但一定要清楚，这种分析的目的是更好地实现变革。不要为了分析现状而分析现状，在分析现状上花费过多时间，以至于无谓地增加人们对变革的疑难情绪和烦躁心理。

四是在没有必要领导力量的情况下进行变革。变革作为一项影响全面的组织工程，必须在强有力的领导力量的带领下才能成功。这种领导力量不仅包括发动变革的高层领导者，还包括支持、拥护变革的先导、中坚力量。有些领导者在缺乏必要先导、中坚力量的情况下发动变革，使得变革在刚一遭遇抵触力量时就失去基本支持，致使变革中途夭折或虎头蛇尾。

五是变革时缺乏勇气、缩手缩脚。任何变革不可能不遇到阻力，也不可能不涉及某些群体或个人的利益。随着变革的深入，深层次的问题和矛盾将越来越突出；回避矛盾，避重就轻，终将葬送变革本身。

六是把变革方案从概念性设计直接进入实施,也就是说在缺乏必要试点或尝试的情况下直接将变革方案付诸实践。很多变革,特别是社会变革具有不可逆转性;因而,在把变革方案大规模实施以前,应该进行必要的试点、实验:一是发现概念性设计方案存在的问题,修改、完善方案,二是取得操作变革的经验。把没有经过尝试的变革方案直接付诸实践,有可能导致灾难性后果。

七是变革的步伐不够快、拖的时间太长。变革应该是循序渐进的,变革又必须是有一定力度的。如果变革时间拖得太长,人们看不到变革的成果,就会失去对变革的信心和支持。一般说来,组织变革在一年之内应该取得一定的阶段性成果,否则就会失去重要的支持力量。为了取得必要的阶段性成果,组织变革就要保持一定的速度,不能拖泥带水、迟迟不见成效。

八是限制变革的范围。任何变革都是社会系统工程,组织一部分的变化都必然对其他关联部分产生作用和影响,牵一发而动全身。为了维持组织系统内部的协调和均衡,其他部分的变革在所难免。而有些组织坚持局部变革观点,人为地限定组织变革的范围。它们最终会发现,真正葬送变革成果的就是它们一直认为不能变化的内容。

九是采取不恰当的或常规的形式实施变革。从一定程度上讲,组织变革就是首先打破旧的组织平衡,然后在不同层面上建立新的组织平衡。而这种"破"和"立"的过程,往往是没有现成的经验可循、没有先例可以借鉴。试图使组织变革按照程序化的方式推进,力图一切井井有条、按部就班是不现实的。照抄、照搬别人的成功经验,企图完全模仿、复制他人的变革实践,有很多惨痛教训,而并没有成功的先例。

十是忽视与组织变革相关人员的思想感情。前面已经提及,组织变革不免要触及或伤害一部分人的利益,因而,必须关注这部分人的思想感情,为他们提供力所能及的支持与补偿措施。对这部分人思想感情的漠视,就是对这部分人思想感情的伤害,也就是为组织变革增加或制造阻力。

5.4.3 组织变革的原则与方法

1. 组织变革的原则

组织变革不是一时时尚,而是一项复杂的社会系统工程。任何组织都应该切记:组织变革不能追求"时尚"、盲目随从;组织变革方案必须根据组织自身特点和使命量身定制。必须谨慎地选取变革的策略,使之成为连接特定作业与组织目的的桥梁。为此,下面归纳总结一些有利于推进组织变革的建议,作为实施组织变革的基本原则。

一是要注重把组织愿景与组织变革的紧急应变策略紧密联系起来,使组织愿景成为组织变革的终极追求;组织变革的策略成为实现组织愿景的手段。

二是要注重介入组织变革的合适层级及其在组织变革中作用的定位,既要注意组织成员对组织变革的广泛参与承诺,也要注意尽量缩小组织变革对无关人员的影响和冲击,更要明确变革的主导力量、依靠力量和中坚力量。

三是要注重变革的系统性与连贯性，特别是对组织内深层次的变革，要注意其产生的长远影响力，以及涉及的组织内部相关作业或工作的组合，要把握不同部分或作业彼此之间的关系。

四是要注重变革的稳定性和变革速度的协调，以稳定性逐步强化变革，循序渐进地建立一个新的杰出组织。

五是要注重在组织变革的过程中培育组织的学习能力，确立使学习比"结果"更为重要的理念；通过组织变革与学习，建立一个新的组织文化，使组织变革能够不断地持续下去。

六是注重通过个人的变革推动组织的变革，特别是要重视发挥组织内部强势领导的推动作用，以增强组织变革力量。

七是注重奖励组织变革的正面力量，强化组织成员对组织变革的承诺；特别是要注重激励中层管理者，争取使之成为组织变革的中坚力量。

八是要制订组织变革的策略性计划，明确各个部门的责任，通过一个清晰的权责体系把不同部门、不同作业连接起来。

九是要注重总结组织变革过程中的经验与教训，把管理变革的经验与技巧适时在组织内容推广，并尽量使其制度化。

十是及时排除变革的阻力与威胁，不使变革的抵触与反对力量形成规模。

2. 组织变革的方法

成功的组织变革不仅要把握正确的方向、坚持正确的原则，还要选择正确的方法。不少学者总结了成功实现组织变革的各类组织的经验，提出了成功实现组织变革的方法。下面主要介绍两种方法。

1）Lewin 的三步模型

著名行为学家 Kurt Lewin 认为，任何组织变革都要经过三个发展阶段，因此他提出组织变革的三步模型。其具体步骤如下。

第一步：解冻。所谓解冻就是打破组织的原有状态、突破组织现在的平衡，为组织变革创造动力。解冻的一般办法是打破原来的组织政策限制，为员工支持组织变革创造动力和需求，如某公司要合并在 Seattle、San Francisco 和 Los Angeles 的三个办事处，将其重新组建为 Los Angeles 大区办事处。因为该项变革涉及各个办事处员工的切身利益，在变革决定宣布前便谣言四起，Seattle、San Francisco 的员工甚至有 10% 的人提出辞职。为了留住骨干员工，鼓励员工接受变革；特别是为了鼓励 Seattle、San Francisco 的员工搬迁到 Los Angeles 工作，公司打破了原有的职工升级政策，破例为愿意迁移的员工提工资，并发放一定的迁移费。这项政策出台后，绝大多数员工很快接受了变革。再如，很多机构改革，为了达到精减人员的目的，打破原有的退休和工资政策规定，允许一部分人提前退休，并为其提前增加三级工资。这无疑激发了一部分人接受、参与和支持变革的动机，并进而转化为支持组织变革的行动。

第二步：移动。所谓移动就是指把组织的原有状态推进到组织变革所希望的状态，也就是适时推进变革进程。伴随组织状态的移动,组织成员的行为方式也将按照组织变革的要求发生变化。因而,移动的结果将是组织出现新的面貌。

第三步:重新冻结。所谓重新冻结就是要把推进组织变革时作为暂时措施的鼓励政策变为永久性的措施固定下来。变革政策重新冻结的意义在于保持政策的稳定性,把员工支持变革的热情保持下来,把员工新的行为方式保存下来,为变革创造长久的支持力量。

组织变革三步模型,如图 5-13 所示。

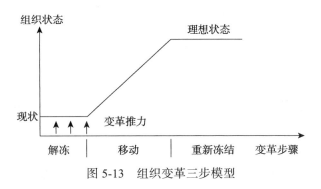

图 5-13　组织变革三步模型

2)Kanter 的八步骤模型

美国哈佛大学著名的管理学家科特(Kanter,1995)根据自己的研究,提出了推进组织变革的八个重要步骤,如表 5-9 所示。

表 5-9　推进组织变革的八个重要步骤

序号	步骤	具体内容
1	使组织建立起变革的迫切感	检查市场环境与竞争对手,研究并讨论组织所面临的现实和潜在的危机,或主要的发展机会
2	建立并巩固变革领导团队	建立一个支持变革的有力领导集体,并采取激励措施,使这个集体团结合作,带领变革走向成功
3	开发变革愿景	开发组织变革愿景,以愿景帮助领导推进变革,并以愿景为基础开发组织变革的阶段性目标及策略
4	在组织内部传递愿景	以各种可能的方法在组织内部传递愿景与策略,特别是在变革核心团队中,通过领导集体的示范作用,引导组织内部形成适应变革的行为模式
5	激励组织成员依愿景行事	设定激励措施,排除变革阻力,改变严重破坏组织愿景的系统或结构,鼓励创新,建立新理念、拓展新业务
6	谋划取得变革的阶段性成果	筹划可以取得明显绩效的变革方案,采用有效的变革方法在短期内许的初步成效,奖励参与变革的员工与团队
7	加强巩固变革成果,并以变革推动变革	不断巩固变革的成果,提高变革的可信性,改变组织内部不符合愿景的系统、结构与政策;聘任、鼓励并开发对该愿景有高度认同和承诺的员工;以新项目、新主题以及新的变革措施,使组织变革不可逆转
8	将组织变革及方法制度化	将组织新的行为模式与企业原有系统成功整合,使组织变革制度化,以确保组织持续变革

资料来源:KANTER R M. Thriving locally in the global economy[J]. Harvard business review, 1995, 81(8): 119-127.

上述两种推动组织变革的方法，是从不同的侧重点对组织变革过程的描述。其实，任何成功的组织变革，既可以说是三幕戏剧，也可以说是三个阶段，还可以说是八个步骤。对组织变革过程从不同视觉进行描述，为全面了解组织变革提供了便利。

3. 组织变革的作用

不论任何形式的变革，领导的作用都是至关重要的。考察不同组织变革的实践，可以把组织变革过程中领导的作用确定在以下几个方面。

1）作出变革的决定

正常的组织变革应该是领导发动的，只有领导要变革，变革本身才能成功。因而，作出变革决定是领导的第一个作用。对一个领导来说，作出变革决定并不是简单的事情，首先领导要有激情、有远见卓识；同时，还需要领导有承担责任、克服困难的决心和勇气。美国通用电气公司的 Jack Welch 在作出组织变革决定时，就遇到了方方面面的不理解和抵制。

当 1981 年 Jack Welch 接手 GE 公司时，这个由 Edison 创建的百年老店依然风光无限。它的各项经营业绩在全球的大公司中名列前茅。当时，人们都用非常艳羡的眼光，端倪这些大企业，特别是它的最高领导者；人们都把这些企业巨舰作为效仿的楷模、学习的榜样。当时与 GE 齐名的很多大公司都按兵不动。然而，在每个人都沉湎于光荣的过去和稳健成长的现在的时候，Jack Welch 却以超凡的洞察力，敏锐地发现了 GE 公司存在的深层次问题，并发动了一场声势浩大的全面改革。很多人指责 Jack Welch 无事生非，美国的媒体将其称为"Neutron Jack"。但 Jack Welch 向 40 多万员工坚决地宣布，他要挑战这个具有 103 年历史和完整官僚体系的巨兽。在近 20 年的时间，他大胆推进了多项改革，使公司员工由 1981 年的 47 万人，裁减到 27 万人；淘汰了一批传统的优势产业，发展了金融、传媒等新兴行业；自 1996 年以来，GE 公司连续多年雄居美国股票市值榜首、财富 500 强盈利最高的企业、全球最受欢迎的公司；Jack Welch 本人也成为全球最受崇敬、最有影响力的企业最高领导人。

2）确保变革成功

发动变革需要胆识和勇气，推动变革并确保其成功需要一系列的耐心工作。首先，领导必须让他人理解改革，进而才能获得他人对变革的支持。然后，要培养变革的支持力量，并注重发挥它们的作用。最后，要制订周密细致的变革计划，并不遗余力地推动计划的实施。Jack Welch 发动组织变革以后，首先在领导层进行改变，他提出停止管理、开始领导，强调培养拥有共同愿景的领导者。他把 GE 公司的所有产业都发展成为全球市场的领头羊，以此来激励员工的精神。他打破官僚主义的藩篱，扬弃官僚主义的体系，提出建设无边界组织，使 GE 公司成为轻巧灵活的小公司。他提出摒弃公司内的老板元素，鼓励员工对变革的参与；他注重创造良好的工作气氛，发挥员工的聪敏智慧；他用追求速度、简单和自信三大秘诀，确保组织变革的适时推进；他推出多个员工伸展计划，挖掘员工的潜能，并声称要一直拓展到能够摘到星星；他提倡广泛学习他人的经验，鼓励合法地"剽窃"，他在

GE公司推行"六西格玛"的"高品质计划",用速度和品质保证公司的竞争力。

3)创造一个利于变革的环境

在推动组织变革过程中,领导要像搏击长空的雄鹰,敏锐地发现组织存在的问题,并以迅雷不及掩耳之势快速捕获到变革目标;要像一个诲人不倦的教练,做耐心细致的沟通工作,使组织成员认同组织变革的理由和目标,并对变革产生共鸣和承诺;要像一个执掌巨舰的舵手,在惊涛骇浪中把握方向,引导组织之舟义无反顾、勇往直前;要像一个开天辟地的旗手,身体力行、身先士卒,为实现组织变革目标鞠躬尽瘁;还要像一个辛勤耕耘的园丁,为变革的新生力量浇水、施肥,把变革中的杂草铲除,为组织变革创造一个良好的环境。为了推进GE公司的变革,Jack Welch大胆起用了一批新人,而果敢地裁减掉了一批妨碍公司变革的"老臣",有些甚至是仍然位居高位的"核心人物"。他在公司上下创造一种支持变革的气氛,使得组织变革深入人心。

本章小结

任何组织得以在社会上衍生和存在,首先在于这个组织满足着特定的社会需求、承担着特定的社会使命。本章从组织目的和组织使命出发,引出了组织目标的概念;论证了组织目的、组织使命与组织目标的关系,分析了组织目标的基本特点和类型,进而给出了确定组织目标需要考虑的基本要素,以及确定组织目标基本方法和步骤。

然后,将战略视为逐步推进组织目的和组织使命实现的管理工具,对组织战略的含义、特征进行了分析,基于不同的战略理念和思想,给出了不同的战略类型;使组织战略与组织目的和组织使命之间形成特定的对应关系。

组织结构是服从于组织战略的组织要素配置形式和制度安排。在对组织要素进行简要介绍的基础上,重点研究了组织结构设计问题。分析了组织设计过程需要考虑的基本要素,给出了组织设计的基本步骤,比较了不同组织结构形式的基本形态、主要特点和适合情境及使用条件,并结合具体案例进行了剖析。总结了组织结构形态选择需要考虑的基本要素。

组织目标是通过一系列的组织活动或工作完成的。在对组织工作流程进行简要介绍的基础上,重要研究了工作流程的设计和再造;在合理流程的基础上,给出了具体工作设计的基本思路和方法。

 思考题

1. 你认为在组织变革中,最大的困难是什么?
2. 在组织变革过程中,应该如何缓解员工心理压力问题?

即练即测

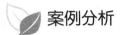

案例分析

乐视生态的黄粱一梦

2004年11月，贾跃亭将其所有的西伯尔的无线事业部独立为北京乐视星空信息技术有限公司（以下简称"乐视"），开始涉足多终端的在线影音视频服务。互联网视频巨头乐视至此正式进入人们的视野。

乐视自初创之时起便孤注一掷投资于影视剧版权，大量版权购买一度导致其资金链断裂，可谓"看不到任何希望和前景，没有资金也没有背景"。2008年8月，乐视迎来了发展契机，获得包括汇金立方、深圳创新投资在内的5 200万元人民币的投资。此时的中国互联网盗版现象依旧泛滥，很多人仍旧不屑于购买版权，贾跃亭借此机会低价买下众多影视剧版权。2009年，乐视网拥有了9万多集电视剧、5 000多部电影网络版权，成为国内拥有影视剧版权最多的视频网站。而就在这一年，监管部门对版权管理加强。大网站的盗版视频被迫下架，为留住人气，它们必须去买热门电影、电视剧版权。据悉，百度、PPTV、优酷、搜狐和迅雷这五个主要客户的版权购买费用占当时乐视分销业务的62%、总收入的37%。乐视以"合法版权+用户培养+平台增值"三位一体的战略及商业模式，向付费用户提供合法网络视频，同时吸引广告商投放广告，用差异化视频吸引付费用户和免费用户。在个人付费和企业付费的市场规模达17.4亿元，市场占有率接近10%。

2010年8月12日，乐视网在深圳证券交易所挂牌上市，股票代码为300104，A股简称乐视网，是行业内全球首家IPO（首次公开募股）上市公司，中国A股最早上市的视频公司。乐视致力打造基于视频产业、内容产业和智能终端的"平台+内容+终端+应用"完整生态系统，涵盖了互联网视频，影视制作与发行，智能终端，大屏应用市场，电子商务等，被业界称为"乐视模式"。

2011年乐视创立乐视影业，定位为"电影互联网公司"，乐视影业的创立是前期仅有乐视网版权分销基础上的一次重大组织结构调整，直接投资、引进、发行电影，提高乐视的品牌效应，为在后来乐视提出七大生态模式奠定了基础。反观当时的决策，以及乐视影业各项指标数据，证明发展方向并没有偏差。它围绕网络和视频向外延扩张，整体向好发展，在全国136座城市布局1 200家影院，占了当时市场份额的92%，实现了巨大的成功。

2012年开始，乐视网依托内容运行开始出现瓶颈，无论是从规模还是盈利表现来看，均呈下滑态势。为摆脱利润增长瓶颈，乐视发布以主打正版高清为卖点的"乐视盒子"之后，推出了"内容付费"模式。

2013年，作为当时国内最大正版视频供应商，乐视网与全国最大规模电子产品代加工商富士康共同宣布，双方将签约开拓智能电视市场。国内电视机市场很快就迎来了一个全新的品牌——乐视超级电视。以"平台+内容+终端+应用"的模式，超级电视不再单纯地依靠硬件赚钱，而是依靠内容付费。

同样在2013年，为做好内容业务，乐视先后收购花儿影视及乐视新媒体。收购花儿影视对于乐视网上游的影视剧供应、自制内容等方面都提供了巨大的助力，增强公司优质内容的生产能力，提升双方的品牌效应，促进用户黏性和网站浏览时长的快速增长。而乐视新媒体担负起上市公司精品电视剧版权库的建设及不断扩充的任务，同时对公司继续大规模采购影视剧版权起到支撑作用，进一步巩固乐视网在同行业视频网站中龙头的竞争地位。

2014年，乐视宣布将已运营两三年的乐视云视频开放平台独立，成立乐视云计算有限公司。该平台将乐视非高峰时段闲置资源开放给需要视频服务的企业和个人使用，主要开放给第三方使用视频的六大环节——拍摄、上传、存储、转码、分发和播放。2014年1季度，乐视云视频业务已支撑了成千上万家需要视频的网站，电商领域有淘宝、京东、苏宁易购等；汽车领域有爱卡汽车等；媒体领域有湖南卫视、浙江卫视等；游戏领域也有众多客户，越来越多的游戏攻略采用视频形式展现。

几乎在同一时间，乐视体育分拆成子公司独立运营。乐视体育生逢其时，仅半年后国务院"46号文"便将体育产业发展上升为国家战略层面。以大而全的方式获取赛事版权，此后再引流到乐视生态进行商业变现，是当时乐视体育为超车而选择的一种激进而冒险的商业策略。在这样商业策略的指引下，乐视体育创纪录的首轮8亿元融资吸引到王健林、马云等大佬，80亿元B轮融资过后估值超过200亿元，一切都在昭示着乐视体育在资本市场的地位。

2015年乐视发布了其生态体系中"终端"概念的重要一环：乐视手机。乐视的目标不只是要制造手机，而是要打造一个完整的移动互联网生态系统，颠覆现有手机行业传统制造派和互联网营销派，重新定义手机成为手机行业第三极。为乐迷打造一个高品质生活圈，实现汽车、移动、电视等智能设备多屏无缝衔接。价格方面贾跃亭称，乐视是全球首次公布BOM（物料清单）成本价，按照量产成本售卖，乐视不需要通过硬件赚钱。从后来乐视手机的结局看来，所谓"内容"在乐视手机上的体现并没能比其他手机更加突出，国内用户亦尚未养成为内容付费的习惯。

同年，乐视还将发展的步伐踏入了汽车领域。举行主题为"定义未来"的新闻发布会，首次公开了超级汽车"SEE计划"的具体进展。作为"SEE计划"的第一个阶段性成果，乐视向外界发布了中国第一套智能汽车UI（用户界面）系统——LeUI Auto版。这是乐视发布的首个与造车计划相关的产品，它是乐视生态在汽车领域的延伸，它标志着乐视造车计划已经开始有了实质性的进展和成果。据了解，LeUI系统则是整个乐视生态系统中的重要一环。LeUI系统将覆盖汽车、手机、TV（电视机）等，给用户提供完整统一的UI操作体验，真正实现无缝连接，一云多屏。2015年10月，乐视宣布战略投资易到用车，成为易到用车的第一大股东，未来双方将共同布局汽车共享与社会化运营领域。据易到用车方面称，这笔交易规模为7亿美元。乐视主导期间，乐视方面通过易到用车大量采购乐视电视、手机等硬件产品用于用户充返的活动。某种程度上来说，这是在借易到用车之手消化乐视的硬件库存，但这并非市场硬性需要，属不正常关联交易，为易到用车带来了巨大债务。

乐视自 2015 年底停牌，宣布进入资产重大重组，直到 2016 年 6 月复牌，在这漫长这停牌期间，乐视内部平静有序，每周日下午 2 点开始的高管会一如往常，挡不住的头脑风暴可以在部门间讨论到午夜梦时，2016 年初的乐视投资人对乐视更是到了盲目崇拜的地步。在这段停牌的时间内，乐视继续进行扩张与布局，乐视收购了美国电视厂商 VIZIO 和中国手机厂商酷派；乐视汽车融资 10.8 亿美元，乐视的汽车梦想一步步进展中；乐视的战略转向欧美市场，乐视在美国举办发布会宣布进军美国市场，除超级电视和超级手机，还要将超级自行车带入美国，VR（虚拟现实技术）也将是另一个将在美国推出的智能终端产品。然而这一切似乎只是黑暗中最后的光明。

2017 年，对于乐视网而言，是毁灭与颠覆的一年。乐视移动、乐视体育两项非上市资产都曾传出出售的消息；乐视官方商城显示在售的乐视手机均已下架，大规模撤店和转型，售后网点也大面积停工，乐视手机每月销量已不足 10 万台，主要是清库存；乐视 2015 年收购的酷派深陷困局，公司估值已被机构砍去 85%；乐视体育的版权则在不断流失；2016 年"双十一"销量排行第一的乐视电视，在后一年"双十一"排名前十的平板电视品牌中，已不见踪影……其隐藏已久的资金链危机终于爆发。

自提出"平台+内容+终端+应用"的生态系统以来，乐视造了电视、造了手机、造了车、大手笔收购，一步步完成"乐视模式"的构想（图 5-14）。乐视无论在其优势领域或者后进入的新兴领域均还未能成为头部玩家，就已经规划出了颠覆一切的"乐视模式"。这样形成的生态体系是外强中干型的，大量产品仅仅是依靠收购在资本上进行了整合，但是

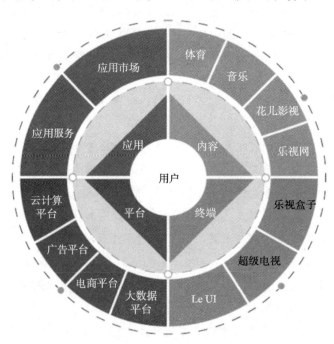

图 5-14　乐视网生态链云

产品的互补性并未能在生态体系下体现出来。同时，因为贾跃亭的个人理想，大量子公司为其法拉第未来FF91输血，使得乐视影业、乐视致新、易到用车等相对优质的公司纷纷因为债务过重被压垮，最终导致整个生态体系的崩盘。

2017年7月21日，孙宏斌成为上市公司乐视网的董事长，原董事长贾跃亭远走美国。2017年12月25日，北京证监局发布通告责令贾跃亭于2017年12月31日前回国，切实履行公司实际控制人应尽义务。2018年1月24日，停牌达9个月之久的乐视网复牌交易，随之而来的是连续11个跌停。至此，乐视网长久以来堆积出的虚假繁荣的生态模式分崩离析，乐视网神话破灭。

资料来源：

[1] 强国令，孙亚奇. 乐视的生态体系缘何会土崩瓦解——基于掏空理论的分析[J]. 财会月刊，2019（13）：61-67.

[2] 胡世良. 乐视生态病在何处?[J]. 中国电信业，2018（8）：60-62.

案例讨论

1. "平台+内容+终端+应用"的生态系统下，乐视适合什么样的组织结构？为什么？

2. 乐视依照打造"乐视模式"的美好构想下进行大刀阔斧的扩张变革，也在逐步走向灭亡。乐视的失败对于你有什么启迪？请继续查阅相关文献后展开讨论。

延伸阅读文献

1. 帕尔默，邓福德，埃金. 组织变革管理[M]. 金永红，奚玉芹，译. 北京：中国人民大学出版社，2009.

2. 里德. 管理思维创新——如何构建你的心智模式[M]. 崔十安，秦苑，译. 北京：经济管理出版社，2004.

拓展阅读

第6章 个体行为与群体行为

王珪鉴才

在一次宴会上,唐太宗对王珪说:"你善于鉴别人才,尤其善于评论。你不妨从房玄龄等人开始,都一一做些评论,评一下他们的优缺点,同时和他们互相比较一下,你在哪些方面比他们优秀?"

王珪回答说:"孜孜不倦地办公,一心为国操劳,凡所知道的事没有不尽心尽力去做,在这方面我比不上房玄龄。常常留心于向皇上直言建议,认为皇上能力德行比不上尧舜很丢面子,这方面我比不上魏征。文武全才,既可以在外带兵打仗做将军,又可以进入朝廷搞管理担任宰相,在这方面,我比不上李靖。向皇上报告国家公务,详细明了,宣布皇上的命令或者转达下属官员的汇报,能坚持做到公平、公正,在这方面我不如温彦博。处理繁重的事务,解决难题,办事井井有条,这方面我也比不上戴胄。至于批评贪官污吏,表扬清正廉署,疾恶如仇,好善喜乐,这方面比起其他几位能人来说,我也有一日之长。"唐太宗非常赞同他的话,而大臣们也认为王珪完全道出了他们的心声,都说这些评论是正确的。

从王珪的评论可以看出唐太宗的团队中,每个人各有所长;但更重要的是唐太宗能将这些人依其专长运用到最适当的职位,使其能够发挥自己所长,进而让整个国家繁荣强盛。

未来企业的发展是不可能只依靠一种固定组织的形态而运作,必须视企业经营管理的需要而有不同的团队。所以,每一个领导者必须学会如何组织团队,如何掌握及管理团队。企业组织领导应以每个员工的专长为思考点,安排适当的位置,并依照员工的优缺点,做机动性调整,让团队发挥最大的效能。

6.1 组织中的个体行为和群体行为问题

对领导职能的研究,领导行为是主要的研究对象。而研究领导行为,首先必须研究组织中的个体行为,其次是群体行为,最后是组织行为。

人的行为是千差万别的,影响人的行为的因素也是形形色色的。但是,人的行为有着一定的规律。德国人 Kurt Lewin 曾提出了人的行为最一般规律的示意公式:$B=f(P, E)$,式中,B 是行为,P 表示个体,E 表示环境,f 是函数符号。这一公式表明人类行为受到人员个体的"内在因素"和其周围环境的综合因素的作用。所谓内在因素,包括个体的年龄、性别、身体健康状况、个性、态度、能力、动机、价值观等生理方面和心理方面的因素。

外部环境，是指个体所处的家庭、学校、社会、企事业组织以及组织文化、组织政策和人际关系等因素。"身居闹市，一生不染"，说明同处一个环境之下，由于个体"内在因素"的不同，其表现的行为可能不同。"近朱者赤，近墨者黑"，则又说明个体的行为可能会受到环境因素的影响。领导行为的良好表现，在于能够控制和预测组织成员的行为。对行为的控制是指纠正成员不符合组织要求和组织规范的行为，使成员的行为向合乎组织要求和规范的方向发展。对行为的预测是指根据已掌握的行为规律，可以预见在某种情况下组织成员会如何行事。为此，研究和掌握人的行为规律成为领导工作不可缺少的重要内容。

行为科学是一门研究人类行为的新学科，行为科学有广义和狭义之分。广义的行为科学涉及的学科繁多，而狭义的行为科学则主要研究工作环境中个人和群体的行为。从20世纪30年代开始形成以来，行为科学已在管理上得到广泛的应用，并取得了明显的成效。它使得管理者的思想观念和行为方式有了转变。行为科学把管理的中心由"事"改变为"人"，研究对象也由"规章制度"转变为人的行为；实现了专制型管理向民主型管理的过渡。20世纪60年代时，为了避免同广义的行为科学相混淆，开始使用组织行为学这一名称代指狭义的行为科学。目前，从组织行为学的研究的对象和小涉及的范围来看，可分成个体行为、群体行为和组织行为三个层次，它们在管理中应用广泛。

个体行为是个人与社会相互作用的结果，受社会环境和个性的制约。其包括外在的言论行动和内在的思想意识等。个体行为理论主要包括两大方面的内容：有关人的需要、动机和激励方面的理论；有关企业中的人性理论。行为科学管理理论中作为出发点的人性假设和作为核心内容的激励理论都属于个体行为理论的研究范畴。

群体行为是指为了实现某个特定的目标，由两个或更多的相互影响、相互作用、相互依赖的个体组成的人群集合体的共同行为。群体行为理论主要是研究群体发展动向的各种的因素以及这些因素的相互作用和相互依存的关系，它是行为科学管理理论的重要支柱。

本章基于管理学的视角，对企业中的个体行为和群体行为进行研究。首先对个体行为做了简单的介绍，然后从积极和消极两个方面讨论了一些具体的个体行为，并对它们的影响因素进行了归纳。之后，介绍并区分了群体和团队概念，最后从这两个角度，分别阐述了它们与行为管理之间的联系。以期为企业管理提供完善管理方法的依据。

6.2 个体行为与群体行为的理论与实践发展

本节将讨论个体特性（共性）与个体差异，以期能使管理者更好地将合适的人配置到合适的位置，把握个体行为，发挥其优势。

下面先从个体是如何认识这个世界开始的。

6.2.1 个体与个体行为

1. 个体知觉与归因

知觉（perception）是个体对其所觉察到的周围环境的理解和解释。人所觉察到的客观世界事实上已经不是客观世界本身,而是其自身对客观世界的感知。当然,这种感知与客观世界本身是有偏差的。从某种角度讲,与人有关的管理更多的是关于人的知觉管理(perception management)。例如,人们经常所强调的员工公平性,事实上是员工所感知的公平,而并非所谓公平本身。这对于管理者而言意义重大。

1)知觉的特性

如何解释不同个体看到相同的事物却产生不同的知觉这一现象呢?

事实上,很多因素会影响到知觉的形成,甚至有时是知觉的歪曲。这些因素可以归纳为知觉者、知觉目标或对象、知觉情境三个方面(图 6-1)。

当个体看到一个目标物并试图对自己看到的东西进行解释时,这种解释所受到的最大影响事实上是来源于知觉者本人,影响其知觉的个人因素包括态度、人格、动机、兴趣、过去经验和期望。不同的个体因其个人因素不同,自然会有不同知觉。

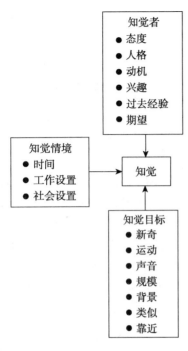

图 6-1 影响知觉的因素

在现实中,人们经常会有如下知觉偏差。

刻板印象(stereotyping)是指根据一个人属于哪一类社会团体或阶层,根据这一社会团体或阶层的人的典型行为方式来判断这个人的行为。例如,中国老话有"文人相轻""唯小人与女人难养也""劳心者治人,劳力者治于人"。如果这些说法成了人的观念,那么他就会戴上一副有色眼镜去看待文人、女人、劳心者、劳力者,用那些固化的行为模式套用每一类的每一个人。

刻板印象反映了共性,有利于迅速从总体上把握人的概貌。但刻板印象也有很僵化、不灵活的缺点,抹煞人的个性,因而并不能保证适用于同类中的每一个人。

在组织中下属对上级、上级对下属都有各种刻板观念。下属往往会觉得上级管理者不通情达理,只注重绩效,不为员工着想。上级管理者则往往觉得员工只顾个人利益,不与组织同心同德,讲报酬时争先,讲工作时却退缩。如果这些刻板印象也带到有关的行为决策中,就会产生复杂的往往也是不良的后果。

第一印象(the first impression)是指在最初的接触中给别人留下的印象。第一印象和以后的印象不同,它有特别强的固着作用,一旦形成,很难消退,并影响着以后对相应个体的看法。例如,如果一个人第一次面见经理时衣着不整,经理就会认为他是个不拘礼节、过于随便、目无上司的人,对他产生不良印象,并一直左右以后对他的判断。

月晕效应(halo effect)是指当了解一个人时,可能被他的某种突出的特点所吸引,以至忽视了其他特点或品质,就好像明亮的月光使周围的星斗失色一样。这种现象就叫作月晕效应。例如，人们常常会特别关注一个人的相貌、仪表、文凭、交际能力，并被这些特质所屏蔽，看不到其他特质，从而作出片面的判断。

有研究发现，当某种特质在行为上的含义模糊不清、模棱两可、具有道德寓意，或知觉者对其不熟悉时，最容易出现月晕效应。

月晕效应的实质在于个别特质掩盖了其他特质，左右了对整体的判断。这对于指导组织管理有特殊意义。例如，人事部门在选拔员工时，很容易让相貌、仪表支配整个判断。漂亮的女郎、英俊的小伙子会赢得很高的印象分，而其他特质往往易被忽视。在评估绩效时，月晕效应也很容易起歪曲作用。

投射（projection）作用是指把别人假想成和自己一样，认为自己有的特质别人也有。例如，自己喜欢有挑战性的工作，无形中把别人也当作和自己一样喜欢挑战性的工作，给别人加任务，或是鼓动他人去冒险。可见，这也是一种知觉他人的简单化做法。和月晕效应不同的是，月晕效应是因被知觉对象的个别特质左右了判断，而投射作用是知觉者的主观特征支配了判断。但结果都一样，都会歪曲知觉。

所有这些知觉上的偏差或错误都有可能是管理中的误会和冲突的起因。

2）归因理论及归因错误

归因理论（attribution theory）认为当观察某一个体的行为时，总是试图判断它是由于内部原因还是外部原因造成的；总是试图解释它以某种方式行动的原因。而对于个体活动的知觉和判断，在很大程度上受到人们对其内部状态的假设的影响。

内因行为指那些个体认为在自己控制范围之内的行为，外因行为则是由外部原因引起的。也就是说，个体因为情境因素而被迫行动。对于一名上班迟到的员工，你可能会把他的迟到归因于他在昨天的晚会上玩到凌晨因而睡过了点，这就是内部归因。但如果你认为他的迟到主要是由于他常走的路线交通阻塞问题造成的，那么你进行的就是外部归因。

这种决定取决于三个因素：区别性（distinctiveness）、一致性（consensus）和一贯性（consistency），如图 6-2 所示。

区别性指个体在不同情境下是否表现出不同行为。一名经常迟到的员工是否也常常被同事抱怨为"逃避工作之人"？所以，需要了解的是这种行为是否不同于平常？如果是，则观察者可能会对行为进行外部归因，如果否，则可能将活动归于内部原因。

如果每个人面对相似情境都有相同的反应，说明该行为表现出一致性。例如，所有走相同路线上班的员工都迟到了，则这一迟到行为就符合上述标准。从归因的观点来看，如果一致性高，人们很可能对迟到行为进行外部归因，如果走相同路线的其他员工都准

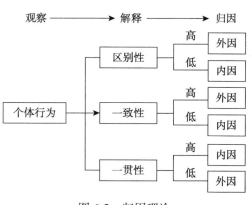

图 6-2 归因理论

点到达了，你会断定迟到的原因来自内部。

最后，观察者需要考察一个人活动的一贯性。不论时间怎样变化，此人是否都表现出相同的行为呢？如果一名员工并不是在所有情境下都上班迟到10分钟，则表明这是一个特例（如他有好几个月从未迟到过）；而对于另一种情境（如他每周都会迟到两三次），则说明迟到行为是固定模式中的一部分。行为的一贯性越高，观察者越倾向于对其做内部归因。

归因理论还有一项十分有趣的发现，即人们常常存在归因失真的错误或偏见。例如，尽管人们在评价他人的行为时有充分的证据支持，但还是倾向于低估外部因素的影响而高估内部或个人因素的影响，这称为基本归因错误（fundamental attribution error）。这种现象解释了下面这种情况：当销售代理的业绩不佳时，销售经理倾向于将其归因为下属的懒惰而不是竞争对手拥有革新产品。个体还倾向于把自己的成功归因于内部因素如能力或努力，而把失败归因为外部因素如运气，这称为自我服务偏见（self-serving bias）。由此表明，对员工绩效评估的反馈很可能会被接受者所歪曲，这取决于反馈是积极的还是消极的。

这些歪曲归因的错误偏见是不同文化中普遍存在的吗？尽管目前的研究尚不能对这一问题作出明确的答复，但初步的证据表明这之中存在着文化差异。

2. 行为与态度

一直以来，人们坚信态度决定行为，并认为"如果要改变行为，就必须改变其态度"。然而，20世纪60年代中期以来，不断有研究表明不仅态度会影响行为，同时行为也会影响态度；而且，不断有人对"改变态度来改变行为"的这一途径的有效性提出质疑（Leon Festinger，1964）。相反，关于因为行为的改变而导致态度的改变的证据却层出不穷。在此介绍一些相关理论，由此提示管理者应该从组织系统（组织环境）入手、规范行为或诱导目标行为，在直接获得绩效（所期望的行为）的同时，被管理者的态度、信念和价值观会由其被改变的行为而改变。

1) 认知不协调理论

为了保持认知间的一致性、认知与行为间的一致性，人们最终改变的是态度，这就是Leon Festinger（1919—1989）提出的著名的认知不协调理论（cognitive dissonance theory）。

Leon Festinger及其学生Carltsmith（1959）设计了一个著名实验。他们首先将被试分成两组，一组获得1美元；另一组获得20美元。然后逐一分配一些无聊的任务给被试，如在一个小时中反复地转木头把手。在结束实验后，研究者向该被试解释说这个实验关注的是期望如何影响绩效；同时，研究者非常希望该被试能使在外面等着的下一个被试（事实上是另一个研究者，也就是"拖"）认为将要做的实验是一个非常有趣的实验。研究者声称只有刚做过的人才让人信服，并紧握着该被试的手恳求其帮助。

于是该被试答应告诉下一个被试（实际上是假被试）他所经历的实验过程是多么的令人兴奋。

"真的？"那个假被试问道。"我一个朋友在一周之前做过这个实验，她说很无聊。"

该被试回答道，"它真的很有趣。在转动把手时你会得到很好的锻炼。我保证你会喜欢。"

诸如此类。最后，所有被试会填写一份关于你对转动把手喜爱程度的问卷。

结局如何？正如图 6-3 所示，结果非常有趣：如果人们的行为不能完全用外部报酬或强迫性因素来解释，人们就会体验到失调——会通过相信自己的所作所为来改变自己的认知以减少不协调。

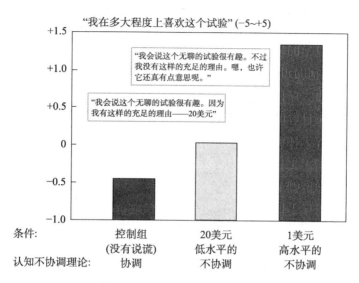

图 6-3　认知不协调理论预测

资料来源：FESTINGER L, CARLSMITH J M. Cognitive consequences of forces compliance[J]. Journal of abnormal psychology, 1959, 58(2): 203-210.

那些仅仅得到 1 美元（撒谎的理由不充分）的被试更多地调整他们的态度以适应这种行为。当他们认为其行为理由不足时，他们更可能会感到不舒服（不协调）并因此更要相信自己的所作所为。那些获得 20 美元的被试，能为自己的所作所为找到充足的理由，所以体验到较少的失调。

现在已有 2 000 多项研究是建立在这个理论基础上，并证实了这一理论（Cooper，1999）。

认知不协调理论寓意深远：管理者应诱发员工与管理目标一致的理想行为，从而激发其内化、巩固正确的价值观和态度。

2）印象管理理论

为了迎合周围环境中的价值观和要求，人们在有意、无意之间会进行印象管理，使自己的行为能在周围环境中带来好印象，从而获得各种利益（Leary，1994，2000）。然而，根据认知不协调理论，随着时间的推移，其态度自然而然地就会随着"虚伪"的行为而变化，最终使"虚伪"的行为变成"真诚"的行为（Paulhus，1982；Tedeschi，1987）。

3）自验预言

为了避免矫枉过正，在此介绍自验预言或自我实现预言（self-fulfilling prophecies）也称皮格马利翁效应（Pygmalion effect），或者叫社会期望效应（social expectation effect）来说明态度对行为的作用（Merton，1957）。

心理学家 Robert Rosenthal 与一位名叫 Leonore Jacobson 的小学校长合作，在一个经典实验中再现了 Merton 的社会期望效应。

这对研究者对波士顿小学 1～6 年级的 18 个班的学生在年初进行了一次智力测验，并在每个班随机抽取了 20% 的学生作为实验组，剩下 80% 的学生作为控制组。研究者向学校谎称试验组的学生是"天才"。18 个月后，这对研究者再次光顾这所学校并做了第二次智力测验。研究者震惊地发现实验组的学生不只是学习成绩的涨幅比控制组高得多，就连其智力发展的涨幅都比控制组高出惊人的数字，如表 6-1 所示。

表 6-1　Rosenthal 的自验预言研究

	智力的涨幅		
	1 年级平均涨幅	2 年级平均涨幅	全校六个年级的平均涨幅
实验组	27.4	16.5	12.2
控制组	12	7	8.4

因为别人相信你是天才，你就相信自己是天才；因为你相信自己是天才，你就比原本更"天才"！这是经典的自验预言的例证；也使大家看到了态度对行为的影响，更使人们认识到环境对我们的重大影响。

在此，如何使你的员工做得更好？作为管理者，你为你的员工创造了什么样组织环境和组织氛围以帮助他们获得高绩效并有良好发展？

3. 行为表现

1）组织公民行为

组织公民行为是指员工所表现出的一种有利于组织的角色外行为，它既非正式角色所要求，亦非劳动合同所引出，而是由一系列非正式的合作行为所构成，能够从整体上提高组织效能。

组织公民行为已经成为员工在组织中最重要的工作产出之一。组织公民行为作为情境绩效，能够帮助组织在激烈的市场竞争中获取竞争优势。因此，组织公民行为从最初的个体自发行为转变为组织管理实践积极鼓励的行为。提升员工组织公民行为的内部动机和外部动机成为研究者与管理者关注的重点，寻找员工组织公民行为背后的价值取向就显得十分必要。

组织公民行为背后的价值取向有两大主流：志愿主义和功利主义。志愿主义价值取向的研究认为，组织公民行为是个体为了他人或者组织的福利而自愿作出的超越组织正式回报系统的积极行为，强调了个体受价值观、内部动机驱动而自愿作出的一种他人导向的行为；功利主义价值取向的研究认为，组织公民行为是个体在互惠的规范下为了获得更多的回报或者回报预期而作出的交易行为，强调了个体受回报或回报预期驱动而作出的一种自利导向的行为。

2）员工建言行为

目前，学者们推崇的建言经典定义是指"员工以改进工作或组织现状为目的，不是仅仅进行批评而是向组织主动提出建设性意见的角色外行为"。马贵梅（2015）为了恰当应对快速变化的市场，作出正确决策，并能够在问题扩散之前予以纠正，高级管理者需要来自组织内基层员工的建议、意见与想法以帮助他们进行正确判断。从以往的研究可以看出，建言行为能够显著改善员工态度与心理健康、员工绩效，有助于企业流程的改进、组织运作效率和竞争力的提升。苗仁涛（2015）研究发现，员工建言以及对关键问题的关注能够对组织绩效产生巨大影响，甚至关系到企业的生存（马贵梅，2015）。

3）反生产行为

反生产行为是指个体表现出的任何对组织或者组织利益相关者合法利益具有或者存在潜在危害的有意行为（Spector,2002）。有调查表明，35%～55%的被访者承认自己曾在工作中出现过诸如偷窃、蓄意破坏、消极怠工等行为。反生产行为具有极强的破坏力（赵旭，2012），20世纪80年代后，越来越多的学者开始关注这一领域的研究，并将其带入管理研究的主流之中。

反生产行为的类型很多，根据该行为是否不道德和对公司的危害程度可以将其分为以下两个维度的四种类型（彭贺，2010）。反生产行为分类，如图6-4所示。

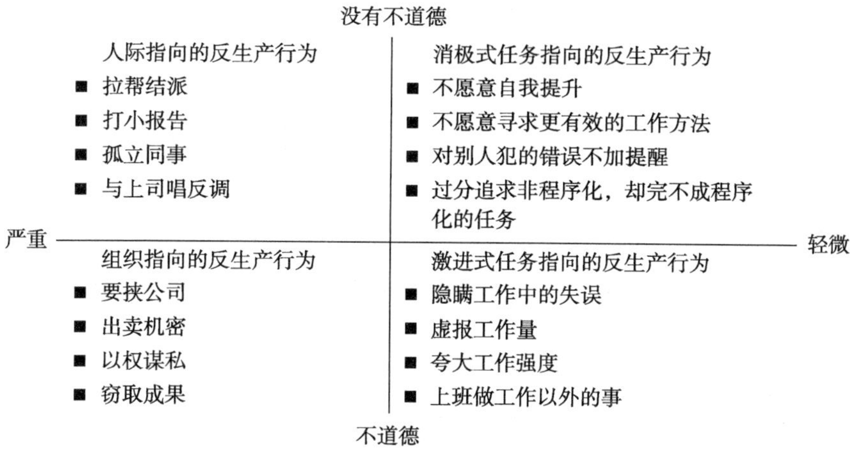

没有不道德

人际指向的反生产行为	消极式任务指向的反生产行为
■ 拉帮结派 ■ 打小报告 ■ 孤立同事 ■ 与上司唱反调	■ 不愿意自我提升 ■ 不愿意寻求更有效的工作方法 ■ 对别人犯的错误不加提醒 ■ 过分追求非程序化，却完不成程序化的任务

严重 ←——————————————————→ 轻微

组织指向的反生产行为	激进式任务指向的反生产行为
■ 要挟公司 ■ 出卖机密 ■ 以权谋私 ■ 窃取成果	■ 隐瞒工作中的失误 ■ 虚报工作量 ■ 夸大工作强度 ■ 上班做工作以外的事

不道德

图6-4 反生产行为分类

从图6-4可以看出，员工反生产行为的道德程度和严重程度间不存在相关性，对组织危害严重的行为如拉帮结派可能在普通意义上并没有不道德，相反，一些传统上认为不道德的行为如夸大工作强度对整体组织的危害反而相对较小。

4）反馈规避行为

反馈规避行为是由Moss等人于2003年注意到的，并将其命名为feedback avoidance behavior——FAB。反馈规避行为是一种在组织中非常普遍的个人行为，即员工工作表现较差时，采用某些策略避免与主管进行反馈交换的行为。反馈规避行为对于员工的工作和职业成长起着重要的积极作用，反馈规避行为不但会降低员工的角色内绩效，还会损害其角色外绩效（王震，2015），所以学界和企业都应该重视这种消极行为的研究与控制。

主管的辱虐管理会增加员工表现反馈规避行为的可能性，辱虐领导欺凌下属的行为会造成一种领导不可接近的氛围，造成下属寻求反馈过程中的过度警觉和认知紧张，增加下属对形象损失的成本知觉，进而增加他们采取反馈规避行为的可能性。

6.2.2 群体

群体互动常常会产生群体动力，导致难以置信的结果。有学识的大学生和其他博学多才的人在一起，会促进彼此的才智。不良少年和不良少年在一起，其危险性或反社会倾向也会愈演愈烈。不过，个体组成群体后会有什么特点、群体对个体行为会产生什么影响、群体又是以什么方式来影响个体的态度与行为的呢？群体在群体互动的影响下又怎样作出明智或是愚蠢的决策呢？下面将探讨这些有趣的群体动力及社会影响过程。

群体动力学家 Shaw（Shaw，1981）认为所有的群体都有一个共同点：群体成员间存在互动。因此，他把群体定义为两个或更多互动并相互影响的人。

组织行为以"群体"开篇是因为对于大多数个体来讲，影响其个体行为的最主要因素是其所处的群体，在此也称为个体环境，而非其个体特质。而作为少数人的管理者更需要把重点放在组织系统（制度与文化）上，以确立组织环境，确保组织行为与组织目标相一致，从而获得组织绩效。

以下将具体介绍关于从众（conformity）、群体动力、社会角色与社会关系等具有普遍意义的经典研究，进一步阐明这一观点，并希望读者能根据需要来合理运用这些知识，以实现自己的目标。

1. 从众

从众是指个体倾向于去做别人所做的事，不管自己是否认同。从众有许多表现方式（Nail，2000）。例如：

有时个体会去做别人所做的事情是因为人们认同或自愿去做，个体在无意中逐渐形成或改变自己的想法和行为，这种真诚的、发自内心的从众行为则称为接纳（conversion 或 acceptance）从众。

有时个体会去做一些自己并不认同或自己并不愿意做的事。这种个体非常清楚自己的想法和意愿，但在外在力量的作用下，做自己并不愿意做或自认为并不正确的事情的从众行为叫顺从从众。

若顺从行为是由一些明确的要求所引起的，则称为服从。

1）Sherif 的规范形成研究

Sherif（1935，1937）利用视觉似动现象（autokinetic phenomenon），在实验室情境下观察社会规范的形成。其实验设计是这样的。

请被试 1 坐在一个非常黑暗的屋子里。在其对面 15 英尺的地方出现一个小光点，请被试 1 盯着该光点看。起初，什么事情也不会发生。过了几秒钟，这个光点不规则地动了起来，最后消失了。现在，你必须猜测光点移动了多长距离。黑暗的屋子使你根本无法准确地作出判断（因为没有参照物），因此，被试 1 会不大确定地给出个数，说，"6 英寸"。实验者又重复了这个过程。这次被试 1 说，"10 英寸"。随着重复次数的增加，被试 1 的估计会接近一个平均值，譬如说 8 英寸。

第二天被试 1 来参加实验时，屋里多了两个人（被试 2 和被试 3），在前一天他们与被试 1 有相同的经历。当第一次光点消失后，这两个人根据前一天的经验尽力作出了最佳的估计。"1 英寸"，被试 2 说；"2 英寸"，被试 3 说。轮到被试 1 了，他有些犹豫，还是回答，"5 英寸"。在接下来的两天，他们不断地重复做这样的实验，最后，实验发现，参加 Sherif 实验的哥伦比亚大学的被试明显地改变了他们的估计，他们的估计值在不知不觉中趋同。如图 6-5 所示，当对光点的移动距离反复进行估计时，三个被试的估计值汇聚了。

很明显，群体规范就这样产生了。这种在不知不觉中改变了认知的从众就是前面所讲的接纳从众。

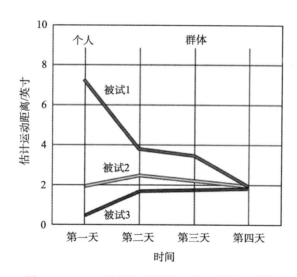

图 6-5　Sherif 规范形成研究中的一个样本群体
资料来源：SHERIF M, SHERIF C W. Social psychology[M]. New York: Harper and Row, 1969.

而这个规范是错误的。因为光点根本没有移动，那只不过是视觉特性中的错觉而已。

Sherif 和其他研究者利用这一技术揭示了个体在不知不觉中易受他人所构成的环境影响的特征，这又被称为暗示。更有意义的是如果一年以后再对这些人单独重测，他们依然遵循原群体规范（Rohrer, 1954）。群体的规范就这样在不知不觉中形成了，最终构成了这个群体的文化。

Jacobs 和 Campbell（1961）发现被文化支持错误信念的巨大力量令人震惊，他们在西北大学实验室里研究了错误信念的传递作用。利用视觉似动现象，研究者让其中某被试由其同事扮演，也就是安排一个"托"（confederate），首先给出一个光点移动距离的夸张估计，如 25 英寸。规范形成后,同谋者离开了实验室,然后一个一个不断地请新的被试加入,一个一个地换走原来的被试,他们中的绝大多数接纳了这个群体已有的规范。从另一个角度看,文化就是这么传承下去的,即使是一些错误文化。

这些实验给人们的另一个启迪就是:接纳从众是个体的社会化过程中的重要一环。

2) Asch 的群体压力研究

以上的接纳从众往往是在个体对特定事物并无确定观点时发生的,社会心理学家 Asch (Solomon Asch,1907—1996)在实验室里揭示的顺从从众是在个体对特定事物有明确观点时发生的。

Asch 的实验安排 7 个人一组一起轮流回答图 6-6 中的 3 根线段哪根线段与标准线段一样长,显而易见是线段 2,但关键是这 7 个人中只有第六位是真正的被试,其他几位都是试验人员也就是"托"。前面 5 个"托"按预先设计好的都回答了"3",这时奇迹发生了,有 3/4 的人至少有一次跟着前面的人回答"3",尽管在他们单独测试是几乎 100%的回答是正确的——"2"。这说明大多数人或多或少在某些情况下有"指鹿为马"的倾向。

研究者发现,如果任务艰巨、判断非常困难,或者,参与者感到无力胜任,甚至因为答案模棱两可,人们对自己的判断越感不自信、不确定,就越容易受他人影响,从众比率就会大大增加。

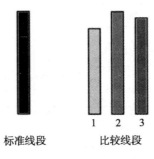

图 6-6　Asch 的从众实验

资料来源:ASCH S E. Effects of group pressure upon the modification and distortion of judgments[ ]// GUETZKOW H. Groups, leadership and men. Pittsburgh, PA:Carnegie Press, 1995: 177-190.

3) Milgram 的服从研究

最后,可以了解一下社会心理学家 Milgram(Stanley Milgram,1933—1984)的服从实验。

Milgram 实验(Milgram experiment),又称权力服从研究(obedience to authority study),是一个非常知名的针对社会心理学的科学实验。这个实验的目的是:被试在别人(或权威)下达违背其良心或意愿的要求(或命令)时,人性所能发挥的拒绝力量到底有多少。

实验小组在报纸上刊登广告并寄出许多广告信,招募被试前来耶鲁大学协助实验。实验地点选在大学的老旧校区中的一间地下室,地下室有两个以墙壁隔开的房间。广告上说明实验将进行约一小时,报酬是$4.50 美元(大约为 2008 年的$20 美元)。被试年龄从 20

岁至 50 岁不等，包含各种教育背景，从小学毕业至博士学位都有。

被试得知这是一项关于"体罚对于学习行为的效用"的实验，并被告知其将扮演"老师"的角色，以教导隔壁房间的另一位参与者——"学生"，然而这个"学生"事实上是由实验人员之一，也就是一个"托"。

被试得知，他被随机挑选为担任"老师"，并获得了一张"答案卷"。实验小组并向他说明隔壁被挑选为"学生"的参与者也拿到了一张"题目卷"。但事实上两张纸都是"答案卷"，而所有真正的被试都是"老师"。"老师"和"学生"分处不同房间，他们不能看到对方，但能隔着墙壁以声音互相沟通。"老师"（被试）甚至事先得知隔壁"学生"患有心脏疾病。

这位"老师"面前还有一台据称是从 45 伏特起电压递增的电击控制器（图 6-7），若"老师"按下某按钮就能使隔壁的"学生"受到相应电压的电击。"老师"的任务是根据手中的答案卷上所列出的一些搭配好的单字，逐一朗读这些单字配对给"学生"听，朗读完毕后"老师"会开始考试，每个单字配对会念出四个单字选项让"学生"作答，"学生"会按下按钮以指出正确答案。如果"学生"答对了，"老师"会继续测验其他单字。如果"学生"答错了，"老师"需要对学生施以电击，每逢错误，电击的伏特数也将随之升高。

图 6-7　Milgram 实验的电击控制器

研究者使"老师"（被试）相信，学生每次的回答错误会真的遭到电击，但事实上并没有任何人遭电击。在隔壁房间里，实验人员控制着录音机，按照预先设计好的"剧情"播放预先录制的尖叫声、怒骂声及痛苦呻吟声，随着电击伏特数的升高也会有更为惊人的声响。当伏特数提升到一定程度后，假冒的学生会开始敲打墙壁，而在敲打墙壁数次后则会开始抱怨他患有心脏疾病。接下来当伏特数继续提升一定程度后，学生将会突然保持沉默，停止作答、并停止尖叫和其他反应。

到这时许多被试都表现出希望暂停实验以检查学生的状况；许多被试在到达 135 伏特时暂停，并质疑这次实验的目的；一些人在获得了他们无须承担任何责任的保证后继续测验；一些人则在听到学生尖叫声时有点紧张地笑了出来。

若是被试表示想要停止实验，实验人员会依以下顺序这样子回复他。

在被试第一次希望停止时："请继续。"

在被试第二次希望停止时："这个实验需要你继续进行，请继续。"

在被试第三次希望停止时："你继续进行是必要的。"

在被试第四次希望停止时："你没有选择，你必须继续。"

如果经过这四次回复的坚持要求后，被试仍然希望停止，那实验便会停止。否则，实验将继续进行，直到被试施加的惩罚电流提升至最大的 450 伏特并持续三次后，实验才会停止。

那么研究结果如何呢？如图 6-8 所示，在 Milgram 的第一次实验中，每个人都在伏特数到达某种程度时暂停并质疑这项实验,一些人甚至说他们想退回实验的报酬,但没有一个被试在到达 150 伏特之前坚持停止,最后有 65% 的被试将试验进行到最后,尽管他们都表现出不同程度的不情愿。后来 Milgram 本人以及许多世界各地的心理学家也做了类似或有所差异的实验,但都得到了类似的结果。例如,Thomas Blass 博士在重复进行了多次实验后得出了整合分析(meta-analysis)的结果,他发现无论实验的时间和地点,每次实验都有被试将试验继续到最后(施加 450 伏特三次),比率在 61%~66%。

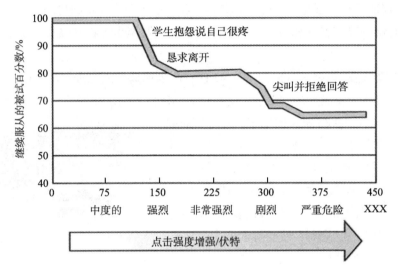

图 6-8　Milgram 的第一次实验结果

资料来源:MILGRAM S. Obedience to authority: an experimental view[M]. New York: Harper and Row, 1974.

这项研究震惊了世界,其表明这个世界上的大多数人(61%~66%)会做自己不情愿而别人让他们做的事情,包括杀人放火。

4)管理寓意

Sherif 的研究揭示了接纳从众形成了群体规范乃至社会规范及文化的形成;Asch 的研究反映了顺从从众使得这个世界上正直善良的人也会跟从他人"指鹿为马";而 Milgram 的实验展示了顺从从众的极端表现形式——服从。

这些经典的实验揭示了社会力量的潜能和从众行为的普遍程度。

这些研究结果,从个体的角度来看的确是一种悲哀,对于处于各种社会环境中的寻常人来讲,经常不能自主自己的行为、不能按自己的意愿甚至良心去做事!这也是为什么在中国会有"文化大革命"这样癫狂的群众运动;在西方会有如此惨绝人寰的纳粹屠杀犹太人的暴行!但是,从管理的角度来看这恰恰是"喜讯",因为人的这类特质使管理更为容易!

下面将讨论从众行为的特点,以期日后作为管理者能根据需要避免或利用从众行为,以实现有关目标。

这里,从众的不同比率与群体的特征有关。如果群体由 3 个或更多个体组成凝聚力高、意见一致和地位较高的话,那么从众的程度就高。如果是在公众场合作出行为反应,并且事先没有任何承诺,那么从众的比率也会很高。具体介绍如下。

群体规模——在实验室实验,一个规模较小的群体就可以引起较大的效应。Asch 和其他研究者发现,3~5 个人比只有 1 个或 2 个人能引发更多的从众行为。当人数增加到 5 个人以上时,答案显然的"指鹿为马"从众行为会逐渐减少(Gerard et al,1968;Rosengerg,1961)。

在现场研究中,Miller(1969)让 1、2、3、5、10 或 15 个人停留在纽约市繁忙的人行道上,并抬头观望,过路人也抬头观望的比率在从 1 人增加到 15 人时却大大增加了。对于答案不显然的从众行为,3 人以上的规模使接纳从众行为的趋于稳定,如图 6-9 所示。

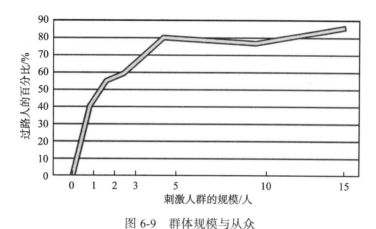

图 6-9 群体规模与从众

资料来源:MILGRAM S, BICKMAN L, BERKOWITZ L. Note on the drawing power of crowds of different size[J]. Journal of personality & social psychology, 1969, 13(2): 79-82.

一致性——一系列实验表明,如果有人破坏了群体一致性,那么会降低群体的社会影响力(Allen and Levine,1969;Asch,1955;Morris and Miller,1975)。正如图 6-10 所示,当有人作出正确回答破坏了群体一致性时,个体的从众行为只有通常的四分之一。

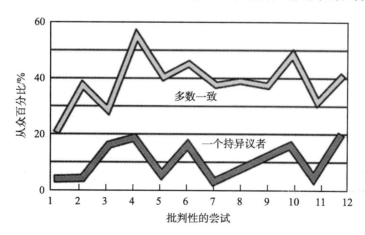

图 6-10 一致性对从众的影响

资料来源:ASCH S E. Opinions and social pressure[J]. Scientific American, 1955, 193: 35-35.

Charlan Nemeth 和 Cynthia Chiles（1988）发现，只要有人持有异议，即使这种异议是错误的也一定会增强他人的独立性。他们让人们观察四人小组中的一个人错误地把蓝色判断为绿色。尽管持异议者是错误的，但却能鼓励其他观察者表现自己的判断。在有异议者存在的小组，从众比例下降到 20%（被试正确地把红色幻灯片判断为"红"，即使其他所有人都说是"橙"色）。而在没有异议者的小组中，从众比率高达 66%。

可见，如果刚巧有一个人说出了自己的心声或是发表了不同看法，那人们就或多或少地能摆脱从众行为。

凝聚力——群体的凝聚力越强，对成员的影响力就越大（Crandall，1988）。

在实验中人们也发现，那些感到自己受群体吸引的成员更可能对群体影响作出反应（Berkowitz，1954；Lott and Lott，1961；Sakurai，1975）。他们并不喜欢与其他成员唱反调。害怕被他们喜欢的人所疏远，他们允许群体中的某些成员拥有一定的权力，特别是那些能代表群体特征的人（Hogg，2001）。

地位——地位高、自信的人往往有更大的影响力（Driskell and Mullen，1990）。有时，人们会想方设法避免与地位低的或受别人嘲笑的人的意见相一致。

在 24 000 个过路行人无意识地参与帮助下，对乱穿马路行为的研究显示，乱穿马路的基线比率为 25%，当遵守交通规则过马路的试验人员也就是"托"出现时，行人乱穿马路的比率下降到 17%，而当另一个乱穿马路的人出现时，该比率一下子上升到 44%（Mullen et al.，1990）。如果不乱穿马路的人衣着整齐高雅，那么这对乱穿马路的人起的示范作用最佳（行人乱穿马路的比率下降到 13%）。Michael Walker 等人（1980）在澳大利亚发现，悉尼的行人更容易服从衣着高雅的调查者而不是穿着破烂的试验人员也就是"托"。

Milgram（1974）报告说，在他的服从实验中地位低的人比地位高的人更容易服从研究者的要求。在实施了 450 伏特电击以后，一位 37 岁焊工转向研究者，恭敬地问："教授，现在我们还去哪里？"。而另一位被试者，一个神学院的教授，在 150 伏特时就开始不服从了，他说："我不明白为什么这个实验要建立在一个人的生命之上！"并且不断地质问研究者关于"这件事的道德"问题。甚至，一位来自耶鲁大学的被试质疑道："难道整个实验只是设计好的，为了测试寻常美国民众会不会遵从命令违背道德良心——如同德国人在纳粹时期一样？！"

无事前承诺——个体一旦在公众面前作出承诺，坚持到底的行为就会大大增多。最多，也是在以后的情境中改变自己的判断（Saltzstein and Sandberg，1979）。

环境保护主义者要求人们对回收废品、节约能源或乘公共汽车作出承诺——与声嘶力竭地呼吁相比更能改变人们的行为（Katzev and Wang，1994）。14～17 岁公开宣誓要保持童贞直至结婚的青少年，据报道，与没有发出这样誓言的人相比，在某种程度上更可能节制性欲或延迟性活动（Bearman and Brueckner，2001）。

2. 群体动力

先考察有关群体影响的三种现象：社会助长作用（social facilitation）、社会懈怠（social

loafing）和去个性化。这三种现象都可以在低限交互的情况下（称为"低限群体情境"下）发生。然后将探讨在互动的群体中有关社会影响的三个例子：群体极化（group polarization）、群体思维和少数派影响及团队功能与协同效应。

1）社会助长作用与社会懈怠现象

纯粹他人在场会不会影响我们？"纯粹他人在场"是指，在场的他人实际上只是作为一个被动的观众或共事者（co-actors）存在，没有利害关系，并不具有竞争性，也不会实施奖励或惩罚。他人在场会对一个人的长跑、用餐、打字或考试成绩产生影响吗？

一个多世纪以前，一个对自行车赛感兴趣的心理学家（Triplett,1988）注意到：自行车手在一起比赛时，他们的成绩要比个体单独和时间赛跑时的成绩好。长跑也一样。随后的实验发现他人在场能够提高人们做简单乘法和划销指定字母等任务的速度，同时证实了他人在场能提高人们完成简单动作任务[如保持一根金属棍与一个在转盘上的硬币大小的圆盘接触的任务（Allport,1920；Dashiell,1930；Trayis,1925）]的准确性。

事实上，这种社会助长作用有正负两种的情况，Hunt 和 Hillery（1973）发现：他人在场时，学生们学习走简单迷宫所需的时间会变少，而学习走复杂迷宫所需的时间会增加。Michael 等人（Michael et al.,1982）发现：在一个学生社团里，优秀的撞球选手（在隐蔽观察条件下击中 71%的选手）在有四位观察者来观看他们表现的情况下，他们的成绩会更好（80%的击中率）。而差劲的选手（先前平均击中率为 36%）在被密切观察的条件下表现更差（25%的击中率）。

著名的理论家 Robert Zajonc（1965）提出了社会唤起效应，他人在场能激发唤起，而唤起能够增强任何优势反应的倾向。而简单任务中的优势反应往往是正确反应，而复杂任务中的优势反应往往是错误反应，如图 6-11 所示。Bond 等在对 25 000 个志愿者被试进行了差不多 300 个研究之后，证实这个理论的有效性（Bond and Titus,1983；Guerin,1993,1999）。

图 6-11　社会助长作用

资料来源：ZAJONC R B. Social facilitation: a solution is suggested for an old unresolved social psychological problem[J]. Science, 1965, 149: 269-274.

大约一个世纪以前，法国工程师 Ringelmann 发现，在团体拔河中集体所付出的努力仅有所有个人单独努力之总和的一半。这表明，与"人多好办事"的普遍观念恰恰相反，实际上，在集体任务中小组成员的努力程度反而较小。也许，糟糕的表现源于糟糕的合作——人们一起拉绳子的时候，用力的方向和时间是稍有差异的。由 Ingham（1974）领导的一个马萨诸塞研究小组巧妙地解决了这一问题，他们使被试认为自己在和其他人一起拉绳子，而实际上是被试一个人在拉。蒙在鼓里的被试们被排在一个特定装置的第一个位置，并且要求他们"尽你的全力去拉。"结果是，如果他们知道自己是一个人在拉，那么使出的力气比以为身后还有 2~5 个人和自己一起在拉时多出 18%。

Latané 等（1979，1980）研究者同时也注意到研究社会懈怠现象。他们观察到：6 个人一起尽全力叫喊或者鼓掌所发出的喧闹声还没有一个人单独所发出的喧闹声的 3 倍响。就像拔河比赛一样，制造喧闹声的任务也很容易受群体无效率的影响。所以 Latané 他们演习了 Ingham 的方法，他们用俄亥俄州立大学的学生为被试，也使被试们认为自己是在和其他人一起叫喊或者鼓掌，而实际上他们是独自做这件事。他们的方法是这样的：让 6 个人蒙上眼睛坐在一个半圆形中，给他们戴上耳机，从中他们可以听到别人叫喊或者鼓掌的声音。这样，如果被试听不见自己的叫喊或鼓掌声，那别人的声音就更听不见了。在不同轮的实验中，或者要求他们单独叫喊或鼓掌，或者要求他们整组一起做。有些知道这个实验的人猜测，和他们一起做的时候被试会叫得更响，因为这时候抑制性会降低(Harkins, 1981)。而真实的结果却证实了社会懈怠：被试认为自己正和其他 5 个人一起叫喊或者鼓掌时所发出的喧闹声要比他们认为自己正单独做时少三分之一。甚至在高中的啦啦队长中也会发生这种社会懈怠现象(Hardy and Latané)。有趣的是只有人抱怨别人的偷懒导致集体成绩下滑，从来没有人承认自己的懈怠。

从这个以及其他 160 个研究（Karau and Williams, 1993）中可以看到，引发社会助长作用的心理力量，即评价顾忌，受到了扭曲。在社会懈怠实验中，个体认为只有在他们单独操作时才会受到评价。群体情境（拔河，喊叫等）降低了个体的评价顾忌。当人们不单独为某事负责或者并不对其努力程度进行单独评价时，所有小组成员的责任感都被分散了（Harkins and Jackson, 1985; Kerp and Bruun, 1981）。相反地，社会助长实验则增强了个体的评价顾忌。一旦成为注意的焦点，人们就会自觉监控自己的行为（Mullen and Baumeister, 1987）。

如图 6-12 所示，随着群体规模的增大一个体所付出的努力程度在减小，对包括 4 000 多名被试的 49 个研究所做的统计性摘要表明，随着群体规模的增大，个体所付出的努力程度在减小（社会懈怠增加）。

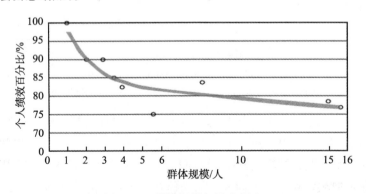

图 6-12 群体规模与社会懈怠

资料来源：WILLIAMS, JACKSON, KARAU. In Social Dilem-mas: perspectiues on Indiuiduals and Group, edited by D.A.Schroeder,1992. Praeget Publishers, an imporint of Greenwood Publishing Group, Inc, Westport, CT.

所以规律还是一样的：一旦受他人观察，个体的评价顾忌会有所增强，这样社会助长作用就发生了；一旦消失在人群中，个体的评价顾忌就会减弱，社会懈怠就发生了。如果无法对个体进行评价或者个体无须为某事单独负责任，更可能发生社会懈怠。

他人在场，是社会助长还是社会懈怠？社会助长是个人作业成绩能得以单独评价的任务中人们的行为表现。然而，在许多工作中，需要人们汇集个人努力以实现一个共同目标，而个人努力又无法单独被评价，个体就不会那么努力了，这时就会出现社会懈怠或社会惰化（social loafing），如图 6-13 所示。

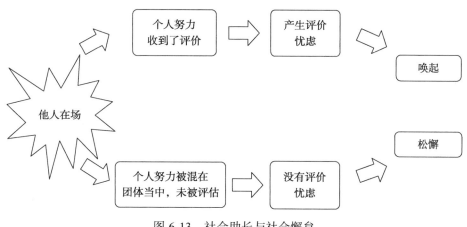

图 6-13　社会助长与社会懈怠

一个对流水线工人所做的小实验发现，一旦可以对个人的行为进行单独评价，即使没有额外的报酬，工人们生产的产品仍然增加了 16%（Faulkner and Williams，1996）。

苏联集体农场里的农民们今天耕作这片土地，明天耕作另一片土地，对任何一特定的土地都没有直接的责任感。因为农民们自己只有一块很小的私有土地。调查分析发现，虽然农民的私有土地只占全部耕种面积的 1%，但其产出却占全苏联集体农场产出的 27%（H. Smith，1976）。

在匈牙利，农民的私有土地只占农场总面积的 13%，但其产量却占了总量的三分之一（Spivak, 1979）。

自从中国开始允许农民在上交公粮后，可以出售富余的粮食，其粮食产量以每年 8%的速度暴涨——是前 26 年的年增长率的 2.5 倍（Chureh, 1986）。

2）去个体化

群体在某些情境下会使人失去自我觉察能力，并导致个体丧失自我和自我约束、自我控制。这种情况称为去个体化（de-individuated）。

社会助长实验表明群体能引发人们的唤起状态。社会懈怠实验表明群体会推卸责任。一旦唤起和责任推卸结合到一起，常规的行为约束就会变小，群体能量增大，后果可能是令人震惊的。从轻微的失态到冲动性的自我满足，甚至是具有破坏性的社会暴力。这就是在"文化大革命"中为什么会有抄家、打、砸、抢，会有学生为教授剃阴阳头；1989 年的六四在北京有人烧汽车、坦克。2003年4月，美军摧毁了萨达姆政权后的真空时段，当地暴徒层出不穷地大肆掠夺，巴格达的国家博物馆内被掠去几千件稀世珍品，就连大学里的灯泡也被摘走。而球赛看台上的体育暴民只有在看台上会聚后才会有暴乱。这些失控行为有一个共同点：它们在不同程度上都是群体引发的。群体能产生一种兴奋感。那是一种被比自己更强大的力量吸引的感觉。当然，中外许多改朝换代的革命也不乏类似的特征。

那么，在什么环境会引发去个体化呢？在什么环境会引发人们可能抛弃现有社会的道德约束，以至于忘了个人身份，而顺从于群体规范？研究表明：群体规模、身份的匿名性和弱化自我意识是产生去个体化的主要因素。

Zimbardo（1970）推断仅是城市人山人海这一特点就足以产生匿名性的效应，从而使损坏公物成为个体道德中所许可的行为。首先他买了两辆已使用过10年的旧车，然后把它们的牌照拆掉，把引擎盖掀开，他把其中一辆车放在纽约大学布朗克斯校区附近，另一辆车放在斯坦福大学的帕罗奥托校区附近，这是一个比前者小得多的城市。结果发现在纽约，第一批"汽车清理者"在10分钟之内就到达了；他们拿走了电池和散热器。在三天的时间内，发生了23起偷窃和破坏事件，最后汽车成了一堆被敲碎的没用的废铜烂铁了。相反，在帕罗奥托观察到的唯一一个碰过那辆车的人，是一个多星期之后，一个过路人在天要下雨的时候把引擎盖合上了。

Mullen（1986）指出，群体的规模是其成员相信他们的所作所为是群体行为，不会突出自己。穿上制服是匿名的或去个体化的一种方式，而集体高呼、高歌、鼓掌或跳舞等方式既能使人心潮澎湃、热情似火，又能有效地减少自我意识。这些都会导致去个体化。

有时，去个体化对管理也有积极意义，特别是在组织处于特殊时期需要个体忘我奉献时。

3）群体极化与群体思维

群体互动经常会产生什么样的结果呢？Moscovici等（1969）研究发现讨论、互动通常可以强化群体原本的主导观点，这种现象被称为群体极化。

具有冒险倾向的群体，其集体讨论的决策结果比个体决策要更加趋于冒险；而具有保守倾向的群体，其集体讨论的决策结果比个体决策要更加趋于保守，这种现象叫作风险转移，是群体极化的一种表现形式。研究表明，一个十六七岁的年轻人在有两名同龄人同行时其鲁莽驾车的概率是单独驾车的两倍（Chen，2000）。

Moscovici（1969）观察发现，讨论可以加强法国学生本来就对总统所持的积极态度，同时也可以加强他们原本对美国所持的消极态度。

Isozaki（1984）发现，当日本的大学生集体讨论了一宗交通事故案例以后，他们对"有罪"有了更明确的裁定和判断。

Whyte（1993）指出，群体可以加剧"投资过多难以抽身而退"的现象，使许多商业活动蒙受巨大的经济损失。加拿大的商学院学生想象自己必须作出决定：是否为了避免在某些濒临失败项目上的损失，而对这些项目追加投资（如是否应该为了保护之前的某项投资而冒很大的风险去贷款），他们表现出了典型的效应，72%的人都表示会追加投资，但是，如果这是一个全新的项目，在考虑该项目自身优缺点的条件下，他们几乎都不会对其投资。当他们是在群体中做相同的决策时，94%的人都表示会追加投资。

如图 6-14 所示，研究者发现实际上是讨论加强了原本的主导观点，无论是冒险的还是审慎的。群体极化理论预测讨论会强化群体成员的共同态度。

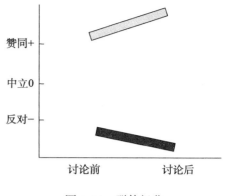

图 6-14　群体极化

显然，管理者在听取意见和抱怨时，应该个别听取，避免集体讨论，否则非常容易把意见和抱怨放大，有时甚至是扩大事态。

群体思维是在真理型群体决策（group decision-making）中，大多数群体成员思路一致，又有从众影响，严重抑制了少数人提出的逆耳之声，从而扼杀了不同观点，使群体决策高度一致。这经常会造成决策失误。历史上有很多例子，其中 1986 年"挑战者"升空决策就是惨痛一例。具体分析如图 6-15 所示。

当然，对于管理者来说，有时也需要群体思维来推动一些政策。

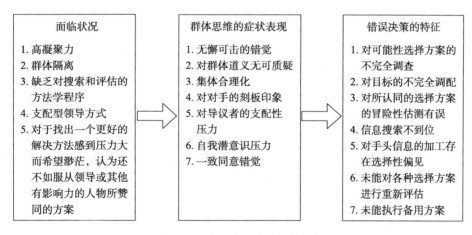

图 6-15　对群体思维的理论分析

资料来源：JANIS I L, MANN L. Decision making: a psychological analysis of conflict, choice, and commitment[M]. New York: Free Press, 1977.

4）团队合作与协同效应

上述研究显示，在群体中，人们容易被煽动，更有从众压力，还会因紧张而在复杂任务中出错。沉溺在给提供匿名条件的群体中，人们就更容易虚掷光阴或是由于去个体化而释放出更糟糕的冲动。政治暴行、团伙破坏、邪教、甚至恐怖活动都是群体现象。而群体的互动讨论又会使人们观点极化，扼杀异议，产生出导致灾难性决策的群体思维。

因此，作为个体而言，要力求摆脱群体影响独立思考、自主行事。而对于管理者而言就需要掌控和主导群体动力，有时甚至于是利用群体动力以实现管理目标。

群体特性既可以运用在团队管理中，也可以运用在组织设计和制度制定方面，甚至在安排设计工作场所或办公室时，社会助长理论也会给人们不少启发。

对于那些枯燥而艰苦的任务或对于那些已掌握核心技术的任务，建立职、权、利分明、业务流程标准化、绩效结果明确的规范化组织系统（制度及与之相适应的文化）是确保组织绩效的关键。这也是现代企业制度的核心。这种管理模式适合以成熟技术为核心的传统行业。

然而，有一些尚未掌握核心技术的探索性任务或问题诊断或解决型任务不得不以团队的方式进行，研究表明，当任务具有挑战性、吸引力并获成员的高度承诺时，内部懈怠程度会减弱（Karau and Williams，1993）；只要大家坚信共同努力就有回报，内部懈怠程度也会减弱（Shepperd and Taylor，1999）。但是更为重要的是管理方要根据所需实现的目标来对群体特性进行取舍，克服不利因素、利用有利因素，确立恰当组织环境以诱导、引领努力方向并塑造行为，就能获得高绩效的团队。因此，如何设立有效的组织系统（制度与文化）以确立组织环境，来实现 1+1>2 的协同效应是关键所在。这种管理模式更适合以创新为主、以人为本的高科技行业。

关于如何建立有效的组织系统在第 2 章中已有所介绍。

3. 社会角色与社会关系

角色知觉（role perception）是个体如何认识自己在社会中的角色。个体的角色知觉会对其行为有重大影响。这里介绍两个经典研究，以示管理者注重个体社会特性的重要性从而做好社会角色认知管理。

1）Zimbardo 的角色扮演研究

斯坦福大学的心理学家 Zimbardo 和他的同事在斯坦福大学的心理学系办公大楼地下室里建立了一个"监狱"，他们以每天 15 美元的价格雇用了 24 名学生来参加实验。这些学生情绪稳定，身体健康，遵纪守法，在普通人格测验中，得分属正常水平。实验者首先对这些学生随机地进行了角色分配，一部分人为"看守"，另一部分人为"罪犯"，并制定了一些基本规则。然后，实验者就躲在幕后，看事情会怎样发展。

两个礼拜的模拟实验刚刚开始时，被分配做"看守"的学生与被分配做"罪犯"的学生之间，没有多大差别。而且，做"看守"的人也没有受过专门训练如何做监狱看守员。实验者只告诉他们"维持监狱法律和秩序"，不要把"罪犯"的胡言乱语（如"罪犯"说，禁止使用暴力）当回事。为了更真实地模拟监狱生活，"罪犯"可以像真正的监狱中的罪犯一样，接受亲戚和朋友的探视。但模拟看守 8 小时换一次班，而模拟罪犯除了出来吃饭、锻炼、去厕所、办些必要的其他事情之外，要日日夜夜地待在他们的牢房里。"罪犯"没用多长时间，就承认了"看守"的权威地位，或者说，模拟看守调整自己，进入了新的权威角色之中。特别是在实验的第二天"看守"粉碎了"罪犯"进行反抗的企图之后,"罪犯"们的反应就更加消极了。不管"看守"吩咐什么,"罪犯"都唯命是从。事实上,"罪犯"们开始相信,正如"看守"所经常对他们说的,他们真的低人一等、无法改变现状。而且每一位"看守"在模拟实验过程中,都作出过虐待"罪犯"的事情。例如,一位"看守"说,"我觉得自己不可思议……我让他们互相喊对方的名字,还让他们用手去擦洗厕所。我真的把'罪犯'看作牲畜,而且我一直在想,'我必须看住他们,以免他们做坏事。'"另一位"看守"补充说,"我一到'罪犯'所在的牢房就烦,他们穿着破衣服,牢房里满是难闻的气味。在我们的命令面前,他们相对而泣。他们没有把这些只是当作一次实验,一切好像是真的,尽管他们还在尽力保持自己原来的身份,但我们总是向他们表明我们才是上司,这使他们的努力收效甚微。"

这次模拟实验相当成功地证明了个体适应一种新角色是多么迅速。由于参加实验的学生在实验中表现出病态反应,在实验进行了 6 天之后,研究人员就不得不终止了实验(Zimbando,1971;Haney and Zimbando,1998)。

2)Hawthorne 实验

Hawthorne 研究最初的目的是想调查生产车间中的灯光照明强度与工人生产率之间的关系。该项研究是在位于芝加哥郊外的西部电气公司的一个大工厂——Hawthorne 工厂中进行的,在 1924 年至 1933 年间,共进行了 6 次研究,每次的时间长度从几个月到几年不等。

6 次研究中的最早一次,是由 Hawthorne 研究者以及国家科学院的学术研究委员会联合进行的,他们的主要目的是研究灯光强度的效果。这些研究结果表明。灯光照明强度与工人生产率之间存在着出乎意料的关系。实验小组首先不断减弱灯光强度,一直到使设备几乎不可见的程度,而生产率却不断增加。但在这一阶段的最后实验中,当实验人员为增强或减弱光亮而征询意见时,工人们却欢迎更亮的灯光。因此研究者得出结论,其他因素比灯光,对于提高生产率起着更重要的作用。

这项工作导致了进一步研究,即尝试通过控制与生产率相关的一些其他因素来解释意想不到的种种发现。此时,国家科学院的学术研究委员会撤出了该项研究,西部电气公司转而与哈佛大学合作,重新确定了研究目的,把从对光照强度的研究转向对引起疲劳与单调感的客观因素的研究上。

在这一阶段,研究人员将一个由 5 位妇女组成的继电器装配小组从车间中分离出来,作为试验对象,给予她们各种工作环境,进行了研究。该研究持续了 5 年,试验了 13 种不同工作环境,包括改变工间休息的次数与时间长度、改变工作日和工作周的长度等。随着工作环境向轻松方面的改善,生产率稳步提高。而当最初的、较为苛刻的工作环境被重新引入后,生产率仅有轻微的降低(仍比最初高 30%)。同时,缺勤率与这些工人以前的记录相比,降低到 1/3,也降低到车间工人平均缺勤率的 1/3。支持关于从疲劳或单调中解脱出来的观点的证据还不够充分。

在继电器装配小组试验研究的中间阶段,两个相关研究被进行,用来检验在生产率提高方面的先前发现是否存在其他可能的解释。在最初的灯光照明研究中，由于能够在小组内直接控制奖励制度，研究人员曾改变过奖励制度。在奖励制度可以作为生产率提高的假设下，这两项研究试验了不改变工作环境、而改变奖励制度的情况。结果表明，尽管被试验的小组也呈现出一些初步的生产率提高（15%），提高的程度却不能与在照明实验中得到的相比。

考虑到这些发现，公司的管理层很快在全公司使工间休息间隔放宽，然而，却并未看到生产率提高的显著迹象。事实上，已可得到这样的主要结论：工人的态度及注意力集中与否是非常重要的。在管理上更注重参与和友好的风格，以及从严格的定额与古板的纪律中解脱出来，与工人士气及生产率的提高紧密相关。

研究者也意识到通过改变工作环境来改变生产率的问题，但对什么样的环境条件最重要尚无。为摆脱既有结论的影响，他们决定直接会晤。从 1928—1930 年，他们与 21 000 名工人进行了面谈。尽管管理层针对出现的抱怨采取了措施，但对面谈的分析表明，如果不考虑工人的个人家庭与经济背景问题，对抱怨的分析易使人误导。另外，结果表明，对工人人生中的工作及非工作部分的需求进行聆听和理解，是十分重要的管理技巧。进一步，会谈结果还表明，直接征询工人的观点与意见是一个强有力的激励因素。

Hawthorne 研究者由于注意到不同工作人员之间的社会层次差异，得出了另一个结论，即工作场所中的社会关系是影响生产率的另一个因素。为此，进行了最后一次试验。这次试验的对象是一个包括 14 名工人的小组，这些工人拥有三种不同的工作，为了生产一种单一产品而在一起共同工作。试验的目的是考察小组内人与人之间的关系。一种令人意料不到的职工文化通过小组规范及活动展现了出来，如非正式的领导方式、友谊、工作交换、合作以及小组纪律等。

6.3 冲突与妥协

6.3.1 冲突概述

组织要想实现其高效地运作，就要保证各个部分有效地沟通和合作。但这也仅仅是一种理想的状态，由不同的个体组成的组织整体就一定会面对意见不同带来的矛盾或者冲突。可以将冲突定义为个体或群体内部，个体与个体之间、个体与群体之间、群体与群体之间互不相容的目标，认识或感情，并引起对立或不一致的相互作用的任何一个状态。在这个定义中，需要明确一点，那就是冲突是一种很正常的现象，会发生在组织内部的个体与个体之间、群体与群体之间等。

从人们开始意识到冲突的存在到今天，对于冲突的认识已经经历了以下三个不同阶段：从 20 世纪三四十年代的这段时间，人们认为只要是冲突就绝对是不好的，会带来不良影响的，是人们应该尽力去避免的。就曾经认为冲突就是组织内部的沟通不顺利所造成的不良后果。20 世纪 40 年代以后，到 70 年代中叶的这段时间，人们开始渐渐认识到，冲突是任何组织都不可能避免的，而且冲突带来的不一定全都是不好的影响，这时的冲突开始慢慢地被人们所接受。20 世纪 70 年代以后，人们的思想有了进一步的发展，更多的人开始相信冲突甚至可以为企业带来福音，而有的时候冲突的存在似乎已经成为一种必要，或者说是一种解决问题的有效手段。这时人们已经转而开始鼓励冲突，认为这是让企业拥有持久生命力的必要途径。下面将根据现代的这种看法来着重分析一下冲突对于企业或者组织的优势和劣势究竟都表现在什么地方。

不难理解，冲突的发生一定会给企业或者组织带来不好的影响。例如，可能会造成组织资源的浪费，一个齐心协力的团队必然将其所有的精力放在共同为组织的利益奋斗上，这时所有的组织资源都将得到最合理的利用，创造出最丰厚的价值回报，但是如果组织内部发生冲突，无论是大是小，组织都一定要花费时间和金钱来有效地化解矛盾，阻止矛盾的进一步恶化，这就必然形成一种组织资源的浪费。冲突也会给组织内部员工带来心灵上的伤害，处在矛盾中的员工往往心情会焦虑不安，无法集中精力为组织做事，如果矛盾没有得到合理的解决，或者没能符合员工的心理期望，就更是会造成员工对于组织的失望和消极怠工等负面情绪。除此之外，还有一种常见的情形就是，企业为了赢得更好的业绩或者市场占有率，往往让组织内部员工相互竞争，期望达到激励员工的目的，但并不是所有的场合都合适这种激励方式，一旦企业内部因为竞争引发冲突，相互钩心斗角，就一定会给企业的运营和企业形象造成不可磨灭的负面影响。

虽然冲突可能为组织带来各种负面影响，但是不能因此就完全否定冲突存在的必要性，冲突往往也会给组织注入新的生命力，达到出乎意料的成效。在处理冲突的过程中可能会带来新的组织变革。冲突常常会暴露组织内不得不和谐因素，或者不合理结构，因此，冲突的爆发有时能够帮助组织修复其内部矛盾，而且这种方式也会更容易被员工所接受，让组织的革新在矛盾处理的过程中显得更加自然。企业有时会选择在决策过程中有意挑起冲突，或者能够让决策得到更好的实施。当一个团队或某些人提出某项建议或决策的时候，其他人可能出于懒散不愿意动脑筋，逃避不愿意伤和气或者甘愿中庸等各种各样的角度选择附和，这样的情况下，企业就会缺乏新鲜的元素和生命力，因此企业可能有意地挑起冲突，让更多的人大胆地表达自己的想法，寻求更多的突破和创新。除此以外，冲突还能在组织中掀起竞争的浪潮，刺激更多的员工努力工作，提出更多优秀的方案。

6.3.2 冲突的过程

一般来说，冲突的过程可分为以下五个阶段：潜伏阶段、被认识阶段、被感觉阶段、处理阶段和结局阶段。

潜伏阶段：这一阶段是冲突还处于不太明显的地位，不容易被察觉，人们对于冲突的存在往往还没有认识到，但是，这时候的冲突已经真真切切地存在了，只是随着时间的推移和环境改变，这个冲突可能会渐渐消失，或者是进一步激化。

被认识阶段：在这个阶段，人们已经明确地认识到冲突的存在，但是仍旧不明确的是问题的严重程度，因为在这一阶段冲突并没有开始展现其实在的威力，这时候组织者如果很有远见地发现冲突可能造成的危害，从而及时将冲突掐灭在萌芽阶段，就不会给组织带来进一步的伤害。

被感觉阶段：在这个阶段，冲突已经开始对员工的情绪和心理产生影响，矛盾双方也都开始纠结于自身的利益受到损害，矛盾双方、争执焦点等都开始慢慢暴露出来，这时候的双方都站在自己的角度上，希望尽力维护自身的利益不受到损害，也都希望能得到一个妥善处理的结果。

处理阶段：组织者开始就具体问题进行具体分析，并按照其利益角度对冲突进行处理。这种情况下，不同的组织者、不同的企业或者领导处于不同的考虑都会使处理结果各不相同。这也是考验组织者协调内部矛盾能力的很好时机。

结局阶段：这时候冲突已经有了解决方案。当然，结果可能是有利于某一方，或者有利于双方的，当结果对双方都有益处的时候，冲突就得到了有效的解决，但是，很多情况下如果处理结果不那么差强人意，将会是更多矛盾的导火索。

6.3.3　冲突的处理

前文已经提到，冲突是不能避免的，任何的组织和企业中都一定会存在冲突，但是冲突并不完全是负面的，它可以让组织者看清内部可能存在的缺陷，换一种思考方法。所以，出现冲突并不可怕，关键如何有效化解矛盾和冲突，甚至利用冲突为组织带来利益是组织者需要掌握的一种技巧。孔子曾经说过：君子和而不同，小人同而不和。组织者要把冲突作为企业创新的一种原动力来合理地利用。

处理冲突的时候，出发点非常重要。要考虑到最终的目的是希望在冲突的双方中选择一方还是让二者和解进而共存。很多情况下，只照顾到冲突双方中某一方的利益，往往会让矛盾进一步升级。因此，组织者常常会选择一种为双方同时带来利益的双赢方案，这个时候就要清楚地了解双方冲突的争执焦点是什么，要用什么样的方式才能同时让双方接受处理的结果。组织者在处理矛盾的过程中真正做到设身处地为矛盾双方的利益考虑，得出的处理结果也就能真正满足双方的需求。在处理争执的过程中一定要不包含任何私心，并能倾听矛盾双方对该问题的真实想法。解决问题的过程同样需要使用一定的技巧，如营造一种良好的氛围，让大家都卸下心里的防备冷静地交谈，运用一定的谈判技巧让双方在不是其最关注的问题上作出适当的妥协等。

在处理冲突的过程中有几点是要密切注意的。在形势出现僵持或者更加白热化的时候要及时安抚双方的情绪，让处在矛盾中的双方冷静下来，不再用一些敏感的话题来刺激他们的情绪；对于谈判中的某一方来说，要想使得问题得到有效的解决，就要主动配合谈判的进行，作出一些合理的让步，表示自己解决矛盾的诚意，这样才能使得冲突进一步被顺利解决；在原则性的问题上，不能轻易让步，否则谈判就会失去其本来的作用而变成仅仅满足其中一方的利益了；关注双方矛盾的重点，寻求最有效的、最容易被接受的解决方法。

如果冲突得到了合理的解决，也会给企业和组织带来很多实在的益处。首先，可以进一步增进员工之间的相互理解和相互尊重，在解决问题的过程中往往可以让双方学会站在对方的角度上思考问题，切实考虑对方的利益，这也会进一步增强企业的凝聚力，让人与人之间的沟通变得更加顺利。其次，冲突还能让个人或者组织对自己有着更清晰的认识，矛盾出现的时候，当事人会从自己的角度上深思问题出现的原因，以及自己的观点是不是完全正确，组织也会考虑其本身是否存在某种需要改进的缺陷，是否暴露出的问题能被妥善解决，在这种深刻的思考和检讨中，人们会对自己有着更多的认识。

6.4 权力与政治

权力被定义为影响他人行为的能力（Finkelstein，1992；Hollander and Offerman，1990；Keys and Case，1990；Pfeffer，1993）。它的作用方（agent，A）和作用对象（target，T）可以是个体、群体、团队、组织或国家。而政治是权力的运用，组织中的政治行为包括个人或群体获取、发展权力，并在不确定的情况下，通过运用权力来进行一些组织正式角色的职责范围外的活动以得到其欲求结果（Ferris et al.，1996；Pfeffer，1993）。

本节将具体探讨组织中权力的来源、性质，包括权力研究的一些新成果，诸如信息性权力（informational power）、决策性权力（decision-making power）、网络性权力（network power）、结构性权力（structural power）等（Argyres and Liebeskind，1999；Kurland and Pelled，2000；Malekzadeh and McWilliams，1998；Burt，1992，1998；Lin，2001），以期管理者在管理中能预测和掌握（防范或利用）非正式权力结构与政治行为的趋向。

6.4.1 权力的类型和来源

有关权力的类型，经典的研究有强制性权力（coercive power）、奖赏性权力（reward power）、专家性权力（expert power）、参照性权力（referent power）和法定性权力（legitimate power）这五类权力（French and Raven，1959），该研究对后来的有关权力方面的研究有很大影响。

1. 五大经典权力

1）强制性权力与奖赏性权力

强制性权力是权力的作用方（A）通过威胁、警告或暗示将施加惩罚来使权力的作用对象（T）按其要求行事的影响力。某人（T）如果不服从相应的要求，就可能遭遇不利后果；出于对这种后果的顾虑和惧怕，这个人（T）就会对强制性权力作出相应的反应。这种权力取决于使用或威胁将使用处罚，诸如肉体上的痛苦、精神上的打击、对基本的生理及安全需要的控制等。这种权力是建立在权力的作用对象（T）的惧怕之上的，但是，若一方（T）"视死如归，无所畏惧"，另一方（A）的权力也就失去了效用。

从组织的角度来讲，如果一方（A）能解雇另一方（T），或使其停职、降级，并且该方（T）又很在乎这一切，那么A对T就拥有了强制性权力。同样，如果A能对T分派他不喜欢的工作，或以T感到尴尬、丧失自尊和脸面的方式对待T，那么A对T也拥有强制性权力。

奖赏性权力是通过让权力的作用对象（T）认识到一方（A）控制着他们所期望得到的资源或任何他们认为有价值的东西、并使之认为只要通过努力而使自身行为符合要求后就有可能获得这些东西。这种影响力恰恰与强制性权力相反，人们（T）服从于某人（A）的愿望或指示是因为这种服从能给他们带来益处。因此，那些能给人们带来他们所期望的报偿的人（A）就拥有了权力。这些报偿是人们（T）认为有价值的任何东西。

在组织中，价值考虑的是薪酬、个人的发展、晋升、各种机会、有趣的或回报率高的工作和任务或有利的销售领域、良好的环境和友好的同事等。

强制性权力与奖赏性权力实际上是一对相对概念。如果你能剥夺他人有价值的东西或给他造成不良的影响，那么你对他就拥有了强制性权力。如果你能给他人带来某种积极的利益或帮助他免于不利的影响，那么你对他就拥有了奖赏性权力。由于人们在组织中追求某些东西，如果你具有给予或取消这些东西的能力，你就拥有了权力，其大小取决于对方对这些东西的渴求程度。

奖赏性权力与强制性权力一样，不一定非要成为管理者或领导才能通过奖赏性权力来施加影响。诸如友好、接受和赞扬之类的奖赏，组织中的任何一个人都可以使用。

2）专家性权力与参照性权力

专家性权力来源于某人所拥有的专长、技能和知识。

在组织中，具有与任务相关的知识与技能是个体的权力主要来源。若你具有能解决一个重要问题或以最好的方法完成任务的独一无二的知识技能，你就能对你的下属、同事和上司产生一定的影响力。通常，组织中职位低却从事难度大、技能高的工作的人，对位居其上的管理者的依赖度相对较低，并拥有一定的权力（Patchen，1974）。

值得一提的是，你所拥有的知识技能本身并不足以产生任何权力，重要的是要有人需要这些知识技能、并能认识到你具其所需且对于他来讲不是很容易就能获得另一位来取代你。也就是说不但"怀才"要"遇"，而且怀类似"才"者不能太多。对于你来讲，你所拥有的知识技能本身的市场（人才市场）及你在该市场中的知名度是非常重要的，如何在实力和知名度之间分配你的资源（诸如时间之类）并保持合理的平衡是关键所在。

从另一个角度看，当你需要专家时，却需要注意"实力型专家"（real expertise）与"名望型专家"（perceived expertise）的不同功能。按传统观念，专家最重要的是实力。当然，当你需要解决具体问题或以专业知识技能为竞争优势时，就会需要实力型专家。在这种情况下，如何评估、甄选实力型专家是一个重要方面，其学位、证书和奖状只能证实其实力的一小部分，实际经验、以往的工作业绩和工作结果、更重要的是其"客户"及市场对他的评价才能真正说明问题。然而，这又使你面临关于考评技术、考评的成本、可操作性和可行性等问题。

现实中，名望型专家比实力型专家有时更显要，其自信心、社会活动能力、已拥有的权力、社会网络及社会资本等的确都能成就其专家之名望（Goldner，1970；Pfeffer，1977a；Lin，2001）。在考量组织形象与声誉等问题时，名望型专家也许更有效。事实上，这又回到如上所述的"实力"与"知名度"的平衡问题上。在不可兼得的情况下，"专家组"是一个解决问题的出路。但在管理这些专家时（诸如利益分配、激励及协调）又会面临新的挑战。

与此相关，随着社会的发展，分工的细化，专业化就越强，组织目标的实现就越来越依赖专家。因此，似乎专家的权力越来越大。其实恰恰相反，由于技术的发展、新经济的出现，专门的知识技能自然会成为权力的主要来源之一。但同时，所面临的任务越来越复杂，其涉及多个领域的知识技能，很难有专家能独立完成如此难度的任务。每一位专家的个人价值的实现需依赖其他专家的配合及任务的组织协调，相对而言，不是某位专家的权力越来越大，而是任务的组织者的权力影响力越来越大。当然，任务的组织者即职业管理者要管理好手下的专家们本身也是管理与领导学科的前沿问题，同时又引发了新论点，诸如"对于某些行业，外行领导内行比内行领导内行更有效"等。

参照性权力是一方（A）因个人特质而被他人（T）所欣赏、崇拜和认同所产生的对这些人（T）的影响力。若我认同你，你就能影响我支持你；若我崇拜、欣赏你，我就会追随你；若我被你所吸引，无意之间我就会取悦于你……从某种意义上说，这是因为你具有一种超凡的特质或领袖魅力，从而具有一种影响他人行为的权力。

魅力对管理者的影响力、权力获取及运用过程中所产生的作用已被证实，如何获得这种魅力，却一直是心理学、社会学及管理学等学科的热门话题。

3）法定性权力

在正式的群体或组织中，获取一种或多种权力的最常用的途径是一个人在组织结构中的职位。由此获得的权力就是法定性权力，或称为正式权威（formal authority），或职权，它代表一个人通过组织中的正式层级结构中的职位所获得的权力。

这里有必要阐明权力和权威或职权的区别与联系。权威是权力的一种，亦是能达到预期结果的影响力，但一般只有依照组织正式层级制度和报告关系所规定的一切行使时才能奏效。

权威有三项属性：①权威属于组织中的职位，而不是个人所拥有的。因此，常称为职权。当权者是因其所居职位而拥有权威，而不一定由于其个人的品性、才学或所占有的资源而拥有权威（French and Raven，1959）。②权威是被下属们所接受的，无论是什么原因。下属们对上司的顺从，也许是因为他们认为身居职位者有合法之权力（诸如所有权、财产控制权等）来运用这些权威（Jacobs，1970）；也许是因为他们认为服从这些权威能获得作为组织成员而具有的好处（March and Simon，1958）；也许是因为他们内在价值观与该组织或领导相一致而表现出对制度的尊重、对传统的遵循或对个人的认可、欣赏或崇拜。③权威随命令链纵向层级递减。权威依附正式的命令链而存在，并且命令链中处于层级高端的职位比处于层级低端的职位有更多的正式的权威。

在组织中，权力可以向上、向下或横向运用。正式权威一般是沿着层级制向下延伸，其与纵向权力和法定性权力相似，只是从不同角度在描述权力。

当然，权威包括强制性权力和奖赏性权力。但是，强制性权力和奖赏性权力却并非一定是法定权力。

另有一点特别需要指出，经理人员的职权范围由规范化的制度（诸如书面的工作描述、雇佣合同及组织结构图等）所限制，但是通常也会有很大的模糊性（Davis，1968；Reitz，1977）。这种模糊性正是经理人员，特别是中层管理人员——运用权力的余地。从正面看，这是创新的空间；而从反面看，却是以权谋私的机会。一般来讲，企业制度越健全、越具体、越规范（书面化并有透明度），经理人员滥用职权的机会就越小。但也不利于他们的工作积极性和创造力的发挥，这里有一个平衡问题。

2. 权力研究新发展

1）信息性权力

信息性权力来源于对信息的掌控，具体涉及两个层面：一是能够获取重要信息并能控制其传播（Pettigrew，1972），由此可抢占先机并对管理决策、资源配置及利益分配产生影响；二是类似"舆论"等非正式信息（gossip）在组织中会造成一定影响力（Goldsmith and Baxter，1996；Kurland and Pelled，2000）。

在组织中，有些信息来源于职位，是通过正式的信息网络在不同授权范围内进行发布的。当然，形式各异，诸如各种会议、书面或电子文件等。某些管理职位能获得其同事或部下、甚至职位更高者所无法获得的信息（Mintzberg，1973，1983）；而某些边界性职位（boundary position），诸如市场营销、采购及公共关系等职位，经常能提供有关组织外部环境方面的重要信息，因此会有较大权力。当然，并非占据某职位守株待兔就能成气候，而是要积极营建信息来源的网络，以真正获得影响力（Kotter，1982）。

然而，任何组织都有其非正式信息，中文直译为"闲谈""闲言碎语"或"流言蜚语"，就是通常指的"小道新闻"或"制造舆论"可将其定义为非正式信息。尽管心理学家、社会学家和人类学家对此早有研究（Fine and Rosnow，1978；Eder and Enke，1991；Dunbar，1996），但管理学界对组织中的非正式信息的研究出现在近期（Goldsmith and Baxter，1996）。研究主要集中于组织中非正式信息的传播在不同文化背景或组织文化下与权力之间关系（Kurland and Pelled，2000）。

在信息不对称的现实中，掌控关键信息所产生的影响力是全方位的，其所生成的权力威力无比。

当然，信息过于不对称或信息垄断的恶果是，管理者或领导——特别是中层，很容易欺上瞒下、胡作非为。扭曲事实、断章取义、暗示虚假信息等很容易使上司轻信；下属盲从，甚至成为替罪羔羊。而组织信息结构与系统的不完善会是某些职位延迟信息发布、截留信息甚至资源或暗箱操作以谋取私利的好机会（Kuhn，1963；Pfeffer，1977a）。

这就是为何管理要提高透明度，要制度化、规范化；组织结构要扁平化，信息系统要现代化的主要原因。

2) 资源性权力

资源性权力（resource power）是指因对资源的掌控而产生的权力。

特定的资源对于企业及高层管理者的成功非常重要，而资源是有限的。资源的重要性和稀缺性取决于当时的具体情境、组织的战略和目标、外部的经济气候及其当时的产品和服务特性。这样，那些在当时能为组织提供重要的或难以获得的资源的部门、群体或个体在组织中就会更有权力。显然，随着外部环境的变化和组织战略的转移，组织中的权力结构自然会有所改变，在下一节战略权变理论中讨论。

另外，各类组织都要对大量的资源进行分配或再分配。这些资源包括人力资源、资金、报酬、设备、原材料及补给品，甚至是现有的顾客或市场。

高层管理者控制着资源，因此他们能决定资源的分配方式。每个年度，新资源都以预算的方式加以分配或也许会对原有资源进行再分配。资源既可用于奖赏，也可用于惩罚，这些都是权力的源泉。资源分配也创造了一种依赖关系。较低层的参与者依赖于从高层管理者处得到执行其任务必需的财务、物质资源的支持。高层管理者可以通过薪金、人事变动、发展机会、晋升和给予物质便利等形式支配资源，以获得他人的顺从、达到其所期望的结果。

在许多公司，高层领导都拥有股票，这更使他们在资源的分配上享有产权上的权力。一位拥有大量股份的高层副总裁会比首席执行官还有权力（Finkelstein，1992），在后面有专门讨论高层管理者的结构性权力与公司治理的问题。

最后，要注意的是"富者愈富"的马太效应。一般来说，特别是在制度化程度不够高时，权力与资源有正协同效应，资源能带来权力，这种权力又可以获得资源，而资源能使其权力放大。当然，何者为源，乃"蛋"与"鸡"的关系。

3) 决策性权力

决策性权力是因对某项决策有影响力而导致的权力。

在组织中，决策是管理的核心（Simon，1958）。当然，在组织中，决策也往往是权力运用和政治活动的重点。在工商界"掌握金子的人就能制定规则"（Pfeffer，1992），也就是说所有权往往拥有绝对决策权。

然而，随着企业所有权和经营权的分离或企业规模的扩大、组织规范化和制度化程度的加深，个体的绝对决策权逐渐在减小，也就是说某人"说了算"在大企业中已颇为少见。组织决策往往由若干个体或群体在一定的决策框架下通过频繁的参与、讨论和谈判来获得决策结果，是一个群体决策的过程。在这种情况下，组织中的决策性权力有如下三类。

首先，是对决策前提（decision premises）的控制。董事会会对高层管理者的决策、高层管理者会对低层管理者的决策加以控制，控制方式是通过明确一个包括过程性规则、参考要点和基本原则等的科学的决策框架。一般来讲，在一定决策框架下，高层管理者做较大的决策，而低层参与者则做较小的决策。高层管理者将决定一个组织力图达到何种目标，如市场份额的增长幅度。低层参与者接着决定如何才能达到这一目标。高层管理者对低层管理者所需做的决策施予限制会影响其决策结果，以实现控制（Grimes,1978）。当然，要避免对创造性与创新性的意见的扼杀。

其次，是对决策过程的直接影响（direct influence on decision-making process）。在此有两种情况：第一，群体决策的主持往往控制着决策过程，有机会操纵整个过程（顺序），以取得其所希望的结果；第二，在决策过程中对信息的控制可影响决策结果。在前面信息性权力中已经谈到通过控制所选择信息的内容、解释方式及分享的方式，信息的掌控者可以对如何做决策施加影响（Larson and King, 1996；Davenport et al., 1992）。例如，这一组织中，尽管董事会具有决定从哪家公司购买大型计算机系统的正式权威，但若某高层管理者被要求推荐6家候选计算机公司，他就能靠传递给董事会的信息来引导董事会的选择，购买他所偏好的计算机，从而就影响了董事会关于购买一个大型计算机系统的决策（Pettigrew,1973）。

最后，是对决策过程的间接影响（indirect influence on decision-making process）。任何人，即使是低层员工只要有机会接触上述对决策有直接影响力的人或事，就有机会对决策施予影响。在此值得强调的是若决策框架明确、规范化程度高，那么这种影响机会会变小。

4）生态性权力

生态性权力（ecological power）是通过对物理环境、核心技术和组织上的调节来间接地对组织成员形成影响。组织行为很大程度上是由对机会和障碍的认识决定的，管理者可通过以微妙的方式调整环境和情景来改变组织行为（Cartwright,1965）。这种影响有时被称作"情境工程"（situational engineering）或"生态控制"（ecological control）。这种生态控制有其心理效应（psychological effect）和物理效应（physical effect）。

生态控制的心理效应有两种形式：一是进行工作再设计和团队合作以激励员工。工作丰富（job enrichment）对工作质量和工作满意度有显著提高（Oldham, 1976；Hackman and Oldham, 1980；Lawler 1986）。结构重组包括团队合作、报告关系和信息系统的重新设计等都会对组织行为产生影响（Lawrence and Lorsch, 1967；Mintzberg, 1983）。二是物理环境的变化也能对员工有激励效应，著名的梅奥实验是一个典型示范。

生态控制的物理效应自然与人体功效学有关。流水线的速度、工作流程的设计、物理环境的布置将直接影响组织成员的劳动强度、工作环境的质量（生态质量）和劳动生产率。

5）网络性权力

网络性权力是因拥有特定社会网络和社会资本而获得的权力。社会学中的结构洞理论（structural holes theory）阐述了：个体或群体的社会网络中洞越多，而使其对信息、资源、先机（时机）、智能性资本（intellectual capital）的控制能力越强，结果导致其权力越大（Burt, 1992，1998），其社会资本与任何形式的"投资回报"就越丰富（Lin, 2001）。

在组织中，某些个体或群体若能获得别的部门或组织外有关网络的合作和支持，其在组织中横向权力会较大（与同一层面的权力相比）。

另外，高层管理者可以将自己置于组织的中心位置，在其周围形成一个由对他们忠诚的下属所组成的网络，从而通过该网络了解发生在整个组织中的事件（Astley and Sachdeva，1979；Tichy and Fombrum，1979）。高层管理者还将他们所信任的管理者置于重要的位置上以增强自己的权力。他们由于信息畅通、对网络中的每个人触手可及，并有大量的人依赖他们，所以他们拥有更大的权力。高层管理者还可以利用其中央性职位，建立起别人对他们的忠诚和他们之间的联盟。这种非正式网络能使其在组织中稳固权力。

作为开放系统的企业，网络性权力往往是信息性权力、决策性权力和资源性权力的基础。

6）结构性权力与公司治理

结构性权力是由组织正式结构决定的企业高层管理人员的各种法定权力和层级制下的权威（Brass，1984；Hambrick，1981；Perrow，1970；Tushman and Romanelli，1983），是组织中正式职位在其管理人员中的分布，由头衔数（number of titles）、年薪（yearly salary）和头衔比（percentage with higher titles）这三个维度表征（Finkelstein，1992）。一般来讲，CEO 因在组织中的正式职位，其结构性权力比其他成员的权力和（total power）要高，这种权威使 CEO 在一定程度上能通过控制下属的行为来应对各种不测（不确定性）。但一位拥有大量股份的高层副总裁会比首席执行官还有权力（Finkelstein，1992）。

"绝对的权力绝对导致腐败"而"权力分散导致决策效率低下、反应速度慢"。在不同的公司治理机制（governance mechanisms）下，委托—代理理论（agent-principal theory）和职业经理理论（professional manager theory）分别显示其有效性。因此，结构性权力的合理结构及其与所有权的关系对公司治理机制非常重要，是公司治理的关键问题之一（Malekzadeh et al.，1998）。

6.4.2 权力的特性

所有权力都具备下列两个基本特性。

1. 权力存在的根本：依赖

依赖（dependence）是深入理解权力的核心。当 A 拥有他人 B 所需要的某种东西，而假设 A 是这种东西唯一（稀少）的掌控者，A 就使需求者 B 产生依赖，A 会因此而获得对这些需求者 B 的影响力。这就是权力。

如果你能控制资源、信息、尊严或其他别人渴望的东西并形成垄断，那么，对此有所需求的人将依赖于你。显然，你所掌握的东西对需求者来讲若越重要、越稀缺，且其所觉察到的可选择性（alternative）越小，那么需求者对你的依赖程度就越高，则你对他们拥有的权力就越大。

这充分说明了不要"在一棵树上吊死"的道理。大多数组织要开发多个供应商而不只是与一家保持业务关系。

另外需要理解"退一步海阔天空"的道理。在法制社会，真正逼死你的是你自己——你自己的欲望。权力的被作用方是自主性的，只要其放弃依赖权力就不复存在了。

最后，有必要讨论权力的弹性（elasticity of power），将其定义为权力的作用对象（T）在其所感知的可选择的范围内活动，而使权力的作用方（A）的权力发生变化的相对量。若某人的权力的弹性较大，这犹如孙行者不出如来手掌。

2. 权力的作用形式：交换

权力仅仅存在于两个或多个人或组织之间的关系之中，它在纵向或横向方向都能发挥作用。权力源于依赖，换言之，权力是一种基于依赖关系的潜力；而权力的作用形式是交换。在这种交换关系中，权力的作用方（A）如何根据权力的弹性及权力的作用对象（T）的特点"开价"并使对方接受是至关重要的，否则，一旦这种依赖关系破裂会使权力即刻（对于该作用对象而言）不复存在。具体技术和策略是谈判学的主要议题。

6.4.3 政治与政治行为存在的条件

权力是影响他人行为以达到欲求结果的能力。政治则是权力的运用。

从上述讨论中已知，不只是拥有职权的人才拥有权力，各方人马通过运用各种不同权力来影响相关事态的发展和结果，以左右利害分配、获取或维护其利益的行为被称为政治行为。这里将详细地讨论政治行为存在的条件和政治行为的现实。

1. 政治行为存在的条件

引发政治行为的根本是利益，并非所有的群体或组织的政治活动状况都是相同的，一些组织的政治活动倾向于公开，并且很盛行；而在另一些组织中，政治行为的影响极其有限。组织中的政治行为的多寡程度主要与其组织特性，如制度化程度、组织文化、决策模式等相关；也与组织中某些成员、特别是领导的特质有一定关系。

1）政治行为与个人因素

研究者们从个人因素角度进行考察，确定了某些与政治行为相联系的因素，如个性特质、需要等。从个性特质来看，有高度自我监控、内控型控制取向、马基雅维利（Machiavelli）个性的人及权力欲较强烈的人更容易卷入政治行为。

内控型控制取向（internals on locus of control）个性的人认为自己可以掌握命运，他们会抓住一切机会来改变自我和环境，从而改变命运。政治活动作为能影响决定利益分配的决策的有效手段，若不与其个人价值观相冲突，这样的人一般权力欲较强、更倾向于进行政治活动。

有强烈的愿望还需有相应的能力。高自我监控（high self-monitoring）个性的人对自身所处环境、社会线索比较敏感，并有能力因地制宜地调节自己的行为，以获得所期望的结果。

既有愿望又有能力的人是具有马基雅维利个性特点的人，他们为了实现个人的目标或利益、擅长并热衷于政治活动。高马基雅维利主义（Machiavellianism）的个体重视实效，超乎寻常的理智，相信结果能替手段辩护，即使有时使用非法手段。"只要有效并行得通，就采用"是高马基雅维利主义者的思想准则。事实上，马基雅维利主义经常是获得和操纵权力的代名词。

愿望和能力是政治活动有效性的必要条件。权力的聚集与努力程度相关，最终影响的结果是利益的分配。君子有所为、有所不为，其间的度，除法律之外的限制，是每个人不同的价值观系统和个性。有强烈愿望却政治手腕笨拙之人，倚权附势；而有的人具政治敏锐性却鄙视之，往往愤世嫉俗却难以得志。

最后，环境对个体的政治行为有很大的影响，一个人在特定环境中使用政治活动获得成功的期望不高，甚至在某些团体中相反会遭人唾弃，他也不会贸然行事。对使用非法手段获得成功期望较高的人往往是两类人：政治技巧娴熟、经验丰富有权力的人和毫无经验不能正确判断自身所处环境的人。

2）政治行为与组织特性

首先，一个组织的制度化程度越高，其政治行为普遍较少；若有，也只在组织上层存在。一般而言，制度化程度较高的组织其决策模式较为理性，组织文化也崇尚客观。这样的组织其行为倾向于理性。这种理性组织的行为的偶然性和随意性较低。在更多的情况下，其目标是明确的，其选择是有依据并合乎一定程序的。当需要进行决策时，目标已经是相当明确，识别备选方案后，最有可能达到既定目标的选择就被挑选出来。其具有内容广泛且准确可靠的信息系统或决策支持系统、明确的职责范围和权力分布、具体的业绩的标准、统一的跨部门的价值观、冲突较少、崇尚客观的文化导向等，称这种组织为理性模式。若一个组织的制度化程度较低，则其组织行为与上述情况恰恰相反，称这种组织为非理性模式，如表6-2所示。

表 6-2　组织的理性和政治性模式

组织特性	制度化程度高/理性模式	制度化程度低/非理性模式
状态、目标（偏好）	参与者间通过制度相互协调、稳定	缺乏协调，变动的联合团体和利益集团
权力和控制	集权或明确的职责、职权范围	分权、角色模糊
决策过程	有条理、逻辑化、理性、客观的	非条理，以利益冲突和谈判为特征
规则、标准	最优化的标准	市场发挥作用，有一定权变性
信息	广泛、系统、精确、规范化	模糊，信息被战略性地使用和收集
关于因果关系的看法	已知的、至少可以判断	不存在既有的因果关系
决策	最大限度符合组织既定目标	不同利益群体磋商、妥协的结果
现象	客观、官僚主义	冲突与斗争，胜利者和失败者

资料来源：PFEFFER J. Power in organizations[J]. Journal of policy analysis & management, 1981, 2(3): 307-308.

制度化程度低的组织很容易导致角色模糊，即对员工行为的准则、职责和职权缺乏明确的界定。而政治行为恰恰是那些正式角色要求范围之外的行为，因此角色越模糊，一个人越容易卷入政治行为而不被觉察。组织在绩效评估中所用的标准越主观或标准越笼统，员工运用政治获得利益的机会就越多。

另外，当组织处在不同阶段或面临不同事件时，其内部政治行为会有所不同。任何变革时期，特别是那些有关利益分配或再分配的变革，会导致某些人采取政治行为来保护自己的既得利益或争取更多的利益。例如，晋升一致被认为是组织中最易导致政治行为的活动。晋升或发展的机会促使组织中某些成员为有限的资源展开竞争，并试图影响决策的结果。

最后，组织文化、组织氛围和领导风格也会影响组织中的政治行为。

当员工看到上层管理人员或同事致力于政治行为，并获得了成功或获取了利益，组织中就会形成盛行政治行为的氛围。从某种意义上说，高层管理人员的政治行为和某些组织成员的政治活动的成功不言而喻地表明这种行为是可接受的，这就等于允许或鼓励别的员工效仿。当然，若组织中的大多数人认为政治活动是实现其个人目标的关键因素，则该组织在诸如晋升之类的过程中，会盛行政治活动。

2. 政治行为存在的现实

政治行为是组织生活中普遍存在的事实，忽视这一事实的人在组织中将难以成功。

组织中的资源是有限的，这常常使潜在的冲突转变为现实的冲突。如果资源充足，那么组织中各种不同成分都可以实现他们的目标。但由于资源是有限的，不是任何人的利益期望都能够得到满足；而且，一个人或一个群体获得某利益往往是以牺牲其他人的利益为代价的。这种压力导致组织成员或团体为了争取组织中有限的资源而展开激烈的竞争。

组织是由具有不同的价值观、目标和利益的个人及群体组成的，这就形成了对于资源、利益的潜在冲突。部门预算、工作空间的分配、项目的责任、薪资调整、晋升等，通过这些事件很容易观察到组织成员或团体在分配上可能产生的冲突。

根据战略权变理论，为实现组织目标而牵涉到战略权变事件或活动的部门或个体趋向于拥有较大的权力。当某部门活动能为组织带来战略性价值以解决组织当时的危机和问题时，这种部门便很重要，会拥有更大的权力。这是组织的普遍特性（Brass，1984，1985；Hambrick，1981a；Pfeffer and Moore，1980 等），而这种特性恰恰是组织中政治行为的温床。

在管理现实中，有限资源的分配及其分配规则和过程的不确定性，职权范围或角色范围的模糊性和制度规章的操作定义的模糊性等经常导致一系列问题：什么是良好的绩效？什么是长足的改进？什么构成令人满意的工作？正是由于组织中这种广泛存在的模糊性和不确定性、由于诸如此类的问题是需要商榷的，就必然会导致政治行为的不可避免，甚至盛行。

6.4.4 政治行为的特性

组织中的政治活动是一个讨价还价和磋商的过程、一个影响决策的过程，用以解决组织内不同利益群体的冲突或不同观点间的分歧。这些活动可能是非公正的，会歪曲或隐瞒事实，甚至包括把持决策者所需的信息、揭发、制造舆论、向新闻媒介或他人泄露组织活动的机密（尽管是事实）、为了私利而与组织中的其他成员进行交易、游说他人并建立联盟以使其支持或反对某人某事以影响组织决策方案的选择等。但有时候可能是公正的，更多的时候根本就不存在公正与否的问题，有的只是如何获得正确的或最佳的决策或是因立场和利益，当然价值观在其中是起作用的。

组织中的政治行为是一种同时可能具有正面效应和负面效应的力量。有研究显示，那些政治活动盛行的公司的员工通常有着与之相关的焦虑感和低工作满意度。研究亦证实，对政治活动的不恰当使用与雇员的士气低下、组织业绩不佳和决策低效均有关系（Ferris, et al., 1994; Voyer, 1994; Dean and Sharfman, 1996）。绝大多数人对政治行为抱消极态度有如下原因。

（1）把政治行为与组织内更富理性的过程相比较，许多管理者都认为理性的过程要比政治活动行为更加客观、可靠，能使管理者更好地决策。

（2）政治活动中的自利性，有许多政治行为是以个人或某小团体的利益为目的的，而与组织的利益和目标相悖。这就导致了与工作环境的冲突或不和谐。

（3）政治活动的非法性或非伦理性，其涉及为个人利益的目的去欺骗或对人不诚实，有损其他人利益和组织利益，等等，有些是非法的更多的是违反道德观和伦理观而在感情上无法接受的，这与组织文化相关。

政治活动是用权力以实现目标，而此过程中的手段和事件本身的性质如何是另外一回事。不确定性和冲突是自然存在的、无法避免的，政治活动就是使有关各方达成一致的机制。政治活动本身是中性的，对组织并非有不可避免的危害性（Drory and Romm, 1990）。

作为领导和管理者，需要对权力和政治有一定的敏感度，必须面对它、控制它甚至利用它，但不要使其成为祸害。

事实上，权力和政治是十分微妙与敏感的命题。拥有权力的人常常是不动声色、追逐权力的人则尽力掩饰，而那些长于获取和运用权力的人却对此讳莫如深。往往大谈权力的人是对权力与政治一无所知或是对此无能的人。通常，他们对于那些将要影响到自己利益的决策总是感到束手无策，毫无影响力。他们看着周围人的各种举动，总会感到迷惑不解：为什么他们总是受到同事、上司和所谓的制度不公正的对待……更有甚者，一面对所拥有的权力爱不释手、充分利用；同时又对自己所处弱势的政治活动鄙视、唾弃……因此，俗话说"权力意味着腐败，绝对的权力意味着绝对的腐败"，是因为人们经常谈论到的是权力和政治的阴暗面。

本节通过阐述权力与政治的特性及客观存在性，希望不因为在权力结构中处于弱势而不正视它的存在；也不能因为有滥用职权的惨痛事例而视之为瘟疫、努力回避之；更不能因不擅长周旋其中而唾弃之。因噎废食显然不可取。在任何群体或组织中，权力和政治是客观存在，这是人类社会的现实；当然，在不同的组织制度下，权力运用和政治行为发生的程度与状况会有很大差别，它有正效应也有负效应，它不可能被彻底消灭，也没必要，有时甚至必须使用它。因此，如果试图充分理解组织行为，那么就必须了解权力及权力是如何被获取并被运用的。而且，通过了解权力在组织中的运作机制，能更好地运用管理知识使自己成为更有效的管理者。

6.5 沟通与激励

6.5.1 沟通概述

沟通是指信息源通过某种管道把信息传送给客体或对象，是人与人之间、人与群体之间思想与感情的传递和反馈的过程，以求思想达成一致和感情的通畅。我们需要注意的是，首先，沟通是为了使得双方能实现有效的交流和信息交换，而不是单方面的某种行为，其次，沟通的结果是要双方达成某种共识，没有结果的交流也不是我们这里所说的沟通。

沟通有着各种不同的形式，通过语言交流的沟通叫语言沟通，有书面的和口头的两种不同方式；还有不是通过语言的沟通，如神态和动作，叫作非语言沟通；具有严谨的结构性和系统性的沟通被称为正式沟通，反之则是非正式沟通；根据沟通行为中的信息传递方向还可以将沟通分为自上而下的、自下而上的和平行的三种方式；从输入信息和输出信息的对象的角度来看，还可以将沟通分为自我沟通、人际沟通和群体沟通三种不同方式。

在企业或者其他组织中，沟通能发挥的作用往往让人出乎意料。首先，显而易见的是沟通能改善人际关系。社会的复杂和交流的不充分都可能会造成人与人之间的很多误会，这时，良好的沟通就可以让双方清楚了解对方的实际意愿，解除很多不必要的误会，让人与人之间的关系更加和谐。其次，有效的沟通能传递和获取信息。信息的获取、传递、交流等均是通过沟通来实现的，组织只有及时获取有价值的信息，才能确保其顺利运作。在现今的市场竞争中，拥有良好沟通技巧的人往往在组织中有着更好的发展前途，因为一个优秀的沟通者能够在与他人的交流中准确分析其语言和肢体中所蕴含的信息内容，获取最有用的信息，为组织带来高效率的收益。再次，从企业的角度来说，沟通能够合理控制员工的行为，激励员工做应该做的事，并能做得更好。如果员工不了解企业作出某项决定，或是制定某种策略的真实意图，就可能会作出一些偏离组织意图的行为。因此，在一个成功的企业或组织中，时刻保持顺畅的沟通是十分必要的，这有利于企业从上到下有组织地为着相同的目的奋斗。最后，沟通还能为组织决策提供实在的依据。很多优秀的创意和好的战略决策往往不是某一个人灵机一动想出来的，而是大家一起在沟通和交流的过程中得出的。

1. 沟通过程

如图 6-16 所示，沟通的过程包括输出者、信息、接受者、沟通渠道四大要素，以信息的编码和解码为主要技术手段进行。

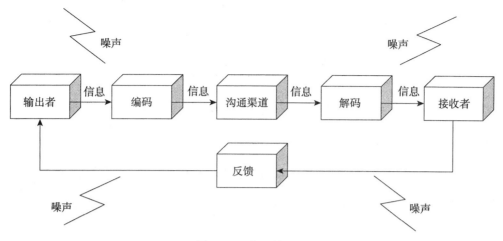

图 6-16 沟通的过程

输出者：对于信息而言，输出者指的就是信息源，输出者需要选择合适的沟通方式将自己的真实意愿准确地传达给信息的接受者。

信息：信息是输出者传递给接受者其意愿的载体，因此，双方要想达到有效的交流，就必须对同一信息有着相同的解读方式，如果因为个体差异导致双方对同一信息的解读结果不同，那么有效的沟通就很难实现。

接受者：接受者是指获得信息的人。接受者必须从事信息解码的工作，即将信息转化为他所能了解的想法和感受。这一过程要受到接受者的经验、知识、才能、个人素质以及对信息输出者的期望等因素的影响。

沟通渠道：企业或者组织的沟通渠道是信息传递的途径，沟通双方只有建立起有效的沟通渠道才能将信息传递顺利进行下去。

编码和解码：从沟通的本质上来看，双方需要传递的是各自的真实想法，但是心里的真实意愿和想法是需要以信息为载体才能实现相互交流的，这就涉及途中所述的编码和解码的过程，信息的输出者通过将自己的真实意愿编码加工成信息传递给接受者，接受者再将信息解码成对应的输出者的意愿，这就完成了双方的相互沟通。要想使得双方的沟通中的编码和解码过程相互保持一致，就要从以下几个方面改进：首先，信息要是接受者所了解或熟知的事物，这样可以为接受者更好地理解输出者信息中蕴含的含义奠定良好的基础；其次，信息的表现形式越简明扼要，越容易让接受者把握输出者的核心思想，输出者的信息最好能条理清晰，这样也会易于接受者准确掌握其思想要点；最后，可以通过反复强调的方式突出信息的重点，以便接受者留下更加深刻的印象。

2. 沟通技巧

不同的人在沟通的过程中，从语言表达的方式到神态动作都是不相同的，所以沟通的顺利进行一定离不开良好的沟通技巧。要想塑造更加成熟的沟通技巧，我们就要对不同形式的沟通进行深入的分析，找出最合适的方式，并运用我们的分析结果明确沟通过程中可能促进双方沟通意愿的有效技巧。表 6-3 就是对于各种沟通方式的比较。

表 6-3 各种沟通方式的比较

沟通方式	举例	优点	缺点
口头	交谈、讲座、讨论会、电话	快速传递、快速反馈、信息量很大	传递中经过层次越多信息失真越严重、核实越困难
书面	报告、备忘录、信件、内部期刊、布告	持久、有形、可以核实	效率低、缺乏反馈
非语言	声、光信号、体态、语调	信息意义十分明确，内涵丰富，含义隐含灵活	传递距离有限，界限模糊，只能意会不能言传
电子媒介	传真、闭路电视、计算机网络、电子邮件（E-Mail）	快速传递、信息容量大、一份信息可同时传递给多人、廉价	单向传递，电子邮件可以交流，但看不见表情

由此我们可以看出，各种不同的沟通方式都有其对应的优势和劣势，因此，对于沟通方式的选择要依据沟通双方交流的目的和具体情形来斟酌，沟通方式选择失误甚至可能会让原本有把握的合作功亏一篑，所以对于方式的选择我们不能轻视。

至于沟通技巧的成熟与否，我们可以从三个方面来进行分析。首先是倾听技巧，无论在什么时候，在沟通的过程中做一个好的倾听者都是让沟通顺利进行的保证。在倾听对方谈论他们遇到的困难抑或是对某个问题的看法的过程中，我们可以帮助他们找出问题的所在，及时地解决问题，或是给予对方精神上的支持和鼓励，让对方对自己更加的友好和信任。在倾听的时候，我们要全心全意，设身处地地站在对方的角度上考虑对方的感受。倾听的过程中我们需要做的就是鼓励对方说出自己的真实想法，尽可能地了解更多相关的信息，并能对谈论的话题作出及时的回应，让对方了解你在认真地倾听，并确保你对倾诉者的意愿把握准确，不要出现理解上的差错。其次是合理地控制现场气氛，沟通双方最适宜的气氛是轻松缓和的，这能让双方卸下心里的防备、不安或者焦躁等不良的情绪，真正全身心地融入和彼此的沟通中来。要想制造出良好的沟通氛围，必须在沟通中找到双方的共同爱好或对某些事情的共识，这样可以赢得对方的信任，并让对方感觉愿意将沟通进行下去。除此以外，对于对方的合理判断要及时给予肯定和鼓励。最后一种沟通的技巧就是推动技巧，指的是靠自己的带动力，让对方的表现迎合我们的需求，这是比较难做到的，但是推动沟通如果顺利实现的话，就很容易让对方接受你的想法，并能使其感到被肯定和被信任，进而愿意帮助你完成相应的工作。纯熟的推动技巧有以下一些实现的手段：如告诉对方你对他的行为的真实感受，及时提出你的想法和意见，让对方能准确了解你的意愿，着重激励对方的优点，让对方愿意和你进行合作，等等。

6.5.2 需求与激励

动机定义为一种过程，它体现了个体为了实现目标而付出的努力强度、方向和坚持性。

1. 基本需求理论

最著名的动机理论要数 Abraham Maslow 的需要层次（hierarchy of needs）理论了。他假设每个人内心都存在五种需要层次，分别是：

（1）生理需要：包括觅食、饮水、栖身、性和其他身体需要。

（2）安全需要：包括保护自己免受生理和情绪伤害的需要。

（3）社会需要：包括爱、归属、接纳和友谊。

（4）尊重需要：内部尊重因素，如自尊、自主和成就感；外部尊重因素，如地位、认可和关注。

（5）自我实现需要：使个体成为他可以成为的人的内驱力，包括成长、开发自我潜能和自我实现。

当任何一种需要基本上得到满足后，下一层需要就会成为主导需要。如图 6-17 所示，个体的需要是逐级上升的。从动机角度来看，这种理论认为，虽然没有一种需要会得到完全、彻底的满足，但只要它大体上获得满足，就不再具有激励作用了。所以，如果你想激励某个人，根据 Maslow 的需要层次理论，你就需要首先了解他目前处于哪种需要层次，然后重点满足这种需要以及在其以上的更高层次的需要。

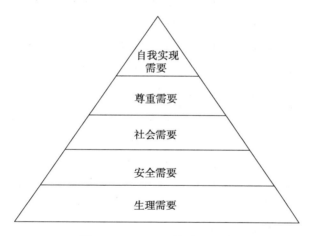

图 6-17　Maslow 的需要层次

资料来源：MASLOW A H. Motivation and personality[M]. 2nd ed. New York: Harper and Row 1970.

Maslow 还把五种需要分为高级和低级两个级别。生理需要和安全需要称为较低级的（lower-order needs）需要；社会需要、尊重需要和自我实现需要称为较高级的需要（higher-order needs）。区分这两个层次基于这样的基础：较高层级的需要通过内部（个体内在的内容）使人得到满足，较低层级的需要则主要通过外部使人得到满足（如通过报酬、工会合同、任职时间这些内容）。

Maslow 的需要层次理论得到了普遍认可，尤其是在从事实际工作的管理者当中。这一点应归功于该理论的直观逻辑性和易于理解的内容。遗憾的是，总体上该理论还缺乏研究证据的检验。Maslow 本人并没有提供任何实证材料，一些试图寻求该理论有效性的研究也无功而返。

过去的理论，尤其是那些在直观上让人感到符合逻辑的理论，很显然不会轻易消失。尽管需要层次理论及其对需要的分类在实践中的管理者当中依然很流行，但有关它的预测能力几乎没有得到实证支持。更具体地说，马斯洛认为，没有得到满足的需要和得到满足的需要都会促进人们向着新的需要水平发展，实际上，几乎没有证据表明需要的结构是像 Maslow 提出的维度那样组织起来的。

Douglas McGregor 提出了两种完全不同的人性假设：一种基本上是消极的，称为 X 理论（theory X）；另一种基本上是积极的，称为 Y 理论（theory Y）。通过观察管理者对待员工的方式，McGregor 得出结论：管理者关于人性的观点是建立在一组具体假设之上的，他倾向于根据这些假设形成自己对待下级的行为模式。

对于 X 理论，管理者持有以下四种假设。

（1）员工生来不喜欢工作，只要有可能。他们就会逃避工作。

（2）由于员工不喜欢工作，因此必须采取强制和控制措施，或采用惩罚威胁他们从而实现目标。

（3）只要有可能，员工就会逃避承担责任，并寻求正式的指令。

（4）多数员工把安全感视为高于其他所有工作相关的因素，并且没有雄心壮志。

与这些关于人性的消极观点相对照，McGregor 还提出了 Y 理论，它基于以下四项积极的人性假设。

（1）员工视工作如同休息、娱乐那样自然。

（2）如果员工承诺完成某个目标，他会进行自我引导和自我控制。

（3）通常人们都能学会承担责任，甚至会主动寻求责任。

（4）人们普遍具有作出创造性决策的能力，并不仅仅是管理者才具备这种能力。

如果我们接受 McGregor 的分析。它对动机具有什么意义呢？对这一问题的答案在 Maslow 的框架下进行阐述效果最佳。X 理论假定较低级的需要支配着个体行为，Y 理论则假设较高级的需要决定个体行为。McGregor 本人坚信 Y 理论比 X 埋论更实用也更有效。因此，他提倡使用一些办法以尽可能调动员工的工作动机，如让员工参与决策过程、为员工提供富有责任感和挑战性的工作、建立融洽的群体关系等。

双因素理论，有时也称激励—保健理论（motivation-hygiene theory），由心理学家 Frederick Herzberg 提出。他相信，个人与其工作的关系是一种基本关系，而个人对工作的态度在很大程度上决定着工作任务的成功与否。Herzberg 调查了这样一个问题："人们想从工作中得到什么"。他首先让人们详细描述自己感到工作中特别好和特别差的情境，然后对调查结果进行分类、归档，并制成图。

对调查结果进行分类后，Herzberg 发现，人们对工作满意时所作出的回答和他们对工作不满意时所作出的回答大相径庭。

如图 6-18 所示，一些因素始终与工作满意有关，而另一些因素则总是与工作不满意有关。内部因素，如获得成长、受到认可、责任大小、取得的成就等，似乎都与工作满意有关。当被调查的员工对工作感到满意时，他们倾向于归因于这些因素。另外，对工作不满意的员工，则常常倾向于抱怨外部因素，如公司政策、监督管理、薪金水平、人际关系和工作条件。

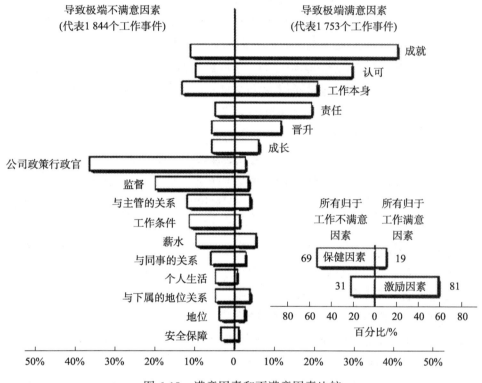

图 6-18　满意因素和不满意因素比较

资料来源：HERZBERG F. An exhibit from one more time: how do you motivate employees[J]. Harvard business review, 1987.

Herzberg 还指出，与传统的看法不同，这些数据表明满意的对立面不是不满意。消除了工作中的不满意因素并不一定会让工作令人满意。如图 6-18 所示，Herzberg 提出，他的这一发现表明了二维连续体的存在："满意"的对立面是"没有满意"，"不满意"的对立面是"没有不满意"。

耶鲁大学的 Clayton Alderfer 重新修改了 Maslow 的需要层次，使之与实证研究更加一致。经他修订的需要层次被命名为 ERG 理论（ERG theory）。

Alderfer 认为存在三类核心需要：存在需要、关系需要和成长需要，故称为 ERG 理论。第一类需要是存在需要，它关注于满足基本的物质存在要求，包括 Maslow 的生理需要和安全需要；第二类需要是关系需要，即维持重要人际关系的愿望。要想满足这些社会的和地位的愿望，就需要和其他人交往。这类需要和 Maslow 的社会需要以及尊重需要中的外在部分相对应。最后一类，Alderfer 分离出成长需要——对于个人发展的内在愿望，包括 Maslow 尊重需要的内在部分和自我实现需要的特征。

除了以三种需要代替 Maslow 的五种需要以外，Alderfer 的 ERG 理论和 Maslow 的需要层次理论还有哪些差异呢？与需要层次理论不同，ERG 理论还表明：①多种需要可以同时并存。②如果高层次需要受到抑制而未能得到满足，那么满足低层次需要的愿望会更为强烈。

McClelland 的需要理论（McClelland's theory of needs）由 David McClelland 及其合作者提出。该理论主要关注三种需要：成就需要（need of achievement）、权力需要（need of power）和归属需要（need of affiliation）。它们的界定如下。

（1）成就需要：追求卓越、达到标准、争取成功的内驱力。

（2）权力需要：控制别人以某种方式行为而不以其他方式行为的需要。

（3）归属需要：建立友好的和亲密的人际关系的愿望。

一些人对于获得成功有着强烈的冲动。他们追求的是个人成就感而不是成功之后的奖赏。他们总是渴望把事情做得比以前更完美、更有效。这种内驱力就是成就需要。通过对成就需要的研究，McClelland 发现，高成就者与其他人的区别之处在于：他们总想把事情做得更好。他们寻求具有下列特点的环境：个人有权利自己做主找到解决问题的方法，能够迅速获得有关自己工作绩效的反馈，从中判断自己是否有进步；工作目标具有适度挑战性。他们喜欢接受困难的挑战，并为自己的成功或失败承担责任，而不是将结果归因于运气或其他人的行为。他们回避那些自己觉得特别容易或特别困难的工作任务，这一点很重要，他们喜欢的是中等难度水平的任务。

权力需要指的是影响和控制其他人的欲望。高权力需要者热衷于"掌管"。努力对其他人施加影响，喜欢处于竞争性和地位取向的情境中。他们倾向于更关心威望和赢得对他人的影响，而不是有效的绩效。

McClelland 分离出来的第三种需要是归属需要。研究者对这种需要的关注最少。高归属需要的人追求友爱，喜欢合作性而非竞争性的环境，渴望相互理解程度很高的关系。

基于大量的研究基础上，得出了如下发现。

第一，如图 6-19 所示，高成就需要者更喜欢具有个人责任感、可以获得工作反馈和中等冒险程度的工作环境。如果在环境中具备这些特征，高成就需要者的工作积极性就会极高。例如，不少证据表明，高成就需要者在以下创业活动中更有建树：经营自己的公司，或在大企业中管理一个独立的工作单元。

第二，高成就需要者未必是一位优秀的管理者，尤其是对规模较大的组织而言。他们感兴趣的是自己如何做得更好，而不是如何影响其他人做好工作。高成就需要的销售人员未必是一名优秀的销售经理，大企业中工作出色的总经理也并不一定就是高成就需要者。

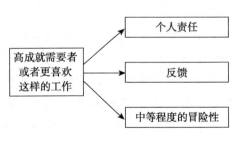

图 6-19　高成就需要者与工作

第三，归属需要和权力需要与管理的成功密切相关。最优秀的管理者拥有高权力需要和低归属需要。实际上，高权力动机可能是管理效果的一个必要条件。当然，至于哪个因素是因，哪个因素是果，还有待于进一步确定。有人曾提出，高权力需要可能仅仅是一个人在组织层级中所处地位的产物。这种观点认为，一个人在组织中的位置越高，权力动机就越强。其结果是，权力地位会成为激发权力动机的因素。

第四，通过培训可以激发员工的成就需要。培训教师可以首先指导个体从成就、胜利和成功角度来思考问题，然后指导他们在具有个人责任、清晰反馈和适度冒险性的环境中，采用高成就需要者的方式行动。所以，如果工作需要高成就需要者，管理者可以通过招聘来挑选高成就需要者，也可以通过成就需要培训的方式来开发已有人员。

2. 过程激励理论

想一想，在你的生命当中有没有这样的时候：你深深沉浸于某些工作当中，忽视了周围的存在。这项任务左右着你的视线，让你忘记了时间的脚步。大多数人都有过这种经历。它会在你从事自己最喜欢的活动时出现：可能是跑步、滑雪、跳舞、阅读小说、玩电脑游戏、听音乐，或者是烹饪一顿美味佳肴。运动员们常把这种状况称为"进入状态"。不过你会看到，它同样也会在工作中出现。动机研究者把这种极为专注的状态称为"巅峰体验"。

巅峰体验的一个关键要素是，激发它的动机与最终结果毫无关系。当人们达到那种忘却时间的巅峰感觉时，人们关注于活动过程本身而不是为了达到某个目标（当然该过程的结果恰恰是组织所需要的）。可见，当一个人体验到巅峰状态时，他完全受到内部动机的激励。

人们在巅峰体验时通常感到快乐吗？答案难免会让你吃惊，因为是否定的。原因在于，他们太过痴迷于活动过程当中了。但是，一旦任务完成，当个体回过头来品味所发生的事情时，会对这种体验心生感激之情，并从这种体验中获得满足感。正是这种想要重复体验的渴望，构成了持续性的动机。

是否在某些条件下更可能产生巅峰体验？是的。人们在描述巅峰体验时，谈到激发这种体验的任务具有一些共同特点：这些任务富有挑战性，要求运用较高的技能水平；它们是目标导向的，并且得到反馈以了解自己的工作水平；它们需要全神贯注和富有创造性；另外，它们相当耗费精力以致人们没有精力关注或担心其他事项。不过，请注意，虽然这里的任务是目标导向的，但并不是目标提供了动机力量。它的动机力量来自任务本身。

有关巅峰体验的研究中，一项最令人感到意外的发现是，它与闲暇活动没有关系。事实上，当人们从事休闲活动时，如看电视或放松活动，很少有人报道产生巅峰体验。另一项令人感到意外的发现是，这种体验更多发生于工作中而不是发生于家里。

如果你去询问员工他们是否希望减轻工作负担，答案几乎总是肯定的。人们常常把休闲轻松与快乐心情联系在一起。他们认为，如果自己拥有更多的自由时间，就会更快乐。然而对上千人进行的研究表明，人们的这个信念总体来说是错误的。例如，人们在家里消磨时光时，通常缺乏一个明确的目标，不知道自己的活动效果如何，做事常常心不在焉，并觉得自己大材小用，他们更多地描述自己很无聊。但是，工作当中却有大量的特点激发巅峰体验：它通常有着清晰的目标；它提供反馈使人们了解自己的工作效果——这可能从工作过程本身得到，也可能从老板的评估那里得到；人们的技能水平通常与他们承担的工作相匹配，也就是说，工作给人们提供了挑战性；另外，工作当中通常会鼓励专心致志和排除干扰。

Ken Thomas 这样描述受到内在动机激励的员工：他们真诚地关心自己的工作；他们寻找更好的办法解决问题；他们总是精力充沛，当做好工作时他们有一种自我实现的感觉。与巅峰体验一样，受内部动机推动的员工获得的奖励来自工作本身而不是外在因素（如加薪或老板的表扬）。

Ken Thomas 的模型指出，当员工体验到选择感、胜任感、意义感和进步感时，就出现了内部动机。他指出，内部动机包括以下几个成分。

（1）选择。选择是一种你能够挑选对你有意义的活动并按照你认为恰当的方式完成它们的机会。

（2）胜利。胜利是一种对于自己所选定的任务活动可以熟练完成的成就感。

（3）意义。意义是一种追求有价值的任务目的的机会；这一任务目的意义深远。

（4）进步。进步是指你感到在现实任务目标的过程中，自己可以获得重要的成长与发展。

Ken Thomas 报告说，大量研究表明，这四种内部动机成分明显与工作满意感的提高以及由主管评定的工作绩效的提高有关。不过在 Ken Thomas 的报告中，几乎所有的研究均以专业人员的管理人员为被试。那么，这四种成分对于内部动机的预测是否同样适用于普通的蓝领工人呢？这个目前尚不确定。

他们完全被内在的任务所吸引，甚至达到朝思暮想的地步。可以预期，他们会压缩其他活动时间，为了给他们认为有意义的工作留出更多的时间。当一项任务可以产生巅峰体验时，个体的典型反应是选择这项工作而不是其他工作。胜任感也会激发人们的巅峰体验，"最投入的工作是那些我们胜任的工作——我们把所有精力都集中起来应对该活动的挑战。"

20 世纪 60 年代初，研究者（Lepper and Greene，1979；Deci and Ryan，1991，1997）根据自我知觉理论提出，如果某个体的努力工作是因为其内部动机，导致了人们对于工作内容本身的乐趣和价值认同感；那么，随着因工作努力而获得的外部动机（金钱的奖励）会降低个体的内部动机。换句话说，如果一名对自己的工作感兴趣的员工得到了外部奖励，则会导致他对任务本身兴趣的降低。这个理论被称为认知评价理论（cognitive evaluation theory），它引发了相当广泛的研究，大量研究结论支持该理论假设，其主要意义涉及管理者在组织中如何安排报酬。

20 世纪 60 年代末，Edwin Locke 提出：为了达到目标而工作是工作动机的主要激励源之一。关于目标设置理论（goal-setting theory）它探讨了目标的具体化、挑战性和绩效反馈的作用。也就是说，目标可以告诉员工需要做的事情以及为此需要付出的努力。研究证据有力支持了目标的价值。更重要的是让管理者明白了：明确而具体的目标能够提高工作绩效；困难的目标，一旦被人们所接受，会比容易的目标带来更高的工作绩效；有反馈比无反馈能够带来更高的工作绩效。

如果人们可以获得反馈从而了解自己在实现目标的过程中做事的效果，则人们会做得更好。

自我效能感（self-efficacy）是指个体对于自己能否胜任工作的信心。自我效能水平越高，个体对自己成功完成任务就越有信心。所以，在困难情境中，低自我效能感的人更可能降低信心，甚至干脆放弃他们的努力；相反，高自我效能感的人则会加倍努力迎接挑战。另外，高自我效能感的人面对消极反馈时反而激发了工作努力和积极性；而低自我效能感的人面对消极反馈时会降低努力水平。

迄今为止，有关员工激励方面最广为接受的一种解释是 Victor Vroom 的期望理论（expectancy theory）。

期望理论认为，个体以某种特定方式采取活动的强度，取决于个体对该行为能给自己带来某种结果的期望程度，以及这种结果对个体的吸引力。从更实用的角度来说，期望理论指出，员工会在以下情况中受到激励从而在工作中付出更多努力：当员工相信努力会带来良好的绩效评价；良好的绩效评价又会带来组织奖励，如奖金、加薪和晋升等，并且，这些奖励可以满足员工的个人目标时。因此，该理论主要关注三种关系（图6-20）。

（1）个人努力——绩效关系：个人感到通过一定程度的努力可以达到某种绩效水平的可能性。

（2）个人绩效——奖励关系：个人相信达到一定绩效水平后即可获得理想结果的程度。

（3）组织奖励——个人目标关系：组织奖励可以满足个人目标或个人需要的程度，以及这些潜在的奖励对个人的吸引力。

在思考员工绩效时，一个常用但过于简单化的方法是，把它看作能力（A）和动机（M）相互作用的结果，即绩效 = f（A×M）。如果其中任何一个因素不充分，绩效就会受到消极影响。需要在等式中加入表现机会（opportunity to perform, O），即绩效 = f（A×M×O）。即使一个能干而且想干的人也可能遇到一些制约绩效的障碍，如图6-20所示。

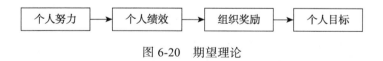

图 6-20 期望理论

个体关于公平或不公平的感受源于比较。在组织中，若员工感到不平必愤愤然，则将影响工作满意度及士气，甚至工作努力程度。

员工对于参照对象的选择又增加了公平理论的复杂性。有证据表明，个体所选择的参照对象是公平理论中的一个重要变量。员工可以使用四种参照比较。

（1）自我—内部：员工在当前组织中处于不同职位上的经验。

（2）自我—外部：员工在当前组织以外的职位或情境中的经验。

（3）他人—内部：员工所在组织内部的其他个体或群体。

（4）他人—外部：员工所在组织之外的其他个体或群体。

表 6-4 效率比较与感知

效率比较	感知
$O/I_A < O/I_B$	由于报酬过低产生的不公平
$O/I_A = O/I_B$	公平
$O/I_A > O/I_B$	由于报酬过高产生的不公平

说明：O/I_A 代表雇员；O/I_B 代表相关人员

J. Stacy Adams 认为，这种消极的紧张状态激发了人们要采取行动纠正这种不公平的动机。基于公平理论，当员工感到不公平时，你可以预计他们会采取以下六种选择中的一种。

（1）改变自己的投入（如不再那么努力）。

（2）改变自己的产出（如拿计件工资的员工通过增加产量但降低质量的做法，来提高自己的工资）。

（3）歪曲对自我的认知（如"我过去总以为我的工作属于中等水平，但现在我意识到自己比其他人都更努力"）。

（4）歪曲对他人的认知（如"迈克的工作并不像我以前认为的那样令人满意"）。

（5）选择其他参照对象（如"我可能不如我内弟挣得钱多，但我比我爸爸在这个年龄时做得好得多"）。

（6）离开该领域（如辞职）。

公平理论指出，以下四种做法与报酬的不公平性有关。

（1）如果根据时间计酬，感到报酬过高的员工会比感到报酬公平的员工有更高的生产率。计时工人会通过提高生产中的数量或质量，以增加公平比例中的投入部分，从而维持其公平性。

（2）如果根据产量计酬，感到报酬过高的员工会比感到报酬公平的员工产量低但质量高。计件工人通过更多的努力来达到公平，其做法可以是增加产量或提高质量。但是，产量的增加只能加剧不公平感，因为每一个生产单位会带来进一步的报酬过量。因此，他们的努力方向是提高质量而不是产量。

（3）如果根据时间计酬，感到报酬过低的员工产量更低，质量也更差。他们会降低努力程度，因而比感到报酬公平者的产量更低，质量更差。

（4）如果根据产量计酬，感到报酬过低的员工会比感到报酬公平的员工产量高而质量差。计件工人能够让自己产生公平感。他们通过牺牲质量而追求产量。从而导致在投入不增加或增加极少的情况下带来报酬的增加。

长期以来，公平理论一直着眼于分配公平（distributive justice），或者说是人们感到个人之间在报酬数量和报酬分配上的公平性。但是程序公平（procedural justice）事实上也很重要，即用来确定报酬分配的程序是否让人觉得公平。有证据表明，分配公平比程序公平对员工的满意感有更大影响，但是，程序公平更倾向于影响到员工的组织承诺、对上司的信任和离职意向。因此，作为管理者应该考虑把分配的决策过程公开化，应该遵循一致和无偏的程序，以及采取其他类似措施增加员工的程序公平感。

本章小结

重温图 6-21 所示的本章具体内容及逻辑关系有助于理解本章的内容。

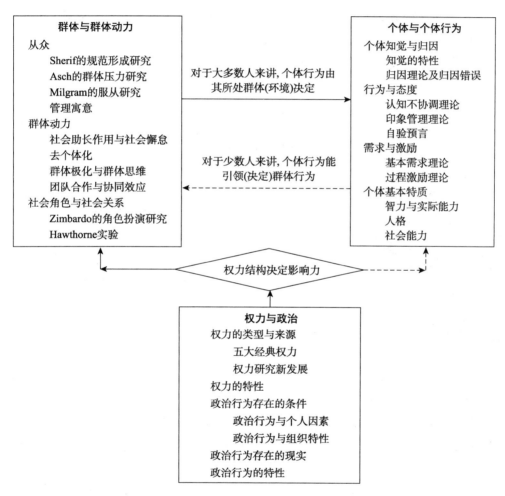

图 6-21　本章具体内容及逻辑关系

从广义上讲，人与人之间是互动的，人与群体之间是有交互作用的，那么在什么具体情况下，是"谁"影响或主导了"谁"的行为呢？从社会学研究统计结果来看，大多数个体，因从众、群体动力、社会角色及社会关系等特性的影响，其个体行为受群体行为的影响；而对于少数个体来讲，因其个体特质及其与外部环境的适应性等因素使其行为能左右或引领群体行为。而在时间轴的某阶段来看，外部环境和时机、个体间及个体与群体间所构成的权力结构决定了最终的结果。

拥有相应职权的管理者，为了实现组织目标及组织战略，对组织行为的塑造的关键是通过组织系统来确立组织环境，使组织具有相应的组织功能及组织行为，以实现组织目标。而如何设立以组织制度和组织文化为主体的组织系统，则需要掌握诸如感知、归因、态度、激励等个体及个体行为的特性，根据这些特性制定相应的制度和政策，并选择合适的人，将其配置到合适的位置上，产生更高组织绩效。

关于权力与政治，职权只是权力的一种形式，而更多种的权力来源于各种依赖关系（如参照性权力就是我们通常所说的领导特质和魅力的重要组成部分）。因此，管理者成功的关键在于其在各种权力结构中的位置（并非只是职权）及其个体行为。更具体的内容请参见第4章。而这也是个体行为决定群体行为的最佳例证。

思考题

1. 权力与职权有何区别？又有什么联系？为什么？

即练即测

2. 在对群体和个体的特性有基本了解后，作为管理者，当你是以成熟技术为核心的传统行业中的某企业的舵手时，你的管理哲学会是什么？当你是以创新为主、以人为本的高科技行业中的某企业的舵手时，你的管理哲学又会是什么？两者有何区别和联系？

3. 请谈谈"中庸"哲学在管理中的积极意义。

 案例分析

海底捞员工激励

海底捞品牌创建于 1994 年，经历 24 年的发展，目前的"海底捞国际控股有限公司"（以下简称"海底捞"）已成长为中国第一家营收超百亿元的餐饮企业，并于 2018 年 9 月 26 日在香港交易所顺利挂牌上市。截至 2018 年 6 月，这家在四川简阳只有四张桌子的火锅店，已经在中国内地、中国香港、中国台湾等的 100 多个城市以及新加坡、美国、澳大利亚、韩国、日本等国家经营着 300 多家直营门店，拥有超过 5 万名员工。海底捞品牌在中式餐饮行业已经形成一种独特的现象，称为极致服务体验和就餐体验的代名词。根据沙利文报告，按 2017 年收入计算，海底捞在中国和全球的中式餐饮市场中均排名第一。同时，它还是增长最快的中式餐饮品牌，2016 年至 2017 年底收入增长率为 36.2%。服务是海底捞的品牌基础，也使得海底捞如今独树一帜。

海底捞创始人兼 CEO 张勇在采访时说道："我始终认为，只有当员工对企业产生认同感和归属感，才会真正快乐地工作，用心去做事，然后再透过他们去传递海底捞的价值理

念。试想你可以和亲朋好友一起工作，自然就很开心，这种快乐的情绪对身边的人都是很具感染力的。"在如何更好地激励员工上，海底捞也走过很多弯路，才逐渐形成了以福利、奖金、晋升、培训为核心的一套激励机制。

在员工福利方面，海底捞文化的精髓之一就是"员工就是家人"。张勇说过："很多北京的餐馆服务员都是住在地下室。但试想如果是你的兄弟姐妹到北京给你打工，你会让他们住到城里人不会住的地下室么？当然不会。"海底捞为员工提供人性化的住宿条件，服务员住的都是城里人住的正规住宅，配备有空调、暖气等。并规定从小区步行到工作地点不能超过20分钟，还有专人负责宿舍保洁、拆洗床单，使得员工在工余时间能够获得更充足的休息。同时，海底捞还形成了独特的、以员工为本的饮食安排。海底捞每天为员工提供四顿高质量的工作餐，周六、周日由于顾客较多，需要加班，还会提供额外的加餐。在保障了员工基本需求，使其能以愉快的心情去服务顾客的同时，错开了用餐高峰。"家人的家人就是家人"，海底捞十分重视对员工家人的关怀，每个月都会给经理以上干部以及优秀员工父母寄几百元的"养老保险"；若一年累计三次被评为先进个人，该员工的父母就可以探亲一次，往返车票由公司全部报销，其子女还有3天的陪同假，父母享受免费在店就餐一次。作为员工父母，感受到的不仅是关怀，更是一种荣耀，他们也因此会一再叮嘱自己的孩子在海底捞要好好干。店经理小孩3岁以下随本人生活的，可享受每月300元的补助，还可部分报销小孩在门店所在城市的上学学费，以此激励员工将家迁至所在城市，使得家庭更加稳定，有效缓解了员工因家庭原因从而离职的这一大关键因素。

海底捞内部有着一套十分完善的奖金分配制度。2003年7月，海底捞首次实行了"员工奖励计划"，给优秀员工配股。2005年3月，又推出第二期"员工奖励计划"，以郑州三店作为员工奖励店给优秀员工配股。并且在这之后，将每开办第三家分店纯利润的3.5%拿出来，作为一级以上员工的分红。海底捞每月都会评选店内标兵，奖励80元；劳模奖励280元，而功勋员工则奖励500元。同时，海底捞还在餐饮行业最早引进了计件工资制度，收入与工作量直接挂钩，激励员工主动加班，多劳多得。

海底捞为每位员工提供了一个公平竞争的工作平台。海底捞的所有员工都必须从最基层做起，有着相同的起点。每位员工只要在一个职位上连续一段时间表现优异，就可以实习更高一级职务，经过一段时间的实习合格后就会拥有那个职位。从初入公司起，为每位员工提供清晰的发展路径，根据员工自身的特点，分为了管理线、技术线、后勤线三条不同的晋升通道。员工在海底捞拥有绝对的权力，甚至包括对领导的任职。店长的任职不是老板说了算，是由全体员工票选，且投票率不得低于70%。这种评选每个月都进行，不达标的降级，达标了才能继续留任。不止是对店长，每一位员工也是如此，每月同样要进行票选。员工分初级、中级和高级，不同的级别对应着不同的待遇。

入职培训作为每一位员工加入海底捞大家庭的第一课，扮演着不可替代的角色。利用三天的培训使员工了解公司的制度及业务流程。更人性化的是，入职培训还包括像如何使用ATM（自动取款机）机，包括如何乘坐地铁：买卡、充值等，帮助自己的员工更快融入这个城市。在海底捞，接受完入职培训的新员工则被称作为"正规军"，增强了信心，也往往在工作中会显得底气更足。同时，海底捞还有自己的"大学"，选出优秀员工分别进行英语、管理、技术等方面的培训，提升员工自身素质。不仅如此，后备人才的培养被视为评选优秀店长的关键指标，而且每一个管理人员在没有带起来合格的后备人员之前，是不允许调任或升职的。

正像张勇所说的，"一家企业能走得远，核心靠的是人才，人才愿意死心塌地留在你这里，核心是利益的绑定，只要员工对企业产生认同感和归属感，公司自然走得长远。"在海底捞，不仅员工离职率很低，而且海底捞的每一位员工本身就是企业的广告，大多数新人都是经海底捞老员工介绍过来的，这其中不乏老乡、朋友、亲戚甚至是家人。

成功上市后，海底捞将极大的热情投入企业的快速扩张之中，开店加速度意味着对店长的需求将大幅提升，存在需求超过既有员工成长速度的可能性。在招股书的风险提示环节，海底捞亦表达了持续扩张给人才队伍带来的压力的担忧。未来这家明星企业将何去何从，我们拭目以待。

资料来源：

[1] 郑晓明，赵子倩. 海底捞：另类阿米巴[J]. 清华管理评论，2018（11）：123-128.

[2] 曾晗，张桃. 海底捞企业文化探析[J]. 中国市场，2018（19）：85-86，88.

案例讨论

1. 海底捞为何要为员工提供高于行业标准的食宿条件？
2. 如何看待海底捞所有的高层都需要从基层传菜员开始做起？
3. 从组织行为学角度分析海底捞的店长均由全店员工投票选出。

延伸阅读文献

拓展阅读

1. CAPRA F. The web of life: a new synthesis of mind and matter[M]. London: Harper Collins, 1996.

2. MYERS D G. Social Psychology[M]. 8th ed. McGraw-Hill Education, 2005.

3. NEWSTROM J W, DAVIS K. Organizational behavior: human behavior at work[M]. 10th ed. Beijing : China Machine Press, 1998.

第7章 领导与领导行为

 故事引导

表率的故事

春秋晋国有一名叫李离的狱官,他在审理一件案子时,由于听从了下属的一面之词,致使一个人冤死。真相大白后,李离准备以死赎罪,晋文公说:官有贵贱,罚有轻重,况且这件案子主要错在下面的办事人员,又不是你的罪过。李离说:"我平常没有跟下面的人说我们一起来当这个官,拿的俸禄也没有与下面的人一起分享。现在犯了错误,如果将责任推到下面的办事人员身上,我又怎么做得出来。"他拒绝听从晋文公的劝说,伏剑而死。

正人先正己,做事先做人。管理者要想管好下属必须以身作则。

7.1 领导问题

随着社会的发展和进步,领导活动变得越来越复杂,人们对领导的期望值也越来越高。领导方式在组织的管理中具有重要的影响,不同的领导方式对员工表现、员工满意度、组织绩效、组织变革与创新等方面有着不同的作用。

所谓领导,即管理者运用各种影响力,使下属接受、服从并执行的过程。领导是一个动态的过程。领导在组织中起着委任工作、激励下属、控制过程等作用。在工作中慢慢形成一些特定的方式、方法,将这些方式、方法上升到理论层次就形成了领导理论。传统的领导理论在发展过程中经历了领导特质理论(trait theory)、行为理论、权变理论。

在过去的一个世纪中,学者们又从不同角度对领导力进行定义、建构和研究,出现了领导参与模式(leader participation model)、情景领导理论(situation leadership theory)、变革型领导和交易型领导(transformational leadership and transactional leadership)、魅力领导(charismatic leadership)、授权领导(empowering leadership)等有一定影响力的理论成果。

中国正处于经济转型的特殊时期,企业面临着复杂多变的外部市场环境,迫使高管团队在进行战略决策过程中,需要不断提高集体决策的能力和效率。而这种集体决策的能力在很大程度上依赖于领导能否有效管理团队冲突,促进成员之间的信息共享、信任与合作。此外,改革开放的日趋深化也使企业的文化环境和员工心理、思想观念等发生了巨大的改变,对领导行为的期望和适应性也随之调整。

7.2 领导理论和实践发展

7.2.1 领导理论

1. 特质理论

在早期的研究中,存在着一种关于"伟人"的学说。这类理论认为,一些人由于具有一定的"伟人"素质而与其他人不同,于是便成为领导者。这一学说对领导的研究集中于研究领导的特质。许多研究文献先后提出了领导者应具备的许多特质,包括个性(如适应力、支配能力、自信力)、身体特征(如身高、体重、长相)、能力(如智商、工作技巧、人际交往)等。

1)C. A. Gibb

C. A. Gibb 的研究认为,天才的领导者应该具有如下特质:①善言;②外表英俊潇洒;③智力过人;④具有自信心;⑤心理健康;⑥有支配他人的趋向;⑦外向而敏感。

2)R. M. Stogdill

R. M. Stogdill 等人的初期研究提出,领导者的先天特性应具有:有良心;可靠;勇敢;责任心强;有胆略;力求革新进步;直率;自律;有理想;良好的人际关系;风度优雅;胜任愉快;身体健壮;智力过人;有组织力;有判断力。

经过多年的研究后,R. M. Stogdill 发现了许多特质特征中不具规律性的东西,于是在 1948 年他的著作 *Personal Factors Associated with Leadership* 中改变了原来的部分观点,如认为高度不是重要的因素、性格无大的影响、感情控制能力关系不大等。

3)F. B. Fiedler

以研究领导行为著称的 F. B. Fiedler 曾在比利时的海军中就领导特质进行过一次研究试验。被试验者共有 288 人,组成 96 个三人组,在他们中间既有领导者,也有被领导者。试验结果发现,领导者与被领导者在处理工作方面并没有多大差别,得到的分数基本相近。而且,一些具体部门的领导者,对某些工作做得很好,而对其他的任务却完成得不好。F. B. Fiedler 认为,领导者原本并没有一定比别人高的特质,他们与被领导者原来并没有显著的差异。

4)P. F. Drucker

P. F. Drucker 在其著名的《有效的管理者》一书中对此做了专门的评述,他的结论是:"有效的管理者,他们之间的差别,就像医师、教员和音乐家一样各有不同类型。至于缺少有效性的管理者,也同样地各有各的不同类型。因此,有效的管理者与无效的管理者之间,在类型方面、性格方面及才智方面,是很难加以区别出来。"并指出"有效性是一种后天的习惯,是一件实务的综合。而既然是一种习惯,便是可以学会的。"而且"必须靠学习才能获得"。

这是一个重要的结论性意见。因为如果按照古典特质理论，由于不可能所有的人都具备这样的特质特征，所以只有具备这个特征的人才能成为领导者。那么，为了培养领导者，只有对那些生来就具有领导特质特征的人进行领导能力的培训才是有效的，而对于其他人，即使进行培训也是毫无意义的了。P. F. Drucker 的结论意见，否定了"伟人"论的论点。

2．行为理论

行为理论方面的研究包括两个任务：第一，按照领导者行为的基本倾向，找出标志、描述领导者行为的一般模式；第二，研究领导者的各种模式的行为与下属人员表现、满足程度之间的关系。研究显示，高效率的领导者的行为与低效率的领导者的行为是很不一样的。研究提出的多种领导行为的理论模式，大体可以划并为两大类：一类是关于领导者的行为倾向，是倾向于抓工作还是倾向于关心人；另一类是关于领导者的作风倾向，是倾向于专制的还是倾向于民主的。

1）X 理论与 Y 理论

美国心理学家 D. McGregor 认为，对被领导者的看法，往往是一个领导者个人行为的出发点。他观察和分析了一些领导者对下属成员的看法后，认为可以归结为两种对立的观点，称为 X 理论和 Y 理论。他认为，赞同 X 理论的领导者必然要强调严格的管理法规和控制，采取"强硬"的管理办法和金钱收买，运用"胡萝卜加大棒"的手段；而赞同 Y 理论的领导者必然主张以人为中心的管理，注意创造条件让职工充分发挥潜力，强调自我控制。D. McGregor 的观点是，X 理论已经过时，领导工作应建立在对人的天性和人的行为的动机更加恰当的认识基础上，即 Y 理论。根据 X 理论和 Y 理论假设的领导行为方式的特征，如表 7-1 所示。实践证明，X 理论并非无用，Y 理论也并非万能，要视具体情况具体对待。

表 7-1　X 理论和 Y 理论假设的领导行为方式的特征

重要管理活动 \ 理论假设	X 理论	Y 理论
	人们厌恶工作；人们不愿承担责任；人们必须被迫工作	人们喜欢工作；人们喜欢承担责任；人们最好在自我管理中工作
计划工作（包括目标设置）	上级为下属设置目标 在制订目标和计划中，下属较少参与 很少提供研究的备选方案 对目标和计划承诺少	上级和下属共同设置目标 在制订目标和计划中，下属参与大量的活动 提供许多研究的备选方案 对目标和计划承诺多
领导工作	领导者是独裁的，仅只依靠于权力，人们服从命令，但隐藏着反抗和存在不信任 沟通是单向的，从上到下，很少反馈，信息流动受限制	领导者是参与者。协调合作有赖于权利，人们寻求责任，感到负有责任，并承担搞好工作的义务 沟通是双向的，带有大量反馈需要的信息，能自由流动
控制与评价	控制来自外部，而且是僵硬的 上级的行动像法官一样 在评价中信任低 着眼于过去，把重点放在发现确定上	控制来自内部，并且有赖于自我控制 上级的行动像教练员一样 在评价中有高度信任 人们学习过去，但着眼于将来；运用反馈控制，着眼于解决问题

2）领导行为四分图

这是由美国俄亥俄州立大学工商企业研究所于1945年研究设计的，在经过对1 000多种刻画领导行为的因素进行筛选、整理和归并后，最后归结为两个衡量尺度：抓工作和关心人。

抓工作是以组织目标为中心，是指领导者把自己及其部下在完成工作目标中所应起的作用加以确定并形成组织结构；关心人是以人际关系为中心，是指领导者考虑部下的需要、关心与部下的关系。由此构成的四分图是以二维空间来考察领导行为的。这一贡献为此后进行的领导行为研究开辟了一条新的途径。领导行为四分图，如图7-1所示。

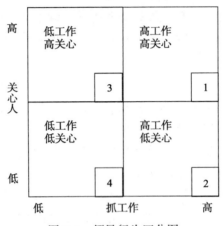

图7-1 领导行为四分图

3）管理方格图

在领导行为四分图的基础上，美国得克萨斯州立大学心理学教授B. B. Blake和J. S. Mouton于1964年合著了《管理方格》。如图7-2所示，管理方格图的纵轴为领导者对人尤

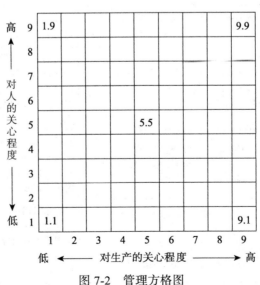

图7-2 管理方格图

其对部下的关心程度；横轴表示领导者对生产尤其对部下完成工作情况的关心程度。管理方格图共有81个小方格，对生产的关心程度和对人的关心程度之间就有81种可能的组合，也就意味着可显示81种领导方式。在评价企业领导者的领导方式时，只要按其两方面的行为，在方格图上找出交叉点，就能显示其领导类型了。

B. B. Blake 和 J. S. Mouton 在提出管理方格图时还列举了五种典型的领导方式。

1.1 型——贫乏型管理

1.1 型领导者对工作和人都漠不关心，是最差的领导者类型。

9.1 型——任务型管理

9.1 型领导者只关心任务的完成情况，不关心人，久而久之会导致士气低落，成为独裁式的领导。

1.9 型——乡村俱乐部型管理

1.9 型领导者非常注重与部下的关系，对工作却漠不关心或缺乏手段，久而久之会导致纪律松散和效率低下，成为放任式的领导。

5.5 型——中游型管理

5.5 型领导者虽然既关心工作也关心人，但没有全部投入，只求两方面都过得去，缺乏进取心。

9.9 型——群体合作型管理

9.9 型领导者对工作和人都极为关心，努力使部下个人利益的满足与企业目标的实现有效地结合起来，因而士气旺盛、关系和谐、工作出色，是最有效的领导方式。

管理方格图常用于诊断和改进企业领导方法与领导作风，提高企业领导的水平和工作效率。

4）第四型领导体制

美国密执安大学社会调查研究中心 B. Likert 于 1961 年在《管理的新模式》一书中提出了"第四型领导体制"的模式。按照这一理论，企业的领导方式被归结为四种类型。

第一型：专权独裁型。权力集中于最高一级，部下没有任何发言权。非正式群体对组织目标持反对态度。

第二型：温和独裁型。权力控制在最高一级，但也授予部下部分权力。非正式群体对组织目标不一定会持反对态度。

第三型：协商型。重要问题的决定权在最高一级，次要问题的决定权在中下层。上、下级之间有一定程度的相互信任，非正式群体对组织目标多数是支持的。

第四型：参与型。领导者对部下完全信任，平等相处，让部下参与管理，上下沟通较好，民主气氛浓厚。

B. Likert 认为，第四型的领导行为最好。为了判断一家企业的领导类型，B. Likert 提出了八个方面的指标：领导、激励、沟通、相互作用、决策、目标设置、控制和绩效。

5）PM 领导类型理论

PM 领导类型理论是日本大阪大学三隅二不二教授提出来的,他认为领导者的行为有两大特征:其一是为了实现目标,其二是维持群体。这样,组织领导者的行为方式可分为以下四种。

P 型:领导者只追求目标的完成,不关心人际关系,在维持群体方面做得很差。

M 型:领导者注重人际关系,在完成目标方面未能尽职。

PM 型:领导者不仅自己积极推动目标的完成,而且注意调动群体的积极性、增强群体的凝聚力。

pm 型:领导者在完成目标和人际关系方面均未尽职。

PM 领导类型理论可用于对组织领导行为的鉴别和评价。一般认为,属 PM 型的组织,其生产经营、发展后劲和成员对组织的信赖程度等都是很好的,其次是 P 型或 M 型,pm 型最差。PM 领导类型,如图 7-3 所示。

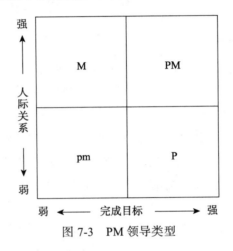

图 7-3　PM 领导类型

3. 权变理论

权变理论的最基本观点是领导的有效性取决于"协调",其权变思想是:领导者越使自己的领导行为类型与所处的环境状况和被领导者的需求相一致,就越能有效地实现个人目标和组织目标。

这是由美国权变理论领导模式首创者 F. E. Fiedler 提出来的,这一理论模式列出了三个影响领导效果的情境因素:领导者与被领导者的关系;工作任务的结构;领导者所处职位的职权和组织支持。根据这三种情境因素,领导者所处的环境从最有利到最不利,可分成八种类型,如图 7-4 所示。其中,三个情境条件齐备是领导者最有利的环境,三者都不具备是最不利的环境。企业领导者采取的领导方式,应与此八种环境条件相适应才能有效。F. E. Fiedler 用 15 年的时间对美国 1 200 个群体做了调查分析,得出了图中的曲线,即在最有利和最不利的环境条件下,采用以工作为中心的指令型领导方式效果较好;而对处于中间状态的环境,则采用以人为中心的领导方式效果较好。

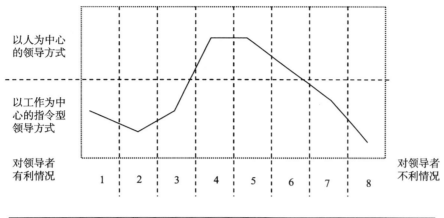

图 7-4 菲德勒权变理论领导模式

F. E. Fiedler 认为一个人的领导风格是固定不变的，也就是说，如果你是关系型领导者，你永远如此；任务型领导也一样。为了测量领导者的风格，F. E. Fiedler 开发了"最难共事者"问卷（LPC），F. E. Fiedler 相信如果领导者能以相对积极的词汇来描述最难共事者，说明他乐于与同事形成良好的关系，换言之，他就是关系导向型的。反之是任务导向型的。F. E. Fiedler 模型就是要在不同的情形下找到合适的领导者实施领导和管理工作。

4. 领导理论新发展

1）精神型领导

在当今社会，工作已成为大多数人生命中最基本、最重要的活动之一，其不仅仅是人们养家糊口的生存手段，也是实现自我价值的重要途径。人们在具体工作中展示和发挥自我能力，体验人生的意义。与此同时，组织希望员工能够对工作长久地保持热情，并为组织贡献全部能力，创造卓越绩效。那么作为组织的领导者，应如何进行管理才能够满足组织和员工的双重需求？在这样的需求背景下逐渐产生了精神型领导理论，其侧重于满足尊重与自我实现等高层次的精神性需求，为解决上述问题提供了理论指导。

精神型领导是由 Louis W. Fry 在 2003 年提出的，他将领导力、精神性和个人的意义感联系在一起，主张领导者通过满足追随者对于获得精神性存在、生命意义感等方面的需求来实现领导的有效性。在国外，精神型领导的研究是在基督教文化背景下发展起来的，而将其具体应用到中国的实践中，就必须考虑特殊国情，即在新文化运动后对于宗教信仰的弱化情况。因此孟奕爽和唐健雄（2013）通过探索性因子分析和验证性因子分析的方法，对中国文化背景下的精神型领导模型进行了构建。其认为精神型领导包括愿景和利他之爱两个维度，其中愿景是指对未来充满希望，能够为下属指引方向，使其为了实现自己的梦想而努力工作；利他之爱是指为下属提供帮助与鼓励，发现其优势并给予施展的机会，能够主动承担责任并帮助下属化解危机。

在对精神型领导的主要内容进行了探索后，学者们对于精神型领导在员工发展和组织承诺的作用效果进行了具体探讨与研究。杨付等（2014）以内在激励理论为基础，设计了直接领导与员工配对的调查问卷，对精神型领导对员工职业发展的影响机制与作用机理进行了探索。其认为精神型领导是员工职业发展的"航标灯"，对员工的职业发展起到指示和动机作用，而这个作用过程是通过战略共识这个传导机制施加正向影响的，并通过战略柔性这个"保护伞"起到调节作用的。

精神型领导弥补了过去领导理论在缺乏对员工精神型存在的关注与利用方面的不足，但目前该领域的研究还处于发展阶段，缺乏令人信服的统一的定义、结构维度和测量工具，同时在对其有影响效果的前因和后果变量的研究还需要更多系统性的探索。

比尔·盖茨在其对微软的领导中很好地体现了精神型领导。盖茨本身对微软的事业始终充满了激情，其强调的激情文化就是将使命感注入自己的工作当中，敬重自己的职业，并从努力工作中找到人生的意义。同时，微软也为员工提供了不同的自我价值实现途径，既允许优秀员工在管理轨道上发展，也允许他们根据自己的愿景在技术的道路上钻研下去。

2）伦理型领导

全球金融危机的爆发引发了人们对于初始商业经营理念的再度思考，而随着安然丑闻、三聚氰胺等恶性事件的不断曝光，那些仅以追求经济利润最大化的企业也被敲响了警钟。以追求经济利润最大化的单一使命观与当前社会变革对企业提出的积极承担公民责任、构建伦理型商业组织等要求存在明显差距。伴随着商业环境的快速变化，人们意识到不存在最好或唯一正确的领导理论，但是在这些风格迥异却同样有效的领导模式背后存在着一种共性的东西，那就是品德，伦理型领导正是在这样的变革背景下产生的。

Brown 在 2005 年对伦理型领导理论的具体内涵进行了较为系统的界定，其认为伦理型领导是指领导者通过个体行为和人际互动，向下属表明什么是规范的、恰当的行为，并通过双向沟通、强制等方式，促使他们遵照执行。而结合中国的传统儒家文化背景，原理（2015）用儒家的德性观构建了具有中国特色的伦理领导理论，将伦理领导在中国传统文化氛围下"落地"。其认为伦理型领导应具备"仁、礼、忠恕、中庸"等德行，并通过提高领导者自身内在的德性修养，由内而外地将德性转化为德行实践，从而影响整个组织的伦理价值观，形成组织的伦理氛围，进而影响组织成员的道德行为。

通过对伦理型领导的测量与维度的研究，学者对于伦理型领导的内涵基本有了共同的认识，并进一步对伦理型领导理论对员工工作表现的影响机制进行了深入探讨，其中大部分研究是基于领导和下属的关系进行研究的，而舒睿和梁建（2015）以员工的自我概念为视角，以团队价值模型为理论依据，从员工自我认知视角来剖析伦理领导对员工表现的影响机制。其认为，领导者通过展现符合伦理的活动行为能够提高员工在工作中的自我感知和评价，从而使员工表现出积极的工作态度以及较高水平的工作结果。

伴随着各式各样道德丑闻事件的不断揭露，学者们对于领导者道德规范问题有了普遍的关注，显著推动了伦理型领导的研究进展，但目前对于伦理型领导的结果变量层次和其具体的作用机制缺乏系统的梳理。而领导行为并不能直接对员工的行为造成影响，不清晰的影响机制不利于伦理型领导在企业中的具体实践应用。

在企业实践中，福特汽车就是很好的例子。李英，作为福特汽车传播及公共事务副总裁，在福特汽车践行企业社会责任方面作出了杰出的领导贡献。其要求福特汽车不单单追求经济利益，还要求在产品设计和生产环节贯彻低碳环保的理念，并动员公司员工共同参与公益活动。

3）道德型领导

道德型领导是新近提出的一种领导理论，它是领导者通过自身行为和与被领导者间的互动向被领导者表明在组织中什么是规范、恰当的行为，并通过双向沟通、强化和制定决策的方式激发被领导者表现这类行为的领导方式。道德型领导作为一种积极的领导方式，可以通过社会学习、社会交换、社会认定和内在动机等过程减少被领导者员工的消极工作行为（如越轨行为、反生产行为和非道德行为等）。

道德型领导关心、支持、公平地对待被领导者，尽量满足被领导者的各种需求，在工作中为被领导者提供资源并及时帮助他们解决工作中的问题，这便为被领导者释放出积极的利他信号。道德型领导有强烈的人本意识、社会意识和责任意识，以道德伦理为核心，与被领导者达成一种心灵契约，在无形中自然形成组织的价值观和凝聚力，上下同心协力共同完成领导目标的过程。

道德型领导比较少见，但是甘地是一位典型的道德型领导者，甘地给他人树立了什么是对的、什么是错的行为的榜样，并带领他的国家走向宗教包容和非暴力并且要求英国尊重印度的自主决定。这正是道德型领导的人本意识和责任意识，并且道德型领导往往领导组织完成以道德为目的目标，也可能导入一个新的道德观念给组织，或者从几个道德价值体系中提取出一个现阶段不可操作的行为。

4）理想型领导

所谓理想型领导，就是指存在这样一种现象：组织情境的不确定性高，大多数组织成员并不理解组织方向和目标，对合作秩序缺乏共识，组织中的制度（规则）更多是暂时性、尝试性，不具有足够的合法性。因此，当这种情况发生时，领导往往需要给组织其他成员提供一种"超越经验"的指导，如以愿景、使命、理想召唤下属。与之对应地，下属也会表现出高度的服从性。而此处的服从，往往不会有太多理性的考虑，缺乏足够的经验基础，是对"信念的追随"。当这种信念无法提供足够的动力时，领导可以借助"角色-地位"或者"制度-仪式"加以补充性调整。企业文化为组织成员的心智、行为及互动方式提供了基础，社会化过程进一步强化了组织成员的合作习惯。

理想型领导容易凸显领导人的伟大，因为他们为组织选择了"正确的方向"，创造了"新秩序-新世界"。当然，一旦秩序或者规则本身发挥作用，理想型领导的意义也将减弱或消散。同时，对于理想型领导也不能赋予过多的"理想主义"色彩。事实上，理想型领导可能是一种非常危险的领导类型，不仅不会提高组织效率，还会给组织带来相当严重的负面后果。唯我独醒者一旦获得稳固的权力或许就会倾向于唯我独尊，几千年的历史也证明了权力的集中，往往最后使集体陷入困境。中国人或许对理想型领导存在格外的幻想和渴望，但这恰恰反映了我们多么需要反思自己的文化传统和社会化过程。

理想型领导在组织环境不稳定时有其独特的优势。当外部环境动荡或变化较快时，成熟的领导理论或者企业战略都无法跟上环境变化的脚步。这时就需要采用理想型领导理论，团结一切可以团结的力量，以最快的反应速度应对环境变化，及时调整策略。当然，理想型领导理论也有其弊端：当领导者获得太多的权力，来自外界监督和批判就会减少，可能会使领导者变得盲目、自大，最后将企业带入错误的道路。例如，当年的健力宝老总李经纬，如果不是一个错误的判断，盲目承建健力宝大厦，导致企业资金链断裂，也不会走上破产倒闭的道路。

5）多层次导向的真实型领导

真实型领导者自信、乐观、充满希望、富有韧性，具有高尚的品德且立足未来，对自己的思想、行为以及所处的工作环境具有深刻的认识；不完全受环境的改变，总是试图改变环境，采取主动性以掌握环境、获取信息，提高自己对组织和工作的适应力。与其他类型领导者最大的不同是，真实型领导者善于发挥自身的榜样作用，通过增强下属对其价值观和道德感的认同，与下属进行一对一的动态的互动，从而改进下属的工作状态。在Walumbwad 等学者的研究成果基础上，本书作者归纳了真实型领导理论的领导的三种核心行为。①内化的价值观：指领导者的行为受到自己内在价值观的指引，即使面对来自同事、组织和社会的外部压力，也能做出与其内在价值观一致的行为，不受外界干扰；②关系透明：指领导者与上级、利益相关者和下属沟通、交流时都能展现真实的自我，如与下属分享信息、表达真实想法、增强彼此之间的信任等行为；③自我意识：是指领导者对其优缺点及动机的了解。

在组织行为学的研究中，任何概念都可以同时存在于个体、团队甚至组织三个层次当中的某一个层次，也可由较低层次推演到较高层次。因此，依据 Wu 和 Liao 等（2012）的研究，可以将真实型领导划分为个体导向的真实型领导与团队导向的真实型领导。它们均源于下属对真实型领导风格的评价。其中，个体导向的真实型领导代表着员工对领导行为的感知，属于个体层次的领导构念；团队导向的真实型领导代表着团队全体员工对领导者行为的感知，属于团队层次的领导构念，即指全体成员一致感知到的、领导者在团队中展示的关于鼓励创新的各种政策、做法和程序的公共行为。

6）内隐领导理论

内隐领导理论指的是个人对于领导者应当具备哪些素质能力和做什么的一种期望与信念。内隐领导理论探究了领导概念结构，而这种结构以某种形式已经存在于人们的头脑中，它既含有领导者是什么，又含有领导者应该是什么样的。在社会经历和过去对领导的认识中逐步形成内隐领导理论，内隐领导理论作为组织成员对领导者行为的理解和反映的认知基础已经渐渐表露它在组织中的作用，它们是组织认知的基本要素。Kenney等（1996）提出，内隐领导理论代表了一种认知结构，在这种认知结构里详细阐明了追随者期望领导者本身具有的特性和行为。这种认知结构潜藏在人的大脑中，只有在下属和领导者相互结合时才会被激发出来。

国内对内隐领导理论的研究还很少，只有凌文辁、方俐洛及凌文辁的学生林琼对内隐领导理论有所研究。经过先辈们的研究发现，中国内隐领导理论结构由个人品德因素、目标有效性因素、人际能力因素和多面性因素四个维度构成。而美国内隐领导理论在内隐领导理论的因素结构和维度方向上与中国存在显著差异，由八个因素（维度）构成：感受性、献身精神、专制、魅力、吸引力、男性气质、智力和力量。它们不仅在维度的数目上不同，而且在内容的含义上也有着很大的差别。中国人的领导维度都是正向的，而美国人对领导的概念化既包括了积极的成分，也包括了消极的成分，如盛气凌人、对权力的欲望、操纵、武断、自私、欺诈或令人反感等特质，这些在中国人的领导观念中是完全找不到的。这是中美内隐领导理论内容的突出差异之一。

古往今来不乏一些内隐型领导，如三国时期的诸葛亮，严于律己，宽以待人，通过追求自身的突破来达到想要的领导效果，使属下彻底地信服，因此大蜀的丞相仁制远近闻名。

7）谦卑型领导

在商业竞争环境激烈化与复杂化的发展趋势下，企业未来发展对领导者的能力素质与领导方式提出了更高的要求。越来越多的学者发现原本的"自上而下"英雄主义领导方式已经不能够适应剧烈的环境变化，而那些具有高水平谦卑品质的领导者采取的"自下而上"的领导方式可以帮助企业保持稳定可持续发展，因此谦卑型领导逐步作为一种独立的领导方式被学者们进行了广泛的研究。

谦卑型领导的核心概念就是谦卑，过去学者们分别从历史观点、神论观点和现代观点对谦卑进行了解释，而在后续研究中使用最多的是现代观点，主要从人格心理学和特质理论的角度解释谦卑。目前在学术界被广泛接受的主要是行为视角下的谦卑型领导理论，其认为谦卑型领导者通过对自身缺点和错误的坦诚、对下属的优点与贡献的认可、虚心学习等一系列行为，来正确认识自我并处理好与下属的关系。

随着对谦卑型领导研究的不断深入，学者们对谦卑型领导对于员工的心理和行为等方面的影响机制进行了进一步的探索。雷星晖等（2015）通过对领导—员工直接配对的问卷调查、结构方程模型和层次回归的数据处理方法，对谦卑型领导与员工创造力之间的关系进行了探讨，其认为谦卑型领导行为通过心理安全和自我效能两个方面对员工创造力产生正面影响，而这个影响效果在员工防御型调节倾向越强时表现得更为突出。唐汉瑛等（2015）同样应用调查问卷的方法对谦卑型领导行为与下属工作投入进行了实证研究，其研究结果表明谦卑型领导可以通过组织自尊促进下属对于工作的投入，而在较注重权威性的文化背景下，这种促进效果更显著，能够更积极地促进下属发挥其潜能。

目前关于谦卑型领导的研究内容比较丰富，从谦卑型领导的内涵、测量维度、结果变量的影响机理都有着一定的研究成果，但是，对于能够适应中国国情的谦卑型领导还有待于进一步的研究，通过开发本土化的测量量表与更多的实证研究来找到谦卑型领导"落脚点"。

在企业实践中，美国苹果公司现任首席执行官 Tim Cook 就是很好的一个实例，过去人们认为他缺乏乔布斯的领袖魅力，但是其用完全不同的谦虚低调的行事方式也很好地领导了苹果的发展，得到了投资者和消费者的满意与认可。库克在处理不时出现的产品问题，如苹果地图，总是保持坦诚和谦卑的态度，勇于承认错误，乐于接纳不同的观点。

8）破坏性领导

近来破坏性领导（destructive leadership）逐渐引起关注，对破坏性领导可以追溯到早期对领导阴暗面的关注，即正面领导的负面效应，如辱虐型管理、暴君行为、战略性欺凌、管理者阻滞、管理者侵害等，但是缺乏统一的定义和理论框架。随着研究的深入，研究者日益认识到，负性领导现象涵盖了各种不同类型的负性行为与人格特征，而不仅是正性领导的阴暗面。

破坏性领导的内涵：Krasikova 等（2013）提出破坏性领导是领导者的一种意志性行为，它通过以下两种方式伤害或意图伤害组织和被领导者：①鼓励被领导者追求与组织合法利益相悖的目标；②采用有害方法影响被领导者的领导方式，而不论这种方法是否正当。

破坏性领导的理论：毒性三角理论。毒性三角理论框架详细说明了一些主要的个体因素和组织内环境因素对破坏性领导的影响，如图 7-5 所示。

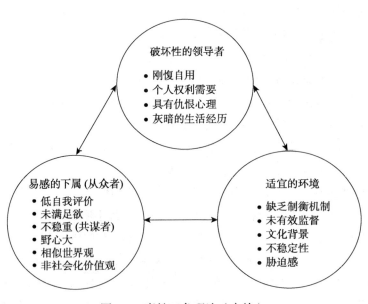

图 7-5　毒性三角理论（自绘）

破坏性领导行为分为指向被领导者的行为和指向组织目标、任务和效果的行为。破坏性领导通过组织公平感来对任务绩效、周边绩效和情感承诺间接产生负面影响。另外，破坏性领导还会对任务绩效产生直接的负面影响，毋庸置疑，破坏性领导对组织是有害的。因此，企业人力资源管理实践者应该制定出具体对策，减少领导者的破坏性领导行为，进而减少员工不公平感的产生。从而尽量避免使员工出现负向的态度和行为。例如，在招聘时，采取相关测评手段，筛掉有破坏性领导倾向的个体；在培训时，可以通过现场模拟和角色扮演等方法，对管理者进行培训和指导；在业绩考核和薪酬管理方面，把破坏性领导行为作为考核要素和报酬评价的参考标准等。

希特勒是典型的破坏性领导者。有人觉得希特勒是具有超凡魅力的领导者，但是希特勒的野心与他巨大的破坏性动机是同时存在的，构成了他复杂人格的一个重要方面。希特勒采用极权手段控制，独揽一切，具有极其严重的被害妄想症。

9）辱虐型领导

传统的领导研究主要关注领导者在组织效能提升过程中的贡献，研究的主题多围绕领导者的积极性行为和建设性行为，如上面提到的精神型领导理论，道德型领导理论等。当代的行为科学对于领导行为均采取这种只关注积极行为的研究和分析视角，而忽略了对反面领导行为的研究。近些年来，有关领导者"坏行为"的理论和实证研究吸引了越来越多的学者的关注。学者们以探究领导者在工作场所中的破坏性行为以及该类行为对组织和个体的负面影响为研究目的，形成了领导研究的新视角——破坏性领导。破坏性领导是一系列负面领导理论的统称，其中辱虐型领导理论更是被广泛关注。

现有研究对辱虐型领导理论的定义多采用 Tepper（2000）的观点，即员工知觉到的管理者持续表现出的怀有敌意的言语行为和非言语行为，其中不包括身体接触行为。这类行为具体表现为公开批评嘲弄下属、对待下属粗鲁无礼、不履行对下属的承诺、对下属漠不关心、不搭理下属、对下属大发雷霆、辱骂下属、羞辱下属、对下属使用侮辱性的称谓、以解雇的方式恐吓下属、怒视下属以及轻视和贬低下属等。其他一些学者也对辱虐型领导理论做了界定，如 Hornstein 则认为辱虐式领导的主要目的在于通过滥用恐吓和制造恐怖的手段来控制他人。虽然定义方式不一样，但是他们都一致强调管理者对下属的敌对、恐吓与虐待。Tepper（2000）对辱虐型领导理论的界定包含四层意思：首先，下属对辱虐型领导理论的感知是一种主观性的判断，同一主管表现出来的行为，有的下属认为是辱虐行为，有的下属则认为不是；在一种情境下被认为是辱虐行为，在另一种情境下则可能被认为不是。其次，辱虐型领导理论应该是持续表现出的负面领导行为，而不是一次性的，一次性或偶然表现出的负面领导行为不能认为是辱虐型领导理论行为。再者，辱虐型领导理论只包含怀有敌意的言语行为和非言语行为，而不包括身体上的接触。最后，辱虐型领导理论指的是行为本身，而不是行为意向，仅仅表现出行为意向或动机，不能够称为辱虐型领导理论。

将以上领导理论总结，如表 7-2 所示。

表 7-2 领 导 理 论

序号	领导类型	存在层次	理论基础	核心观点	内涵维度
1	精神型领导（Fry，2003）	精神层次	内在激励理论	领导者通过满足追随者对基于使命和成员身份的精神性存在的基本需求，来内在地激励他们，从而导致更高水平的组织承诺和生产力	愿景、希望/信念、利他之爱
2	伦理型领导（Brown and Trevino，2006）	心灵层次	社会学习理论	领导者通过把自己树立为有吸引力和可靠的角色模范，并辅以相应的奖励和惩罚措施，来引导追随者学习和遵守一定的伦理标准	诚信、利他主义、集体动机、激励
3	道德型领导	道德层次	社会交换理论	领导者通过自身行为和与下属间的互动向下属表明在组织中什么是规范、恰当的行为，并通过双向沟通、强化和制定决策的方式激发下属	人本意识、社会意识、责任意识
4	理想型领导	精神层次	个人特质理论	组织情境的不确定性高，领导往往需要给组织其他成员提供一种"超越经验"的指导，如以愿景、使命、理想召唤下属	自信、乐观、富于韧性
5	多层次导向的真实型领导（Walumbwad）	行为层次	个人特质理论	真实型领导者自信、乐观，具有高尚的品德且立足未来，不完全受环境的改变，善于发挥自身的榜样作用，通过增强下属对其价值观和道德感的认同，与其发展一对一的动态的、互动的真实关系而改进下属的工作产出	善于发挥自身榜样作用、善于与下属进行真实关系的互动
6	内隐领导	心理层次	内在激励	个人品德，目标有效性，人际能力，多面性	利他、自律
7	谦卑型领导	精神道德层次	内在和外在共同作用	脚踏实地以一种自下而上的方式来审视自我和他人	自我察觉，开门纳言，欣赏他人，低姿态，超越自我，放开自我
8	破坏型领导	行为层次	毒性领导理论 毒性三角理论	破坏型领导是领导者的一种意志性行为，它通过以下两种方式伤害或意图伤害组织和被领导者：①鼓励被领导者追求与组织合法利益相悖的目标；②采用有害方法影响被领导者的领导方式，而不论这种方法是否正当	破坏型领导者、易感的下属、适宜的环境
9	辱虐型领导	行为层次		通过滥用恐吓和制造恐怖的手段来控制他人	敌意、粗鲁、不信守对员工的承诺

7.2.2 领导理论的实践发展

回顾领导科学领域的理论演化，学者们一直在试图寻找到一个任何时候都行之有效的最佳领导理论。然而，因为领导者发挥作用的环境处于不断的变化之中，而不同的时代也要求不同的领导方式来解释现实，所以，尚不存在一个最佳领导模型。历史上的情景领导理论由于其概念过于抽象而很难应用于具体的情景,但是其概念的内涵却永远适用，即某种领导方式在某一特定的情景下是有效的，而在另一情景下则另一领导方式更适合。

领导理论是一个动态进化的过程,它并不完全按照某一种线性模式来发展，而是在理论与现实不断地拟合过程中向纵深推进。因此，管理实践是理论得以产生和发展的原始动力。

同时还应该看到，对领导现象进行理论划分是十分必要的。这是因为无论是学者还是管理者，都希望了解领导风格的分类方式，只有在理论上对领导理论和领导风格有着清楚的区分，才能在实践中更加有效地指导领导行为。管理现实具有复杂的特征，而每一种理论都试图解决组织中某一个独特现象下的问题，所以领导理论发展过程中的每一种理论和模型，事实上都存在其独特的价值。同时，还存一些理论虽然已经无法有效地解释当前的企业现实，或者甚至与现有的实践相背离，但它们都曾经在领导理论的实践中发挥过非常重要的作用。

7.3 领导的权力与行为

7.3.1 领导的权力

领导是一种行为和影响力，这种行为和影响力可以引导和激励组织成员去实现组织目标，是在一定条件下实现组织目标的行为过程。

构成领导活动的三要素是领导人、被领导人和环境，其中领导人是最重要的要素。所谓领导人就是实施领导影响过程的人；而被领导人，则是同意接受领导人影响，自愿放弃某些决策的权力、利益和行为自由，以求实现某一目标的人。要让一个人心甘情愿地放弃权力和行为自由是很不容易的，当一个人能够向下属证明了自己作为领导人的价值以后，才有可能被下属接受和认同，并自愿放弃权力和行为自由，心甘情愿地跟随领导人。领导人和被领导人并不意味着行政规定的上、下级关系。当一个向他人施加影响，并且被施加者愿意接受这种影响时，无论接受影响的人是上级、同事、下级、朋友或其他人，都已成为被领导人，而施加影响的人则是实际意义上的领导人。简而言之，是否构成领导与被领导关系与是否构成管理与被管理关系是完全不同的。并非有了职务权力就可以进行领导，而没有职务权力就一定无法进行领导，最关键的是这个人是否具有影响力。

所谓影响力，就是一个人在与他人的交往过程中，影响和改变他人心理和行为的能力。一般认为，领导影响力由两大类构成：职权的影响力（职权）和非职权的影响力。

1. 职权的影响力

职权的影响力是一种领导岗位赋予的具有强制性的影响力,它带有强迫性和不可抗拒性,以外推力的形式发生作用。在职权的影响力的作用下,被影响者的心理与行为表现为被动和服从,因而决定了它对人的激励是有限的。构成职权的影响力的主要因素有传统因素、职位因素和资历因素。①传统因素:对于为官者高人一等的传统概念形成了下级对上级的服从感;②职位因素:来自社会分工的领导职权,使该岗位的角色拥有一定的法定权力,即职权,让被领导人对他敬重推崇;③资历因素:由领导人的资格和经历所产生的影响力,使得被领导人对他敬重推崇。

这几项因素都与领导人当前的个性行为表现无关,领导人个人在改变其领导职位之前是无法使之改变或增减的。

2. 非职权的影响力

非职权的影响力是一种自然形成的影响力,即没有正式的规定,也没有上下授予的形式。非职权的影响力与领导人个人的素质、行为密切相关,被领导人是从内心自愿地接受影响。构成非职权的影响力的主要因素有品德因素、才能因素、知识因素、感情因素和作风因素等。①品德因素:领导人的品格、道德、思想面貌反映出领导人的崇高本质,使被领导人发自内心地对领导人崇拜敬爱;②才能因素:领导人在工作实践中所表现出来的才干和能力,使被领导人对领导人产生敬佩感;③知识因素:领导人所具有的科学知识和专长能力,使被领导人信赖领导人的指引;④感情因素:领导人与被领导人之间的关系融洽,亲如家人,使被领导人对领导人有一定的亲切感;⑤作风因素:领导人实行民主管理,使被领导人能参与决策,具有"主人翁"的自豪感。

非职权的影响力可因领导人的思想、素质与行为的改变而出现变化,通过领导人素质的提高,可以使其影响力得到提高。

职权的影响力主要依靠职位和职权获得,而非职权的影响力要靠自身的努力和个人魅力来创造,因而显得更为重要。非职权的影响力很高的领导人,他的权力性影响力会得到加强;相反,非职权的影响力很差,则职权的影响力也会下降。所以,增强领导力的关键在于提高非职权的影响力。

7.3.2 领导行为的心理驱动

影响组织成功与失败的关键是领导人。对于成功的概念有许多种解释,但其中有一点是相同的,那就是对成功的判断应该是长远的,不是瞬间的。组织的成功,应该是长远的概念。这就需要长远的领导战略以及实施战略的智慧。领导战略对于领导人的行为和组织的长远发展起着关键的作用,是领导人梦想成真的具体方案,换句话说,领导人不能停留于梦境,他必须领导组织成员共同实现其美好的梦想。

1. 领导人的梦想

领导战略往往来自领导人的梦想，即对未来发展的一种美好的憧憬，组织的许多辉煌成果来自领导人的梦想。没有梦想就没有创新，就没有新的目标和战略思路，就会缺乏激情和动力。有梦想的领导人才能制定充满活力的领导战略，这并不是一个疯狂的假设。因为梦想是自由的、解放的，思想开放、没有束缚的领导人才能高瞻远瞩、胸怀全局，才能在更高的境界下达到领导科学与艺术的完美结合。领导人的梦想并不是毫无根据、胡思乱想的，不断积累的众多信息汇集于领导人的大脑深处，随着组织环境的发展变化和领导人觉悟、欲望的提升，汇集的众多信息受刺激而发生撞击、产生火花并发展成为领导人的梦想。具有领导特质的领导人往往思维活跃，有许多大胆的想法，这些想法在开始成形为组织的长远目标和战略思想之前就如同梦想，领导战略是建立在领导人的梦想基础上的长远行动方案。当梦想在一开始就受到压制或排斥的话，那么许多可能带来巨大贡献（对组织和满足社会需求）的思想火花在其火焰刚有闪烁的时候，就会被人为地扑灭，成为一缕青烟而瞬间无影无踪。

领导人的梦想要成为组织的战略内容，其梦想应该符合组织的原始目的，要有助于组织的健康发展，这是组织的基本性质的要求和组织存在的基础。所以，领导人的梦想能否成为组织的战略内容，很重要的一点是其对组织的健康发展有否积极贡献。

领导人要梦想成真，就必须走出梦境，不能停留在梦境之中，要将梦想整理成为现实中自己的和组织的发展目标与战略思想。梦想成真的第一步是能够说梦，不能用语言表达的梦想可能是一种幻觉，不能成为现实中的发展目标和领导战略。说梦是对梦想的整理和表述，综合了领导人拥有的众多信息、领导人的思想和愿望。说梦是领导人走出梦境的重要一步，是从梦境走到现实的过程。说梦的一个重要目的，是要将领导人的梦想转变为领导战略，能够得到组织的管理团队共识和拥护。

走出梦境不仅是科学的问题，还需要艺术的支持。只有科学和艺术的有效结合，才能让领导人的梦想成为现实中的理想和组织的战略。科学地整理和陈述领导人的梦想是很重要的，但艺术地表达将更好地吸引整个管理团队的关注，并成为大家的共识。也只有将领导人的梦想转变为整个管理团队的共识，梦想才能成为大家的共同理想和组织的战略，领导人也就成为当然领导人。每个领导人走出梦境的方式和途径可以不同，是一个见仁见智的问题，成功的领导人都有自己独到的见解和经验。

科学与艺术的有效结合不是一件简单的事情，需要系统地学习管理的基本理论，学习、认识并扮演好领导人的角色。对于学习管理的人而言，难以把管理科学和管理艺术决然分开，综合地学习和综合地应用是必然的。能否融会贯通，就要靠自己的悟性了。每个学习管理的人有着不同悟性，悟性的问题需要时间去慢慢体会和认识——所谓的感悟。领导人的基本素质和整合知识的能力是其悟性的基础，不仅影响领导人的梦想质量，也影响领导人走出梦境的过程质量——能否清楚地说梦并成为管理层的共识。

2. 梦想成真在于行动

走出梦境、树立理想是领导人着陆现实的重要一步，接着就是形成组织的发展目标和战略。领导人的愿望与组织的初始目的及组织的长期利益应该一致，如果能够这样，领导人很重要的一项工作就是将理想结合到组织的发展战略之中，成为组织愿景。

将领导人的梦想着陆于组织的发展目标和战略内容中，是领导人的使命。使命促使领导人不断涌现美好的梦想，也推动着领导人积极影响管理团队，使大家拥有共同的梦想。这项工作很艰难，一方面是建立共同语言本身就是一件不很容易的事情，更何况由于管理团队的每个成员有着不同的教育和工作背景及其信息环境，共筑同一个梦是很困难的；另一方面管理团队的每个成员都有自己的利益驱动——不同的需求和使命感。这些困难要求领导人通过许多的基础性的工作作为铺垫来缩小管理团队个体之间的差异，包括借助 MBA 教育和管理培训等建立共同语言，并且让大家逐步认识自己的需求与组织目标之间的紧密联系和对组织的依赖性。显然，具有领导特质的领导人，他的系统思维具有战略性和前瞻性，他的许多工作不是急功近利性的，一些平常的事务处理可能在关键时刻才体现出其不简单的作用。所以，领导人梦想着陆的一瞬间，有着梦想之外的许多贡献，其着陆是否成功，不是瞬间的工作成效，而是一项系统工程的成果反映。为什么许多人强调"管理是一个过程""管理过程就是决策过程"，道理就是这么简单：我们不能因为吃了第 6 个大饼才吃饱就认定这第 6 个大饼具有独特功效，其实前面的 5 个大饼已经发挥了重要作用。领导人走过的路远比吃大饼要复杂得多，过程中的许多因素会影响领导人的梦境、说梦和着陆，因而在系统过程之中已经蕴含了众多复杂的决策行为。

圆梦——梦想成真是领导战略的实现过程，需要高效的领导人团队和组织体系给予支持。领导人的梦和理想着陆于组织的战略、构成组织的发展目标，圆梦是通过组织的战略的实施达到组织发展目标的过程。显然，领导人的梦想成真是一个实施领导战略的行动过程，是一个艰苦的和持续的努力过程。

圆梦需要领导人团队的合作和共同努力。前几年，在访问法国 EM LYON 时，该校的校长 P. Molle 对来宾说，他有许多的梦想，但是梦想能否成真，靠的是他的领导人团队。EM LYON 是法国著名的商校，是一所国际化程度很高的法国商校，其领导人团队的组成也是非常的国际化，在师资的组织、教育项目和课程设计等方面都体现出其长期的国际化发展战略思想。P. Molle 担任校长已经超过 10 年，非常重视学校的办学理念、长远的发展战略，保持和不断提高办学水平，成为全球著名的法国商校是这 10 多年来 EM LYON 的发展目标和他们实施组织战略取得的成果。现在，他们将与中国的合作视为今后发展的战略重点，这既是校长的梦，也是学校领导人团队今后的战略任务。EM LYON 的中国梦能否很好地实现，是对该校领导人团队的严峻考验，也是对 P. Molle 校长的新的挑战——这是个法国梦还是中国梦，显然回答起来不是那么容易。

没有梦想的领导人，对组织的发展缺少美好的憧憬，没有工作激情和挑战精神，对于需要积极发展和化挑战为机遇的组织而言，这样的领导人不是优秀的。领导人的梦想来自领导人对将来的美好愿望、组织的长远发展目标和责任、社会的需求和众多的信息集成。走出梦境，形成领导战略是领导人实现梦想的第一步；第二步是传播，让自己的梦想成为整个领导人团队的共同愿望，不仅要求能够读懂梦想，更要唤起整个团队的共鸣，让梦想扎根于组织的目标和战略之中；第三步是行动，梦想成真需要行动，需要领导人及其团队的共同努力，否则，领导人的梦想仍然仅仅是梦想。

3. 领导人的觉悟与智慧水平

能否成为领导人，还要看领导人的觉悟与智慧水平。领导人的觉悟决定了领导行为和组织的命运。为什么这么认为？理由很简单，领导人决定了组织的战略和发展方向、决定了组织的运行和绩效，那么，领导人的觉悟就会影响整个组织发展的质量水平、组织运作的质量水平以及组织各利益相关者的利益水平，最终决定了组织的命运。

所谓的觉悟，就是指对某个事物的一个认知水平。因为"文化大革命"等政治运动的影响，一讲"觉悟"这个词，很容易联想到"政治觉悟"。许多人对"政治觉悟"一词有些过敏，于是，久而久之，就逐步回避谈及"觉悟"。其实，政治是很深奥的领导和管理学问，这不是本书要讨论的话题，这里不予展开。本书想要说明的是，"觉悟"是现代领导的关键要素。组织的许多事物发展和命运依赖于领导人的觉悟，觉悟不到，组织的发展就难以进步和完美。

既然觉悟是一种认知水平，那么，作为领导人的觉悟应该体现哪些认知内容呢？答案有很多，许多书本上已经有了很好的陈述。本章认为，作为一名现代领导人，必须在组织目标、谋略、转换角度、自知之明等方面具有较高的觉悟。

1）明晰组织目标

组织必须是有明确的目标，没有目标或目标不明确的组织是难以有效运行的。组织的产生是因为存在需求。无论是对产品的需求、对服务的需求，还是对投资的需求，等等，都可能是产生组织的理由。这个理由也就是产生组织的初衷和目的。正因为如此，组织的目的应该是很明确的。围绕组织的初衷和目的，每个阶段都应该有明确的发展目标，领导人应该充分认识组织目标。如果说，组织目标不明确，那只能说明是领导人没有清醒认识组织目标。所以，保持对组织目标有清晰的认识，是领导人的基本觉悟要求。

领导人的任务是明确组织目标并有效配置资源更好地实现组织目标，所以，有效的领导人不仅自己对组织目标有明确的认识，而且要懂得让组织全体成员都认识组织目标，从而使组织目标成为组织全体成员的行动指南。这是一个难题，因为要让组织全体成员都读懂组织目标是一件不容易的事。领导人自己能够具有较高的觉悟水平，充分认识组织目标，已经是一件不容易的事情，而要保证每个成员都有共同的认识，那就是一件更艰难的工作。这不仅需要高水平的领导觉悟，还需要高水平的领导智慧。

如何有效地将组织目标渗透组织全体成员的思想和工作之中，并成为大家的共同目标呢？很多学者推荐领导人学习 P. Drucker 的目标管理。目标管理是一种很好的方法，不仅把组织目标一层层分解到每个工作岗位，而且与具体的人员相结合，可以充分体现每个人的特点和发挥个人专长，使组织全体成员在组织目标的指引下发挥最大的力量。但是，目标管理的方法必须活学活用，不能教条地照搬，否则会弄得很烦琐、很僵硬，那就会失去其应有的效果。

组织目标的实现在于持之以恒，如同学校办学，需要时间的积淀；学者做学问，需要耐得住寂寞。科技部部长、同济大学前校长万钢博士（2007）对此指出：大学教育不是炒股，不是短期投机，看准了方向不要轻易更改，不要今天看到这个时髦赶这个，明天看到那个时髦赶那个。学校如此，其他组织也同样如此。组织目标是长期的方向，领导人不仅要自己认清组织目标，还必须让组织目标成为组织全体成员行动的方向，并且能够坚持不懈地领导和推动组织目标的实现。

2）熟晓战略与谋略

组织战略一定要能够书面表达，否则，则说明组织战略是模糊的，是不够清晰的。不仅如此，组织战略还要能够清楚地传达，成为组织全体成员行动的指挥棒。在组织战略的框架下，实现战略意图的一些方式、方法和路径就不一定要公开了，这是领导谋略。虽然谋略也应该能够书面表达，但并不是说就必须张榜公布。谋略被要求能够书面表达，是为了能够清晰地理解和解读其具体内容并牢记在心，但并不能简单地理解为要书面公开。换句话说，组织战略内容中，总的发展方向和目标是要让组织全体成员都能认识，并希望转化为大家共同行动的指南。但实现战略目标的行动谋略，是不便公开的，以便于减少组织战略的实施过程中来自外界的阻力，特别是可以减少来自竞争者的干扰。

当两人竞技较量时，占尽上风、咄咄逼人的不一定是赢者，而表面反应迟钝的并非一定是败者。特别是在错综复杂的环境下，强者、智者不是表象所显示的，许多强者、智者并不轻易发表高论，即所谓"大智若愚"和"沉默是金"。个人如此，组织就更是如此，领导人必须有这个觉悟。所以，领导人要懂得谋略，谋略是不需要向世人公布的。如果领导人为了争取获得更广泛理解而公布了不该公布的组织意图和领导谋略，有可能会同时引来更多的干扰。

3）经常换位思考

人是有差异的，领导人必须充分认识这一点。有效的领导人从来不把自己作为组织成员的标杆，而是能够让所有成员都找到适合自己发展的标杆。这样，领导人就必须对各个岗位有足够的认识，特别是他直接领导的下属岗位。但是，组织的岗位设计往往也是在理想状态下进行的，而领导人所面对的现实不是完全理想的。所以，领导人不仅要读懂下属岗位的设计说明，明白岗位的任职要求，还必须对胜任岗位的人选有充分的认识。这样，领导人就必须学会换位思考。这样的换位，不是简单地从岗位上换个角度，而是要从下属——个人的角度来换位思考。

人，目前为止还不能标准化生产，所以，人的差异性是自然存在的。从人的角度来换位思考是真正的以人为本，对于领导人有效开展管理活动是非常有益的。F. W. Taylor 在 120 多年前提出了"一流员工"的概念。他指出：一流员工就是适合其工作而又有进取心的人。

人不能像零部件那样进行标准化生产,因此,也不能标准化地安放到组织的各个岗位上。例如,张三非常适合某个岗位,有很大贡献。张三离开这个岗位后,很难再有一个一模一样的张三来这个岗位工作,于是就会有问题产生:新来这个岗位的李四将在很长时期内一直处于张三的阴影下工作。这既不公平、公正,也可能会误导人们对李四工作绩效的评判。人是有差异的,那么,适合工作岗位就可以是不同途径的、不同方式的。如果领导人能够有这样的认识,换位思考就会有助于领导人有效地进行下属岗位人选的选拔,或充分认识下属的行为表现,并正确地评判其工作绩效。有时候,甚至可以根据下属的特点对岗位设计进行调整,以便更好地人尽其才。于是,领导人会发现身边的能人众多、人力资源非常的丰富,可谓人才济济。并且,还将改变领导人对组织人力资源管理的思路:补充新的人力资源,是为了丰富组织资源,以更好地满足组织发展的需要,而不是为了引入竞争机制,淘汰无能之辈。于是,整个组织的全体成员都在渴望新生力量的加盟,以增强组织的整体竞争力,而不是处处戒备来自内部的竞争,排斥新生力量。这样,组织的生命力将大大增强。

总之,领导人应该懂得换位思考,这样就多了一份理解,减少了沟通的障碍,丰富了组织的资源,增强了组织的活力。这既是有效领导的觉悟要求,也是有效领导的智慧体现。

4)领导人不是万能的

领导人应该觉悟到,自己不是万能的,也是会犯错误的。领导人必须保持头脑清醒,即使所有的人都夸你永远是正确的,你也要警惕犯错误。哪天领导人发现,无数的事实都证明自己一直是正确的,于是就认为自己一直是正确的,不会犯错误了。如果这样,领导人就已经开始走上错误的道路了。有这样一个实际发生的案例:在一次会议上,众多部下纷纷向上司抱怨 A 某工作不到位,虽然其开拓能力很强,工作成就也很大,但其拖拉作风对许多同事造成了许多被动。上司查证这些反映基本属实,于是就开始考虑如何对 A 某进行处罚。由于 A 某工作成就也是有目共睹的,生怕处罚过重会打击 A 某的工作热情,不利于组织的发展,所以上司觉得采取处罚措施时既要让 A 某感受惩罚,又不影响其工作激情。正巧这时 A 某所处的部门打来一个关于 A 某出国与商户洽谈的报告,上司觉得这是一次给予 A 某警告的机会,对于其出国不予批准。为了慎重,上司还与 A 某进行了沟通,没想到 A 某很乐意接受这样的处罚,表示一定吸取教训,这让上司大大地舒了一口气。但是让上司没有想到的是,那个部门的主管出国回来后一直抱怨上司,说 A 某是该部门的谈判高手,由于 A 某没有参加洽谈,给谈判工作增加了许多困难,导致这项业务的直接成本和间接成本都大幅度提高。最后还扔了一句话给上司:"出国不是旅游,更不是奖励,是去工作。以后请不要对部门瞎干预,决策前多听听部门的意见。"如果你是这位上司,你是怎样看待这件事情的呢?

许多领导人已经逐步克服了认识上的障碍,明白了"人无完人"的道理。领导人觉悟到自己不是万能的,这是一件不容易的事情,已经进步了。因为每个人都不希望看到自己会犯错误,更何况是组织中至高无上的领导人。但是,觉悟并不代表已经解决了实践中的问题,在实践中还需要智慧的帮助。已经觉悟的领导人虽然希望大家都能够明白"人非圣贤，孰能无过"这个道理，但又对"威信危机"顾虑重重，甚至产生恐惧，害怕由此影响和动摇自己的领导地位。于是，这种恐惧就会迫使领导人将所有可能的帮助都拒之门外，不仅领导人自己没有了"智慧"，还建筑高墙阻断了组织所有的希望。

一个好汉三个帮。积极争取各方的支持，并获得属下或外部的知识贡献、帮助领导人认识和弥补自己的缺陷，是领导人智慧的重要体现。智者，并非把自己塑造成万能之神，而是懂得借助众人的力量。一个领导人很难做到完美无缺，但一个领导人团队就可以做到接近完美。觉悟的领导人应该组成领导人团队来克服个人的先天不足，这是现代组织的发展和领导人进步的必然要求，也是新时代管理实践的发展趋势。当组织的所有资源都能够为领导人点亮光芒的时候，领导人的力量将是强大无比的。

领导人应该具有较高的觉悟和智慧。领导人不仅要清晰地认识组织的目标，还必须将组织的目标转化为组织整体行动的指南，为此必须让组织全体成员都能对组织的目标有充分的认识；领导人不仅要制定组织的发展战略，更要懂得战略运作中的"真真假假"，使组织的发展战略能够在不断发展变化的艰难环境下得以有效实施；领导人不仅认识到组织中各岗位的要求，更应该认识到人是有差异的，用人是难以一视同仁的，必须因人而异才能有效地开发和运用人力资源；领导人不仅要认识自己的能力有限，还必须能够克服思想中的障碍和压力，赢得各方的帮助，增强自己和管理团队的领导力。

7.3.3 领导行为的具体展示

领导人的理想固然是影响其行为的重要因素，但是，领导人对人、对事的态度从内心深处影响着其工作方式和领导效果。

1. 对人性认识的态度

领导人的许多行为建立在他对人性认识的态度之上，这是研究"人性"问题的代表人物 McGregor 的观点。这位美国麻省理工学院的教授在研究管理问题时发现，领导人对员工的认识如果持不诚实、懒惰、不负责任等观点，就会对员工采取强制性的管理，这就是"X理论"；如果相反，认为人是主动去工作的，只要创造一定的条件，他就会努力工作，并希望有所成就，这一观点从管理本身去寻找问题，鼓励员工发挥主动性和积极性，叫作"Y理论"。McGregor 认为，"X 理论"已经过时，只有"Y 理论"才能在管理上取得成功。因此，领导的任务就是创造条件，让全体员工的发展性需求得到满足，并在实现组织目标的同时寻找到实现个人目标的快乐。

对应美国人的"X 理论"和"Y 理论"，乌奇提出了日本模式的"Z 理论"。"Z 理论"是一种有关组织环境风格的理论，其特点包括长期雇用、逐步发展提升、专业化的职业发展道路、参与式的集体决策以及对员工福利的更加关注。在"Z 理论"的影响下，推崇一种全新的组织文化——淡化等级制和官僚结构，倡导平等的工作关系。然而，正当许多英美国家开始学习并实践这种"Z 理论"的时候，日本却背离了"Z 理论"而向西方的模式发展，这是一个值得思考的悖论。

对人性认识的态度始终伴随着领导人，影响着领导人的行为方式。研究领导方式的理论也有很多，本书不多介绍，可参阅尤建新和陈守明等的《高级管理学》（第三版，清华大学出版社，2019）及其他相关书籍。

2. 领导能力

成为领导人也就成为组织中的主角，在组织的形成和运作过程中始终起着关键作用。因此，领导人的能力因素也就成为人们关注的重要内容。首先，领导人应该具备扮演这一关键角色的能力，这种能力通常包括思想能力、战略能力、倾听和引导（沟通和影响）能力、高效的决策和执行能力、组织和控制能力等。随着对领导人角色的认识不断深化，以及组织环境的发展，对领导人能力的要求也有新的发展。几乎所有的领导人都认为自己是有能力的，是能够胜任领导岗位的，甚至还认为目前的担子重量不够，所以希望能够得到或寻求新的、更高水平的发展。但是，如果认真评判一下，就可能会发现结论与领导人个人的认识是不一致的。这里没有一个绝对标准，所以也不能说是领导人的自我感觉太好，或者旁人的评判有失公允。但是，可以说明一点，那就是对领导人这一角色的能力因素进行研究或讨论是很重要的。

即使是领导人，其任务还是最基本的——实现组织的目标。由于组织的资源是有限的，领导人在作出任何一项决策、运作任何一种资源时，都必须将绩效摆在首位。即使是现在人们对组织提出了科学发展观和可持续发展的要求，就领导人而言，其实是丰富了追求卓越绩效的内容。

追求卓越绩效，组织的领导人必须具有相应的能力。这种能力除了通常所说的思想能力、战略能力、倾听和引导能力、高效的决策和执行能力、组织和控制能力等之外，还必须具备自我认知、自觉学习的能力。只有对自己在组织中扮演的角色、所能发挥的作用有足够的认识，能够自觉学习、不断提升自己适应发展变化的能力，领导人才能胜任其工作岗位并得到发展，组织也就能在领导人追求卓越绩效的过程中得到很好的发展，实现其目标。有一点是必须注意的，对领导人的能力进行评判不能脱离其工作岗位，因为能力的概念不是绝对的，是相对于领导人岗位而言的。由于岗位的环境和岗位的要求不完全相同，不能简单将两个不同岗位的领导人相提并论。即使表面上看似乎领导人的岗位基本相同，但也可能存在一些细微的差异，而这个差异可能决定着领导人必须具备能力上的差异。例如，对于管理学院院长一职，在中国的大学里担任管理学院院长，他所面临的挑战和要完成的任务与在法国担任某个管理学院院长就大相径庭。即使在一个国家，由于所处的地区不同，面临的人才需求和管理教育需求不同，办学的历史、背景和优势不同，对管理学院院长的能力要求也存在差异。在法国，Paris（巴黎）、Lyon（里昂）、Marseille（马赛）、Grenoble（格勒诺布尔）、Nantes（南特）、Reims（兰斯）等地的著名的管理学院都有各自的办学目标和教育特色，学校领导人团队的组成也是各有特色。例如，有的学校很关注在法国的影响力，有的学校则突出国际化特点。同样在国际化发展方面，有的学校强调在欧洲的发展战略，有的学校却是偏爱向亚洲发展。这些学校的领导人团队非常注意利用自己的地域资源，如充分利用首都经济和文化的地域位置、工商会的支持、工业城市的特色、高科技发展的地域环境、地中海地域的影响等。即使在同一地区，各学校也会有不同的发展，如同在巴黎的 ESCP-EAP（欧洲管理学院）、ENPC（法国国立路桥学校）的 MBA School、ESSEC（埃塞克高等商学院）和 HEC（巴黎高等商学院）等都是法国顶尖的管理学院，但是却都有许多的不同之处和发展优势。如果仔细分析的话，就不难发现，所有这些管理学院的不同发展目标和途径都对院（校）长人选提出了有差异的能力要求。在中国，也存在着能力要求方面的差异，许多管理学院是大学体制框架下的二级学院，虽然因为其 MBA 教育项目有着激烈的竞争，但仍然受到大学教育体制的制约，成为管理学院的领导人往往是其学术影响力起了重要作用；部分管理学院属于财经类大学，在特色方面有别于传统大学，特别是在 MBA 教育项目方面，院长往往是行政上的安排；极少数管理学院是独立的大学，如中欧国际工商学院、长江商学院，它们颁发着与其他学校同样获得国家批准的 EMBA 和 MBA 文凭，却不受同样的规定约束，其运作机制对于领导人的社会影响力要求更高，学术型不是重点。这样，势必导致各个管理学院有着不同的发展战略和目标，这种差异以及学校之间本身的资源条件（包括学校领导的战略要求和能力诉求），就会在管理学院院长能力因素上得到体现。

组织对于领导人能力要求和领导人实际能力对组织的影响，始终是相互作用、相互促进或牵制，有些领导人能力与组织不相适应，而有些领导人能力却是匹配得几乎天衣无缝。在与同济大学合作的众多法国著名的管理学院中，所有这些学校无论是前任还是现任的校长及其团队所显示的不同能力组合，对于学校的发展影响都是极其关键的。有的极具号召力，有的创出新的业绩是非常的成功，有的继承了前任的辉煌并能继续创新和保持发展优势，有的却是默默无闻或平平淡淡，有的更是屡遭挫折、一蹶不振。为什么会有如此大的差别？原因肯定是多方面的，但校长能力与学校发展要求的匹配程度是一个重要影响因素。如果把这些学校的校长，无论现在取得成功与否，都进行一次大换班，或让他们来担任中国大学的管理学院院长，将可能出现意想不到的后果，但是一定会很有趣。所以，对于领导人能力因素的评判必须结合组织的特点和发展要求，离开了相应的组织要求去谈领导人能力是没有意义的。

3. 三项技能

领导人应该具备与组织要求相适应的思想能力、战略能力、沟通和影响能力、高效的决策和执行能力、组织和控制能力、自我认知和自觉学习能力。就其基本能力而言，Robert L. Katz 关于技术技能、人际技能和概念技能的观点值得参考。

从 Katz 的观点而言，技术技能是领导人完成其工作所需的基本业务技能，如同会计、医生、建筑师一样有各自的业务专业，都需要掌握相应的业务技术技能。领导人在各自的管理职能领域中要完成其任务并创造更好的绩效，就必须具备所需的技术技能。人际技能是指领导人与他人协作的能力。领导人要发挥每一位组织成员的作用，就必须能够与之很好地沟通和融洽相处，并激励他们创造更好的绩效。同时，领导人还要能够与相关组织协调好关系，要重视与同事以及上、下级之间保持良好的人际关系，并且不断地加以改进，以实现更有效的人际沟通。概念技能是领导人与他人协作并整合组织整体的资源、活动和经济绩效的能力。每一位领导人都必须将组织视为一个整体，而不能仅从本部门的利益出发进行决策，同时也不能忽视其他部门的决策对其管理活动和绩效的影响，以及由此导致的对组织整体活动和绩效的影响。如果领导人不具备这种整体概念，那对于组织而言是很可悲的，其整体绩效一定会受到领导人的能力缺陷的严重影响。

进一步展开可以发现，Katz 观点对于不同的岗位层次，领导人掌握各类技能的相对重要程度是不一样的。在基层管理中，领导人的技术技能是最重要的；随着岗位层次的上升，技术技能的相对重要程度逐步下降，而概念技能的重要程度则逐步提高；在高层岗位中，概念技能是最重要的，即通常所讲的全局性、整体性、长远性的概念和战略层面的思考。无论哪一个岗位层次，领导人的人际技能一直都是很重要的。

在互联网快速发展的今天，外部环境千变万化，全球化竞争已成必然，组织的结构也已经趋于扁平化，并且由于大批高知识员工的进入加速了管理者队伍的更替，领导人与被领导人的角色经常互换。因此，思想能力、战略能力、沟通和影响能力、高效的决策和执行能力、组织和控制能力等，对于领导人而言是极为重要的，从而促使领导人持续提升自我认知和自觉学习的能力。

4. 角色定位清楚

所谓角色定位清楚，就是指领导人对组织需求的认识以及自己在组织中所扮演的角色定位有非常清楚的认识。

领导人的根本任务是为组织创造出更好的绩效。为此，领导人首先是定义组织的目标，并得到整个团队的认同和追随，这是领导人组织其团队制订和实施行动计划的基础。在这一工作中，领导人要兼顾眼前的和将来的目标，不能为了眼前的组织绩效而放弃长远的目标，这关系到组织的长远利益；但也不能为了长远利益而不顾今天的生存。同样，领导人还要在组织的绩效和自己本位绩效（特别是存在着任期的考核）之间进行平衡，两者既有区别，又有统一。对于这些问题，作为领导人应该能够驾轻就熟。

其次，领导人必须按组织的计划方案，优化配置资源来实现既定目标。对于领导人而言，一个重要的任务是不仅要创造真正的"整体"绩效，还要关心组织中各项业务的绩效。领导人必须充分认识为创造"整体"绩效而需要的各项业务及其资源构成，要为各项业务配置资源并使之取得更高绩效和更好地服务于组织目标的实现。如果仅靠领导人个人的能力就能完成组织目标的话，领导人的任务就简单多了。问题是，组织的任务不那么简单，领导人必须依靠组织的全体成员共同完成各项业务，进而实现组织目标。因此，领导人应该懂得如何影响他人的行为，引导和激励他人创造更好的绩效。领导行为的影响力来自领导人个人的权威和领导人与组织成员之间的沟通等，这些对于领导人而言是很重要的。之所以是领导人，是因为他不是靠自己个人的努力来实现组织目标的，他应该能够指挥组织成员来共同为之奋斗。为了协同和指挥组织成员共同完成组织目标，领导人不仅要密切与组织成员的沟通，还要善于激励和引导，使组织的每一位成员都积极创造更好的业务绩效。为持续提高绩效水平，领导人在人力资源管理中积极、努力地推动人才的继续教育和发展，其中也包括领导人自己的继续教育和提高。

最后，领导人能够对创造组织绩效过程中的偏离目标的问题实施有效控制。领导人必须认清实现组织目标的路径和测量绩效的方法，并告知组织成员，让他们明白要实施的控制及其意义，以获得每一位组织成员对工作绩效的测量、分析、评估及纠正和改进活动的理解与有效执行。

领导人非常清楚自己应该站的位置——处于各项过程之上工作，获得组织成员的"仰视"。这是为了能够看清组织前进的方向，以正确指挥组织成员朝正确的方向前进，而组织成员则在过程之中，在领导人的指挥下工作。因为这样，领导人才能胜人一筹，看清全局、辨明方向，并得到组织成员的敬重。

领导人必须有效地运作组织的资源来实现组织目标，并追求更好的绩效，这是每一位领导人的责任。领导人掌握的资源中，人力资源是最重要、最特殊的资源。人力资源是最复杂多变的，而且对领导人的影响也是最大的。人力资源发展是领导人关心的核心，是领导人最重要的工作，也是最艰难的工作。领导人运作组织资源的活动是要让组织拥有的资源都能充分发挥作用，并从组织的整体上使资源对于实现组织目标产生最大绩效。要做到这一点，领导人的工作必须建立在组织整体、系统的概念之上。

5. 注重自觉学习

Herbert A. Simon 认为，决策工作贯彻于管理活动的全过程，决定着管理活动的成败。从这一意义上讲，领导人很清楚其工作的重点就是决策的制定和贯彻过程。

领导人每天面临着很多的问题要去解决，制定决策就成为领导人必不可少的工作。由于问题的性质不同，领导人的决策工作性质也有所不同。通常决策问题可分为结构良好问题和结构不良问题。所谓结构良好问题就是指那些直观的、熟悉的（有过经验）和易确定的问题。例如，企业遇到的顾客退货、供应商不守合同、不合格品处理等。而所谓结构不良问题就是指那些不直观的、不全面的和信息含糊或不完整的问题。例如，企业的新产品市场战略、风险投资、例外问题等。当领导人遇到结构良好问题需要判定决策时，由于问题直观、处理目标明确，甚至一些情节也在预料之中，领导人没有必要费尽心机，每次都花大量时间和精力，可按既定的工作程序进行决策，称为程序性决策。而当遇到全新的问题时，领导人没有事先准备的方法可循，必须进行较为复杂的分析、判断过程，这称为非程序性决策。通常情况下，这两类问题是混杂在一起的，领导人需要具备丰富的经验和诀窍，并站在较高的高度来审视问题，才能有效地判别问题并进行有效的决策。例如，2008年5月四川大地震，虽然已经有了紧急预案，温家宝总理在最短的时间内启程赶往灾区指挥抗震救灾工作，但是，无论在赶往途中还是到了灾区前线，许多事态的发展由于信息的局限仍然是不明朗的，这时，领导人的智慧、胆略和经验积累对于其决策给予了积极的支持。

领导人为提高组织效率，应尽可能地使决策工作程序化，为此，要减少结构不良问题，并尽可能地规范管理体系、完善管理工作程序。组织管理工作的标准化可以减少非程序性决策、提高管理工作效率，领导人必须加以重视，并积极推动。但是，由于管理工作的标准化会带来领导人在部分领域中的决策和指挥的自由度减少，领导人必须有充分的思想准备，并且要充分认识标准化能够降低不确定带来的风险和提高组织效率等方面的积极作用。但是，在管理标准化过程中，领导人已有的知识和经验是有限的，需要学习和体会新的知识与管理体系。即使组织管理的标准化程度已经很高，领导人仍然会面临结构不良问题需要去研究和决策，这就更需要补充新的知识和能力。停滞不前是领导人取得成功之后最容易犯的错误，取得成功的代价越高，领导人就越可能被以往取得的成功故步自封。所以，领导人的学习能力是很重要的。只有不断地学习，领导人才会发现前进道路上自己的不足和缺陷，才会更加清楚地认识学习和补充知识的重要意义。这样，就会在思想和行动上更加努力、更加自觉地学习并领先一步，领导人的领导力才能充分得以体现。所以，领导人要具备自觉学习的能力。

同济大学原校长、现任中国科技部部长万钢博士2007年5月7日在接受《第一财经日报》专访时，对于组织的领导人讲了一段话：不管在什么位置上，随时保持头脑清醒，认清自己所在的地位和所承担的责任，保留充分时间向你周围的人学习。万钢博士的话很值得领导人们认真思考！

6. 正视成功和失败

即使人们已经尽了最大努力，成功的希望也不是总陪伴在身边的。人生有成功，也会有失败。成功当然值得庆贺，但失败并不需要垂头丧气。成功的领导人不仅应该能够坦然面对成功，也应该能够坦然面对失败。

成功是应该庆贺的，但如果领导人缺乏理性认识成功的能力，因为成功而迷失方向和失去理智，那么就会上演"成功乃失败之母"的悲剧。对于组织而言，成功变成了失败的前奏，这实在是不应该发生的。同样的问题，失败本身并不可怕，一次失败并不一定是致命的，可怕的是领导人缺乏正确认识失败的能力，在失败后放弃了追求，在失败中迷茫和颓废，这样的组织就没有希望可言，这才是真正致命的问题。所以，领导人的能力不仅是能够领导大家取得一次成功，还要能坚持不懈地不断取得成功；不仅能承受失败的痛苦和压力，更能够充满自信并鼓舞士气反败为胜。在这方面，史玉柱的成功与失败以及他的东山再起，是一个典型的案例，值得领导人们学习和借鉴。

坦然面对成功或失败是需要有一定能力的。具备这种能力的领导人才能在取得成功之后不骄傲、不目空一切、不自以为是、不忘乎所以。简言之，没有忘记自己姓谁名谁，能够保持冷静和从容与大家分享成功的喜悦。具备这种能力的领导人也才能在遭遇失败之后不气馁、不心灰意冷、不唉声叹气、不一蹶不振，能够牢记自己的责任，积极分析失败的原因、吸取失败的教训、学习他人的成功经验，从而能够从失败的阴影和困境中从容地走出来，不仅能够避免重蹈覆辙，还能在站起来后取得巨大成功。这是一种很重要的能力，是"失败乃成功之母"的能力，是成功领导人必须具备的能力因素。

第7章　领导与领导行为

成功领导人的能力因素应该是与组织目标和发展需求相适应的，所以，关注自己的能力与组织需求的匹配，认真研究和解决好与组织之间的能力与需求"间隙"是领导人的成功秘诀。

成功领导人的能力不是课堂教育就能够培养出来的，需要在实践的摸爬滚打中得到磨炼。但是，课堂教育对于领导人能力的培养也是有帮助的，这就是管理学科以及 EMBA、MBA、MPA（公共管理硕士）教育产生的原因。课堂教育能否有助于领导人能力的培养、能否对领导人能力的发展起到积极的作用，关键是课堂教育本身在教育模式和内容结构等方面是否满足领导人能力培养的需要。这与企业开发新产品一样，必须进行积极有益的探索。否则，就会如同加拿大 McGill（麦吉尔）大学 Henry Mintzberg 教授批评的那样：MBA 教育脱离管理实际的需要。

7.3.4 领导行为的创新表现

一个成功的领导人，固然要具备一定的良好品质，但领导人的才能和领导人的工作有效性只有在工作中才能充分体现。因而，许多行为理论专门对领导人在工作中的个人行为展开研究，试图找到可供借鉴的有效领导行为方式，以提供后人学习。

传统的领导理论可以从许多参考文献中查阅得到并学习。但是，实践中没有固定的最佳领导行为模式。这一点，课堂里也是很难解决或提供有效建议的。领导权变理论认为，领导是一个动态的过程，领导的行为应该随着被领导人的特点和环境的不同而变化，而不可固守某一"最佳行为模式"。

只是，兵无常势，领导行为也是如此，学习者必须在思想和行动上有所创新。创新就是打破常规，创造一片新的天地，这是领导人的魅力所在。

领导人的魅力就是阳光，领导人的阳光能够照亮全体下属的思想、行动和发展的方向。可能很少有人讨论这样的问题，但这确实很重要。领导人的光芒对组织文化的影响是很关键的，能够使整个组织朝气蓬勃、奋发向上。显然，领导人的阳光是创新领导行为的永恒主题。

1. 阳光的动力

犹如太阳能一样，领导人的阳光可以为组织群体带来强大的动力。

领导人的重要任务之一，是能够将整个群体的资源充分地调动起来为组织目标服务。这样，从组织的每个成员的角度来看，一方面是希望自己能得到组织的重视，能够在组织中扮演重要的角色；另一方面是希望组织的领袖——领导人有足够的智慧和能力，能够带领大家实现组织目标，为组织成员带来成功和快乐。于是，领导人除了通常的知识和能力之外，在待人接物、言行举止、文化底蕴和精神面貌等方面的表现，成为影响全体员工积极性的重要因素。

有效的领导行为表现，应该能够激发下属挑战困难的斗志和干劲，能够给下属带来获得成功的希望和喜悦，能够用欢乐鼓舞下属的士气和创新，能够让下属对未来有美好的憧憬和信念。这样,领导人的阳光元素就愈发清晰了:目标、信念、科学、精神、乐观和亲和等。不谋全局者,不足谋一域。领导人高瞻远瞩、纵览全局,立足前沿、决策科学,才能有智慧光芒的闪现。不与众人同乐,难得众人之心。领导人斗志昂扬、充满朝气、助人为乐、亲切开朗,才能有必胜的感染力。

领导人的阳光,普照群体的每一个角落,给群体带来强大的动力。领导人的阳光,不仅展现了领导人的领袖魅力、对下属的关爱、积极向上的朝气和实现组织目标的信心,还照出了组织的宏伟蓝图、群体智慧和凝聚力,员工的幸福前景、快乐的激情和对领导人的信赖,以及对所有利益相关者的关注和承担责任的勇气。

2. 抱怨无济于事

领导人的阳光能够给各利益相关者带来快乐。人世间,许多发展是很难一帆风顺的,一些问题来自投资者、下属或顾客,无论是谁带来不快,都会汇集到领导人。一般人通常会用抱怨来解脱困境。但是,如果仔细回味这些抱怨,领导人将会发现几乎没有一次抱怨会带来快乐,甚至有些时候会越抱怨越来气。所以,领导人找到认真思考和正视自己的"抱怨"。抱怨会带来什么呢?破坏领导人在群体中的光辉形象和影响力,让领导人失去理智,剥夺了领导人的快乐,并导致组织群体蒙受损失、组织成员遭遇不幸。

(1)抱怨让领导人黯然失色。领导人的阳光,会因为抱怨而失去光芒。喋喋不休的抱怨,遮盖了领导人昔日的阳光,让组织乌云密布,群体失去方向和信念,甚至会使得众叛亲离。无论是对投资者的抱怨,还是对下属的抱怨,都将给领导人的心理和行为抹上阴影,这是抱怨必然带来的问题。由于抱怨,领导人的情绪不能平静,糟糕的情绪破坏了所有的一切。由于抱怨不能解决问题,最后导致的结果只能是让领导人更加失望和情绪低落。或者,领导人自己的情绪并没有如此糟糕,这只是给人留下的印象而已。但是,这种失去光芒的形象将成为领导人继续前进的障碍。

(2)抱怨让领导人不可理喻。由于抱怨,领导人难以正常思维,脑海里充满了偏见。抱怨,强化了领导人对投资者信任的疑虑,消极情绪的增长和顾虑重重最终导致智慧的梗阻。抱怨,强化了领导人对下属的不信任,无人可用的感觉使得组织的人力资源更加短缺。抱怨情绪的恶化,将使得领导人不能以正常的心态来对待所有的人和事,让人感到难以理喻。

(3)抱怨让领导人陷入困境。由于抱怨,领导人将失去工作的快乐。本来,投资者也好,下属也好,双方有些不顺、不满意或不同意见是很正常的。但是,当领导人不能正视这种问题时,抱怨就成为领导人的包袱。多数情况下,领导人的抱怨对于他人并不能改变什么,只能给领导人自己带来更多的烦恼。如果,这种不快的原因确实是他人的过失引起的,那么,抱怨不仅不能改变已有的过失或损失,只能让领导人自己更加不快,成为对领导人自己的惩罚。如果,这种不快的原因是领导人自己的过失造成的,那么,抱怨就更没有任何意义,不会改变已有的问题,只会加重对自己的惩罚。无论是哪种结果,对于解决问题都于事无补,而对于领导人而言都是不快乐的。

领导人应该确保组织、组织成员、顾客的利益不受侵害,抱怨不仅无助于解决这些问题，还会给领导人自己抹黑，让领导人失去理智、失去快乐。所以，作为领导人，应该清醒地认识到，抱怨是不该发生的。所以，抛弃抱怨、振作精神，以积极的态度去应对发生的问题，领导人就能自如地展示智慧，并在快乐中改进问题、享受解决问题的幸福。

3. 倾听、提问和引导

领导人的阳光普照，体现于领导人与组织成员的沟通之中。其中，领导人认真倾听下属的讲话、主动询问下属或请教问题、引导下属行为，是很重要的领导行为。

许多的组织活动是在领导人与下属的相互交流和沟通中完成的。交流和沟通是双向的，因此，领导人不仅仅是只会发号施令的人，还必须学会认真地倾听。领导人能够积极主动地与下属交流、热情洋溢地接受下属的沟通和全神贯注地倾听下属的讲话，这些姿态都是对下属的重视，并给下属带来精神上的温暖。领导人的这种表现，对于下属而言，具有太阳般的磁性，将产生很强的凝聚力。但是，真正做到认真倾听，对于领导人而言，是一件极不容易的事情，需要有极大的耐心。只有当领导人认识到倾听下属讲话是一件了不起的、很重要的工作，那么，倾听才会引发领导人的兴趣，这时就不用担心领导人的耐心问题了。

沟通中有问有答也是很重要的，否则，谈话会变得无聊和乏味。与下属的沟通过程中，领导人只是安静地倾听是不够的，提问有时能够起到很大的作用，可以让下属感到领导人不是在敷衍，并且很看重自己的意见。一方面，领导人需要了解下属的思想，或者听取下属对相关问题的意见；另一方面，领导人需要及时地了解相关问题，或帮助下属解决问题，无论是哪种情况，提问都将有助于领导人获得更多的信息，并且也有助于调动下属的积极性。但是，这样的结果都取决于领导人在提问时能够问对问题，这也是需要诀窍的。有一个故事，某公司高管视察其管辖的一个咖啡馆，咖啡馆经理汇报说今年的营业指标很难完成，希望能够调整指标。高管没有直接回答问题，而是问咖啡馆的经营情况。因为这个咖啡馆设在飞机场内，这里就成了接人、候机或者会面的场所。高管问：机场的顾客不是很多吗？不会没有顾客吧？为什么会认为营业状况不好呢？经理回答：顾客是有的，而且很多。但是，许多顾客坐在咖啡馆里，一杯咖啡就是一两个小时，占着座位，新的顾客进不来，营业额就上不去。高管觉得奇怪，这里又不是酒吧，为什么顾客会这样？经理说：许多顾客一般都是在这里休息，一边喝咖啡一边看着电视机里的机场信息，等着接人或是候机，不多点东西。只有到登机时间了或飞机到了，才离开座位。高管问：可以将电视机关掉吗？经理说：看不到机场信息，那样客人就会少了。高管说：开和关电视机都会有问题？那么，到底该开电视机还是关电视机呢？好好想想吧！没有多久，公司高管就接到机场咖啡馆经理的报告：今年的营业额可以完成，在高管的引导下他们已经找到解决的办法，所以，感谢高管给予他们的指导。高管回应说：不用感谢他，因为是咖啡馆的领导人和员工们自己解决了问题。高管特别强调：咖啡馆有一支很好的工作团队，有足够的智慧和能力办好咖啡馆，相信他们一定能够把咖啡馆越办越红火。事实正如高管的预言，咖啡馆真的办成了公司下属的明星单位。所以，问对问题，适当引导，可以发挥众人的作用，领导人的阳光效果将使组织资源的能量成倍增长。

4. 胸怀全局

不谋全局者，不足谋一域。领导人必须胸怀全局、放眼未来，从战略的角度审时度势，才能把握组织的发展。

所谓全局，就是超越领导人管辖组织的大环境。从系统的角度讲，领导人所管辖的组织是一个子系统，领导人要把握子系统的发展，就必须对母系统有充分的认识。因为母系统的许多变化，对于子系统的影响是巨大的，有时甚至是根本性的。所以，领导人必须识大局，以系统的观点认识和领导所管辖的组织，这对于其领导行为的效率和有效性的提高是至关重要的。

领导人所面临的全局是一个非常复杂的母系统，能够对全局有充分的认识是一件极其困难的事。许多状况下，领导人首先要做的事，是站在自己的组织外部来重新认识组织，即跳出庐山看庐山，以避免"不识庐山真面目，只缘身在此山中"的问题。政府或企业的部门领导、大学的系主任，必须跳出自己领导的部门来认识组织的发展。省市一级的领导人要以国家利益为重，区县一级的领导人要认识省市的整体发展战略，企业的人力资源总监必须清楚企业的长远战略，系主任必须知道学校的整体发展规划和整个学科领域的发展趋势。有了全局的认识，领导人的努力方向就明确了，工作就不容易犯错误，甚至还能得到事半功倍的收获。

领导人面对的全局有时存在多个系统的组合，如从投资人的角度存在一个组织体系，从行业角度存在一个体系，从专业的角度存在一个体系，等等，这些不同的体系构成了一个庞大的、复杂的系统。领导人不仅要勇敢地面对组织外部这样一个庞大的、复杂的系统，而且要善于化复杂为简单，为组织指明正确的发展方向。所以，领导人必须能够系统地思考问题，系统的、宏观的战略理念对于领导人是很重要的。

只有能够胸怀全局，领导人才能正确地把握组织的发展方向。

5. 精神和舞台

领导人的精神对于下属有巨大影响，被喻为员工的精神支柱，这是领导人的阳光的重要部分。虽然，大家都不能否认，领导人一直处于激烈的竞争环境之下，肩负重任，顶着沉重的压力。但是，正是在这样的情况下，如果领导人仍然能够思维敏锐、神采奕奕、斗志昂扬的话，其阳光的力量就更为巨大。所以，领导人的精神阳光不仅对于下属具有一种激励和感召力，对于合作伙伴也是一种信心和凝聚力，对于竞争者则更是一种威慑力。阳光可以驱逐人们心头的乌云、振作人们的精神，可以化解人们心头的不快、滋润人们的情感，可以消除人们心头的担忧、成为人们行动的动力。碰到困难就垂头丧气、遭遇挫折就情绪低落，对于领导人而言，不仅于事无补，更是对群体活力的伤害。因此，领导人应该从容面对各种挑战，抖擞精神投入工作。领导人灿烂一些，成功的希望就会增多一些。

心决定了舞台——心有多大，舞台就有多大。虽然这是一句广告词，但对于领导人而言，讲得正是恰如其分。领导人有多大的舞台，其专业知识、专业能力具有不可替代的作用，但都不是决定性的因素。决定领导人舞台的是领导人的"心"。"心"的阳光不仅能够照亮别人，更重要的是照亮了领导人自己，照亮了领导人前进的征途，驱赶征途中的迷障和妖魔鬼怪。"心"的阳光，照亮了领导人的舞台。

领导人的阳光是组织群体的资源和动力。闪耀领导人的阳光，关键在于领导人自己。

讨论了许多关于领导行为的内容，试图找到一种最佳的领导模式，这种想法和努力往往是徒劳的。由于真正的领导岗位并不是一种职业岗位或专业岗位，很难用设置某个领导专业来培养或强化训练，这既是产生领导人的困难，也是产生领导人的魅力所在。所以，没有陈规，只有创新，在变化中适应需求并引领众人走正确的发展道路是领导行为的要点。无论是理论研究，还是领导实践，都不能离开这条路径。

7.4 领导力建设

7.4.1 基本素质要求

许多组织的成功，功劳首推组织的领导人。许多组织的失败，责任也主要归咎于组织的领导人。无论是夸领导人的功劳，还是究领导人的责任，都可以归结为领导人的领导和决策能力。几乎所有的书在介绍日本的 Toyota、Sony，美国的 GM、GE、IBM、Microsoft、德国的 VW、BMW，中国的海尔、万科、长江实业等许多企业的成功事迹时，都不忘记夸一夸这些公司的领导人。在介绍这些领导人的成功经历时，又是集中于他们的决策能力。虽然这些成功人士有着不同的背景，并且都显示出非凡的领导能力和决策能力，遗憾的是他们中的许多人却在人们关注他们的成功后走向了失败。或许可以这么说：一个人取得成功并不难，难的是一辈子都成功。如果这是一种共识的话，那么也只是把人的成功与其能力和机遇联系了起来。但是，本章要说的是，这些领导人的成功能否长久不仅是因为他们具有领导特质和超强的领导与决策能力，更是取决于他们作为领导人的基本素质。

领导人的素质主要包括领导人的人格素质、精神素质、道德素质、科技素质、职业素质、健康素质、文化素质等。

1. 领导人的人格素质

领导人的人格素质主要指独立的人格意识，宽容、平等和民主精神，人权和公民意识等。

领导人的人格素质对其领导和决策行为具有决定性影响，并影响组织的整体行为。领导人的人格素质不仅影响其决策过程博采众长、整合众人知识、吸取他人建议的能力，也直接体现了领导人对组织的影响力。如果领导人能够和蔼可亲、平易近人，并且能够宽容不同的意见，就会在工作和交往中与合作者或部下迅速建立相互的信任，得到更多人的支持、帮助和积极的建议，获得更多的知识支持，从而减少决策过程中的信息不对称，提高决策和组织活动的效率。特别是领导人在与合作者或部下的沟通过程中，其人格素质直接影响到待人接物中所表现出的主见和君子风度，以及能否认真倾听甚至接受各方的不同意见。这些都将直接影响组织的精神面貌和行为风格。

领导人应该具有认真、仔细倾听的能力，组织管理体系运行中的许多问题是由于领导人没有耐心和认真倾听合作者或部下的陈述。这种认真、仔细地倾听耐心，是领导人的人格意识以及宽容、平等、民主意识等的综合体现，是领导人人格素质的反映。在领导或组织过程中，领导人缺乏耐心所表现出的浮躁、急躁、武断、独裁、居高临下等的行为表现，其实质反映了领导人在人格素质上的缺陷。有人认为，领导人在耐心倾听方面的表现良好，往往是因为其缺乏主见或决策能力不强。这样的认识是一种偏见，而且这种偏见还误导了许多领导人的行为，使得他们为了表现出强悍的能力和有主见而不愿意静下心来仔细倾听。应该说，领导人表现出认真倾听的耐心，是其有主见、善于决策的表现，并且这样的一种表现还构成了一种感召力，增强了组织成员乐于效力的积极性。

领导人的人格素质对组织文化具有重大影响，特别是组织的开创者，其人格素质对于组织文化的形成具有决定性的作用。即使更换了领导人，往往在组织文化中仍然或隐或现地可以看到组织开创者的影子，即隐含着开创者的烙印。所以，继任的领导人必须重视各届领导人的人格素质对组织文化的长期影响，顺势而行。继承前辈成果并发扬光大，以及妥善处理遗留问题，是对继任领导人人格素质的考验。领导人如果能够以优异的表现通过考验，那将是组织全体利益相关者的福分，当然也是众人所期望的优秀领导人的人格素质实现。

2. 领导人的精神素质

这里所讨论的领导人的精神素质是指领导人的精神面貌、使命感和思维状况。

领导人的使命感对于其能否成功领导一个组织有着关键影响。所谓使命感，就是指对生命的价值和奋斗目标的认识。领导人的使命感不仅体现了他所具有的努力为社会多做贡献的精神和实现个人价值的愿望，还有一份对组织和组织成员发展的责任心。这份责任心对于组织的所有利益相关者而言，都是极为关键的。领导人的许多卓越的追求和百折不挠的毅力，都源于其强烈的使命感。当一名领导人不为钱欲所动，也不为权欲所动，仍然百折不挠地进行拼搏的时候，其精神的支撑很大程度上是来自他积极向上的使命感。

领导人的精神面貌非常重要，是组织健康发展的支柱。领导人应该始终保持理性而又积极的人生态度，充满朝气，并且具有开阔的视野和胸怀。领导人奋发向上的积极态度，能够感染组织全体成员的精神风貌；领导人宽广的视野和胸襟，决定了组织的发展空间，正所谓"心"决定了"舞台"。1995年，时任同济大学党委书记王建云带团访问德国，走访了许多德国的中小企业，与许多企业的领导人进行座谈。回国时，问随团的成员对这次出访的最大体会是什么？当时就有人回答说："应该让更多的中层行政干部出国学习，不仅是学习管理知识，更重要的是开阔他们的眼界，见多才能识广。"现在回想起来，还真的是很重要。学校这类组织不同于企业和政府，教授在学校中举足轻重，因此很关注师资队伍的建设，但很容易疏忽对行政人员的业务能力提高。学校往往将出国学习的机会看成是教师提高业务水平的"专利"，或者是让位于学生。学校水平的提高总是围绕着学科和专业建设的需要，所以教师和学生总是扮演着主角。虽然不能说这种观点完全错误，但忽略了管理水平的提高将给学校的发展带来致命的缺陷。特别是，当学校的领导人视野和心胸不够开阔的话，就难以高瞻远瞩，有正确、长远的战略眼光和魄力来领导大家。如果组织的领导人上班无精打采、得过且过，缺乏朝气，还经常斤斤计较、打一些小算盘，那么，这种精神面貌正好反映出领导人不见世面、心胸狭窄的内心精神世界。所以，领导人的继续教育也是很重要的，要不断丰富领导人的见识，振奋他们的工作激情，提升他们的愿景目标和成就感，组织的持续、健康发展就会得到保障。

领导人要敢于创新，这样才能推动组织不断进步和发展。为此，领导人必须解放思想，战胜自我。创新，这本来是很自然的发展，但在许多时候是人们思维中不自觉地为自己设置了思想障碍，阻碍了创新思维的闪烁。如同前面所说的，无论是成功或失败，如果不能正确对待，都可能是领导人前进的障碍。失败让人气馁，成功让人骄傲，敌人都是来自自己故步自封的思维。所以，领导人的最大敌人，或者说最大的威胁，还是来自自己。敢于理性地正视失败或者认识成功，都是需要强大的精神支持。这个说起来容易，真正做好就很难。能够战胜自己，解放思想，领导人就会有更多的发展思路，组织也就会有更多的发展空间和成功机会。

3. 领导人的道德素质

一个好的领导人，必须具有基本的良心、爱心和同情心。有了这份真诚，领导人的善良本质就会在许多行为中得以体现，让组织的成员、组织的顾客以及组织所有的利益相关者都能得益。当然，有这样领导人的组织，肯定是受欢迎的，必然也会有很好的发展。

怎么能看出领导人的良心、爱心和同情心呢？没有确定的标准，因为领导人遇到的情形是五花八门的，其行为表现也是千差万别，甚至是出其不意、各显神通。有一个案例：某地方官快下班的时候接到部下报告，某建筑工地发生施工人员高空坠落死亡事件。地方官是地方政府安全生产第一负责人，听到这一消息立刻感觉沉重、头脑发晕，嗓门马上就提高了。电话那边立即传来部下的安慰：领导放心，已经调查清楚，死亡的是外来务工人员，已经请律师出面，估计花10万元左右就能搞定。我已经做了布置，消息会马上封锁，不会造成很大的负面影响。听了这句话后，这位地方官的心情不仅没有放宽，而是更加沉重了。第二天，地方官召集部下们到施工现场召开安全生产工作会议。会议开始，地方官宣布：全体起立，在正式开会之前，为昨天安全事故的遇难者默哀一分钟。整个事件没有一丁点儿做秀，是领导人基本的良心、爱心和起码的同情心的反映。并且，领导人以自己的行动教育了每一位同事：尊重生命权是每一个人最起码的做人品格。

领导人的道德素质还包括领导人的诚信。2006年4月8日广播中一则消息，某地区道路出现塌陷问题，问题反映后迟迟得不到解决，该地区的水务部门和市政部门相互推诿，老百姓求诉无门，只好求助媒体。在记者的追问之下，水务部门才承认了责任。这种明白人很容易就能判别的是非，却在管理部门之间变得错综复杂，这里反映的问题实质是很明显的，那就是老百姓眼目中的"领导"缺乏诚信。领导人的诚信问题还有很多，如人们经常遇到的"下不为例"的问题和所谓的"假冒不伪劣"的问题等。"下不为例"往往是领导人在利益驱动下违规行事、庇护缺陷的借口,"假冒不伪劣"则是领导人为了地区或部门的利益而保护假冒、不讲道德的挡箭牌。这类领导人身上的传染病和认识上的谬误,实质上反映的还是领导人对诚信问题的觉悟。不讲诚信,不仅欺骗了顾客、民众,也欺骗了领导人自己。领导人自欺欺人的后果,是害了别人,也害了自己。2008年9月"三鹿奶粉"事件的爆发,反映出政府和企业的部分领导人在道德素质方面的缺陷,虽然这些领导人也咎由自取、受到了惩罚,但已经造成了非常恶劣的后果。所以,领导人应该具有较高的道德素养,讲究诚信是对其素质的基本要求。

4. 领导人的科技素质

要求领导人具备一定的科技素质,并不是说领导人必须是专门的科技专家。基本的科技知识是现代领导人认识世界的基础,这种世界观将影响领导人对事物的判断,并对决策和领导行为直接发生作用。在实践中,领导人的科技素质往往体现出领导人工作的科学态度、科学觉悟和科技能力。

领导人的科学态度不是指他口头的表现或一些表面现象,而是直接作用于领导人日常的领导作风之中。例如,在工作中是否一贯坚持以事实为依据,就是一个领导人科学态度的重要体现。如果把讲科学仅仅作为一个口号,在实践中没有实质的体现,这种态度所反映的领导人的科技素质是不高的。人们可以在许多企业看到各种各样的标语和口号,但是有时会发觉,一些标语和口号只是参观者容易看见,而企业的操作人员是很难去读的。换句话说,那些标语和口号是给外来参观者看的,这就类似于广告。在参观某个企业时,有人请教企业的员工,他们是否对这些标语和口号有很好的理解,或能够背出来和用于指导他们的工作?员工的回答很简单:这是为了迎接你们刚挂上的,和门口挂的欢迎横幅一样。如果组织及其领导人的科学态度都是流于形式的话,那对组织的文化建设和健康发展是非常有害的。现在问题严重的是,类似这一类的组织文化已经不仅仅是个别的现象,应该引起足够的警惕。

领导人的科学觉悟反映了领导人对事物的感知水平。科学管理强调的就是重视事实,信奉眼见为实。但是在今天,还要以科学的观点去认识许多事物,而不能仅仅依赖以往的经验。由于看问题的角度不同,信息不对称,许多事物眼见不见得为实。人们都知道魔术的功效,不会因为魔术师把飞机搬走了就信以为真,也不会因为魔术师穿过长城你也跟着撞墙。那么,领导人也必须明白,实践中的许多现象也会有魔术般的魅力。如果被魔术的表面现象所迷惑,领导人就会决策失误,就会迷失前进的方向。所以,领导人要科学地认识许多事物,要学会认真地进行调查研究,要充分利用众人的知识,避免形而上学和主观的片面影响。

领导人的科技能力不是指他是否具有科技专家的水平,而是指领导人对科技成果的敏感性和将科技成果转化为生产力、让科技成果为提高组织绩效做贡献的能力。这是一种领导人对科技发展的前瞻性认识,是从战略层面对科技成果价值判断的敏感性,领导人的这种高瞻远瞩对组织的科技转化能力和产出效果有直接的影响。组织所应用的许多科技成果并不是都来自组织内部的创造发明，领导人的科技敏感性还包括了他对科技成果的嗅觉。一些科技含量较高的企业，它们的领导人往往思维非常活跃，有很强的信息捕捉能力。对于公共部门的领导人而言，他们的科技能力将对宏观的科技发展有很大影响，包括对社会资源的有效配置。如何把握政府投入对科技进步的产出有积极作用，是一项很艰巨的任务。不仅仅是在成果鉴定和末端的绩效考评时才关注其投入产出的问题，而是在宏观的科技发展规划和立项申请时就要有绩效的概念，并形成确保投入绩效的科学程序。所以，科技投入不仅仅是针对某些尖端的"硬"科学问题，还必须关注"软"科学问题的发展，领导人的科技素质更多的是体现在对"软"科学发展的认识。无论是企业的领导人，还是公共部门的领导人，他们的科技素质直接影响了组织的资源配置，影响了组织科技投入的产出。

5. 领导人的职业素质

领导人的职业素质的一个重要内容是角色认知，即领导人对自己岗位所扮演的职业角色应该有充分的认识。职业角色的认知通常是需要培训的，但也并不是所有被培训的人都能很好地认知自己的职业角色，这里有个人的综合因素，即人们经常讲到的"悟性"。每个人的悟性是有差异的，同一个人对不同的事物也会有不同的悟性。所以，许多人都认为那些优秀的领导人具备了当领导人的潜质，这种潜质可以解释为领导人的"悟性"。虽然难以用科学的理论来证明这种说法是否正确，但仍然可以认为是有一定道理的。但是，潜质不一定是天生的，许多悟性与人的成长过程有密切联系。于是，人们开始对领导人的成长过程开始感兴趣了。虽然，任何组织都难以从小去培养造就一个领导人，但可以了解领导岗位候选人的成长过程，了解他接受管理教育的情况，以减少对领导岗位候选人判断的偏差。

现在的问题是，怎样的成长过程是领导人潜质所需要的呢？很遗憾，没有标准答案。虽然已经有很多人进行了许多的研究，但仍然是见仁见智，没有标准的解释。有人用一件小事来对某单位一把手的候选人进行领导素质的考察。他将候选人叫进办公室，吩咐他去对面的商场看一下女生用的洗面霜价格。候选人回来的答复是千差万别的：有人报告说有三种价格的洗面霜；有人报告说不同品牌有不同的价格；有人不仅报告了价格和品牌，还解释了各自的特点，如针对不同皮肤的考虑；也有人报告了洗面霜的价格、品牌和产地，并加上了售货员的建议；更有人不仅报告了各类产品的价格，还针对不同的使用者角色给出首选品牌的建议；等等。候选人都不知道这是一次考察，他们的这次行为似乎又与候选无关，但他们不同的回复正是候选人职业素养的重要反映。当然，仅仅凭借一次的考察来判断一个人的职业素质是不够的，也可能会有偏见，但至少带来了可供参考的信息。

人们经常会遇见一些人在抱怨部下无能，不能很好地领会或执行自己的意图。如果对这些部下的选聘属于领导人自己的权限领域，那么领导人应该是没有什么可以抱怨的。抱怨部下的无能只能是凸显出领导人自己无领导才能，而且这不仅说明他领导无方，影响力和管理能力有缺陷，更重要的是反映了领导人缺乏对自己职业角色的充分认识。这对于一个扮演领导人角色的人而言，是非常可悲的。抱怨只能被认为是领导人自己存在问题，积极的态度才是领导人突破困境的良策。在 EMBA、MBA 或 MPA 的课程中，无论是管理学课程中学习管理心理学，还是学习组织行为学或领导科学，都应该学习反向的思考。领导人在研究和思考如何领导与管理自己的团队时，都应该站在被领导的角色上想一想如何演好这样的角色，这样的双向思维有助于提高其领导力和决策的执行力。

把自己放到领导人岗位，那就必须在对自己的领导人岗位有清醒认识的基础上，牢固树立起领导人的敬业精神，即要兢兢业业地扮演好领导人岗位的角色。领导人岗位决定了领导人不是自己一个人冲锋陷阵去完成组织使命的，而是带领（指挥）组织成员共同按既定的行动方案（谱写好的乐章）有组织地完成各岗位相应的任务（演奏乐曲）的。所以，领导人必须具备组织、指挥和协调的能力，能够理性思考和倾注热情相结合，具有团队精神和善于与组织成员进行沟通和合作，充分调动组织成员的工作积极性和发挥每一个人的积极作用。一切有条不紊，不仅是领导人个人，更是领导人团队职业素质的良好反映。

6. 领导人的健康素质

领导人的角色决定了其必须承担组织的责任，有时这种责任会是非常的沉重，会带来巨大的压力。要能够承担领导人岗位的繁重任务，领导人必须具备良好的健康素质。健康素质不仅包括了生理健康，即通常所说的身体健康，还包括了心理健康和社会适应能力。

身体健康对于一个领导人是很重要的，良好的身体素质是领导人工作能力得以保证的基本要求。身体强壮或虚弱，都会影响一个人的思维和行为，并表现于情绪等方面，波及旁人。所以，领导人作为众人之首，必须有健康的身体支持其沉重、烦琐的工作。可以说，身体健康是领导人精神饱满、保持良好工作状态的基础。

但是，仅仅有健康的体魄，对于领导人而言是不够的。领导人在面临重大压力的时候，往往由于心理的承受力不够或心理上认知的偏颇而导致临阵退缩、畏惧、焦虑、犹豫不决或者胡乱猜疑、心术不正，产生了工作中挥之不去的阴影，从而导致决策失误以及管理活动中长期的挫折和失败。领导人心理上的阴影是心理健康的问题，在激烈竞争和超常规快速发展的今天，心理健康方面的障碍正在成为众多领导人在前进路上猝然倒下的杀手。领导人需要阳光，特别是心理上需要充足的阳光。充满阳光的领导人，能够光彩照人、没有阴影、信心十足，快乐地工作，并毫不吝啬地给予他人快乐。健康带来快乐，带来人气，带来组织的成功，也增强了照亮健康的光芒——良性循环。

社会适应能力是身心健康问题的另一个方面，新的世纪要求现代领导人能够适应社会的发展变化、坦然面对危机和困难。生活和工作的节奏加快、压力加重，使得许多领导人一直处于高度的紧张状态之下，无论是身体上还是心理上都很容易出现健康问题。例如，一家优秀企业的董事长，带领着自己的团队在激烈竞争的市场中英勇奋战，将竞争对手逐个击退，市场前景越来越光明一片。突然，春风得意的领导人得到通知，马上去被自己击败、濒临倒闭的企业上任，任务是将这家只剩最后一口气的企业起死回生。这位领导人还能保持良好的心理状态、精神饱满地投入新的岗位吗？又如，房产开发商千辛万苦终于将整个楼盘的资金盘活，并且所有建设工程都将封顶，眼看着大功就将告成的时候，国家出台了新的房地产发展政策,房价形势急转直下,眼看着自己的心血将付诸东流,企业的领导人又将怎样面对呢?显然,想要成为一个优秀的领导人,必须关注自己的身体和心理的健康,将自己保持在一个良好的健康状态之下。所以,无论是缺乏磨炼,还是历经沧桑,都是对领导人的健康素质的挑战。领导人的社会适应能力是不能以机械地制定标准或用标准来衡量的,有些测试方法即使是很先进的,也只能作为判断的参考,而不是必然依据。

7. 领导人的文化素质

领导人的文化素质是一种综合的知识素养,既包括了领导人接受的各种教育和其综合知识水平,也包含了领导人的觉悟水平和学习能力。

通常,人们对领导人的受教育程度都会表现出极大的兴趣。但是,如果只关注领导人的学历或学位,可能会产生许多错觉和偏见。一个人受教育的情况不能只看其接受国民教育的背景,还包括各种职业教育和培训,以及其工作和生活阅历中的许多方面。对于许多领导人而言,理论与实践的综合知识素养是其成功的基础。离开了这个基础,或者在理论和实践上有所偏颇,虽然领导人也可能在一个阶段或某个方面取得骄人的成就,但是难以坚持长期的成功。如果统计一下那些成功的企业领导人的教育背景,就会发现学历、学位并不是关键的因素,这就给许多希望通过学习的捷径走上领导人岗位的人当头浇了一盆凉水。

领导人的觉悟水平和学习能力是其文化素质的综合反映,其中很重要的方面是对组织文化的认知和影响。成为领导人,是因为他具有宽广、深厚的文化素养,懂得宽容、接受和继承的重要性,能够充分认识组织的文化习俗和文化积淀对组织绩效的巨大作用,并且懂得利用这种力量推动组织发展。领导人对组织文化认识不足的话,对组织而言可能是致命的。组织文化也是领导人素质的具体反映,特别是组织开创者的素质,他对组织文化的形成和发展产生的影响是很长远的。例如,同济大学管理学科的发展,一直受到开创者翟立林先生的影响,甚至在50年后的今天,人们讨论学科发展和专业建设时还不得不佩服翟先生的高瞻远瞩与战略思想。翟立林先生知识渊博,虽然不是管理专业科班出身,但其在管理学界的影响是深远的;虽然是工科学历背景,也没有出国留学,却还是最早的一部德汉大词典的主编之一,深受德国学者的尊重。正是因为他的优秀文化品质,使得他所领导的团队也是很优秀的,并且形成了一种优秀的组织文化流传下来。领导人必须认识组织文化的存在和其重要性,特别是继任者,要能够读懂组织文化和善于接受组织文化的优秀内容,懂得继承和发挥组织文化的积极作用。有效的领导人还应该有足够的影响力来影响组织文化的发展和推动组织变革,这种力量的重要基础来自领导人长期积累的综合文化素质。

随着人们总体文化素质的提高和现代文明社会的发展,今天的领导人必须懂得包容和消化组织中所有的积极的或消极的因素,在平稳和谐的发展过程中取其精华、去其糟粕。因此,必须具备良好的文化素质才能适应新时代对领导人的要求。

领导人优秀的文化素质是如何养成的呢?如果有准确的答案就好办了,可以对领导人进行如同工业化生产一样的培养。因为没有领导人成长的标准,所以今天针对领导人的教育和培训项目也是百花齐放、各有所长,那些计划通过增加一些文化课程来增强领导人的文化素质的企图，实际上的作用是微乎其微的，领导人的文化素质问题不是靠课堂教育或以培训的方式就能解决的。可以认为，对于领导人的文化素质而言，其自身的作用是很大的，特别是领导人的觉悟可以帮助其从各方面吸取营养和不断进行自我完善。关于领导人的觉悟，在后面专门有陈述。

人们总是期望领导人的素质是十全十美的，能够适应组织发展的需要，但现实与理想总是存在一定的距离，并且是一个永恒的难题。所以，认识领导人的素质要求，探索领导人的人格素质、精神素质、道德素质、科技素质、职业素质、健康素质和文化素质基本素质，将有助于领导人的自我完善。

人们对领导人的要求总是比较苛刻的，对此领导人不应该有任何抱怨，因为没有人强迫他非要扮演这个困难的角色。领导人只有认识自己的角色要求，并且有自知之明，不断地完善自己，才能更好地胜任领导人的角色。

对领导人素质的评判不是绝对的，是相对而言的。领导人素质的提高和完善是没有止境的，并且随着时代的发展人们对领导人素质的内容和要求的认识也在不断变化与进步。所以，领导人必须是优秀的，只有具备优秀素质的领导人才能在惊涛骇浪中快乐地驾驭整个组织，并在发展中给组织的所有利益相关者带来更多的和长期的快乐。这是成功的领导人，期望这样的领导人队伍能够更加壮大。

7.4.2 善于用人

讲到用人的问题，相信许多人已经学习过人力资源管理课程，对于人力资源的开发和管理已经有了许多了解。因此，本节不再重复相关的理论和知识，仅就善于用人这个问题中的几个关键环节和观点上，做一些探讨。

1. 明晰组织用人目的

组织用人，是为了实现组织目标。因此，组织所设置的工作岗位都应该是有助于组织目标实现的，并且，每个工作岗位所聘用的人员应该是有能力履行其岗位职责的。理论上，人力资源管理就是这么简单，当然在程序上为了规范可能会稍微复杂和死板一些，但也是容易认识和理解的。实践中，用人能否真正用好，就是一件不简单的事。

首先是岗位设计，经常由于估计不足，出现职能缺位或冲突。组织结构在理论上可以设计得天衣无缝，但实践中往往是责任真空和争权夺利。为了协调责、权、利益之间的关系，领导人可以说是呕心沥血、排除万难，但是千辛万苦得到的最终解决方案往往会忘记或偏离组织用人的目的。

其次是理想化的岗位设计与实践中的人事安排之间存在差距。岗位设计是以组织目标、组织结构的安排为基础的，就如同机器一样，每个零部件都是按原理和整机的功能需要来设计的。但是，零部件可以按设计要求进行加工和安装，但岗位设计还需要相应的人力资源相匹配，而人虽然可以按规定的要求进行选择和培训，但做不到零件一般的标准。即使是教育背景相同、工作经历相似、脾气性格雷同的人，也难以做到两人一模一样。这样，对于人力资源与岗位的匹配是一个相对的概念，这需要受聘的人员专业对口、兴趣相投并能尽力按照岗位设计的要求努力工作。当然，除了专业和努力之外，还有悟性的差异。努力和悟性，完全与岗位设计相匹配是难以做到的，总存在一些误差。众多的误差最后集成在组织之中，如果领导人对此没有非常清晰的认识或缺少足够的能力，理想化的组织设计与实际的组织人事安排之间就会有很大的差异，并对组织目标的实现带来负面影响。

最糟糕的问题是领导人自己对用人的目的没有认识清楚。许多情形下，领导人只是知道某些岗位缺人需要补充，或者是新设的一个岗位需要招聘新的人员，但却很少认真评估一下招聘人员的目的是什么。

问题当然不止这些，其共同之处是在用人的实际工作中存在着偏离组织目的的可能，这就需要领导人始终保持清醒的头脑。有效的领导人应该经常审视自己是否认清用人的目的、人力资源方案是否有助于组织目标的实现以及目前组织用人是否恰当等，甚至跳出原来组织设计的框框大胆选拔和启用优秀人才，以应对多变的组织环境、更好地服务于组织目标。打破常规往往是领导人角色的体现，而领导人角色一般在墨守成规方面比较出色。

2. 懂得用人所长

之所以是领导人，是因为他懂得指挥和协调组织的人力资源及其他所有资源更有效地实现组织目标。虽然在实现组织目标过程中，领导人也有许多亲自作为的工作要做，但这些都不是最重要的。创造更好的工作环境、营造团结和积极进取的工作氛围、让组织成员都能在适合的岗位上为实现组织目标充分发挥作用，是领导人的重要作用。

如何让组织成员充分发挥作用呢？无论是管理学理论、人力资源管理、组织行为学，还是领导科学、管理心理学等课程和相关书本中都有很好的理论阐述，但是，实践中往往难以恰到好处地理论联系实际，人事安排中正确有效地用好人一直是管理中最累、最辛苦、最头疼的问题。怎么才能有效地解决这个问题呢？没有标准答案，领导人的共同诀窍就是——用人所长。

每个人都有其长处，同时也都有其短处。在招聘人员的时候，领导人所青睐的应聘者往往具有组织的岗位设计中所需要的特征（包括工作能力）。因此，组织成员是以其长处被组织录用的。但是，工作的近距离接触，组织成员都会暴露出一些领导人所不喜欢的个人问题。如果只看到所有成员的缺点，就会对所有的人横挑鼻子竖挑眼。甚至，一些由于组织原因没有处理好的问题，上级也会怪罪于是部下的缺点。这样，功劳者就难以摆正心态、正确地开展管理活动，从而影响组织的正常运行和健康发展。想要成为成功的领导人，就应该能够正视这个问题，并且能够清醒地认识到自己也是存在缺陷的。领导人不仅要严格要求自己，还必须积极引导、严格管理和协调组织成员的行动去实现组织的目的。但是，这种严格的要求，无论是对自己还是对他人，都并不是一种排斥，即排斥所有有缺陷的人，而是指领导人善于引导和协同组织成员的行动，并在实现组织目标的过程中，能够帮助自己和他人积极地克服缺陷，发挥各自的优点和长处。

用人所长，讲起来并不复杂，但实践中也不简单。实践中，如果能够真正做到用人之长，那是难能可贵的领导人。必须认识到，十个手指有长短，每个人也有各自的优点和缺点。作为领导人的一个重要的任务，就是能够在实现组织目标的过程中充分发挥组织人力资源的作用。

3. 激励要有行动

用人与激励是密切相关的，领导人不能常常以自己的任劳任怨来要求下属，必须在其领导行为中施以激励。这点，许多领导人也是非常明白的，甚至讲起来也是理论一套一套的。现在的问题是，激励的规则是否得到遵守，激励的许诺是否得到兑现，激励的制度是否具有可持续性。很遗憾，满意的答案并不是占大多数。于是，激励制度就难以起到激励的作用，甚至变为反面的影响，最终品尝事与愿违的苦果使领导人的角色不再。

现实中，往往由于时间的紧迫或认识的局限，激励制度存在先天的一些缺陷。当某些在制定激励制度时没有预料到的状况出现时，组织往往会改变许诺或实施行为。而这种改变，又往往是在下属已经按照激励制度有所行动和贡献后进行的。于是，规则就被打破了，被组织的领导人亲自打破了，组织的许诺成了一纸空文。这种打破规则、不讲信誉的理由可能存在，但所树立起来的是领导人的诚信和威望的沦丧。这种破坏组织形象和组织执行力的力量并不是来自下属的对抗，而是领导人自己头脑中的观念和手中掌握的权力。目前，许多组织的激励制度很难有可持续性，即使书面的激励制度并没有改变，但执行中已经发生了变化。组织的基层领导人和普通员工们发现，激励制度的解释权在他们的高层领导人手中，高层领导人想怎么解释就怎么解释。当员工们的觉悟提高了，认识更清晰了，那么，激励制度的作用也就丧失殆尽了。这种状况下，组织是难以有真正领导人的。

离开了激励，组织将失去发展动力。在组织成员认知水平不断提高的今天，领导人必须认识到，高调唱激励歌已经不能有所作为了。领导人必须有切实的激励行动，要讲诚信，即严格遵守游戏规则、忠实兑现组织的承诺，这样的激励制度才具有生命力。

激励还有一个公平问题。在制定激励制度时必须考虑公平，否则也会导致激励的负作用。例如，同样出成果，但人们工作条件的艰苦程度、工作推进的困难程度等有千差万别；同样做汇报，有些人不图虚名、脚踏实地，而有些人却虚张声势、浮夸不实；同样重绩效，有些人埋头苦干、注重长远发展，而有些人却急功近利、关注眼前成绩。这些不同，很难一下子就能辨认出来，必须认真分析和判断。为此，领导人一方面要努力营造一种积极向上的、实事求是的工作氛围，激励敢于挑战困难、做事安心踏实，并且着眼长远发展、甘为人梯的基层干部和普通成员；另一方面，也必须提高自己的工作水平，不断完善激励制度和充分发挥激励制度的积极作用，真正扮演好领导人的角色。

4. 能容纳不同意见

不同意见的存在是现实，不用回避，关键的是领导人对不同意见的认识和对不同意见发表者的态度。这种认识和态度将影响组织成员的行为，影响组织的文化，影响组织目标实现过程的效率和有效性。

领导人不是万能的，虽然领导人拥有许多超人的优点，这也是其成为组织领导人的重要理由之一，但组织目标的实现需要依靠组织全体成员的共同努力。人，不像机器可以标准化制造的。正因为如此，群策群力才能达到组织的最佳效果。那么，对于领导人就会有一个问题：下属与你有不同意见，怎么办？

领导人如果把不同意见视作挑战，可能就难以容忍有不同意见的下属。这很容易使领导人产生偏见，失去理智，导致思想和行为变形，不仅影响其领导作用，更影响组织的健康发展。例如，2020年5月31日某上市公司召开董事会议，由于提名委员会没有全部通过公司高管层提出的新一届董事会候选人名单，董事长很不满意。在董事会上，董事长一再强调新一届董事候选人名单是公司党委会通过的，并且也已经报请大股东出资方国资委同意。董事长的意思旁人一看就明白，就是试图强行通过已经被提名委员会否决的候选人名单，结果导致参会部分董事的强烈反对。为了迎合董事长的意见，公司的人事干部还重新解释提名委员会的投票统计方式，将弃权票当作废票处理予以剔除，在众多董事和高管人员面前玩起了低劣的数学游戏，完全违背了公司的有关工作规则，受到参会董事的严厉批评。结果，董事长在董事们还没有投票表决的情形下，就宣布通过新一届董事会候选人名单。虽然在参会的其他董事提醒下，最终还是在会议解散后董事们进行了表决，但是，董事长的失态已经使得他不仅违背了公司的相关规则，还激化了与其他董事之间的情绪对抗。并且，董事们也没有及时获得这次会议表决的结果。作为一家上市多年的老牌公司，能够担当董事长一职的绝非等闲之辈。但是，当领导人不能正确看待不同意见、不能正确认识不同意见的话，那么，他就很有可能走向极端，影响他对事物的正常判断、思考和行为，进而也影响了其领导力。

领导人应该能够容纳不同意见的下属，这样他才有可能听到不同的声音，以帮助自己避免错误或改进工作。这里用"容纳"而不是"容忍"一词，因为"容忍"只是领导人克制了自己的情绪外露，内心的情绪还是不平静的。领导人之所以能够获得下属的鼎力支持，就是因为领导人的豁达，能够容纳不同意见，能听到不同声音，即所谓"海纳百川"。

5. 重视岗位匹配

许多组织抱怨现在的员工不讲诚信，动不动就跳槽。组织对员工流动性太大的抱怨存在一定的道理，而且也确实有许多的实际案例可以佐证。但是，抱怨不能解决问题。如果冷静思考一下，就不难发现这是一个很陈旧的问题。"科学管理之父" F. Taylor 在20世纪初就提出了"一流员工"的概念：只要放在合适的岗位，每个员工都可能是一流的。由此出发，可以建立这样一个认识：导致员工流动性大的主要原因之一，是人与岗位的不匹配。这个观点可能很难被企业人力资源经理所接受，因为他们在招聘员工方面都具有很丰富的经验，而且工作也非常敬业，这种不匹配问题按理说不应该具有普遍性。事实上，劳资双方的认知存在差距是不匹配的重要原因。一方面，企业对新毕业的大学生期望值很高，特别是来自 Top 级重点大学的毕业生，往往受到特别的青睐。但是，也往往是那些经过层层包装"宠儿们"在打开包装之后让人力资源经理感到非常失望。另一方面，大学生对自己工作岗位也有自己的期望，在受到企业招聘会上种种诱惑的影响后，提升了他们对自己人生发展的期望值。特别是 Top 级重点大学的毕业生，在进入那些知名的跨国企业后，发现个人发展的道路非常艰辛，发展的空间狭小，于是也深感失望。所以，无论是企业还是员工，双方的期望值过高是导致双方失望的重要因素。这种期望值过高导致的不匹配问题，是认知上的问题。如果双方都能够降低一些期望值，失望就会减少。换句话说，退一步海阔天空。许多问题，在调整心态和期望中就能得到解决。

这样，换个角度看组织所抱怨的员工问题，并从个人发展上加以引导，就能留住人才并使人才发挥积极作用，这是领导人的重要任务。领导人要关注员工的个人发展，要能够让员工感觉到组织和领导人对其个人发展的关注。在安排适合员工的岗位同时，也要让员工认识到自己与工作岗位之间良好的匹配。这样，员工才会安心工作，并且努力满足岗位的要求。

如果从改善管理教育来讨论，那么，就要提高未来的领导人对上述这些问题的认识，并且，还要提高他们的艺术修养。人力资源管理是一个科学加艺术的管理问题。如果从就业问题上谈对大学生培养的改进，那不仅仅是学校的任务，企业也应该为此作出努力。特别是那些著名的跨国企业，应该更多给予大学生参与实践的机会，恰当地宣传自己的企业和招聘的岗位，这将有助于企业和员工双方摘掉"有色眼镜"，改善双方的满意度。

另外，领导人在人力资源方面还有一项重要任务，就是把员工都培养成符合职业要求的专业人士。这里有一些例子可以帮助认识这方面的问题，人们经常看到一些剪彩的"精彩"场面：

——留出的嘉宾位置不够，两位嘉宾挤在一个位置上剪彩，其中一人只能空站着，状况非常尴尬；

——临时增加了剪彩嘉宾，剪彩用的剪子不够，上台的嘉宾只能空着双手比画；

——嘉宾没有到，宣读名单时掌声雷动却不见嘉宾踪影；

——嘉宾的名字打印错误，或者比较罕见，宣读出现错误，引起哄堂大笑；等等。

这些问题至今仍然会层出不穷，因为大家可能都认为这不是很重要的事，所以一直没有得到足够的重视，但有时引起的后果却是非常严重、难以补救的。如果剪彩的组织者事先准备了预案，多准备了一把剪子、准备了嘉宾的替补者并事先确认了嘉宾是否已经到会、对名单做了校对并在容易读错的字边上标注了拼音或主持人事先已经对名单试读了一遍，这些可能发生的问题就可以避免。这些细节的完善，正是领导人对于领导人团队的职业素质要求的反映。"一个好汉三个帮"，训练有素的团队对于领导人而言有着举足轻重的力量。

本章小结

领导行为对于企业发展有着极为关键的影响,决定着企业的成败。虽然职权影响力是领导力的重要组成部分,但无论是从战略角度还是具体的管理活动角度,领导的非职权影响力往往有着更加关键的作用。这样的非职权影响力来自领导人个人的魅力和众人对领导人的战略思想的欣赏。因此,领导人的特质很重要,特别是领导人的特质并非都是天生的,这给领导人的培养提供了可能。领导战略反映了领导人的梦想和觉悟水平,领导人的智慧又体现在战略的实施过程之中。必须清楚地认识领导行为中领导人的态度与能力因素,态度决定了领导人待人处事的方式、方法,能力除了通常所说的思想能力、战略能力、倾听和引导(沟通和影响)能力、高效的决策和执行能力、组织和控制能力之外,领导人还必须具备自我认知、自觉学习的能力。在用人方面,优秀的领导人往往也具有优秀的团队,这是因为他懂得用人所长,并能听取不同意见和集众人智慧。在万物生长和变化的时代,领导行为也必须顺应发展而创新,但领导人充满朝气的精神面貌和胸怀全局的宽广视野是永远必须的。

思考题

1. 许多学者都认为"领导"就是激励,你赞同这一观点吗?为什么?

即练即测

2. 有人说:领导人也是人,既然要食人间烟火,也就会有喜怒哀乐。因此,不能要求领导人始终是精神抖擞,充满阳光。你认为这话有道理吗?请展开讨论。

3. 对于事业的发展,你有过自己的"梦想"吗?来参加MBA项目学习,是你实现"梦想"的计划步骤吗?

案例分析1

8年6个月,王兴如何赢——一个连续创业者对公司的影响

1. 引言

2018年,9月4日,王兴发了条饭否消息:"希望接下来9天不要爆发战争或其他的黑天鹅事件。"那个时间点,美团正处于IPO关键期。

从北京华清嘉园到香港交易所的2 000千米路,王兴走了8年6个月。2018年9月20日,美团正式在香港交易所挂牌上市,市值超过500亿美元。

8年间,他带领美团,四处出击。从团购到外卖、电影票、酒旅、出行、新零售,每战必酣。无边界美团,低调者王兴,被蒙上一层神秘面纱。王兴,更像是一位影子领导者。

外界眼中，王兴就像大型游戏中的斗士，一路打怪升级。"连续创业者"这个标签，在他身上成了褒义词。资本偏爱他，同伴信任他，用户依赖他，就连九死一生的互联网战场也从未抛弃他。但对美团的种种疑惑和争议还在继续，王兴并不急于给出答案，"成功的路上并不拥挤，因为能坚持的人真的不多。"

高管会上和微信群里，王兴会因为对一件事非常不满而发火，这样的时候不多。高管之间对一件事出现分歧，他也会民主处理。在美团，王兴从来都不是一言堂。他懂放权，也会用人。创业10多年，王兴身边的战友王慧文、穆荣均、陈亮等人都是一路追随。其中一些人也曾有过独立创业的想法，但还是觉得"跟着王兴干更来劲"。

截至上市，美团这个原本仅有10余人的团队，成长为人数过万、年交易额达到460亿元，占据行业市场60%以上份额的庞然大物。

这样惊人的增长速度，腾讯有过，4年时间用户破亿，占据行业53%市场份额；阿里巴巴有过，淘宝在诞生第4年的交易额达到433亿元，市场份额超过60%；百度也有过……

如今，这位39岁的年轻人在领跑中国服务电商，一如他当年选择与阿里巴巴分道扬镳，现在他的主要对手是阿里巴巴，而他和团队是否做好了准备？

2. 王的战争

从2010年初陆陆续续上线的各个团购网站，诸如满座网、美团网、窝窝团、拉手网、糯米网等，到后续的百团大战，甚至是千团大战。都能看到资本在团购市场中的力量，以至于烧钱成为各大团购网站的无奈之举。谁拥有资本，谁笑到最后，谁就是赢家。

团购的战场从线上到线下，从楼宇电梯到公交站台，为了抢占市场先机，铺天盖地的广告充斥在所有的流量入口。一时间团购这种新型消费模式，迅速地被消费者所认知。

但与众不同的美团，在这场广告战中，并没有投入太多的钱。以至于市场怀疑是不是美团的资金链出现了问题，又或是融不到钱？接踵而至的问题摆到了王兴面前。确实相比较拉手网和大众点评这两大对手，它们获得了3轮融资，资金充沛，而美团却仅获得了红杉的1 200万美元融资，谨小慎微的处理或者说利用好手头为数不多的资金是王兴需要考虑的，也是必须认真决策的。

虽然没有跟其他竞争对手一样狂砸广告，但是王兴看准了团购的真正流量入口还是在线上。对此，王兴与各大导航页合作，当消费者搜索团购时引导消费者前往美团首页。正是这一简单的、便宜的营销手段，让美团在这场广告战中脱颖而出，可以说是用了最少的资本获得了最大的效果。

获得了流量入口还只是第一步，线下激烈的竞争格局并没有改变。为了抢夺优质商家的团购流量，各大团购网站采取了预付团购款给商家的模式来垄断团购源头，这一模式的巨大风险让王兴望而却步。由于存在预付款可能由于实际消费不及预期导致团购网站需要承担未消费部分的损失，因此团购网站需要对此模式建立完善且精准的数据分析方能避免发生风险。直到2011年，在获得了可靠的评估后，王兴才加入了这场预付模式的竞争中。也是在这一年，拉手网提交了IPO文件，计划在美上市。也是在这一年，市场开始怀疑团购是否出现了泡沫。因为整个市场的推广费用、人员规模、投资规模都暴涨了10倍有余。市场的泡沫随时可能被刺破。

而在这场激烈的竞争中,动荡的格局并没有影响到美团,相反,美团的业绩成为行业第一。

3. "风口"里的马拉松

卖出去的代金券突然被商家认定为无效代金券,而在与商家沟通后得到的反馈是需要重新签订合同,且单方面撕毁了之前的合作协议。这一事件正是美团与DQ之间的代金券风波,即50元的DQ代金券在美团网卖29元,却因为DQ一纸公告被恶意作废。在双方沟通两天后依然没能平复舆论的质疑,消费者的不满情绪越来越大,在微博上也掀起了轩然大波。面对越来越大的不满情绪,形式对美团越来越不利。但是美团秉承消费者第一的价值观,在于DQ谈判无果后,立刻公布了给所有购买了代金券的消费者返现50元,让消费者直接拿钱去DQ消费。这一行动安抚了消费者,也树立了美团在消费者心中的形象。用美团副总裁王慧文的话来说:"既然消费者权益排在商家前面,更排在美团网前面,那么退款这个事,属于消费者权益和美团网权益的冲突,必须做。"

虽然美团因此事件中由于承担了一部分差价损失,让其消耗了原本就不多的资金,甚至被同行所耻笑,也没有得到商家的认可。而王兴对此却气定神闲,他说:"团购就是一个马拉松赛跑,可能一开始,很多人跑得比冠军还快,但后劲不足。这些我们都不会去理会,因为都是泡沫,过多地关注别人会让自己分神。我们只要专注做好自己的事情就足够了。"

正因为美团的价值观"消费者第一,商家第二,员工第三,股东第四,王兴第五",以及这次事件给中国团购业带来的影响,让美团从恶性竞争的格局中脱颖而出。事后,王兴说:"我们相信消费者第一,对事情有长期的考虑。短期和长期你如何平衡?短期冲得很猛的话,一定持久不了,马拉松赛跑,一开始用百米赛跑的速度冲刺,那就会后劲不足。"

到了2012年,美团实现了55.5亿元的总交易额,并且在移动端有了爆发性增长,占了美团全年交易额的30%。王兴在一次采访中曾经总结过美团运营的三个原则:放弃实物团购,专攻服务团购;利用算法,寻找本地服务的完美匹配;像沃尔玛那样运营团购,坚持低毛利。也是这一年,O2O的概念让团购有了更多的想象空间。

同年,王兴的T型战略应运而生(横是团购,竖是电影、酒店等垂直行业),其目标是要做中国最好的第三产业电子商务企业,即服务业的电子商务。

4. 客户优先?扩张第一

从2012年全年55.5亿元的交易额,到2013年全年160亿元的交易额,再到2014年全年460亿元的交易额,美团从此坐稳风口了吗?

《中国企业家》曾有报道形容:美团占有垄断地位的三、四线城市在遭遇大众点评、百度糯米强有力的反扑;在酒店、外卖等垂直领域,还有携程、去哪儿、饿了么等竞争对手;还没扩张的细分领域,还有e代驾等公司快速崛起。

王兴也担心未来的市场中竞争对手会越来越多,接踵而至的新兴模式对将对美团带来全新的挑战，而互联网的变革速度和发展速度让王兴加快了投入的步伐。2014年，美团完成了C轮投资，估值20多亿美元。其后在计划进行新一轮的融资时，却遭到了融资难的谣言，以至于有媒体形容此时的美团正如2014年上市前的京东。

到了2015年年中，美团既超过了2014年全年交易额，达到460亿元，员工数量也近万名，同时移动端的交易额站到了90%以上。但是不断的大规模投入结果却是亏损，即便能够采取措施实现盈利，但王兴坚称不想停下增长的步伐，他称自己心里有底，知道在什么情况下可以盈利。

融资难的谣言很快淹没在美团与大众点评的合并重磅消息中。从2017年10月正式宣布合并的消息，到12月完成结构调整。合并的背后是激烈的斗争，不仅大众点评一方多数创始人出局，美团和阿里巴巴的矛盾也越来越明显。同年，美团外卖迎来了1 700亿元的闪亮交易额，占其全部交易额的半壁江山。

随着合并后的架构调整，美团成为最大的到店餐饮服务平台，聚焦到店、到家、旅行、出行四大场景，又火速进入了打车业务，相继进驻在北上成等7座城市。用王兴的话来说："尔要战，便战。"

5. 强横者、反目者、创业者

从模仿开始再到自主创新，王兴走过了十几年艰辛的创业路，在很长时间里王兴都被称为持续创业人，他屡败屡战，最后在2018年用美团的成功上市证明了自己。王兴这样的人不多，创业失败了那么多还是依旧坚持再创业。2004年从美国回来之后，王兴创办了多多友，之后创办了游子图，但这两个项目都没有激起很大的反响。此后王兴开始专注于大学校园市场，创办了校内网，但是此时的王兴并没有钱，最终他还是败给了资本，接受千橡互动集团CEO陈一舟的收购，之后校内网改名为人人网。2011年人人网在美国上市，市值一度达到75亿美元。我们可以设身处地地想一下当时王兴的态度，他会不会后悔？会不会埋怨自己？那时各大媒体也争相报道，想要采访王兴，更是想捕捉他失望懊恼的画面，但是王兴并没有陷入绝望、止步不前，很快又坦然面对这一切，但我们相信这一次向资本投降的经历也为后期美团拒绝阿里巴巴埋下了种子。

后期美团与阿里巴巴的决裂是否成就了美团？美团抗衡口碑，美团外卖抗衡饿了么，美团打车抗衡高德打车，摩拜单车抗衡哈罗单车。在多条战线上，王兴或许已经成了最能威胁阿里巴巴地位的人。

王兴是一个极度渴望成功和自主掌控一家公司的领导者，他的性格，对成功的渴望决定了他是不会随意向阿里巴巴低头的，同时也不会成为任何人的傀儡。

资料来源：
[1] 刘贵英. 从组织行为学的角度分析如何发挥领导力在团队中的作用[J]. 管理视窗, 24-25.
[2] 唐婷, 覃澈. 王兴百战成王[J]. 商界, 2015（3）: 25-33.
[3] 彭春红. 组织行为学视角下领导力对团队的影响[J]. 管理观察, 2013（34）: 172-173.
[4] 李志刚. 九败一胜：美团创始人王兴创业十年[M]. 北京：北京联合出版公司, 2014.

案例讨论：

1. 试论述领导者对一个公司价值观的影响。
2. 试从组织行为学角度谈谈领导力对团队的影响。
3. 试论述领导人性格如何影响企业战略选择。
4. 试论述创业者社会网络对企业绩效发展的影响。

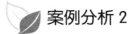

案例分析 2

诺基亚转型——创业式领导力的作用

1. 临危受命

2009 年底，诺基亚（Nokia）的管理团队委托麦肯锡的顾问对如何改善公司的组织效率进行评估并提供建议。

"组织健康指数"是麦肯锡提出的一套方法论，曾被用于上千家企业，目的是评估哪些因素驱动了高绩效的组织文化，而哪些因素起到了阻碍作用。这个指数让公司之间具备了可比性，也可以帮助一家公司了解自身与其他公司在组织健康状况上的差距。很显然，没有哪家公司希望排在中位数以下。而诺基亚却一直排在倒数四分之一的位置。根据麦肯锡的历史数据，处于诺基亚所在位置的公司有超过 50%的可能性会在两年之内停止营业。

2011 年 12 月，Risto Siilasmaa 被提名担任诺基亚的董事长。而就在两年前的同一个月，"组织健康指数"的报告已经宣判了诺基亚的"死刑"。从数据来看，留给诺基亚的时间所剩无几。

2. 雪上加霜

2012 年 4 月 11 日，诺基亚宣布，财务预测将达不到此前的预期：第一季度，终端设备及服务业务的营收大约实现了 42 亿欧元，同比下降 40%，而该业务的营业利润也下降了近 8 亿欧元。诺基亚的股价应声暴跌 16%，收盘价为 4.24 美元，为 14 年来的新低，市值缩水至 100 亿欧元左右，苹果则增长到近 6 000 亿美元。回想 2008 年，两家公司的市值基本上旗鼓相当。而短短 4 年过去，苹果的市值是诺基亚的 60 倍。

这也引发了一连串的坏消息，诺基亚的信用评级被下调到"垃圾级"，分析师也下调了股价评级，并导致诺基亚的股价进一步下滑，跌破了 4 美元。

6 月的盈利预警导致诺基亚在纽约证券交易所的股价跌到 2.35 美元，为 1996 年以来最低点，其市值比当初在苹果推出 iPhone 时的市值跌掉 92%。

此外，诺基亚的霉耗也打击了与诺基亚合作的全体供应商和分包商。由于投资者正在抛售整条价值链上的股票，因此它们的股价也随之下跌。

诺基亚曾经可以凭借自己的官方宣言来提振低迷的市场或平息市场的波动，但那些日子已经一去不复返了。

Risto Siilasmaa 是带领诺基亚走向未来，还是将负责逐步解股这家公司呢？

3. 开基创业

转型是诺基亚的出路，但困难重重。Risto Siilasmaa 坚信的"创业式领导力"开始发力。他认为，"创业式领导力"中的一些理念对领导者来说只是基本功，但它们也完全适用于任何岗位上的每一个人，从接待员到首席执行官，以及这两者之间的所有人。这些素质是任何人和组织为了成功适应当今这个风云变幻的世界所不可或缺的。

Risto Siilasmaa 把"创业式领导力"归纳为以下十个部分。

（1）自我问责。自我问责，即主人翁意识。

诺基亚总部的主电梯间里安装了一块电脑屏幕，上面滚动显示着天气预报、市场新闻、诺基亚的价值观和商业资讯等日常信息。屏幕装上大概一周之后，Risto Siilasmaa 注意到上面显示了一条出错信息。第二天，问题依然存在。第三天，还是无人问津。

第三天下午，Risto Siilasmaa 给 IT 部门的同事发了一条消息"你们什么时候处理这个问题？"不出意外，他们回答"今天之内。"这个答案是显而易见的。

问题是什么呢？问题在于他们为什么不早点儿解决，或者至少把屏幕关掉？为什么他们会允许屏幕上连续 72 小时显示同一条出错信息呢？

Risto Siilasmaa 认为，当你具备主人翁意识时，对你来说一切事情都应该是责无旁贷。你真的关心这一切，你的行为掷地有声地表达了这一点。

（2）直面事实。当你感到负有责任时，你就永远无法逃避事实。

事实总给我们带来机会，它们受到欢迎，而非让人讨厌。Risto Siilasmaa 最喜欢的一句名言是"没有消息才是坏消息，坏消息倒是好消息，好消息等于没有消息。"

你只有拥抱"坏消息"，才能确保人们告诉你和你的团队正在发生什么。永远不要迁怒于事实，尤其不要对那些指出事实的人勃然大怒。

人们带来的消息越糟糕，你就越应该表示感激，这样才会鼓励他们今后也及时跟你分享"坏消息"。当你伸出援手，帮助人们解决这些"坏消息"的根源时，也就给了他们动力继续向你传达"坏消息"。

（3）锲而不舍。Risto Siilasmaa 认为，只要坚持一步一个脚印走下去，总能够找到解决办法，一定能够渡过难关。

如果这是一场注定无法获胜的战争，我们就会易地再战。一旦你确信自己终将克服困难，你就会披荆斩棘、勇往直前。而别人也会在你身上目睹这一切，他们同样会获得信念。

（4）管理风险。企业家要勇于承担风险。若不开疆扩土，难成一番大业。

承担风险并不意味着盲目投身其中，而管理风险也不是指放弃机会。风险管理并不是要把风险降至最低，而是要求我们睁大双眼、审时度势，主动选择承担哪些风险。你的"有所为"固然非常重要，但有时你的"有所不为"甚至更为关键。

（5）勤学不辍。每一场挑战、每一个问题以及每一个坏消息都是一次学习进步的机会。

Risto Siilasmaa 提醒说，随着一路高升或者已经习惯于别人向你解释汇报的时候，你要当心丧失自己的学习动力。永远不要认为你可以把学习让别人代劳！

（6）保持专注。不是所有事情都真的那么重要。重要与否的判断，归根结底取决于产品和客户。当明白自己该聚焦在哪些方面时，就要从这个角度出发，审视自己的所作所为。

（7）高瞻远瞩。在一个健康的组织中，最高管理层应该花费大量的时间去关注更遥远的未来。

领导人的职责是昂首眺望天际。因为如果你不这样做，就没有人会这么去做！当你专注于战略、竞争、未来的核心技术和客户未来的需求时，你就会放眼未来。

（8）知人善任。Risto Siilasmaa 坚信，对绝大部分公司来说，建立一支爱岗敬业的团队才是成功之道。快乐的人工作表现更为出色，也会更加长期地为组织效力，而这种忠诚度也会不断自我孕育。

某些知名创业公司通过高压手段来领导团队取得成功，Risto Siilasmaa 表示不赞同，认为这样的做法不值得效仿。

（9）正本清源。Risto Siilasmaa 认为要对关键的工作方案多问几下"为什么？"。例如："为什么你认为这是一个好战略？"如果你知道在战略规划的最后必须得解释"为什么"这是一个好战略，那么你就会以不同的方式来推进，并在一开始就思考好战略的定义是什么。

（10）梦想不息。罗伯特·肯尼迪（Robert Kennedy）在演讲中引用了萧伯纳（George Bernard Shaw）的一段名言"有些人只看见已经发生的事情，并问为什么会这样。我则常常梦想一些从未发生的事情，然后追问为什么不能这样"。Risto Siilasmaa 认为这就是"创业式的心智模式"。

4. 金石为开

Risto Siilasmaa 认为"创业式领导力"的核心理念要求你像偏执乐观主义者那样去身体力行。

"偏执乐观主义"呼吁领导者们去探索各种情境：最好的情况、最坏的情况以及介于两者之间的情况。你会假想那些难以置信的情境，从而做到处变不惊，并制定策略来规避其风险。所以你会流露出一种坚定的信念，相信自己一定会取得最终胜利，因为你已经为最坏的情况做好了准备。

Risto Siilasmaa 认为，将"偏执乐观主义"付诸实践，既能提升你的远见，也能拓展你的选择，而且可以让你在这个瞬息万变的世界强化自身的领导能力。它会帮助你抵御危机并应对变化。当你将偏执乐观主义注入自己的组织中时，你就能够打造出一个具备战略思维的高绩效组织，这个组织将不会被任何意外扰乱阵脚。

Risto Siilasmaa 认为，在他的职业生涯中，"创业式领导力"就像指南针一样指引他渡过无数次难关，也赋予他自信，让他不仅可以带领诺基亚乘风破浪、幸存于世，也能帮助公司再次成功。

行业专家们预测，诺基亚破产只是一个时间问题。但令人震惊的事情发生了。在极短的时间，诺基亚反弹了。从 2012 年到 2016 年的四年里，企业价值增长了 20 倍以上，诺基亚得以重生。

资料来源：

[1] SIILASMAA R，FREDMAN C. 偏执乐观：诺基亚转型的创业式领导力[M]. 北京：机械工业出版社，2019.

[2] 经济观察网. 诺基亚发布 2019 财年第 2 季度财报 净销售额好于预期[EB/OL].（2019-07-26）http://finance.sina.com.cn/stock/relnews/us/2019-07-26/doc-ihytcitm4784543.shtml（有改动）

案例讨论

1. 进一步挖掘相关文献，试述领导力对企业健康发展的影响。
2. 请对 Risto Siilasmaa 的领导力观点进行评述。

延伸阅读文献

1. 尤建新，陈守明，赵丹红，等. 高级管理学[M]. 3 版. 北京：清华大学出版社，2019.
2. 穆林. 管理与组织行为[M]. 北京：经济管理出版社，2008.

拓展阅读

第8章 组织绩效与管理

 故事引导

破 窗 效 应

破窗效应（broken windows theory）是犯罪心理学的一个理论，以一栋建筑中有一个破损的窗户为例，如果不尽快修复好这扇窗户，就有可能会有更多的破坏者破坏其他的窗户，最后甚至很多人会穿过围墙进入室内，如果室内没有人，那会引起更大的破坏，这就是破窗效应。

破窗效应为我们的经营管理带来这样一个启示：如果管理者对员工的一些微小的错误不加以制止，那么这些微小的错误会不断蔓延，不断影响其他人，最终导致管理失控。类似地，如果发现影响组织绩效的小问题存在，也应该及时地进行控制和消除，不然会使组织绩效急剧恶化，这也恰恰指明了组织控制在管理中的重要性。

8.1 组织的绩效问题

组织绩效作为组织经营的最终目标，绩效的实现成为组织运营的关键。自组织绩效作为独立的研究概念提出以来，学术界对组织绩效的研究经历了相当长的时间，积累了丰富的成果。通过梳理不同组织绩效考核的不同维度的发展历程、考核指标和影响因素，以总结组织绩效的理论与实践发展。本章主要针对的是企业，因此将组织绩效从两个角度进行综述：一是公司绩效，公司绩效则通过公司绩效考核的四个维度（财务绩效、内部流程绩效、客户管理绩效、创新绩效）分别综述；二是市场绩效，市场绩效则主要受市场结构和市场行为与非市场行为的影响。除此之外，关于绩效归因方面，公司绩效的影响因素主要从战略组织（strategic organization）、部门群体、领导（管理者）以及员工个体四个层面考虑，而市场绩效的影响因素主要与市场结构和市场行为与非市场行为相联系。

8.2 组织绩效的理论和实践发展

绩效译为"执行、实现、行为、功绩、成绩"。对于绩效的定义，至今没有一个统一的标准。本章以企业为主要研究对象，提到企业绩效，不得不提到近年来应用较为广泛的绩效衡量工具——平衡计分卡。平衡计分卡是通过明确获取业务成功的关键衡量指标来帮助组织将战略转化为行动的绩效管理工具。平衡计分卡使用财务、客户、内部业务流程、创新与学习四个维度对战略目标进行诠释，相对应公司绩效也可以分为这四个维度：财务绩

效、客户管理绩效、内部流程管理绩效、创新与学习绩效。

8.2.1 财务绩效

1. 财务绩效的定义

企业财务绩效是以公司的财务指标（如资产负债率、市盈率等）为基础，考核公司在这些指标上的表现，并对企业绩效进行评价的一种方法。

财务绩效评价能比较客观地对企业财务状况进行分析，帮助企业和投资者把握机遇，规避风险。当然，财务绩效也具有一定的局限性，因为它将绩效评价仅仅限定在了财务的范畴，忽略了其他方面的绩效考核。

所以目前在评估企业的绩效时，通常将财务绩效和其他绩效一起作为考核指标，很少会仅仅考察财务绩效。

2. 财务绩效的评价体系

目前业界较为流行的财务绩效评价体系有如下几种：沃尔评分体系、EVA（经济价值增量）评价体系、清华大学与《中国证券报》联合推出的上市公司财务绩效排序体系以及复旦大学推出的"证星—若山风向标"上市公司财务评测系统。

（1）沃尔评分体系：美国学者亚历山大·沃尔是财务状况综合评价的先驱，他选择了一种财务指标，分别给出其相应比重，总和为100分。然后确定标准比率，并与实际比率相比较，评出每项指标的得分，最后求出总评分。

（2）EVA评价体系：EVA评价体系是20世纪90年代发展起来的一种新的财务绩效评定方法。它是一种基于税后营业收入、产生这些收入所需要的资本投资和资本投资成本或资本加权成本的管理绩效财务评定方法。

（3）清华大学与《中国证券报》联合推出的上市公司财务绩效排序体系：清华大学企业研究中心与《中国证券报》合作，在深入分析指标内涵，借鉴国内外研究成果的基础上，选取了包括盈利能力、偿债对上市公司的绩效进行综合评价，于2001年推出的上市公司财务绩效排序体系。

（4）"证星—若山风向标"上市公司财务评测系统：该测评系统基于中国证券市场现状，借鉴国内外专家学者的研究成果，从盈利能力、现金流量质量、偿债能力、资产负债管理能力与成长能力五方面对公司的财务绩效进行评价。

8.2.2 客户管理绩效

1. 客户管理绩效的定义

客户管理绩效一般包括客户知识管理和客户关系管理两个方面。

1）客户知识管理

客户知识管理是公司员工能有效地运用客户信息，用此来扩大对客户信息知识的应用程度，而且通过恰当的方法运用客户知识，使之成为企业提高绩效的手段。

2）客户关系管理

客户关系管理是企业的一项商业策略，它按照客户的分割情况有效地组织企业资源，培养以客户为中心的经营行为以及实施以客户为中心的业务流程，并以此为手段来提高企业的获利能力、收入以及客户满意度。

2. 客户管理绩效

1）客户知识管理

客户知识管理是将知识作为企业的一个成功因素，企业通过和客户的交流中获取客户的知识，以此来实现企业的业务增长和实现绩效目标，提升企业竞争力。能够充分运用客户知识管理的企业可以利用其获得的客户、市场、甚至竞争对手的相关知识，这样企业就更能适应市场变化。

2）客户关系管理

根据阅读客户关系管理的相关文献，了解到客户关系管理主要分为两个方面：吸引新用户和留住老用户，即是开发新用户和挖掘老用户。企业为了树立信誉吸引新用户，为了巩固顾客基础留住老用户。

3）客户知识管理与客户关系管理的比较

客户知识管理和客户关系管理作为客户绩效管理的主要内容，两部分相应的基本内容理论基础、出发基点、最终目标等多方面存在不同之处，具体区别，如表 8-1 所示。

表 8-1　客户知识管理与客户关系管理的比较

比较维度	客户知识管理	客户关系管理
理论基础	客户管理和知识管理	客户管理
出发基点	充分利用客户知识	客户的维护成本远低于获取成本
最终目标	与客户协作实现共同的价值创造	盈利型客户的培育、巩固和扩大
核心资本	客户和知识	客户
知识来源	直接从客户那里获取客户经验、创造力、对产品和服务的意见	在企业的客户数据库中挖掘有关客户的信息
客户关系	客户是主动的价值创造合作者	吸引客户与企业产品和服务建立紧密的联系
衡量标准	比竞争对手更快成长与创新，为客户创造价值	客户满意、客户忠诚

8.2.3　内部流程管理绩效

1. 内部流程管理绩效的定义

内部流程管理绩效指企业内部的所有生产运营过程，通常包括提高客户满意度和达到企业财务目标有着很大影响的相关业务过程，如影响循环生产周期、产品质量、员工技能和生产率等各种因素。

2. 内部流程管理绩效的管理

（1）内部流程管理绩效是基于流程（process-based）的KPI（关键绩效指标）设计的绩效分析方法，该方法认为企业绩效指标的好坏是流程相关的部门和所有相关的活动共同作用的结果，而不仅仅是业务单元和岗位。

（2）流程绩效管理与绩效管理的差别。流程绩效管理与绩效管理的差别主要体现在目的、手段和特点三个方面，具体对比情况，如表8-2所示。

表8-2　流程绩效管理与绩效管理的比较

	流程绩效管理	绩效管理
目的	分析业务流程绩效的表现，解决业务中出现的问题	应用绩效表现的结果，通过激励的手段，促使当事人改进自己的绩效，提高组织的绩效
手段	通过建立科学合理的指标体系，监控流程绩效，运用一整套分析的方法和模板，展现业务出现问题的根本原因，并在以后的工作中实施改进	通过绩效计划、考核评估、沟通改进计划、制订新的绩效目标，来激活企业中的组织和细胞
特点	流程绩效管理更加要求体现以客户为中心，强调实时性和迅速的反应	绩效考核可以以固定的周期来总结和回顾，同时绩效考核还包括了劳动态度、计划执行情况等企业牵引性的元素

8.2.4　创新与学习绩效

1. 创新绩效的历史发展

"创新"这一概念最早由熊彼得在《经济发展理论》一书中提出，自此国内外学者对其进行了大量的研究。但对创新绩效，目前还没有统一规范的定义。部分学者认为类似于组织绩效、财务绩效等概念是对企业经营活动效率和效果的评价，创新绩效一般是指对企业创新活动效率和效果的评价。国外研究中，常用两个术语来描述企业的技术创新结果，一个是Gemiinden（1996）等人提出的 innovation success，包括产品创新和工艺创新两方面；另一个是Irwin（1998）等人提出的 innovative performance，研究重点在技术创新绩效和产品创新绩效。Vittorio Chiesa（1996）等人认为企业的创新绩效应该从企业创新能力、实施创新的全过程这两个方面来衡量。其中企业创新能力的绩效表现为企业竞争力的提升，实施创新的全过程的绩效则体现在理念产生、产品开发、工艺创新、技术获取、领导能力、资源和系统，以及工具的获取这几个方面。

2. 创新绩效的定义

在综合国内外研究的基础上，本章认为的创新绩效既包括企业实施创新活动的投入与产出的比率，也包括在创新过程中各种因素相互作用而使得企业创新能力、内部程序、资源效率的提升以及由此产生的新概念等过程性的结果。

8.3 绩效管理与内控建设

8.3.1 绩效归因

公司绩效受到诸多方面的影响，下面将各影响因素直接作用于企业四个不同层次进行分类，分别是组织战略层面、部门群体层面、领导（管理者）层面、员工个体层面，从而对企业的四个绩效层次产生影响，具体归因情况如下。

1. 组织战略层面

企业战略管理是对一个企业或组织在一定时期的全局的、长远的发展方向、目标、任务和政策，以及资源调配作出的决策和管理艺术。其包括公司在完成具体目标时对不确定因素作出的一系列判断，公司在环境检测活动的基础上制定战略。

绩效管理战略层面的影响因素主要由两部分构成：企业内部因素和外部因素，而且涉猎了全部四个维度的绩效。

2. 部门群体层面

企业部门以及企业内部专业团体以介于组织与个体之间的群体的形式存在，不仅仅要承接组织的战略规划，还要考虑部门或者团队内部成员的工作关系，群体性质偏固定。团队则是执行相互依存的任务以完成共同使命的群体，临时性的团队，也有常设的或永久的团队。前者如新产品开发团队、攻关团队、过程改进团队等，后者如过程管理团队等。部门和团队均属于群体层面。

对于绩效而言，群体层面的影响因素一方面通过直接作用于群体，如不同职能部门之间的协调、团队学习等；另一方面作用于群体内部或群体之间流程和技术，如技术创新、流程改造、运营差异化等，对各个维度的绩效均有一定程度的影响。

3. 领导（管理者）层面

由于管理的领导职能或领导活动就是影响人们去努力实现组织目标的过程，进一步就可以理解为影响公司的绩效。那么公司管理者要有效地进行领导，就必须了解和掌握有关人、人的行为、人的动机等方面的知识。而且管理者在决策活动中的行为也起到至关重要的作用。

关于管理者层面的绩效归因，从领导者层面来看，主要对财务绩效、内部流程绩效以及创新绩效有着较为显著的影响效应，另外，不仅仅是领导者或管理者自身的因素对绩效产生影响，还可以通过影响领导者和管理者的行为从而影响企业绩效。按各自维度归因，在管理者层面，各维度绩效均受到不同的内部因素的影响，而通过管理者层面影响财务绩效以及内部流程管理绩效的因素作用关系更为显著，主要是来自管理者自身的因素，如管理者的情绪、胜任能力、领导风格等,这与管理者在这两方面的协调和决策行为有关。另外,创新学习绩效在管理者层面的影响因素也主要体现在管理者作出了关于创新学习的决策行为。客户管理绩效几乎不受管理者层面的因素的影响。

4. 员工个体层面

员工是指企业(单位)中各种用工形式的人员,包括固定工、合同工,临时聘用、雇用、借用的人员,以及代训工和实习生。企业员工作为个体分布于公司上下各个岗位,每个员工的行为直接影响公司的业绩。

关于员工个体层面的影响因素主要从两个方面对公司绩效产生影响:一方面是员工自身素质对绩效的影响,如员工的异质性、个性行为、业务素质等;另一方面是员工所处的环境对员工心理或行为造成影响,从而影响公司的绩效。

8.3.2 财务绩效影响因素

财务绩效作为企业绩效中出现最早的绩效维度,许多学者对它进行过研究。研究发现,影响财务绩效的因素有很多,近几年来的研究热点主要集中在以下几个方面。

1. 企业的战略组织对财务绩效的影响

陶文杰等(2012)的研究表明,企业社会责任与企业的财务绩效之间存在相互促进的关系。企业的社会责任水平越高,企业的财务绩效表现越好。程愚等(2012)的研究表明,营运差异化在财务绩效中无显著作用,而营运确定化在财务绩效中发挥显著的中介作用。吕峻等(2012)的研究表明环境披露和财务绩效之间存在显著的负相关关系,环境披露的程度越高,企业的财务绩效越差。贾宁等(2011)的研究表明无论是长期还是在短期,董事会规模与财务绩效均无显著关联。

2. 企业的员工个体对财务绩效的影响

乔坤等(2013)的研究发现,企业的高层管理人员的社会资本与企业的财务绩效存在正相关关系。企业的高层管理人员的社会资本存量和强度越高,企业的财务绩效表现越好。刘振等(2014)的研究也表明,企业的高层管理人员的薪酬与企业财务绩效存在正向互动关系。企业财务绩效越好,高层管理人员薪酬越高,高层管理人员的薪酬越高,企业财务绩效也越好。何杰(2005)的研究发现基金管理公司董事会中具备金融、证券专业知识与工作经验的独立董事人数占董事会人数的比例越高,则基金业绩越高,基金净资产费用率越低,而全部独立董事人数占董事会人数比例的上述作用却并不显著;基金管理公司总经理在公司董事会中的地位越高,则对基金业绩的负向影响越大。张龙等(2006)的研究表明经营者的继任及其继任形式对公司的市场绩效具有影响,体现在股价即时变动的信号效应和公司系统风险水平发生变更的管理效应上。

3. 企业的内部流程对财务绩效的影响

郭斌等(2006)的研究表明,企业的技术创新对企业的财务绩效存在着一定的影响,技术创新投入越大，财务绩效表现越好。孙维峰等（2013）的研究表明企业的广告支出、研发支出对企业的财务绩效也存在着正向促进的关系，广告支出、研发支出越高，企业财务绩效表现越好。李晓翔等（2011）的研究表明企业需要根据当前的经营状况来决定对待冗余资源的态度和策略，来取得更好的财务绩效。王伟光等（2011）的研究表明技术创新体系本地化与其财务绩效的本地化之间存在着非对称性，技术创新不一定会引起财务绩效的改善。

4. 外部环境对财务绩效的影响

张毅等（2012）的研究表明金融危机对企业的财务绩效有显著影响，在金融危机过程中，企业的财务绩效通常表现得不如金融危机前。邓新明等（2007）的研究表明企业竞争对手对企业的财务绩效也有一定影响，竞争对手越强大，企业的财务绩效所受的影响越大。姚益龙等（2011）的研究表明还得出了媒体监督与财务绩效之间呈现出一定程度的倒 U 型关系，在一定范围内，媒体监督力度越大，企业财务绩效越好，超出了这个范围后，企业财务绩效随着媒体监督力度的增大而减小。左和平等（2011）的研究表明，新产品产值率和工业增加值对财务绩效起显著的正相关作用。财务绩效影响因素，如图 8-3 所示。

表 8-3　财务绩效影响因素

绩效维度	作用层次	具体因素罗列
财务绩效	战略组织	经营业绩、竞争互动、高层管理团队、股权结构、创业投资
	部门群体	广告支出、研发支出、运营差异化、技术创新
	领导（管理者）	高层管理团队，企业家经营能力、协调治理，经营者继任者的胜任能力，变革型领导、交易型领导
	员工个体	员工行为、工作幸福感
	外部影响因素	媒体监督、市场制度，环境不确定性、供应链整合，政治关联、风险资本投资，环境规制，市场导向以及文化情境，企业社会责任信息披露、媒体关注度，战略性新兴产业发展环境的改善，行业行政垄断与地区行政垄断，产业集中度，地方保护

8.3.3　内部流程绩效影响因素

1. 领导者方面

不同的领导风格会对员工和企业产生不同的影响，从而影响企业的绩效。方阳春（2014）指出包容型领导风格与团队的绩效具有显著正相关。其将包容型领导风格分为三个维度：领导包容员工的观点和失败、认可并培养员工、公平对待员工。认可并培养员工、公平对待员工对团队任务绩效具有显著正向影响；包容型领导风格的三个维度都对团队周边绩效具有显著的正向影响。同时还指出领导包容员工的观点和失败、公平对待员工对员工自我效能感有显著影响，而员工自我效能感又显著影响团队的任务绩效和周边绩效。员工自我效能感在领导公平对待员工与团队绩效之间起部分中介作用，在领导包容员工的观点和失败与团队周边绩效之间起完全中介作用。吴志明等（2006）指出关系导向的变革型领导行为对团队绩效具有显著的影响作用，变革型领导行为通过团队成员的组织公民行为对团队绩效发生影响，即组织公民行为在变革型领导与团队绩效之间起到中介作用。

领导者自身的因素对企业绩效也有影响。张辉华等（2009）指出管理者情绪智力对绩效有显著的影响，管理者情绪智力会通过领导能力与管理自我效能感部分中介作用于其主观绩效。晁罡等（2008）研究企业领导者的社会责任取向、企业社会表现和组织绩效，其结果表明在企业领导者社会责任取向、企业社会表现和组织绩效三者的关系中，企业社会表现起着中介作用。

除此之外，杨建君等（2012）指出大股东对经理人越信任，越有利于企业新产品开发绩效的提高；大股东对经理人信任通过促进企业家导向，间接作用于企业新产品开发绩效。王晶晶等（2009）指出高管团队心理契约与集体创新、团队绩效均具有显著正相关关系；高管团队心理契约对团队绩效的影响是通过集体创新这一中介变量表现出来的。集体创新在高管团队交易型心理契约与团队绩效关系中起部分中介作用，在关系型心理契约与团队绩效关系中起完全中介作用。

2. 员工方面

企业或领导者对员工的管理，会影响到员工绩效，而员工绩效是企业绩效的微观层面。仲理峰（2013）指出高绩效人力资源实践对员工知觉到的胜任特征、员工角色内绩效和组织公民行为有显著的积极影响；员工知觉到的胜任特征对员工角色内绩效和组织公民行为有显著积极影响；员工知觉到的胜任特征在高绩效人力资源实践与员工角色内绩效和组织公民行为之间起部分中介作用。颜爱民等（2013）指出辱虐管理对任务绩效和周边绩效都有显著负向影响，自我效能感在辱虐管理对任务绩效的影响中起部分中介作用，在辱虐管理对周边绩效的影响中起完全中介作用。

员工自身的组成特点和行为也会影响企业绩效。张钢等（2009）通过研究员工的异质性对企业绩效的影响，将员工的异质性分为一般异质性（人口统计学特征）和专长异质性（专业背景、学历和职业经验），其研究结果表明交互记忆系统在成员专长异质性与团队绩效关系中发挥中介作用，而成员一般异质性对团队绩效产生直接影响。姚艳虹等（2006）在研究员工的组织公民行为中，将组织公民行为细分为理想员工、忠诚员工、交际型员工、个性化员工四种类型，同时指出组织公民行为与员工工作绩效成正相关关系；而四类组织公民行为对员工绩效有不同程度的影响。

3. 企业组织方面

企业组织在一定程度上也会影响企业绩效。宋增基等（2009）通过研究中国上市公司的数据发现，董事会规模是一个影响公司治理的重要因素，但没有发现董事会规模与公司绩效显著相关。指出董事会规模在截面上的变化只是反映了公司运营环境的不同，而非公司对这些治理机制的不合理运用。常亚平等（2010）在探讨个人——企业文化匹配与工作绩效关系的基础上，发现了组织承诺是文化匹配影响工作绩效的中介变量。

4. 知识学习方面

知识学习的方式与程度也会影响企业绩效。李明斐等（2007）将学习型组织分为"支持个体学习以达成共同愿景""建立沟通与创新机制""鼓励团队学习与合作""倡导系统思考与战略领导"四个构成要素。同时指出学习型组织对企业绩效有正向的影响作用。陶厚永等（2008）指出知识共享有助于群体绩效水平的提高，然而对于拥有不同知识位势的个体而言，其绩效水平的高低却取决于知识共享的机制。知识共享行为主要受个体预期的成本收益等因素的影响，构建科学合理的知识共享机制可以降低知识共享成本，维持个体之间的利益平衡，提高群体绩效。谢洪明等（2006）指出知识整合可以通过技术创新来提升组织绩效，也可以通过管理创新来提升组织绩效，知识整合提升组织绩效的另外一条路径是知识整合→技术创新→管理创新→组织绩效。康青松（2015）指出学习导向和吸收能力对国际企业的绩效产生显著的正向影响，而知识转移对绩效的影响是通过与吸收能力的交互作用实现的。

5. 战略柔性

目前对于战略柔性的研究，最有说服力的是把战略柔性划分为资源柔性和能力柔性。王铁男等（2011）通过实证研究指出能力柔性对企业绩效影响显著，而资源柔性对企业绩效的影响不明显。李桦等（2011）则通过构建"战略柔性——双元性创新——企业绩效"模型，得出战略柔性不仅直接影响企业绩效，而且能够通过双元性创新间接影响企业绩效这一结论，打开了战略柔性对企业绩效的影响机制这一"暗箱"，发现双元性创新在战略柔性对企业绩效的作用过程中起到了部分中介作用。林亚清等（2014）在研究制度支持与企业绩效的关系中，考虑战略柔性和技术能力的因素，指出制度支持能够显著地提高企业绩效，并且战略柔性在其中发挥了完全的中介作用。内部流程绩效影响因素，如表8-4所示。

表 8-4　内部流程绩效影响因素

绩效维度	作用层次	具体因素罗列
内部流程绩效	战略组织	董事会规模、个人——企业文化匹配、能力柔性和资源柔性、战略柔性、制度支持
	部门群体	学习型组织、知识共享、知识整合、学习导向和吸收能力
	领导（管理者）	包容型领导风格、关系导向的变革型领导行为、管理者情绪智力、领导者的社会责任取向、企业社会表现、大股东对经理人信任、高管团队心理契约
	员工个体	包容型领导风格、关系导向的变革型领导行为、管理者情绪智力、领导者的社会责任取向、企业社会表现、大股东对经理人信任、高管团队心理契约
	外部影响因素	市场导向、竞争者导向

8.3.4 客户绩效影响因素

客户绩效影响因素是由内部影响因素和外部影响因素两个角度进行研究的，内部影响因素包括战略组织、部门群体、领导（管理者）、员工个体等因素；外部影响因素包括环境不确定性、供应链整合、市场导向、顾客导向等。

近几年来，对客户绩效的研究主要有以下几个热点。

1. 战略组织

李小玲等（2014）认为电子商务平台的收入能受到卖家竞争广度的积极影响，而卖家的竞争深度和时间有关系，在短期内可以有效增长收入，长期就有抵消的效应。他们研究表明，对商家有效的控制、均衡自身和商家的权益有助于平台企业的长期发展。

许德惠等（2012）认为和需求、技术的不确定性没有供应不确定性对供应链整合的抑制明显，而且环境的不确定性显著影响这供应链的整合。对于供应链对企业绩效的影响，内部整合能明显提升绩效，客户整合只能提升运作的绩效，而供应商的整合对企业无明显影响。

程聪、谢洪明（2013）认为能最大限度地为顾客创造产品价值的是市场导向，这样还能增加顾客的产品满足度和忠诚度。而顾客导向对于制造业企业的影响更显著，相比之下，竞争者导向对于非制造业企业的影响更明显。

2. 部门群体

叶飞等（2009）认为企业财务绩效的增长主要是因为客户服务绩效水平的提升，而且通过供应商绩效和客户服务绩效的提升可以实现企业供应商、内部、客户整合对财务绩效的积极影响程度。

2. 员工个体

吕涛等（2009）认为员工的非正式控制对于绩效有着直接和间接的影响，而角色明晰是间接因素的中介变量，研究表明，角色明晰性和情感性承诺是非正式控制中对客户关系质量产生间接影响的原因，但是产生的直接影响不明显。

4. 外部影响因素

赵丽等（2011）认为供应链的上下游合作伙伴对绩效也有影响，研究表明，合作公司的特性就影响企业信息的共享程度和运营绩效，而企业的关系还能直接和间接地积极影响企业的运营绩效，信息的共享程度越高，企业的运营绩效也能更好。

李新然等（2009）对信息共享的观点是一样的，他们还认为当供应链作为中介变量时，供应链的整合也能对绩效产生显著影响，而对供应商的关系只能对绩效产生间接影响。客户绩效影响因素，如表 8-5 所示。

表 8-5 客户绩效影响因素

绩效维度	作用层次	具体因素罗列
客户绩效	战略组织	双边客户开发和挖掘策略、供应链管理、信息共享
	部门群体	职能部门间组织协调
	员工个体	员工行为、非正式控制
	外部影响因素	环境不确定性、供应链整合、市场导向、顾客导向

8.3.5 创新绩效影响因素

1. 领导者方面

刘小禹（2008）认为在企业中，当团队情绪氛围比较积极时，变革型领导与团队创新绩效正相关，交易型领导与团队创新绩效负相关；当团队情绪氛围比较消极时，变革型领导与团队创新绩效负相关，交易型领导与团队创新绩效正相关。

2. 员工方面

刘宁等（2014）认为不同情境下企业奖酬对员工创新绩效的影响及影响机制都有所不同。张婕等（2014）认为员工前摄型人格对其创新绩效具有正向影响。黄亮等（2015）研究了工作幸福感对员工创新绩效的影响机制。

3. 企业组织方面

许晖等（2014）认为对于中小型制造企业，组织原型的演变是影响吸收能力由游移均衡向双元均衡模式发展，进而带动中小型制造企业创新绩效提升的重要因素。蒋峦（2015）等学者研究表明，时间节奏对创新绩效有显著正向影响；时间节奏显著增强组织柔性；组织柔性对创新绩效有显著正向影响；时间节奏通过组织柔性部分中介作用于创新绩效；环境动态性正向调节时间节奏与创新绩效的关系。

4. 客户管理方面

刘翔宇（2015）认为客户组织的信息分享对于外获专业技术人员的创新绩效有显著正向影响；外获专业技术人员的人际网络能力提升（职业技能维度之一）在客户组织的信息分享与自身的创新绩效之间起部分中介作用。杨艳玲（2015）提出互动导向对服务创新过程绩效既具有直接正向影响，又具有间接正向影响；互动导向对服务创新结果绩效只具有间接正向影响，不具有直接正向影响。

5. 知识学习与共享方面

万青和陈万明（2012）认为渐进式知识共享路径选择策略更有利于提高员工的创新绩效。李贞（2012）认为吸收能力、关系学习、知识整合对企业的创新绩效有显著的直接正向影响。解学梅（2013）等指出知识吸收能力与企业创新业绩之间呈正相关关系。

6. 外部因素

陈伟等（2011）指出文化相容对知识交易有显著的正向影响，对创新绩效正向影响不显著；资源依赖对知识交易与创新绩效均有显著的正向影响；知识距离对知识交易负向影响不显著，对创新绩效有显著的负向影响；知识交易对创新绩效有显著的正向影响。王雷（2013）认为外部社会资本不直接影响集群企业的创新绩效，而是通过知识溢出和学习效应间接产生影响。李生校（2013）提出本地以往知识广度搜寻、本地现在知识广度搜寻、全球以往知识广度搜寻和全球现在知识广度搜寻与新创企业创新绩效之间存在倒 U 型相关关系。李庆满等（2013）指出集群企业内部竞争对企业技术创新绩效兼具推动和阻滞作用。姜文杰等（2013）指出制度资本对集群制造企业关系资本和技术创新绩效都有显著正向影响；关系资本显著正向影响集群制造企业技术创新绩效；在制度资本对集群制造企业技术创新绩效影响中起到了中介作用。吴剑峰等（2015）指出电子设备制造企业国际研发合作的地域广度与技术创新绩效之间存在倒 U 型关系；企业的资金资源和技术资源会正向调节国际研发合作的地域广度与技术创新绩效之间的关系。创新绩效影响因素，如表 8-6 所示。

表 8-6 创新绩效影响因素

绩效维度	作用层次	具体因素罗列
客户管理绩效	战略组织	组织原型的演变、时间节奏、组织柔性、环境动态
	部门群体	客户组织的信息分享、互动导向、知识共享路径、知识吸收能力、关系学习、知识整合
	领导（管理者）	变革型领导、交易型领导
	员工个体	企业奖酬、工作幸福感、员工前摄型人格
	外部影响因素	外部社会资本、知识广度搜寻、集群企业内部竞争、制度资本、关系资本、资金资源和技术资源、文化相容、资源依赖、知识交易

8.3.6 组织控制

控制在组织的管理实务中是非常重要的一环。所谓控制，就是指对活动进行监督，判定组织是否正朝着既定的目标健康地向前发展，并在必要的时候及时采取矫正措施。也就是说，为了保证组织制定的目标、指令和计划能够切实得到贯彻并得到满意的结果，组织通过对计划指令和计划的执行过程实施控制，及时地发现和纠正计划执行过程中出现的偏差，确保原定目标、指令和计划的实现。

按照系统理论和控制理论，可将组织视为一个控制系统，这个控制系统的输入设定值就是组织的计划目标体系和工作标准。组织的控制职能的目的就在于通过有效的系统控制使得组织系统的输出值达到预设状态值，也就是达到组织的计划目标体系和工作标准。

1. 组织控制的原因

由于组织的内部条件和组织的外部环境中存在许多事先难以预测，或者说难以准确预测的不确定因素,因此在制定了组织的计划和目标之后,在组织的实施过程中,可能出现一些未能预测,或者是未能准确预测到的情况,从而导致计划的实施出现偏差。如果管理不能及时发现并且及时纠正这些偏差,或者相应调整计划,就可能导致计划的执行失败、甚至导致组织运作的失控。

之所以需要控制,是因为下列原因可能导致计划的实施出现偏差。

1)组织计划和目标失误

组织计划和目标是非常重要的,它是决策者在对未来的环境条件和组织的状态进行预测判断,在此基础上,通过进一步分析和研究而得出结论。而这种预测和判断本身就存在很大的主观性,并且决策者极有可能会发生误判,这种失误会导致决策者对未来的组织目标和行动方案作出的决策与计划失准。而计划本身的失误和失准会造成组织在执行计划过程中的实际效果与计划目标的不一致,从而出现让决策者意外的偏差。

2)组织外部环境意外变化

组织外部环境变幻莫测,使得人们对未来的组织外部环境的预测可能会因为组织外部环境意外变化,漏掉了某些重要参数,或者因为缺乏必要的数据,或者是预测技术不成熟等种种原因而出现预测失准的情况,从而导致计划的实施基础出现意想不到的情况,导致无法按照原计划实施。

3)组织内部条件意外变化

与决策者对组织外部环境条件的预测相同,决策者对组织的内部环境条件的预测也可能由于种种原因而出现事先未能预料到的事态变化,导致计划实施的内在条件发生变化,从而导致计划不能按照计划执行,从而导致计划实施出现意外的偏差。

4)组织管理出现问题

由于组织管理可能出现人为的、技术性的或者程序性的失误等,种种可能的失误都会使组织管理过程中出现偏差,因此使得计划的实施执行不能按照预先计划要求完成,从而导致计划的实施过程出现问题。

2. 组织控制的目的、对象和原则

因为组织的计划实施过程中可能由于各种原因导致组织计划的执行出现偏差,而这种偏差可能导致计划的失败,从而导致组织无法完成预定的组织目标,因此组织管理必须在组织的运作过程中实施有效的控制,也就是说,组织控制的职能在组织管理过程中至关重要。

1)组织控制的目的

组织控制的最重要目的在于实现组织目标,使组织的计划切实执行,确保在计划的实施过程中不会出现意外的偏差,在出现偏差的时候及时发现和纠正这些偏差,从而保证组织计划的切实执行和组织目标的最终实现。

2)组织控制的对象

组织控制的对象是完成组织计划和实现组织目标的组织运作过程中的关键因素。因此组织控制的对象会随着不同性质的组织而有所不同。在组织中，组织控制的对象主要包括组织的财务系统、生产系统和人事管理系统，以及组织的决策系统和组织的信息传递系统。

3）组织控制的原则

在组织中建立控制系统的目的在于对组织的运行实现有效的控制，确保组织目标的顺利实现、组织计划的顺利完成。为了保证组织控制的可行和实际效果，组织控制包含两个基本原则：效能原则和效率原则。

（1）效能原则。组织控制的目的首先要使得组织的目标和计划得以顺利实现，只有满足这一点组织的管理控制机制才是有效的。在任何组织的管理系统中控制职能的目的始终是设法保证组织的目标和计划的顺利实现。无论组织的管理控制机制如何设计，都必须首先保证使组织的目标和计划得以顺利实现。这就是组织的控制职能的效能原则。

（2）效率原则。在组织的控制职能实施过程中，成本的控制是必须考虑的主要因素之一。因为任何一个组织的资源都是有限的，不可能为了达到组织的有效控制的目的而不惜任何代价。因此，强调在实施有效的组织控制的同时，应力求成本的最小化。也就是说，应该寻求一个最低的成本同时也使得组织的目标和计划得以顺利实现，并且付出的成本要小于组织控制带来的收益。在这种情况下，这个控制机制就是有效率的。相反，如果为了达到组织控制目的，组织所付出的代价和成本过高，占用了过多的组织资源，可能会使得组织控制得不偿失，这种无效率的控制机制一般来讲是没有意义的。

需要强调的是，在这里所说的控制的成本和收益，既包括直接的成本和收益，也包括间接的成本和收益；既包括短期的成本和收益，也包括长期的成本和收益；既包括经济成本，也包括非经济成本，如因为控制所耗费的时间成本和社会成本。

3. 组织控制的方式和内容

1）组织控制的方式

组织控制的方式按照不同的分类标准，可分为如下许多种（表 8-7），下面仅简要介绍常用的几种。

（1）按照控制的时间，组织控制可分为反馈控制、前馈控制和现场控制三种方式。一般在组织运作中同时采用这三种方式，这是因为为了最大限度地降低组织运作出现偏差所造成的损失，前馈控制是必要的；同时由于组织运作的环境复杂多变，难以控制，前馈控制难以达到预期效果，因此反馈控制和现场控制也是必要的。

一般来讲，反馈控制系统是组织控制所必需的。这是因为反馈系统可以使组织系统能够及时地根据组织的实际状态进行调整，纠正可能出现的偏差。组织管理可以通过定期和不定期的工作检查、评比、统计报表、总结分析等对组织的实

表 8-7 组织控制的类型

分类依据	控制类型
控制时间	（1）反馈控制
	（2）前馈控制
	（3）现场控制
控制手段	（1）市场控制
	（2）官僚控制
	（3）家族控制
监督方式	（1）输出控制
	（2）输入控制
	（3）行为控制

际运行情况及时进行反馈，以比较实际的组织运作结果与预定的目标标准之间的差异，根据这个差异组织调整偏差的控制系统就会对组织系统采取措施进行控制。

对于反馈控制、前馈控制和现场控制的重要性，下面的故事可以说明三者之间的关系。魏文王问名医扁鹊："你们家兄弟三人，都精于医术，到底哪一位最好呢？"扁鹊答："长兄最好，中兄次之，我最差。"文王再问："那么为什么你最出名呢？"扁鹊答："我长兄治病，是治病于病情发作之前。由于一般人不知道他事先能铲除病因，所以他的名气无法传出去，只有我们家的人才知道。我中兄治病，是治病于病情初起之时。一般人以为他只能治轻微的小病，所以他的名气只及于本乡里。而我扁鹊治病，是治病于病情严重之时。一般人都看到我在经脉上穿针管来放血、在皮肤上敷药等大手术，所以以为我的医术高明，名气因此响遍全国。"文王说："你说得好极了。"这个故事说明，反馈控制不如现场控制，现场控制不如前馈控制，可惜大多数的经营者均未能体会到这一点，等到错误的决策造成了重大的损失才寻求弥补，有时是亡羊补牢，为时已晚。

（2）按照控制手段，组织控制可分为市场控制（market control）、官僚控制（bureaucratic control）与家族控制（clan control）。

市场控制。市场控制是指当产品价格存在市场竞争时，组织管理者通过与竞争对手比较价格和利润来评估组织的绩效，从而发现差距并采取措施提高生产率。使用市场控制时，组织需要认真统计、计算产品的成本与销量，以便和竞争对手相比或进行纵向比较（图 8-1）。

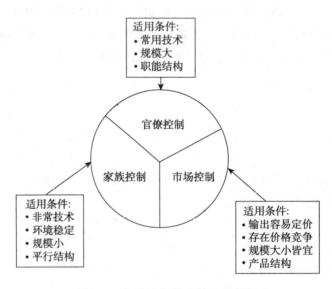

图 8-1 各种控制策略的适用条件

市场控制既可以用于整体组织水平，也可以用于产品事业部。例如，XYZ 公司的三个部门之间，如果需要彼此的产品或服务，就必须和其他外部客户竞争，同时也要遵循市场交换规则。更有甚者，一些公司已经开始在单一部门之间推行买卖关系，鼓励既可采购其他部门的商品，亦可从外部公司进货。

官僚控制。官僚控制是指采用规章制度、政策、职权等级、书面文件、标准化以及其他官僚机制来维持组织运作、约束员工行为。管理控制系统（management control system）是官僚控制的主要手段，它包括四个子系统（表8-8）。

表8-8 管理控制系统的构成

子系统	内容	频率
预算	财务支出	每月
统计报告	非财务支出	每周或每月
报酬程序	目标完成情况	每年
运作程序	规章制度、政策	持续进行

预算：预算是组织计划的数字化表现形式，是广泛采用的控制手段与方法。常见的预算种类有：收入项算；现金预算；资金支出预算；产品、材料、时间和空间预算；资产负债表五种。

统计报告：定期的统计报告主要用于评估和监控组织的非财务绩效。这些报告一般用计算机进行分析并以每周或每月为单价提供给管理人员。

运作程序：运作程序是指传统的规章制度和办事程序。管理人员运用这些程序去规范各个部门的工作、去约束每个员工的行为（图8-2）。

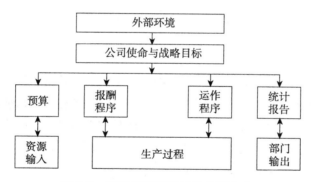

图8-2 管理控制子系统的控制焦点

报酬制度：报酬制度除了能够形成管理人员和普通员工的激励机制，促使他们提高工作绩效外，还可以通过考评机制发现每个部门、每一员工的工作不足与失误，从而为进一步改进绩效提供了前提。

家族控制。家族控制是指采用组织文化、共有价值观、承诺、传统习惯、信念等约束员工的行为。家族控制对于处高度不确定状态的组织是极其重要的。所谓高度不确定性就是指组织环境变化太快，以至于原有的规章制度已经不能有效地约束员工的行为。

家族控制主要用于小型的、非正式组织。只有具有强有力的组织文化的大型组织才能考虑采用家族控制手段。此外，随着计算机网络的普及，许多公司开始慢慢抛弃传统的官僚控制而更多地采用家族控制。

（3）市场控制、官僚控制与家族控制三种策略主要用于中高层管理，监督控制（supervisory）则主要用于基层管理，尤其是直接用于监控个体员工的工作绩效。监督控制有三种类型。

输出控制。输出控制是指依据员工绩效的测量结果来控制员工的行为。如果员工的工作业绩较差，管理人员就需分析原因，找到对策，以提高员工的工作绩效。

行为控制。行为控制是指认真观察员工的工作表现，看其是否遵循了规定的工作流程与方法。如果发现了某一员工违反了操作规程，应立即指出让其改正。行为控制主要用于员工的工作结果不易测量的情况下（图8-3）。

输入控制。输入控制是指通过员工的严格选拔或培训以提高员工的知识、技能、能力、价值观和动机等。输入控制主要用于员工的工作程序和工作结果都不易测量的情况下。

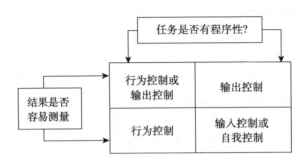

图8-3　监督控制与任务特征的关系

2）组织控制的内容

组织控制的内容包括两方面：第一是对组织业务工作的控制，即通过不断的检查和纠正工作实践中出现的各种偏差，确保工作按照原定的计划进行，以保证组织的任务目标能够按照预定计划和标准完成；第二是对组织成员的控制，通过对组织成员的工作表现和业绩进行考核与评估，同时采取相应的措施来保证组织成员在工作过程中尽职尽责。显然，前者属于间接控制，而后者属于直接控制。

为了实施有效的组织控制，首先需要制定相应的工作标准。组织控制是通过确立组织工作的各种标准，包括时间标准、空间标准、质量标准和数量标准以指导组织的计划执行实施过程。工作标准是组织控制的基础，没有标准的计划和没有标准的控制都是没有意义的。组织控制正是通过确认这些标准在计划实施过程中的实现来发现计划执行过程中可能出现的偏差，确保组织计划和组织目标完成的。其次需要在组织的运作过程中时时注意检查组织计划执行的实际状况，并且与预先制定的计划标准相比较，及时发现两者之间的偏差，寻找其发生的原因，并且及时地纠正这些偏差，或者及时地调整计划，以保证组织计划的准确实施和组织任务目标的最终实现。

组织控制职能是一个系统工程，它的有效实施需要组织各方面的配合。具体而言，就是组织控制职能的有效实施需要组织计划职能和组织职能这两个基本职能的协作。组织控制的目的在于使组织的实际运行与组织的计划目标能够一致。因此组织控制职能的实施是以计划为基础,以计划为依据的。组织计划的科学性,组织计划的全面和完善,组织计划的明确和精细,以及组织计划的可执行性,是保证组织控制效果的一个基础条件。组织控制的另一个基本条件是科学、健全、协调和行动敏捷的组织机构。组织控制活动是要由人来组织实施的。没有得力的人和组织机构来实施组织的控制职能,或者实施不力,组织控制职能只能是低效率的,甚至是无效的。如果在组织中职责规定不明确,管理者就无法了解和发现偏差出现在哪个部门,或者是在哪个环节,无法判断是哪一个部门,或者是哪一个人的工作出现了问题,无法检讨工作偏差产生的责任和原因,也不可能准确地判断纠正偏差应该采取的措施。因此,得力的组织是有力的组织控制的基础。只有建立一个科学高效、职责明确、配合协调和精练敏捷的组织机构,组织控制工作才会富有成效。组织机构设立不当、职责不清、配合协调不好、行动笨拙,组织控制能力必然低下,其控制效果必然不理想。

4. 组织控制的有效性

为了顺利实现组织的预定目标和计划,组织系统应该是一个控制系统。组织正是通过组织系统的运作和控制来保证计划的实施,达到组织的目标,也就是达到组织系统的期望输出状态的。每个组织都在不停与外部环境交换各种要素,同时组织内部也在不断发生各种变化,这些都会导致组织系统的输出状态的不稳定。这种不稳定会导致组织系统的输出状态与目标状态产生偏离,必须通过组织的反馈控制机制加以及时纠正,使系统输出状态恢复到预设的稳定状态。因此,组织系统不是一个一成不变的系统,而是在不断发生变化,是一个动态平衡系统。组织管理的目的就是通过有效的管理使组织系统能实现动态的平衡。组织管理所要研究的是如何才能对组织系统实现有效的控制。

(1)选择控制系统。为了防患于未然,最大限度地降低组织运作出现偏差所造成的损失,所以前馈控制是必要的。但是由于组织运作的环境复杂多变,不可预测的因素很多,难以完全控制,所以仅仅依靠前馈控制难以达到满意的预期效果,因此,还要采取反馈控制。同时,因为许多意外都是在系统运作的各个环节发生的,为了达到有效的、全过程的控制,还需要采用即时控制。因此,组织系统一般应该同时具有前调控制、反馈控制和即时控制三种控制系统。但是,这并不意味组织控制可以不计算成本,事实上,在组织管理实践中往往会根据实际需要对这三种反馈系统的使用进行权衡。

(2)制定科学严谨的组织目标和组织计划,确定组织的控制标准。这是实行有效的组织控制的必要前提。没有科学严谨的组织目标和组织计划,以及控制标准,控制本身就是盲目的和没有意义的。因此,在实施控制时首先必须制定好相应的计划和标准。在组织的管理的实务中,为了对各项组织的业务活动实施有效的控制,组织必须在各个层次上制定各种工作标准,如组织的生产定额标准、原材料和能源消耗定额、生产进度要求、产品质量标准和成本控制标准等,作为组织控制的直接依据。

为了有效地实施控制,制定组织的行动计划和目的,确定组织的控制标准必须严谨、科学。如果制定的标准不科学，不能真实地反映组织运行状态，就会造成组织控制达不到应有的效果。过高的标准、脱离实际的要求会使得组织控制失去意义，而过低的标准不能达到组织控制的目的。

（3）建立有效的组织管理的检查和监督系统。只有及时发现问题才能及时反馈组织运行的实际状态和运行结果，才能对其进行有效的控制。如果组织控制仅仅是制定了详细的计划和考核标准，而没有有效的组织管理的检查和监督系统去及时发现组织的实际状态与运行结果，及时发现运行中出现的问题，那么实现组织的有效控制是不可能的。

为了进行有效的监督和检查，组织往往投入大量的人力和物力去建立财务监控体系与制度，建立法人治理结构，建立生产管理和监控体系，建立成本管理控制体系，等等。但是，如同组织的所有行为一样，尽管有效的监督和检查对组织的有效控制是必要的，但是组织为此应该做到什么程度，应该投入多少资源，仍然需要进行全面的综合考虑，需要进行成本效益的核算，需要组织量力而行。不能为监督去监督，而不计成本、不考虑效果。

（4）为了达到组织控制的效果，要在每个组织系统中建立起有效的管理信息系统。通过组织的管理信息系统，及时反馈和了解组织系统的运转情况，及时地传达组织管理的指令，从而达到有效控制的目的。这也就是为什么现代组织管理如此重视管理信息系统建设的原因。组织管理实践证明：强大和有效的组织管理信息系统可以有效地加强组织控制能力，从而强化组织的工作效能，增强组织实施计划、完成组织目标的能力。

（5）每个组织系统还必须有一个能够及时纠正组织偏差的控制环节。组织的管理控制过程一般包括三个基本步骤：制定计划和确定组织的目标、标准；检查和反馈组织实际状态和运行结果；根据反馈信息及时调整和纠正组织的可能出现的偏差。其中纠正组织偏差的环节非常重要。在组织管理过程中，一旦出现偏差，组织需要根据反馈信息及时地调整和纠正出现的偏差。纠正偏差的环节包括组织的管理机构及其管理者，以及所应用的管理方法、管理手段和管理制度等。组织通过管理者和管理机构应用各种管理方法、管理手段和管理制度，对组织运行中出现的偏差进行及时的调整，以保证组织的运行能按计划有效地进行。事实上，由于种种原因，许多组织的控制机制都是在最后的处理环节上出现问题。一些组织控制系统的处理环节形同虚设，甚至是整个处理环节的缺失，这使得组织控制系统缺乏有效的偏差处理环节，从而造成所有的组织前期控制工作都成为无效的工作，失去意义。这是许多组织的控制机制无效的重要原因之一。

8.4 全面管理体系与追求卓越

8.4.1 组织绩效与全面质量管理

1. 全面质量管理的概念与形成

ISO 8402：1994 将全面质量管理（TQM）定义为："一个组织以质量为中心，以全员参与为基础，目的在于通过让顾客满意和本组织所有成员及社会受益而达到长期成功的管理途径。"这一定义反映了全面质量管理概念的最新发展,得到了质量管理界的广泛共识。应该说,全面质量管理概念是经过长时间的实践和理论的反复总结归纳出来的。

早在 1951 年,Joseph M. Juran 主编的《质量控制手册》(第一版)中,Juran 就明确提出,为了对质量进行有效的控制,除了统计质量控制以外,尚有许多其他重要的质量职能必须予以关注。1956 年,美国通用电气公司的费根堡姆,首先提出了"全面质量管理"的概念。Armand Vallin Feigenbaum 认为解决质量问题不能只是局限于制造过程,解决问题的手段也不能局限于统计方法。这样,质量管理由制造过程中的统计质量控制逐渐发展成为满足顾客要求所必需的所有过程、方法也变得多样化了。

日本在 1950 年以后引进美国的统计质量控制方法以后,在实践中逐渐发展成为"全公司的质量管理"(CWQC),并开发出许多有效的质量管理的工具和方法。日本质量管理专家石川馨将其概括为:"全公司的质量管理的特点在于整个公司从上层管理人员到全体职工都参加质量管理。不仅研究、设计和制造部门参加质量管理,而且销售、材料供应部门和诸如计划、会计、劳动、人事等管理部门以及行政办事机构也参加质量管理。质量管理的概念和方法不仅用于解决生产过程、进厂原材料以及新产品设计管理等问题,而且当上层人员决定公司方针时,也用它来进行业务分析,检查上层管理的方针实施状况,解决销售活动、人事劳动管理等问题,以及解决办事机构的管理问题。" 1980 年以后,日本企业在全面质量管理方面的成功实践和领先地位,使得日本企业在许多领域打败了美国企业,日本产品在全球成为高质量的代名词。

改革开放以后,在刘源张等前辈的积极推动下,全面质量管理在中国得到了广泛深入的推行。企业在实践中将全面质量管理概括为"三全一多样",即全过程、全员和全组织的质量管理,全面质量管理所使用的方法是多种多样的。

1987 年,美国设立了国家质量奖(波多里奇奖),1998 年改称为卓越绩效准则。国际标准化组织在 1987 年首次颁布了 ISO 9000 族标准,又经历了 1994 年、2000 年、2008 年、2015 年的多次修改。不论是以美国为代表的卓越绩效准则还是 ISO 9000 族标准,都可以看成对全面质量管理的总结和发展,是企业开展全面质量管理活动的追求和实施细则。

总之,在当今竞争日益激烈的环境下,世界各国企业已经意识到:质量已经成为企业的战略竞争武器,是确保企业获得长期成功的关键所在,从而形成了现在全面质量管理的概念。显然,全面质量管理的概念与朱兰提出的"大质量"概念是相一致的。

2. 全面质量管理的基本要求

通过全面质量管理的实践,中国质量专家提出了"三全一多样"的观点,并总结了许多有益的经验和做法,对企业深入开展全面质量管理有积极的指导价值。

1)全过程的质量管理

产品质量有一个产生、形成和实现的过程,这个过程是由多个相互联系、相互影响的环节所组成的,每一个环节都对产品质量产生或大或小的影响,因此需要控制影响质量的所有环节和因素。全过程的质量管理包括了从市场调研、产品的设计开发、生产(作业)

到销售、售后服务等全部有关过程，换句话说，要保证产品或服务的质量，不仅要搞好生产或作业过程的质量管理，还要搞好设计过程和使用过程的质量管理。要把质量形成全过程的各个环节或有关因素控制起来，形成一个综合性的质量管理体系，做到以预防为主，防检结合，重在提高。为此，全面质量管理强调必须体现如下两个思想。

（1）预防为主、不断改进的思想。优良的产品质量是设计和生产制造出来的，而不是靠事后的检验决定的。事后的检验面对的是既成事实的产品质量。全面质量管理要求把管理工作的重点从"事后把关"转移到"事前预防"上来；从管结果转变为管因素。实行"预防为主"的方针，把不合格品消失在它的形成过程之中，做到"防患于未然"。当然，为了保证产品质量，防止不合格品出厂或流入下道工序，并把发现的问题及时反馈，防止再出现、再发生，加强质量检验在任何情况下都是必不可少的。强调预防为主、不断改进的思想，不仅不排斥质量检验，甚至要求其更加完善，更加科学。质量检验是全面质量管理的重要组成部分，企业内行之有效的质量检验制度必须坚持，并且要进一步使之科学化、完善化、规范化。

（2）为顾客服务的思想。顾客有内部和外部之分：外部顾客可以是最终的顾客，也可以是产品的经销商或再加工者；内部顾客是组织的部门和人员，实行全过程的质量管理要求组织所有工作环节都必须树立为顾客服务的思想。内部顾客满意是外部顾客满意的基础。因此，在企业内部要树立"下个过程是顾客""努力为下一个过程服务"的思想；现代组织工作是一环扣一环的，上一个过程的质量会影响后一个过程的质量，一个过程出了质量问题，就会影响整个过程以至产品质量。因此，要求每个过程的质量，都要经得起下一个过程，即"顾客"的检验，满足下一个过程的要求。有些企业开展的"三工序"（过程）活动即复查上道工序的质量；保证本道工序的质量；坚持优质、准时为下道工序服务是为顾客服务思想的具体体现。只有每个过程在质量上都坚持高标准，都为下个过程着想，为下个过程提供最大的便利，组织才能目标一致地、协调地生产出符合规定要求，满足用户期望的产品。

可见，全过程的质量管理就意味着全面质量管理要"始于识别顾客的需要，终于满足顾客的需要"。

2）全员的质量管理

产品或服务质量是企业各方面、各部门、各环节工作质量的综合反映。组织中任何一个环节、任何一个人的工作质量都会不同程度地、直接或间接地影响着产品质量或服务质量。为了激发全体员工参与的积极性，管理者要做好以下三个方面的工作。

（1）全员的质量教育和培训。一方面要加强员工的质量意识、职业道德、以顾客为中心的意识和敬业精神的教育；另一方面要提高员工的技术能力和管理能力，增强参与意识。在教育和培训过程中，要分析不同层次员工的需求，有针对性地开展教育和培训。

（2）把质量责任纳入相应的过程、部门和岗位中，形成一个高效、严密的质量管理工作系统。

对员工授权赋能，使员工自主作出决策和采取行动，即所谓的活性化。活性化是全面质量管理的基本做法之一，之所以如此，原因在于：①员工有强烈的参与意识，同时也有很高的聪明才智，员工活性化会激发他们的积极性和创造性；②企业的竞争力在于顾客和其他相关方的满意以及对市场变化的反应速度，而顾客和其他相关方的满意，以及市场变化的反应速度很大程度上取决于员工的活性化程度；③活性化的员工应该要求对于质量作出相应的承诺，并将质量责任同奖惩机制挂起钩来，确保责、权、利的统一。

（3）鼓励团队合作和多种形式的群众性质量管理活动，充分发挥广大员工的聪明才智和当家做主的进取精神。

群众性质量管理活动的重要形式之一是质量管理小组。此外，还有很多群众性质量管理活动，如合理化建议制度、和质量相关的劳动竞赛等。

3）全组织的质量管理

全组织的质量管理可以从纵横两个方面来加以理解。从纵向的组织管理角度来看，质量目标的实现有赖于组织的上层、中层、基层管理乃至一线员工的通力协作，其中尤以上层管理能否全力以赴起着决定性的作用。从组织职能间的横向配合来看，要保证和提高产品质量必须使组织研制、维持和改进质量的所有活动构成为一个有效的整体。全组织的质量管理可以从两个角度来理解。

（1）从组织管理的角度来看，每个组织都可以划分成上层管理、中层管理和基层管理。全组织的质量管理就是要求组织各管理层次都有明确的质量管理活动内容。当然，各层次活动的侧重点不同：上层管理侧重于质量决策，制定出组织质量方针、质量目标、质量政策和质量计划，并统一组织、协调企业各部门、各环节、各类人员的质量管理活动，保证实现组织经营管理的最终目的；中层管理则要贯彻落实领导层的质量决策，运用一定的方法找到各部门的关键、薄弱环节或必须解决的重要事项，确定出本部门的目标和对策，更好地执行各自的质量职能，并对基层工作进行具体的业务管理；基层管理则要求每个员工都要严格地按标准、按规范进行生产，相互间进行分工合作，互相支持协助，并结合岗位工作，开展群众合理化建议和质量管理小组活动，不断进行作业改善。

（2）从质量职能角度来看，产品质量职能是分散在组织的所有有关部门中的，要保证和提高产品质量，就必须将分散在组织各部门的质量职能充分发挥出来。但由于各部门的职责和作用不同，其质量管理的内容也是不一样的；为了有效地进行全面质量管理，就必须加强各部门之间的组织协调，并且为了从组织上、制度上保证组织长期稳定地生产出符合规定要求、满足顾客期望的产品，最终必须要建立起全组织的质量管理体系，使组织的所有研制、维持和改进质量的活动构成为一个有效的整体。建立和健全组织质量管理体系，是全面质量管理深化发展的重要标志。

可见，全组织的质量管理就是要"以质量为中心，领导重视，组织落实，体系完善"。

4）质量管理方法多样化

影响产品质量和服务质量的因素越来越复杂：既有物质的因素，又有人的因素；既有技术的因素，又有管理的因素；既有组织内部的因素，又有随着现代科学技术的发展，对产品质量和服务质量提出了越来越高要求的外部的因素，要把这一系列的因素系统地控制起来，全面管好，就必须根据不同情况，区别不同的影响因素，广泛、灵活地运用多种多样的现代化管理方法来解决现代质量问题。

当前，质量管理中使用的工具和方法，既有统计方法又有非统计方法。常用的质量管理方法有所谓的老七种工具、新七种工具，除此以外，还有另外一些方法以及近年开发的一些新方法，如质量功能展开（QFD）、田口方法、失效模式和影响分析（FMEA）、头脑风暴法（brainstorming）、六西格玛法（6σ）、水平对比法（benchmarking）、业务流程再造（BPR）等。

总之，为了实现质量目标，必须综合应用各种先进的管理方法和技术手段，必须善于学习和引进国内外先进企业的经验，不断改进本组织的业务流程和工作方法，不断提高组织成员的质量意识和质量技能。"多方法的质量管理"要求的是"程序科学、方法灵活、实事求是、讲求实效"。

上述"三全一多样"，都是围绕着"有效地利用人力、物力、财力、信息等资源，以最经济的手段生产出顾客满意的产品"这一企业目标的，这是企业推行全面质量管理的出发点和落脚点，也是全面质量管理的基本要求。坚持质量第一，把顾客的需要放在第一位，树立为顾客服务、对顾客负责的思想，是企业推行全面质量管理贯彻始终的指导思想。

3. 全面质量管理的有关原则

如上所述，20 世纪 80 年代后期以来，全面质量管理得到了进一步的扩展和深化，逐渐由早期的 TQC（全面质量控制）演化成为 TQM，其含义远远超出了一般意义上的质量管理的领域，而成为一种综合的、全面的经营管理方式和理念。质量不再是仅仅被看作产品或服务的质量，而是整个组织经营管理的质量。因此，全面质量管理已经成为组织实现战略目标的最有力武器。在此情况下，全面质量管理的理念和原则相对于 TQC 阶段而言都发生了很大变化。

ISO 9000 族国际标准是各国质量管理和质量保证经验的总结，是各国质量管理专家指挥的结晶。可以说，ISO 9000 族国际标准是一本很好的质量管理教科书。在 2015 版 ISO 9000 族国际标准中提出了质量管理七项原则。这七项原则反映了全面质量管理的基本思想。

1）以顾客为关注焦点

组织依存于顾客。质量管理的首要关注点是满足顾客要求并努力超越顾客期望。因为，组织总是依存于它们的顾客，组织的变革和发展都离不开顾客，只有赢得和保持顾客与其他相关方的信任才能获得持续成功。互联网社会，拓宽了组织与顾客的交互空间，提供了为顾客创造更多价值的机会。充分理解顾客和其他相关方当前与未来的需求，有助于组织健康可持续发展。要注意的是，认识顾客的未来需求，需要具有战略眼光和战略能力。

对于企业而言，必须做好下列工作。

（1）通过全部而广泛的市场调查，了解顾客对产品性能的要求。企业必须认识顾客对不同产品价格的承受能力以及不同消费阶层、不同地区的消费者的消费能力,并把它们转化成具体的质量要求,采取有效措施使其在产品中实现。

(2)谋求在顾客和其他收益者(企业所有者、员工、社会等)的需求与期望之间达到平衡。在确定顾客所能接受的价格后,还应该分析产品所能取得的利润,是否使企业所有者及其股东能够获得适当的利益;是否能够提高员工的福利待遇,这样的待遇能否对员工起到相应的激励作用;产品的销售是否会带来正面的社会效益,从而扩大企业的社会影响力。

(3)将顾客的需求和期望传达到整个企业。把进行顾客调查所得到的资料分门别类,采取科学的方法进行分析、归纳。随后,将这些分析结果采用各种形式传达给企业内的每一个员工,使其更加确定顾客的期望贯穿于生产、服务的每一个环节。这样的方法,将会使企业的每一个成员牢固树立"顾客就是上帝"的观念;同时使企业形成相应的企业文化,在社会上树立良好的企业形象。

(4)测定顾客的满意度,并为提高顾客的满意度而努力。顾客对产品质量的评价,存在于顾客的主观感觉中,反映在市场的变化之中。促使顾客满意及评判顾客满意的标准只有一个,即是否满足顾客需求并超越其期望。顾客对特定事物的满意度受到三个因素的影响,它们分别是不满意因素、满意因素和非常满意因素。不断提高顾客的满意度,能够从根本上提高产品的市场占有率,对组织的生存是非常重要的。任何忽视顾客满意度的行为,都会明显地影响到企业的经营和生存发展。顾客的满意度可以通过多种方法获得,如采用市场调查问卷、新产品试用、售后服务获得信息等方法。

2)领导作用

2015年版 ISO 9000 族国际标准特别强化最高管理者的作用,为此,把"管理职责作为组织质量管理体系的首要过程"。领导作用的原则强调了组织最高管理者的职能是确立组织统一的宗旨及方向,并且应当创造并保持使员工能充分参与实现组织目标的内部环境,使组织的质量管理体系在这种环境下得以有效运行。

就企业而言,企业最高管理者应发挥以下作用:①制定并保持企业的质量方针和质量目标;②通过增强员工的质量意识、参与质量管理的积极性,在整个企业内促进质量方针和质量目标的实现;③确保整个企业关注顾客要求;④确保实施适宜的过程以满足顾客和其他相关方要求并实现企业的质量目标;⑤确保企业建立、实施和保持一个有效的质量管理体系以实现企业的质量目标;⑥确保企业的质量管理活动能获得必要的资源;⑦定期评审质量管理体系;⑧决定企业有关的质量方针和质量目标的措施;⑨决定改进企业质量管理体系的措施。

显然,组织最高管理者具有决策和领导一个组织的关键作用,他们应营造一个良好的质量管理环境来保证组织质量管理体系有效运行。

3)全员参与

整个组织内各级胜任、经授权并积极参与的人员,是提高组织创造和提供价值能力的必要条件。只有他们的充分参与和全身心投入，才能充分使他们的才干为组织带来收益。

组织是由不同层次的人员组成，各级人员都是组织之本。组织的质量管理不仅需要最高管理者的正确领导，还有赖于组织全体员工的参与。

对于企业而言，应鼓励全体员工积极参与质量管理工作，包括以下几方面。

（1）承担起解决质量问题的责任。如果是生产的产品出现问题，企业中不同层次的人员，都要从自己所负责的工作范围中积极查找出现质量问题的可能性，并提供意见协助其他人员共同解决所有的质量问题。

（2）不断增强技能、知识和经验，主动地寻找机会进行质量改进。要形成员工自我更新知识的风气，培养学习型的员工，鼓励员工根据顾客要求，不断改进生产工序和生产方式，不断提高产品的质量。

（3）在团队中自由地分享知识和经验，关注为顾客创造价值。

（4）在生产过程中对企业的质量管理目标进行不断的改进和创新，通过产品所具有的质量和个人行为向顾客与社会展示自己的企业。

（5）从工作中能够获得满足，并为是企业的一名成员而感到骄傲和自豪。

在质量管理活动中坚持全员参与的原则，有助于员工提高对自身工作岗位的满意度，积极地参与有助于个人成长和发展的活动，主动承担起对组织目标的责任，有效地参与适当的决策活动和质量改进活动，提高对组织利益的贡献能力。

4）过程方法

将活动作为相互关联、功能连贯的过程组成的体系来理解和管理时，可以更加有效和高效地得到一致的、可预知的结果。质量管理体系是由相互关联的过程组成，理解体系是如何产生结果的，能够使组织尽可能地完善其体系并优化其绩效，即过程方法。

质量管理体系的四大过程包括管理职责、资源管理、产品实现及测量、分析和改进。以过程为基础的质量管理体系模式，如图8-4所示。

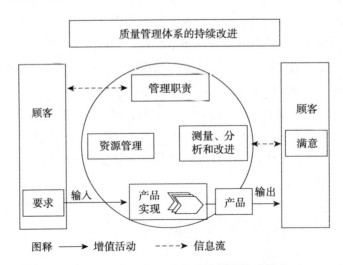

图8-4 以过程为基础的质量管理体系模式

过程方法的优点是对诸过程之间的相互作用和联系进行系统的识别与进行连续的控制，可以更高效地得到期望的结果。在质量管理体系中，过程方法强调：①对整个过程给予界定，以理解并满足要求和实现组织的目标；②从增值的角度考虑过程；③识别过程内部和外部的顾客，供方和其他受益者；④识别并测量过程的输入和输出，获得过程业绩和有效性的结果；⑤基于客观的测量进行持续的过程改进。

5）持续改进

成功的组织持续关注改进。因为，改进对于组织保持当前的绩效水平，对其内外部条件的变化作出反应，并创造新的机会，都是非常必要的。因此，质量的持续改进是一个组织的永恒的主题和永无止境的追求。

改进不能停留于口号，而是落实于产品质量、过程及体系有效性和效率的提高，持续改进质量管理体系的目的在于增加顾客和其他相关方满意的机会。为此，在持续改进过程中，首先要关注顾客的需求及其变化，努力提供满足顾客的需求并争取超出其期望的产品和服务。另外，一个组织必须建立起一种"永不满足"的组织文化，使得持续改进成为每个员工所追求的目标。

持续改进是一项系统工程，它要求组织从上到下都有这种不断进取的精神，而且需要各部门的良好协作和配合，使组织的目标与个人的目标一致，这样才能使持续改进在组织内部顺利推行。持续改进应包括：①分析和评价现状，识别改进区域；②确定改进目标；③寻找、评价和实施解决办法；④测量、验证和分析结果，以确定改进目标的实现；⑤正式采纳更改，并把更改纳入文件。

6）循证决策

给予数据和信息的分析和评估的决策，更有可能产生期望的结果。因为，决策是一个复杂的过程，并且总是包含某些不确定性。其有两点需要说明：①所提供的数据和信息必须是可靠与翔实的，必须是建立在组织活动的基础上获得的事实，错误的信息和数据，必然会导致决策的失误；②分析必须是客观的、合乎逻辑的，而且分析方法是科学的和有效的，如统计方法的运用和计算机等信息工具的支持。

实施本原则至少可以为组织带来以下结果：①客观把握组织的质量状况，减少错误决策的可能性；②有利于优化资源配置，使资源的利用达到最优化；③充分发挥科学方法的作用，提高决策的效率和有效性。

7）关系管理

未来持续成功，组织需要管理与相关方（包括供方）的关系。特别是供方，在市场竞争中，组织与供方是相互依存的，互利的关系可增强双方创造价值的能力。因此，关系管理对于企业而言，将极大地影响组织的绩效。

全球化带来的错综复杂，使得选择一个良好的供方和寻找一个良好的顾客一样重要。因此，如何保证供方提供及时而质优的产品，也是组织质量管理中一个重要的课题。

（1）供需双方应保持一种互利关系。只有双方成为利益的共同体时，才能实现供需双方双赢的目标。把供方看成合作伙伴互利关系的基础，在获取组织利益的同时也要注意供方的利益，将有助于组织目标的实现。如果把供方看成谈判的敌方，尽量在谈判中争取更多的既得利益，将会损害供方的利益，并最终导致组织利益的损失。

（2）供方也需要不断完善其质量管理体系。蓬勃向上的供方，是组织有效开展质量竞争的保证。互利的供方关系，将有助于促进供方健全质量管理体系，使组织持续获得质量稳定的供应。这一系统的实现，是增强供应链质量和供应链竞争力的重要保证。

（3）积极肯定供方的改进和成就，并鼓励其不断改进。供方的质量改进，带来的是供需双方的共同利益。每个供方都这么做，整体的质量和竞争力将会得到巨大的提高，双赢的目标就能得到持续稳定的保证。

质量管理的七项原则包括一个组织的最高管理者应关注的工作重点，包括思想方法、工作方法和领导作风，以及处理内外各种关系的正确态度，对指导管理者完善组织的质量管理工作有着重要作用。七项原则的中心是以顾客为关注焦点，其他六项基本原则都是围绕该项基本原则展开。建立和完善组织的质量管理体系，必须坚持全员参与，并贯穿整个生产和服务过程，这其中还包含了20世纪60年代A.V. Feigenbaum和J.M.Juran等人提出的全面质量管理思想的贡献。在总结全面质量管理40多年的发展和ISO 9000族国际标准实践的基础上，人们也逐渐认识到，坚持质量管理的上述七项基本原则，有助于组织在竞争日益剧烈的全球市场上立于不败之地。

在质量管理的实践中，组织还应该充分认识自身的优势和劣势，并根据顾客和市场的不同需求，强调不同的侧重点，使质量管理的水平更上一层楼，满足顾客需求并争取超过顾客的期望。为此，在坚持ISO 9000族国际标准提出的质量管理七项原则的同时，组织必须注意结合其自身的特点和其他的质量管理方式，不断完善组织的质量管理体系。在当今全球政治经济风云突变、新科技不断涌现的大环境下，组织的全面质量管理工作是一个动态的过程，只有不断地调整质量管理的目标和方法，不断完善组织的质量管理体系，才能够满足顾客需求，实现组织的目标。

ISO 9000族国际标准的七项原则反映了全面质量管理的基本思想和原则。但是，全面质量管理的原则还不仅限于此。原因在于，ISO 9000族国际标准是世界性的通用标准，因此它并不能代表质量管理的最高水平。企业在达到ISO 9000族国际标准的要求之后，还需要进一步的发展。这就需要更高的标准和更高的要求来指导企业的工作。在国际范围内享有很高声誉的美国马尔科姆·波多里奇国家质量奖（以下简称"波奖"）代表了质量管理的世界水平。波奖中体现的核心价值观也反映了全面质量管理的基本原则和思想。其中很多与ISO 9000族国际标准的七项质量管理原则一致。除此之外，作为代表质量管理世界级水平的质量管理标准，波奖的核心价值观还有一些超越了七项基本原则的范畴，体现了达到世界级质量水平，实现卓越经营的指导思想。下面将波奖的核心价值观罗列出来供参考。

（1）领导者的远见卓识。
（2）顾客推动。
（3）有组织的和个人的学习。

（4）尊重员工和合作伙伴。

（5）灵敏性。

（6）以未来为中心。

（7）管理创新。

（8）基于事实的管理。

（9）社会责任和公民义务。

（10）重在结果及创造价值。

（11）系统观点。

4. 全面质量管理的实施

根据全面质量管理的定义，TQM就是一种系统化、综合化的管理方法或思路，企业要实施全面质量管理，除了注意满足"三全一多样"的要求外，还必须遵循一定的原则并且按照一定的工作程序运作。

1）实施全面质量管理应遵循的原则

（1）领导重视并参与。企业领导应对企业的产品（服务）质量负完全责任，因此，质量决策和质量管理应是企业领导的重要职责。国内外实践已证明，开展全面质量管理，企业领导首先必须在思想上重视，必须强化自身的质量意识，必须带头学习、理解全面质量管理，必须亲身参与全面质量管理，必须亲自抓，一抓到底。这样，才能对企业开展全面质量管理形成强有力的支持，促进企业的全面质量管理工作深入扎实、持久地开展下去。

（2）抓住思想、目标、体系、技术四个要领。全面质量管理是一种科学的管理思想。它体现了与现代科学技术和现代生产相适应的现代管理思想。因此，在推行全面质量管理过程中，必须在思想上摆脱旧体制下长期形成的各种固定观念和小生产习惯势力的影响，树立起质量第一、提高社会效益和经济效益为中心的指导思想，树立起市场的观念、竞争的观念、以顾客为中心的观念，以及不断改进质量等其他一系列适应市场经济和知识经济时代的新观念。在此基础上，不断强化质量意识，综合地、系统地不断改进产品和服务的质量，持续满足顾客的要求。

全面质量管理必须围绕一定的质量目标来进行。通过明确的目标，引导企业方方面面的活动，激发企业全体职工的积极性和创造性，进而衡量和监控各方面质量活动的绩效。没有目标的行动是盲目的行动，也很难深入持久，很难取得实效，甚至可能造成内耗和浪费。只有确立明确的质量目标，才有可能针对这个目标综合地、系统地推进全面质量管理工作。

企业的质量目标是通过一个健全而有效的体系来实现的。质量管理的核心是质量管理体系的建立和运行。首先，通过建立和运行质量管理体系可以使影响产品与服务质量的所有因素，包括人、财、物、管理等，以及所有环节，涉及企业中所有部门和人员，都处于控制状态，在此基础上，就可以确保质量目标的实现。其次，通过建立和运行质量管理体系可以使企业所有部门围绕质量目标形成一个网络系统，相互协调地为实现质量目标努力。

全面质量管理是一套能够控制质量、提高质量的管理技术和科学技术。它要求综合、灵活地运用各种有效的管理方法和手段，从而有效地利用企业资源，生产出满足顾客需要的产品。目前，全面质量管理的很多方法和技术都引起了广泛的重视，并且在实践中发挥了重要的作用，包括统计质量控制技术和方法、水平对比法、质量功能展开、六西格玛法等。

（3）切实做好各项基础工作。如前所述，全面质量管理是全过程的质量管理，是从市场调研一直到售后服务的系统的管理。全面质量管理要切实取得实效，必须首先做好各项基础工作。所谓全面质量管理的基础工作，就是指开展全面质量管理的一些前提性、先行性的工作。基础工作搞好了，全面质量管理就能收到事半功倍的效果，就有利于取得成效。相反，基础工作搞得不好，不管表面工作如何有声有色，如同建立在沙洲上的大厦，随时都有坍塌的危险。

（4）做好各方面的组织协调工作。开展全面质量管理，必须进行组织协调，综合治理。首先必须明确各部门的质量职能，并建立健全严格的质量责任制。全面质量管理不是哪个部门的事情，也不是哪几个人的事情，而是同产品质量有关的各个工作环节的质量管理的总和。同时，这个总和也不是各个环节活动的简单相加，而是一个围绕着共同目标协调作用的统一体。因此，为了使顾客对产品质量满意，就必须明确各有关部门在质量管理方面的职能并规定其职责以及围绕一定的质量目标所承担的具体工作任务。如果各部门所各自承担的质量职责没有得到明确的规定，全面质量管理的各项工作就不可能得到有效的执行。

此外，还必须建立一个综合性的质量管理机构，从总体上协调和控制上述各方面的职能。这一综合性机构的任务，就是要把各方面的活动纳入质量管理体系的框架中，使质量管理体系有效地运转起来，从而以最少的人员摩擦、最少的职能重叠和最少的意见分歧来获得最大的成果。

质量管理体系开始运行之后，还要通过下列的工作对质量管理体系进行监控，保证使之按照规定的目标持续、稳定地运行。这方面的工作包括质量成本的分析、报告，质量管理体系审核，以及对顾客满意程度的调查等。宏观的质量认证制度、质量监督制度也是促进企业全面质量管理工作的有效手段。

（5）讲求经济效益，把技术和经济统一起来。提高质量能带来企业和全社会的经济效益。在企业中推行全面质量管理，能够减少整个生产过程及各个工序的无效劳动和材料消耗，降低生产成本，生产出顾客满意的产品，增强企业竞争能力，实现优质、高产、低耗、盈利，提高企业的经济效益，促进企业发展壮大。从宏观的角度讲，这又可以节约资源、减少浪费、增加社会财富，为全社会带来效益。

另外，质量和成本之间到底是什么关系？有的人认为质量越高，成本也越高，因此，质量水平达到顾客可以接受的程度就行了。有的人认为质量达到一定水平之后，再提高质量就会导致成本的大幅上升，因此，无条件地、不计成本追求"高质量"是不足取的。需要说明的是，目前人们对于这个问题已经逐步达成了共识：质量水平越高，成本越低。正如克劳斯比所说的：生产有质量问题的产品本身才是最昂贵的。因此，人们必须正确认识质量和成本之间的关系，通过系统分析顾客的需求，采用科学的工作方法，在不断满足顾客要求和市场需要的情况下，获得企业的持续发展。

2）实施全面质量管理的五步法

在具体实施全面质量管理时，可以遵循五步法进行。这五步分别是决策、准备、开始、扩展和综合。

（1）决策。决策是一个决定做还是不做决策的过程。对于很多企业来说，由于存在各种各样的驱动力，因此它们有实施全面质量管理的愿望。常见的动因有：企业有成为世界级企业的愿景构想；企业希望能够保持领导地位和满足顾客需求；也有的企业是由于面临不利的局面，如顾客不满意、丧失了市场份额、竞争的压力、成本的压力等。全面质量管理的实施能够帮助企业摆脱困境，解决问题，因此，全面质量管理越来越受到世界范围内企业的关注。当然，为了能够作出正确的决策，企业的高层领导者必须全面评估企业的质量状况，了解所有可能的解决问题的方案，在此基础上进行决策：是否实施全面质量管理。

（2）准备。一旦作出决策后，企业就应该开始准备。第一，高层管理者需要学习和研究全面质量管理，对于质量和质量管理形成正确的认识。第二，建立组织，具体包括：组成质量委员会，任命质量主管和成员，培训选中的管理者。第三，确立愿景构想和质量目标，并制订为实现质量目标所必需的长期计划和短期计划。第四，选择合适的项目，成立团队，准备作为试点开始实施全面质量管理。

（3）开始。开始是具体的实施阶段。在这一阶段，需要进行项目的试点，在试点中逐渐总结经验教训。根据试点中总结的经验，来着手评估试点单位的质量状况，主要从四个方面进行：顾客忠诚度、不良质量成本、质量管理体系以及质量文化。首先在评价的基础上发现问题和改进机会，然后进行有针对性的改进，包括人力资源、信息等。

（4）扩展。在试点取得成功的情况下，企业就可以向所有部门和团队扩展。第一，每个重要的部门和领域都应该设立质量委员会、确定改进项目并建立相应的过程团队。第二，还要对团队运作的情况进行评估。为了确保团队工作的效果，应该对团队成员进行培训，还要为团队建设以及团队运作等方面提供指导。第三，管理层还需要对于每个团队的工作情况进行全面的测评，从而确认所取得的效果。扩展过程需要有一定的时间，这项活动的顺利进行，要求高层领导强有力的领导和全员的参与。

（5）综合。在经过试点和扩展之后，企业就基本具备了实施全面质量管理的能力。为此，需要对于整个质量管理体系进行综合。通常需要从目标、人员、关键业务流程以及评审和审核这四个方面进行整合与规划。

①目标。企业需要建立各个层次的完整的目标体系，包括战略的目标（这是实现目标的总体规划）、部门的目标、跨职能团队的目标以及个人的目标。

②人员。企业应该对所有的人员进行培训，并且授权给他们让其进行自我控制和自我管理，同时要鼓励团队协作。

③关键业务流程。企业需要明确主要的成功因素，在成功因素基础上确定关键业务流程。通常来讲，每个企业都有4~5个关键业务流程，这些流程往往会涉及几个部门。为了

确保这些流程的顺畅运作和不断完善,应该建立团队负责每个关键业务流程,并且要指派负责人。团队运作的情况也应该进行测评。

④评审和审核。除了对于团队和流程的运作情况进行测评外,企业还需要对于整个组织的质量管理状况进行定期的审核,从而明确企业在市场竞争中的地位,及时发现问题,寻找改进机会。在评审时通常要关注四个方面:市场地位、不良质量成本、质量管理体系和质量文化。

8.4.2 组织发展与追求卓越

在组织运行过程中,组织的局部范围或特定层面经常会随着组织环境的变化而进行各种变革,当这种变革延伸至整个组织的更高职能与层次时,组织发展的时机便到来了。所谓组织发展就是指将行为科学知识广泛应用在根据计划发展、改进和加强那些促进组织有效性的战略、结构和过程上。该定义突出了几个特征使得组织发展区别于其他对推动组织变革和改进的措施。例如,管理咨询、技术创新、业务管理以及培训和开发。它也有助于将组织发展同另外两个相关领域——变革管理和组织变革区别开来。

组织变革是指对组织结构、组织关系、职权层次、指挥和信息系统所进行的调整与改变。组织建立起来,是为实现管理目标服务的,当管理目标发生变化时,组织也需要通过变革自身来适应这种新的变化的要求。组织变革的详细论述见第5章第4节。而发展是哲学术语,指事物由小到大、由简到繁、由低级到高级、由旧物质到新物质的运动变化过程。事物的发展原因是事物联系的普遍性,事物发展的根源是事物的内部矛盾,即事物的内因。所以组织发展的概念是"组织的自我更新和开发"。它是组织应付外界环境变化的产物,将外界压力转化为组织内部的应变力及解决问题能力,以改善组织效能。在人力资源方面,它能通过参与,增加成员的激励水平,提高士气和满意度。同时,组织变革与组织发展有十分密切的关系,组织发展可以看成实现有效组织变革的手段。组织发展的过程是由组织结构发展变化和运行过程本身的发展变化构成的,它分为在保持组织结构模式的前提下而进行的"常规发展"和对组织管理模式进行根本性改变而进行的"变革发展"两种形式。

1. 组织发展的动因分析

组织的发展是必要的,而任何组织的发展都有其深刻的根源。在进行组织发展的研究之前必须首先研究组织发展的基本动因,因为如果在制定组织发展对策不考虑或没有正确认识产生发展的内在原因,推动组织的发展就很难取得成功。组织发展是多种因素综合作用的结果,组织发展的基本动因可以归纳为以下几个方面。

1)组织发展的内部动因

(1)组织目标的选择与纠正决定着组织发展的方向和组织发展的范围。在选择与纠正组织目标时一般会面临以下三种情况:组织既定目标已经实现或即将实现,组织需要寻求新的目标和追求新的发展;组织既定目标已无法实现,需要实施转型而寻求新的发展;组织既定目标在实施过程中与组织环境互不适应而出现了偏差,要求对原有目标进行修正。

这种情形在客观上要求组织进行相应的调整和变革，以达到和完成组织新的发展。

（2）组织结构的调整与完善成为组织发展的内在动因。组织结构设计不合理或原有结构不适应新的发展变化，就需要进行结构的变革，这必然会导致在整个组织范围内的变革。组织结构的改变主要是指对组织结构小的权责体系、部门体系等的调整。

（3）组织职能的转变成为组织发展的内在因素之一。随着社会的发展变化，现代组织的职能和基本内容也发生相应的变化，如在传统社会向现代社会的转化过程中，社会组织的职能日益分化，这就要求组织变革原有的权责体系，明确组织内部合理的管理层次与幅度，建立有效的沟通体系；社会组织日益强调组织的社会服务职能，迫使组织必须作出相应的调整和变革，才能求得组织的生存和发展。

（4）组织成员内在动机和需求的变化。只有当组织的个体成员的各自需要得到了满足时，组织才能有效运行。一定的组织管理和组织结构总是与一定的成员需要相适应的。当个体成员的需要普遍发生变化时，组织结构也应发生相应变化。因此，组织成员的需要变化也是构成影响组织变革与发展的又一重要原因，如随着组织的发展，组织成员的内在需要逐渐向高层次发展，纯粹的物质刺激已经不起作用，组织成员有更高的追求，如参与感、责任感、创造性的增强，要求相应地变革组织的激励环境，改进工作设计，变更工作内容，调整工资，改善工作环境，改变工作时间，等等，以满足组织成员不同层次的需要及逐步提高的需要。

2）组织发展的外部动因

（1）科学技术的不断进步。现代科学技术的迅速发展，给组织结构、组织的管理层次与幅度、组织的运行要素等都带来了巨大的变化，同时也对组织发展提出了新的要求。

（2）组织环境的变动。现代组织所面临的环境要比以往任何时候都复杂多变。仅对企业组织而言，其所面临的环境变化就包括市场变得更加广阔，产品寿命缩短，科学技术迅猛发展，社会价值观念转变，工作自动化等。组织环境的变化，使得传统的专制集权的组织形态难以适应社会发展的需要，必须改变组织结构及管理策略和技术，以适应不断变动的组织环境，如通过建立目标管理体制，以实现组织内个人目标、群体目标和社会目标的一致性；通过组织技术变革应用新的技术成果和手段，以提高产品竞争力及制定最佳决策。

（3）管理方式和手段的变化。管理方式和手段的转换或更新是推动组织发展的重要因素。管理方式与手段的现代化要求对组织要素与组织运行过程的各个环节进行合理的协调，从而对其行为作出有效的预测和决策，这种现代化发展趋势必然会对组织发展不断提出新的挑战。

2. 组织发展的方向、策略和技术

制定组织发展的方向和策略，必须客观地分析和研究组织发展的动因，从而提出组织变革与发展的整体方案。把握组织发展的方向并制定相应的策略是推动组织发展的关键环节，也是科学实施组织发展的基本条件。

1）组织发展的方向

组织发展的方向就是引导组织变革与发展的决策倾向和措施动向，它决定着组织发展活动的性质和规模。在组织发展实践中，组织发展的方向是制定组织发展策略的前提和基础，也是组织变革冲突的焦点。一旦确定了组织发展的方向，组织变革的目前局势和未来趋势也就逐渐明朗。组织发展的方向大体有以下四个方面。

（1）以人为中心的组织发展方向，即通过对组织成员的知识、技能、行为规范、态度、动机和行为的变革来达到组织发展的目的。

（2）以组织为中心的组织发展方向，即通过对组织权责体系的改变、角色关系的调整和协调机制的有效建立来达到组织发展的目的。

（3）以技术为中心的组织发展方向，即通过对组织工作与流程的再设计、对完成组织目标所采用的方法的转换和设备的更新以及新型组织目标体系的建立来达到组织发展的目的。

（4）以组织与环境相适应为中心的组织发展方向。组织发展既要能适应外部环境的迅速变化，还要能对组织的外部环境施加影响，这种影响应该有利于组织目标的实现，从而进一步有利于组织发展。

2）组织发展的策略

组织发展的策略就是组织在实现发展目标的过程中，针对有关的成员或群体所采取的各种干预活动与方式。组织发展主要应以提高工作绩效、增强人的满意度、获得组织和个人的职业发展为策略。实施这些策略的措施主要包括工作再设计、目标管理、建立社会技术系统等。

（1）工作再设计策略。工作再设计是为了提高员工的积极性、提高工作效率、改善工作绩效而对工作方式和方法进行重新安排，其主要内容包括工作扩大化、工作丰富化、工作轮换等。

（2）目标管理策略。目标管理是管理者和下属共同为工作绩效与个人发展确定目标，管理者可以使员工的工作成果与实际发展目标相结合并在未来的特定时间内，评定员工达到目标的程度。目标管理策略通过对员工是否达到规定目标的情况进行评价，把个人、部门和组织的目标有机结合起来并制定目标，是组织发展的一项十分有效的措施。

（3）建立社会技术系统策略。建立社会技术系统策略是指采用同时集中于技术和社会两方面的变革发展并使之最佳配合来提高组织效益的发展方法。这种方法使用较为普遍，它强调了组织的技术和人的因素的最佳结合，强调对完成工作的方法重新设计。组织发展的具体技术主要有两个方面：其一是结构技术。结构技术指有计划地改变组织结构的复杂性、规范性和集权程度，以促进组织发展的技术，它是影响工作内容、员工关系和组织氛围的技术。例如，减少垂直分工度、合并职能部门、简化规章、扩大员工自主性等；也可以对工作进行再设计，使之更富挑战性、趣味性，如采取新的有效的激励措施鼓舞员工士气；开发人力资源，进行各种培训，改善工作的技术条件，如更新组织文化、推行新的制度等。其二是人文技术。人文技术是指通过沟通、决策、解决问题的方法，改变组织成员的态度与行为，如通过"敏感性训练"方式使团体成员通过观察、参与有所领悟，了解自己，了解自己如何看待别人以及别人如何看待自己，了解人与人之间如何相互作用，并借此表达自己的思想、观念、态度。从这个过程中，人们可以了解人的本性，学到人际关系的技巧，提高接受个体差异、应付人际冲突的能力来改善行为；通过"反馈调查"来评定员工的态度，了解员工认识的差异；通过"工作咨询"了解工作程序的各个步骤，有的放矢地采取措施；通过"团队建设"加强团体成员的交互作用，提高相互信任和接纳的程度，提高成员士气，提高凝聚力，增强成员对组织的认同，促进团体绩效。

组织发展方向的四个方面以及在各自基础上制定的各种发展策略是相互依赖、相互影响、相互促进的。在制定组织发展策略的过程中，它们往往构成一个完整的发展规划整体。当然，由于不同组织所处的发展环境及组织内部状况不同，在选择发展方向时，其侧重点是不同的。

3）组织发展的技术

组织发展的技术包括人类过程干预技术、技术结构干预技术、人力资源管理干预技术、战略干预技术（李剑峰，2002）。下面将以李剑峰教授《组织行为学》为基础，详细介绍。

（1）人类过程干预技术。人类过程干预技术主要包括以下几方面。

① T 小组训练法。

T 小组训练法（"敏感性训练"）是美国社会心理学家 Levin 于 1946 年创造的。T 小组训练法的主要目的是让接受训练者学会怎样有效地交流、细心地倾听，了解自己和别人的感情，其通常的训练方式是把十几名受训练者集中到实验室，或者是远离工作单位的地方，由心理学家来主持训练，时间为一二周或三四周。在这个小组，成员没有要解决任何特殊问题的意图，也不想控制任何人，人人赤诚相见，互相坦率地交谈，交谈的内容只限在"此时此地"发生的事情。这种限定在狭窄范围里的自由讨论，逐渐使受训者陷入不安、厌烦的情绪当中，所谓"此时此地"的事情实际上就是人们的这些心理状态和心理活动。随着这种交谈的进行，人们逐渐地更多地注意自己的内心活动，开始更多地倾听自己讲话。同时，由于与他人赤诚坦率地交谈，也开始发现别人那些原来自己没有注意到的言语和行为上的差别。通过这些活动，小组成员将会增进对自己、对他人的感受和行为的理解与敏感。

②过程咨询。过程咨询是一种帮助组织成员提高沟通、人际关系、决策、领导、群体动力等过程的通用模型。过程咨询不仅是一种促使群体更加有效的帮助方式，也是群体学习诊断、解决自己问题的过程。

常用的过程干预方法包括：引导组织成员注意人际关系；过程分析与评估；人际问题会议；讲解人际过程知识；问题诊断与反馈；咨询与教练；互动模式、任务分配、领导方式方面的建议等。

③团队建设。团队建设旨在有计划地提高团队完成任务的方式、提高团队成员人际关系与解决问题的方法。一般来说，团队建设的主要形式主要包括以下两种，即群体诊断会议（group diagnostic meeting）和团队发展会议（team develoment meeting）。

群体诊断会议：其目的在于识别团队当前存在的问题。通常情况下，过程咨询专家在会议前要对一些成员进行一系列的访谈，以获取信息。在群体诊断会议上，全体群体成员讨论 OD（组织发展）顾问的反馈信息，以确定问题的性质和种类。尽管有时也讨论未来的行动计划，群体诊断会议的最初目标是发现问题，而不是解决问题。

团队发展会议：团队发展是指在 OD 专家的帮助下，团队学习识别、诊断、解决问题的过程。问题既可涉及群体的任务或活动，也可涉及完成任务的过程，又可涉及团队成员的人际冲突。

团队发展的第一步是利用问卷或访谈收集资料。资料常常包括领导方式、决策过程、沟通模式、人际关系等。资料收集结束后，团队要在 OD 专家的参与下召开会议，会议通常持续三天。在团队发展会议上，OD 顾问首先反馈信息。接着，团队讨论存在的问题，制订群体更加有效的行为计划。一般来说，一次会议很难解决所有的问题，因此需召开一系列的团队发展会议。

④方格训练。方格训练的阶段有以下几方面。

a. 实验室讨论会式的训练。组织企业各级管理人员分组举行为期一周的研讨会。其任务是：以管理方格图为武器，系统理解企业原有制度、习惯和行为动态；训练协同工作的意识和技能；对正确和错误的事件做出评价标准；培养开诚相见气氛，使参加者敢于接触重大问题，发表创见。

b. 小组发展阶段。同一部门的成员在一起，讨论打算如何达到方格中的位置，把上一阶段学到的知识运用于实际情况。

c. 小组间关系的建设和开发。本阶段活动中心是明确分析小组间存在的矛盾，加强合作，要求做到：每一领导人员懂得管理行为的理论，动员所属人员为实现组织共同目标而努力；每一个管理人员研究和加强监督能力以提高经营效率；分析和评价小组的集体意识与合作情况，并排除影响组织效能的障碍；小组间的横向合作与协调关系得到分析评价和加强。

d. 开发一个理想的战略组织模型。高级主管共同开发一个制约组织的模型，内容包括：组织财务目标的最差、最优的清晰界定；组织活动的性质、特征的明确界定；市场与顾客的范围、特征的清晰界定；合理的组织结构；决策的基本政策；实现增长的方法；等等。

e. 执行理想的战略模型。理想的战略组织模型确定后，管理人员应致力于实施。

f. 系统评估：实现战略组织的目标的最后一步是系统地检查组织在完成目标过程中的进步。由于沟通和计划是组织成功的最大障碍，评估过程在方格训练中极为重要。

（2）技术结构干预技术。常用的技术结构干预方法包括以下几方面。

①结构设计。传统的组织结构包括职能结构、分部结构、矩阵结构和网络结构等，最近全球流行的是基于流程的结构。基于过程的结构是围绕组织核心过程如产品开发、销售、顾客服务等形成跨职能工作团队，它把生产一种产品或提供一种服务的所有相关职能集中起来，由"流程所有者"（process owner）统一管理（图 8-5）。

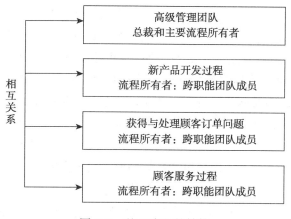

图 8-5 基于流程的结构

②平行结构。平行结构（包括高投入组织、全面质量管理）是员工投入活动的一种方式。

员工投入旨在促进组织成员参与组织的重大决策，如对组织绩效和员工幸福有重大影响的决策等，它涉及四个方面。①权力：员工投入赋予人们足够的决策权力；②信息：员工投入保证足够、必需的信息流向被授权决策的人员；③知识与技能：员工投入为组织成员提供适当的培训以提高员工的决策能力；④报酬：员工投入能够增进组织成员的自我价值，同时把工资等外部报酬和绩效直接相连。

员工投入源于 20 世纪 50 年代末兴起的工作生活质量。工作生活质量包括如下标准：足够、公平的报酬；安全、健康的环境；潜能开发，即工作应当能够发挥员工的各种潜能；成长与保障，即员工在工作时应当能够获取新知识、新经验，才华能够得到认可；社会整合，即工作时机会应均等，没有偏见和歧视；法律保护，即员工的权利如隐私权，应当得到尊重，应当遵守人道主义原则；全面生活空间，即组织应设法减轻员工的焦虑与不安；社会相关，即员工应能感到自己的工作和努力有益于社会，有益于他人。

一般来说，平行结构包括一个执行委员会和数个小群体，执行委员会提供指导，小群体提出建议。平行结构的特点有：所有信息渠道公开、畅通，管理者和员工不用正式渠道就可直接沟通；所有人员在附属结构中工作，并可从正式结构得到任何人的帮助；最终决策在正式结构中作出。

③高投入组织。高投入组织具有以下特征：扁平、精干的组织结构；工作设计，即员工的工作具有多样性、自主性、反馈及时等特征；开放信息系统，为员工和团队提供参与所必需的信息；事业制度，即提供各种咨询、信息帮助员工选择事业路径，以促进员工的事业发展；选拔，即招聘员工时提供真实的有关职位的信息，团队成员将参与选拔过程以发现合适人员。

④社会技术系统。社会技术系统学派是由英国的 E. L. Trist 及其同事创立的。他们根据对煤矿中采煤法研究的结果认为，要解决管理问题，只分析社会协作系统是不够的，还必

须分析研究技术系统对社会的影响,以及对每个人的心理影响。他们认为管理的绩效,以至组织的绩效,不仅取决于人们的行为态度及其相互影响,而且也取决于人们工作所处的技术环境。管理人员的主要任务之一就是确保社会协作系统与技术系统的相互协调。

社会技术系统理论认为组织是由社会系统和技术系统相互作用而形成的社会技术系统,人们在完成任务时涉及两个部分:一个是社会部分,是指执行任务的人及人际关系;另一个是技术部分,是指完成任务的工具、技术和方法。前者遵循生物和心理规律,后者遵循机械和物理规律。然而,两部分必须结合起来才能把任务完成。因此,社会技术系统包括社会和技术两个部分,其输出也包括产品和满意两个方面。

社会技术系统的理论可用于工作设计,步骤如下。

a. 批准设计计划:对工作进行再设计时,OD 顾问首先应征得高级主管的同意。同时,员工也应持积极态度。

b. 诊断工作系统:此时,社会技术系统专家分别分析系统的技术部分和社会部分,并评估两者是否匹配。

c. 产生新型设计:根据诊断结果,OD 顾问提出新的工作设计建议,如自我管理团队、工作丰富化。

(3)人力资源管理干预技术。除目标设置、绩效评估、报酬制度、事业发展外,人力资源管理干预技术还包括以下几种。

①劳动力多样化。由于劳动力的构成越来越多样化,组织需要重新设计人力资源管理系统,以便处理员工在需要、期望、偏爱和生活方式等方面的差异。针对劳动力在年龄、性别、残疾、文化、价值观和性导向(sexual orientation)等方面的变化,OD 顾问应设计、运用相应的干预措施(表 8-9)。

表 8-9 劳动力多样化与干预技术

劳动力差异	趋势	需要	干预技术
(1)年龄	平均年龄增大 年龄分布变化	健康保障 流动性 安全保障	幸福项目 工作设计 事业规划与发展 报酬制度
(2)性别	女性比例增加 双事业家庭	托儿服务 单亲父母	工作设计 弹性福利
(3)残疾	工作人数增加	工作挑战性 工作技能 物质空间 尊重与尊严	绩效管理 工作设计 事业规划与发展
(4)价值观	少数民族比例增加 报酬转移	灵活政策 自主性 尊重	事业规划与发展 员工投入 报酬制度
(5)性导向	单身人数增加 容许性偏好不同	消除歧视	公平就业机会 弹性福利 教育与培训

②员工援助计划(employee assistance programs)。员工援助计划是由企业组织为其成员设置的一项系统的、长期的服务项目,解决员工及其家人的心理和行为等问题,以促进员工个人成长,提高组织绩效,实现组织目标。员工援助计划的内容丰富多彩,涉及工作压力、心理健康、危机事件、职业生涯发展、健康生活方式、法律纠纷、理财问题、减肥和饮食紊乱等多个方面。虽然,它的核心内容是解决员工及其家人的心理和行为问题。但是,如果员工的个人问题得不到及时、妥善的解决,将会严重影响员工的工作绩效进而影响组织的有效运行。

员工援助计划20世纪20年代起源于美国,六七十年代得到社会的广泛认可和应用,80年代随着经济全球化的发展被引入欧洲及其他地区,并且被发达国家的多年实践证明了是解决企业员工心理健康和促进企业发展的最好方法。员工援助计划的实施步骤有以下几方面。

制定援助政策和程序:相关政策应包括保密、惩罚程序、培训等。

选择协调员:应当选择一名协调员,主管员工援助计划的实施。

获得员工支持:应当让员工代表参与制订援助计划,参加相关培训以及援助计划执行委员会。

做好宣传工作:应该让每位员工熟悉援助计划的目标、程序和利益,以便支持计划的实施。

和相关治疗、咨询机构建立联系:尽管有些大型组织拥有自己的治疗、处理部门,但大多数组织利用外部的专业结构处理员工的个人问题。

搞好培训工作:应当增强各级管理人员对各种影响员工绩效的个人问题的敏感性,以便能够及早发现问题。同时,通过培训增加员工处理个人问题的能力。

(4)战略干预技术。常用的战略干预技术包括以下几方面。

①开放系统规划(open system planning)。在开放系统规划中,顾问指导一连串组织的讨论会,成员包括在规划及作出影响组织与环境的策略关系的决策上有权利且必须负责的人员。该讨论会的参与者分析组织现在的情况并决定以何种步骤处理外在挑战。在这个过程中,顾问只负责促进及指导讨论、记录、摘要和给予回馈,而并不支配诊断与规划的内容。开放系统规划的主要步骤有以下几方面。

评估每一外部群体如顾客、供应商、政府机关等对组织的期望。

决定组织如何应对每一外部群体的期望与要求。

确定组织的核心使命,这要通过分析组织和环境的交换关系来完成。

假设环境和组织不发生变化,描绘环境未来的期望,指出组织应采取的反应。假设组织和环境均发生了变化,再描绘环境未来的期望,指出组织应采取的反应。

比较现在与未来的环境期望,制订今后的行动计划。

②整合战略变革。在战略实施中,通常需要企业进行战略性的变革。公司战略的实施实际上是在分战略上采取战略性的变革措施,如经营模式、人才战略、营销战略、产品开

发战略及该方面的变革等。整合战略变革强调组织战略必须和组织设计一起变革以应对环境的威胁，提高组织的有效性。整合战略变革的步骤有以下几方面。

进行战略分析：整合战略变革始于对组织当前的战略（S1）和组织设计（Q1）的分析。分析的内容包括组织环境、战略与组织的匹配、组织绩效等（图8-6）。

图8-6　整合战略变革过程

确定战略选择：经过战略分析，常会发现组织环境、组织战略、组织设计和组织绩效之间存在着不匹配的状况。接下来的任务就是制定新的战略（S2）、设计新的组织（Q2）。新的战略与组织设计确立后，战略变革的内容就可决定。

制订战略变革计划：战略变革计划规定了变革的方法、步骤，它能使组织战略与组织设计从当前指向未来。

执行战略变革计划：执行变革要求高层管理者激发动机、分配资源、克服抵制、提供反馈，以确保变革的成功。

③跨组织发展。跨组织发展旨在帮助组织制定与其他组织之间的合作战略，如合资、战略联盟等。跨组织发展的实行阶段包括以下几方面。

识别阶段：跨组织发展的第一步是建立一个跨组织系统，即寻找潜在成员以建立一个由几个组织为共同目标而彼此合作的系统。跨组织系统成员的选择标准是具有完成任务所必需的技能、知识和资源（图8-7）。

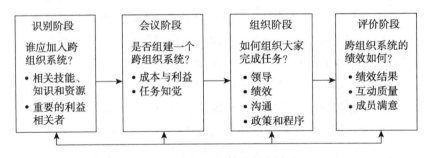

图8-7　跨组织发展的四个阶段

会议阶段：找到这样一些潜在成员后，各个成员需要商谈合作的可能性。此时，OD顾问要促进大家求同存异，达成一致意见。

组织阶段：如果决定要成立一个跨组织系统，就必须设计一种结构或者机制和相应的合作规则与程序等来约束协调各方的活动，以达到合作目的。

评价阶段：跨组织发展的最后一个阶段是定期评估跨组织系统运作的情况，如各个成员的合作绩效以及满意程度，从中发现一些问题，为下一步的改进提供信息和意见。

④组织学习。组织学习是指旨在帮助各类组织开发、使用各种知识以持续提高组织有效性的变革过程。组织学习能使组织比竞争对手更快速、更有效地获得与使用各种知识，以取得竞争优势。

组织学习与发展的程序。组织学习和发展包括下面几个阶段：①发现问题。收集各方面信息，对信息加以整理，了解组织存在的问题和特性。②原因分析与诊断，如某些同样性质的问题一再出现；管理者的激励手段或者用以提高工作绩效的措施再失效；员工士气低落，组织效率低下，但是却没有明显原因；等等。确认组织在领导、激励、沟通、决策等方面的特点，和与之相应的管理方式。专家咨询在这一发展阶段将起到重要作用。③反馈。把收集的信息和分析诊断的结果反馈给组织及其主管，共同讨论、研究问题所在。④学习。针对存在的问题，组织学习、交流、沟通和知识共享活动。⑤变革。通过学习，形成共识。根据已经分析诊断出的问题，设计可能的改革创新的方案和对策。⑥创新。对原来组织发展的目标、结构、文化、战略进行追踪决策并有所创新。⑦评估与再反馈。了解组织新的发展措施是否奏效，是否成功地解决了诊断出的问题。评价的因素可以包括生产率、缺勤率、流动率、事故率、成本、摩擦等。通过评价后再进行组织反馈，提出新的问题。这样不断循环往复，不断推进组织的持续学习和发展。

组织学习的类型。组织学习共有三种类型：①单环学习（single-loop learning），是指发现并改正组织错误，使得组织能够保持当前政策，去实现既定目标。单环学习可以被视作为一种将组织所需的知识、技能或规则植入组织，同时不改变组织现有形态特征的组织活动。②双环学习（double-loop learning），关注的是如何改变现状，能够导致根本的组织变革。例如，销售经理认识到市场变化是销量下降的原因后，关闭了一些生产线，并建议开发新产品。③再学习（deutero learning），当组织知道如何执行单环学习和双环学习的时候，组织就开始了第二次学习的过程。涉及学会如何学习，如销售经理仔细检查组织学习的四个阶段是否存在缺陷，并想方设法加以改进。

学习型组织。学习型组织是指具有有效组织学习能力的组织。学习型组织不存在单一的模型，它是关于组织的概念和雇员作用的一种态度或理念，是用一种新的思维方式对组织的思考。在学习型组织中，每个人都要参与识别和解决问题，使组织能够进行不断的尝试，改善和提高它的能力。学习型组织的基本价值在于解决问题，与之相对的传统组织设计的着眼点是效率。在学习型组织内，雇员参加问题的识别，这意味着要懂得顾客的需要。雇员还要解决问题，这意味着要以一种独特的方式将一切综合起来考虑以满足顾客的需要。组织因此通过确定新的需要并满足这些需要来提高其价值。它常常是通过新的观念和信息而不是物质的产品来实现价值的提高。学习型组织的特点有以下几方面。

组织结构：学习型组织的结构强调团队工作和跨越组织边界的网络工作。这些特征有助于促进信息共享、系统思考和信息开放。学习型组织同时具有相对扁平的管理层次，鼓励员工参与管理。

信息系统：传统上，信息系统主要用于组织控制。当前，学习型组织需要能够促进丰富、复杂信息的获得、加工和共享的信息系统，以利于组织转型。

人力资源：学习型组织的人力资源实践有助于促进员工学习。例如，考评和报酬制度看重长期绩效与知识开发，并注意强化新知识、新技能的获得和共享。同时，学习型组织的开发与培训项目强调持续学习和改进。

组织文化：学习型组织拥有强文化以促进开放性、创造力和实验精神。这些价值观鼓励成员获得、加工和共享信息，培养员工的创新意识并允许组织成员自由尝试新事物、冒险以及从错误中学习。

领导者：学习型组织的领导者主动关注组织学习。他们带头执行开放、冒险行为，向成员提供组织的愿景，并通过通情、支持和率领他人实现这一愿景。

学习型组织应包括五项要素。

建立共同愿景：愿景可以凝聚公司上下的意志力，透过组织共识，大家努力的方向一致，个人也乐于奉献，为组织目标奋斗。

团队学习：团队智慧应大于个人智慧的平均值，以作出正确的组织决策，透过集体思考和分析，找出个人弱点，强化团队向心力。

改变心智模式：组织的障碍，多来自个人的旧思维，如固执己见、本位主义，唯有透过团队学习以及标杆学习，才能改变心智模式，有所创新。

自我超越：个人有意愿投入工作，专精工作技巧的专业，个人与愿景之间有种"创造性的张力"，正是自我超越的来源。

系统思考：应透过资讯收集，掌握事件的全貌，以避免见树不见林，培养综观全局的思考能力，看清楚问题的本质，有助于清楚了解因果关系。

学习是心灵的正向转换，企业如果能够顺利导入学习型组织，不只能够达致更高的组织绩效，更能够带动组织的生命力。

3. 组织发展的过程

组织发展的过程包括以下几个阶段。

1）进入和签约

进入和签约是组织发展的过程的第一步，内容涉及界定组织问题的性质，建立良好的合作关系。

（1）确定合作关系。一般开始由组织中某个成员和OD专家进行接触，希望OD专家能够帮助解决组织遇到的问题。双方能否建立合作关系，涉及的主要问题有：①弄清组织的问题。组织决定寻求OD专家的帮助，常常是由于自己解决不了遇到的问题。OD专家需要通过短暂调查或访谈以初步弄清问题的性质。②确定相关人员。如果问题仅限于某一部门，参与OD项目的相关人员就是部门经理和其他成员。如果问题涉及整个组织，各个部门的经理和高级主管可能都是相关人员。通过和相关人员的初步接触，OD专家大致能够判断问题的性质。③选择 OD 专家。聘请 OD 专家时，除了应该考虑专业知识、问题解决能力、人际沟通能力外，还需留意咨询经验。

（2）签订正式合同。双方达成合作意向后，一般要签订书面合同。合同的内容应包括双方的权利与义务、项目完成的时间以及应注意的问题（如保密）等。

2）组织诊断

组织诊断是指在对组织的文化、结构以及环境等的综合考核与评估的基础上，确定是否需要变革的活动。组织诊断的内容主要包括组织战略和经营策略；组织结构和形态；组织价值观和组织文化；组织管理流程和作业流程；组织效率和效能；部门设置和岗位设置；工作设计问题；组织知名度、组织能力、组织伦理、社会责任、商业信誉、品牌价值；组织内部冲突状况；人力资源诊断，包括薪酬福利状况、绩效管理状况、培训与发展状况、职业生涯管理状况、人事政策、制度问题、员工关系、员工素质。

3）收集、分析和反馈诊断信息

收集、分析和反馈诊断信息是组织诊断的三个中心环节。下面分别说明。

（1）收集诊断信息。收集诊断信息涉及全面收集与组织问题相关的所有情况，包括输入、设计要素和输出等几个方面。常用的信息收集方法有以下四种：①问卷。问卷法收集信息最有效率，且统计方便，反馈迅速。问卷通常包含数个固定反应的问题，可同时发给大量人员。常用的有关组织发展的问卷有组织调查（survey of organizations）表、密西根组织评估问卷（michigan organizational assessment questionnaire）、组织诊断问卷（organizational diagnostic questionnaire）等。②访谈。访谈是 OD 中使用最广泛的信息收集方法。访谈可分为有结构的访谈和无结构的访谈，有结构的访谈通常根据诊断模型提出问题，无结构的访谈则只能询问有关组织运作的一般问题。访谈还可以分为个体的访谈和群体的访谈。③观察。观察是指直接接触工作中发生的组织行为，如在工厂随意走走。观察的优点是能使 OD 专家掌握真实、具体的情况，缺点是观察的材料难以进行统计分析。④查阅二手资料。二手资料包括缺勤记录、产品次品率、财务报表、顾客抱怨等，它提供了一种相对客观的信息，有助于准确的组织诊断。一手资料最大的问题是信息的有效性较差。

（2）资料分析技术。资料分析技术分定性和定量两种类型。定性分析的方法通常有内容分析（content analysis）和力场分析（force-field analysis）两种。内容分析主要用于综合、概括定性资料，以便分门别类。力场分析主要用于列举变革的各种驱力与阻力。定量分析是指各种统计方法，如描述统计和推断统计。描述统计的方法有计算平均数、标准差、相关系数等，推断统计主要是指各种显著性检验方法，如 T 检验、方差分析等。此外，一些高级设计技术，如回归分析、因素分析、聚类分析、路径分析等都有可能用于数据分析。

（3）反馈诊断信息。组织诊断最重要的步骤是把收集的信息和分析的结果提供给客户。适当的信息只有当组织成员拥有和使用时才能对组织变革产生影响。有效的反馈既依赖于资料的内容，也依赖于反馈的过程。

调查反馈是最常用的信息反馈手段。调查反馈的主要步骤有以下几方面。

①组织成员包括高级主管共同制订调查计划。此时,所有人员都清楚调查的目标十分重要。由于大多数调查都以某诊断模型为依据,组织成员应当赞同这一诊断模型。调查目标确定后,就应着手选择或开发调查工具。

②把调查工具分发给所有相关人员。理想的情况是把调查工具分发给组织或部门的所有成员。但是,如果资金、时间有限,可考虑进行抽样调查。

③OD顾问分析数据,得出诊断结果。

④自上而下进行信息反馈,使所有层次的所有群体成员都能收到适当的信息。一般来说,不同层次的群体成员仅分析和讨论与他们有关的数据。

⑤召开反馈会议。与会人员讨论、解释反馈的数据,诊断相应的问题,制定行动方案。会上,OD专家应促进群体的讨论,帮助制订有效的行动计划。

4)设计与执行干预措施

干预措施是一套旨在提高组织有效性的,有计划的行动或事件。有效的干预措施应该建立在关于组织运作的有效信息的基础上,并且能够带来预想结果和提高组织成员管理变革的能力。干预措施的类型有以下几点(见表8-10)。

表8-10 干预措施的类型

干预措施	个体水平	群体水平	组织水平
人类过程干预			
• T-小组	★	★	
• 过程咨询		★	
• 第三方干预	★	★	
• 团队建设		★	
• 组织面临会议		★	★
• 群际关系		★	★
• 大群体干预			★
• 方格训练		★	★
技术结构干预			
• 结构设计			★
• 裁员			★
• 企业再造		★	★
• 平行结构		★	★
• 高投入组织	★	★	★
• 全面质量管理		★	★
• 工作设计		★	★
人力资源管理干预			
• 目标设置	★	★	
• 绩效评估	★	★	
• 报酬制度	★	★	★

续表

干预措施	个体水平	群体水平	组织水平
• 事业规划与发展	★		
• 管理劳动力多样化	★	★	
• 员工幸福	★		
战略干预			
• 开放规划系统		★	★
• 整合战略变革			★
• 跨组织发展			★
• 文化变革			★
• 自我设计组织		★	★
• 组织学习		★	★

其中人类过程干预措施致力于解决组织成员在完成组织目标过程中遇到的问题。过程涉及沟通、问题解决、群体决策、领导等。技术结构干预措施致力于解决技术与结构问题。人力资源管理干预措施致力于解决人事管理实践中遇到的问题，如事业规划与发展、报酬制度、目标设置、绩效评估等。战略干预措施致力于解决经营战略、结构、文化和环境的匹配问题。

5）评估 OD 干预效果

评估 OD 干预效果涉及判断干预是否按计划执行以及是否取得了预期结果。越来越多的管理者要求对 OD 干预进行严格的评估以决定是否继续投资于变革项目。尽管 OD 评估顾问倾向于使用态度结果如工作满意、组织承诺等，但客观指标如生产率、事故等也是必不可少的。

4. 新经济时代的组织发展

随着经济时代的发展，信息技术、经济全球化、劳动力多元化、智力资本竞争、伦理道德等迫使组织不断开发、不断创新、不断发展。21世纪的经济是知识经济、信息经济、网络经济与创新经济；21世纪的组织又是知识型组织、信息型组织、网络型组织和创新型组织。

1）激发创新

在知识经济中，知识产生的速度越来越快，其传播的速度、广度和得以应用的幅度都大大超过以往任何一个时代。这使经济组织乃至整个社会的变革非常迅速。"创新"在这种速变中起着核心作用，引导着变革的方向和步伐。

创新是用以发明和改进一项产品、一个工艺、一个流程的新想法和新思路。所有的创新都包含了变革，反之并非所有的变革都涉及创新。有机式结构，充足的资源和有效的沟通、信息共享机制，这些都有利于创新的实现。组织要想激发创新，必须要积极对员工进行培训和开发，使他们跟上时代的步伐，为员工提供充足的资源及足够高的工作保障，用领导对创新潜力的愿景、坚定不移的信念鼓励和激发创新。

2）组织发展新趋势——网络组织

网络组织是一种以专业化联合的资产、共享的过程控制和共同的集体目的为基本特征的新型企业组织模式。它是社会发展到一定阶段的产物。

（1）网络组织生成的外因。任何一种组织形成与管理模式都是适应当时社会、经济和技术进步的产物，网络组织亦然。随着社会的发展进步，企业所处的外部经营环境发生了剧变，这些变化即是网络组织生成的外部动因。

①知识经济的崛起。知识作为企业的一种战略资源，其地位和作用日益凸显。知识资源成为企业生存和发展的战略资源，学习与创新能力成为企业保持生命和活力的源泉。

②市场全球化。全球化浪潮使企业的生存及发展空间豁然开阔，同时也带来竞争的全球化和白热化，世界成为一个统一的大市场，资源在国际间空前自由地流动，企业面临前所未有的挑战。因此，具有全球网络的企业相对于只在一国之内从事经营的企业来说，更具有协同效益、范围效益和学习优势。全球化使企业单独作战获得成功的可能性大为降低，只有联网结盟才能在更高的起点上获得更长久的竞争优势。

③经济集团化。世界经济在朝着全球化发展，现阶段的表征是区域经济集团化。如欧盟、亚太经济合作组织（APEC）、东盟（ASEAN）等。随着区域经济集团的发展，贸易壁垒形式翻新，唯有联网结盟才能取胜。

④现代科学技术的飞速发展。现代科学技术的飞速发展从根本上改变了企业管理模式，扩张了企业边界，改善了企业经营的信息不对称情况，增大了网络组织形成的概率，促进了网络组织的形成。

⑤顾客需求多样化、个性化。在高科技蓬勃发展的今天，市场竞争更加激烈，顾客的需求趋于多样化和个性化。因此，产品的质量、价格、售后服务等因素不再是决定企业竞争优势的关键，是否具有足够的生产柔性以满足顾客特殊需要的能力成为决定因素。显然，通过借助外部资源组建动态企业网络，以抓住瞬间即逝的市场机遇，将原本分散的技术、管理和人力资源迅速有效地整合，为顾客提供多样化、个性化的产品及服务，能够执行这一战略的企业必将是一种新型的企业形态——网络组织。

（2）网络组织生成的内因。变化的环境呼唤新型的组织模式，催生了网络组织的形成。然而内部驱动因素才是网络组织生成的重要动因。网络组织生成的内部动因在于获取网络资源或网络利益，具体表现为以下方面。

①构建竞争优势。随着经济全球化的发展，企业之间的竞争加剧。企业已不能仅靠自身力量在竞争中立于不败之地。必须善于利用各种竞争力量，通过和自己有共同利益的企业组建网络组织，彼此之间可以通过加强合作而发挥整体优势，以提高竞争力。

②资源互补与共享。任何企业的资源和能力都是有限的，必须依靠各具资源优势的企业联合，相互支持、互为补充、资源共享。借此，既可以使每个企业获得开展生产经营活动所需的资源，而且在生产经营活动中强化了企业获得开展自身的优势。

③创造协同效应。通过建立网络组织，企业不但可以互相传递技术，加快研究和开发

过程，获取本企业缺乏的关键资源。同时，由于不同企业文化的融合，企业间的合作会产生各种协同效应：财务协同效应、经营协同效应、技术协同效应、管理协同效应等。协同效应是一个合作效应大于个体的总和的效应，是网络组织形成与维系的主要内部因素。

④分散风险。市场竞争环境瞬息万变，企业为了降低风险，通常采取多样化经营与风险管理的方式，而通过网络组织的方式可以分散风险，从而大大降低企业经营风险。

⑤开拓市场。开拓市场，是企业组成网络组织所追求的目标之一，它促进了网络组织的建立和发展，弥补了既有市场的不足。具体而言，主要体现在：扩大市场份额；向国外市场扩张；开辟新的市场领域。

⑥防止恶性竞争。现代的竞争观念强调合作关系竞争，共同发展，进而得到"多赢"的局面，而实现这种局面的一种可能是构建网络组织。

⑦推进学习与创新。目前，技术创新和推广的速度越来越快，需要企业有很强的实力和充分的信息，否则很难跟上技术前进与创新的步伐，即使大企业也存在着这方面的压力。这就需要具备各种专业特长企业之间的配合，而网络组织正好可以满足这一需求。网络组织能避免在企业兼并中经常出现的问题，同时成功地实现了两个企业之间战略性学习和互补，使结盟各方取得了共同进步。

（3）网络组织的构建基础。网络组织作为一种社会经济活动现象，既不同于经济学中基于企业—市场二分法的科层组织和市场组织，也区别于管理学中传统的金字塔型组织模式。无论是作为新型组织模式，还是一种新的管理方法，网络组织的构建需要有特定的基础。

①健全的市场经济体制。市场经济体制是网络组织形成与建立的最基本保证。在健全的市场经济体制下，企业受利益驱动，自主选择合作伙伴，建立合作联盟，构建竞争优势。

②有利于企业超常发展的市场机遇。市场机遇是网络组织组建的根源。

③突出的核心能力。网络组织主要是针对企业核心能力这种资源的一种整合，即企业把投资和管理的注意力集中在本身的核心能力上，而一些非核心能力或者自己短时间内不具备的核心能力则转向依靠企业外部的合作伙伴提供。核心能力是选择合作伙伴的首要条件，只有拥有核心能力的企业才有可能成为组成网络组织的成员。

④高效、安全的信息网络。网络组织是以信息网络实现结盟的，合作伙伴之间的信息传递、业务往来等均需要以信息网络为依托，所以构建网络组织必须建立高效、安全的信息网络。

⑤共享的信息、知识资源基础。知识经济时代，企业的成功是出于它们对知识有效的收集和使用来决定的，作为一种外部资源整合的手段，网络组织依靠可以共享的信息、知识/技能来弥补单个成员知识/技能的不足，并通过能力互补和伙伴合作，形成强势组合。

⑥规范的契约体。网络组织的构建需要大量的双边规范，包括网络组织成员加盟守则、成员资格认证标准、成员信誉等级评价制度、利益分配方案、知识产权保护、与具体产品和服务相关的协议和合同文本等。

（4）网络组织的运作模式。网络组织具有多种运行模式，在实践中呈现出组织运作特征的模式主要有跨国公司内部网络、联盟型网络、虚拟企业、中小型企业间网络以及 WEB（全球广域网）公司等。

本章小结

（1）控制，是指对活动进行监督，判定组织是否正朝着既定的目标健康地向前发展，并在必要的时候及时采取矫正措施。之所以需要控制，是因为下列原因可能导致计划的实施出现偏差：组织计划和目标失误、组织外部环境意外变化、组织内部条件意外变化、组织管理出现问题。组织控制的对象会随着不同性质的组织而有所不同。在组织中，组织控制的对象主要包括组织的财务系统、生产系统和人事管理系统，以及组织的决策系统和组织的信息传递系统等。为了保证组织控制的可行和实际效果，组织控制包含两个基本原则：效能原则和效率原则。按照控制的时间，组织控制可分为前馈控制、现场控制和反馈控制三种方式。按照控制手段，组织控制可分为市场控制、官僚控制与家族控制。市场控制、官僚控制与家族控制三种策略主要用于中高层管理，监督控制则主要用于基层管理，尤其是直接用于监控个体员工的工作绩效。监督控制有三种类型：输出控制、输入控制、行为控制。组织控制工作的内容包括两方面：第一是对组织业务工作的控制，第二是对组织成员的控制。

（2）要提升组织绩效有很多种方式，其中非常重要的一种方式是，通过质量管理实践实施来减少质量形成过程中的不确定性、规避不良质量带来的风险和质量成本，最终实现组织绩效的提升。企业开展全面质量管理，必须要满足"三全一多样"的基本要求：全过程的质量管理、全员的质量管理、全组织的质量管理、多方法的质量管理。在 2015 版 ISO 9000 族国际标准中提出了质量管理七项原则：以顾客为关注焦点、领导作用、全员参与、过程方法、持续改进、循证决策、关系管理。企业要实施全面质量管理，除了注意满足"三全一多样"的要求外，还必须遵循一定的原则并且按照一定的工作程序运作。实施全面质量管理应遵循的原则，包括领导重视并参与、抓住思想、目标、体系、技术四个要领、切实做好各项基础工作、做好各方面的组织协调工作、讲求经济效益，把技术和经济统一起来。在具体实施全面质量管理时，可以遵循五步法进行，分别是决策、准备、开始、扩展和综合。

（3）组织发展的方向就是引导组织变革与发展的决策倾向和措施动向，它决定着组织发展活动的性质和规模。组织发展的方向大体有以下四个方面：以人为中心的组织发展方向、以组织为中心的组织发展方向、以技术为中心的组织发展方向、以组织与环境相适应为中心的组织发展方向。组织发展的策略措施主要包括工作再设计、目标管理、建立社会技术系统等。组织发展技术包括人类过程干预技术、技术结构干预技术、人力资源管理干预技术、战略干预技术。

思考题

1. 请以某公司为例，讨论如何才能保证组织控制的有效性。
2. 丰田公司从 1961 年开始引进了全面质量管理，"质量要在本工序制造""下道工序就是顾客""确保下道工序正常作业"的思想意识开始深深扎根于丰田公司，扎根于生产现场。请从全面质量管理的角度讨论丰田公司的成功之道。

即练即测

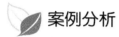

瑞幸咖啡的快速扩张之路

瑞幸咖啡，英文名 Luckin Coffee，一家由原神州优车 COO 钱治亚离职后创立的咖啡品牌，标榜"新零售"概念，其模式为线上线下相结合，既不同于星巴克、Costa 等传统老店，也区别于漫咖啡等外卖为主的新势力，主打"无限场景"。2017 年底上线后试运营 5 个月全国开店超 500 家，仅从店面数量而言，规模已成为市场第二。最近有媒体报道，其已完成 2 亿~3 亿美元的 A 轮融资，估值超过 10 亿美元。如果属实，它将成为国内（甚至是世界范围内）成长为独角兽用时最短的品牌。

1. 瑞幸咖啡的创始人

钱治亚在 2006 年加入了神舟打车，最早是担任行政人事经理，经历 10 多年的成长，做到神舟打车董事兼副总经理。钱治亚作风凌厉，治下极严，在公司和圈内是出了名的铁娘子。她善于规划，执行力强，是神舟打车老板的得力臂膀。她一人管理着全国 40 000 多名员工和 1 000 多家门店。

中国城市生活中咖啡文化正方兴未艾，钱治亚看到了这块市场的巨大空间和机会，毅然从神舟打车辞职开始创业。

2. 瑞幸咖啡的品牌目标

在创业之前，钱治亚已经想好，要做符合中国人口味的咖啡，符合中国人消费观念的咖啡。公司成立之后，在公司产品市场定位会议上，各个部门经理给到了五花八门的方案，有的说要高端市场咖啡，有的说要做低端市场。钱治亚站起呼吁大家安静，说道："我们要做一个给中国人的高品质、专业化咖啡。我们品牌的主张是改变，一个崭新时代的源头必定是改变。我们要改变中国消费者对于咖啡的错误观念。我们希望能提供一杯品质好高性价比、大家都容易消费得起的咖啡。比如隔壁那谁卖 30 元的拿铁，我们卖 24 元，他们卖 27 元的美式，我们卖 21 元。在低价格的同时，我们必须保证产品的品质。"

3. 瑞幸咖啡的品质把控

为把控瑞幸咖啡的品质，钱治亚为此特地赶赴日本、意大利，还有中国北京。诚邀三位WBC（世界百瑞斯塔大赛）咖啡冠军进行对咖啡的调配。日本的冠军是世界冠军；现磨咖啡起源于意大利，意大利的冠军对咖啡的理解很到位；中国的冠军清楚国人的口味。三位合作钱治亚，相信一定能调制出瑞幸咖啡认为口感最好、最符合中国大多数人口味的咖啡。并且，钱治亚亲自监督咖啡豆和咖啡机的采购过程。她知道，一杯好的咖啡有几个关键因素：一是原料要好，二是机器要好，现磨咖啡最重要的是萃取技术，所以钱治亚的机器采用瑞士顶级的咖啡机器，保证每一杯咖啡的质量都非常稳定，口味都一样。钱治亚对自己将来的产品质量信心满满。

4. 瑞幸咖啡的市场定位

除了产品质量，钱治亚也为产品市场定位的决策操碎了心，每天每时每刻她都在思考，我们咖啡的目标客户到底是谁？是平民百姓还是高收入群体？当时还没离开神舟打车的她发现，每当中午，大家都想来一杯咖啡提提神，但是苦于买不到咖啡，也不想跑很远的实体店中购买咖啡，因而只能退而求其次地喝起了速溶咖啡。突然一个念头闪过她的脑中，她知道了，她要做能很方便购买到的咖啡。所以，钱治亚在公司一开局就瞄准了外卖。钱治亚找到快递公司速速市场总经理冯经理。和他描述了她的宏伟规划，希望能和速速物流达成物流合作，作为指定第三方配送公司配送钱治亚的咖啡。在合作会议上，冯经理表达出观望的姿态。但是钱治亚作为营销圈内的一姐，她深知冯经理在担忧什么。"冯总，我们瑞幸想要成为中国咖啡门面的公司，必定会在处处选择最优质的合作伙伴，贵司的配送能力在业内那是稳坐一把手。我们只追求一点，就是服务质量的保证。在价格上，我们不会亏待贵司的。"说完，钱治亚给出冯经理目前公司的融资状况和发展规划蓝图。当即，瑞幸咖啡和速速物流达成战略合作。物流的事暂时解决了，接下来就是门面选址和门面类型的问题了。既然前面已经提到，钱治亚的目标是外卖咖啡。那选址覆盖面必须广。钱治亚和公司市场推广经理小黄经过激烈的讨论后，决定先从北京和上海的写字楼入手。方便外送至每天辛苦工作的小青年。说干就干，钱治亚陆陆续续在北京和上海开始布点。

5. 瑞幸咖啡的新零售模式

人称互联网运营一姐的钱治亚，有着和普通人不一样的独到眼光。她一直在思考，如何将现代互联网技术渗透到餐饮这种传统行业。在某一次的互联网高峰论坛上，她听到了杨云的一番言论——未来的零售行业属于互联网，称为新零售。新零售的商业模式，一切都基于信息系统和大数据。钱治亚顿时茅塞顿开。她立刻花费巨资投入，研发线上移动端订餐软件APP（手机软件），配合线下实体店外送。

6. 瑞幸咖啡的发展历程

（1）瑞幸咖啡注册成立。2017年10月31日，瑞幸咖啡正式成立，注册资本5 000万美元。

（2）瑞幸咖啡试营业。从10月初成立后的短短3个多月，钱治亚和她的团队克服了一个又一个难题。她的瑞幸咖啡，完成了线上APP的开发，完成了线下各家门店的建设。2018

年1月，钱治亚正式宣布咖啡进入试营业阶段，在北京和上海等城市，约400个门店进入试营业阶段。钱治亚多年的营销经验在此时又发挥了作用，她知道新品牌的第一步必须抢占市场。瑞幸咖啡立刻推出买二送一、买五送五的优惠券和分享至微信朋友圈即可免费获得一杯的营销策略，并且花巨资请到两位一线明星对咖啡做广告宣传。广告几乎覆盖北京、上海所有写字楼的电梯和所有电影院。仿佛一夜之间，大街小巷中突然多出了一个叫Luckin Coffee的品牌，钱治亚的小蓝杯咖啡，无处不在。

在半年试营业期间，瑞幸咖啡发现不少问题，如客户投诉送货延误、外送洒漏等。钱治亚和她的团队通过大数据与信息系统的分析，对配送资源的调配、产品杯盖设计等问题，一一进行了系统化的解决。通过对百万客户的信息反馈，对产品进行了优化，新零售模式初显成效。

（3）瑞幸咖啡正式营业。终于，瑞幸咖啡的正式营业马上要到来了，钱治亚在公司高层会议上公开了试营业的成绩单，"13所城市、525家门店，订餐APP排行榜第一，累计完成订单约300万单、销售咖啡约500万杯，服务用户超过130万。我们为自己鼓掌！"钱治亚的脸上洋溢着自信的笑容。但是在她心里知道，这些华丽数字的背后，是投资者10亿元砸出来的成绩。钱治亚深知，10亿元的资金是远远不够的。

一切都进行得如此顺利。钱治亚的咖啡在2018年5月底顺利正式营业。一系列粗暴式的营销手段造成了巨大的轰动。瑞幸咖啡无人不知、无人不晓。这和钱治亚最初的设想一样。钱治亚知道目前的促销政策下，公司是处于极度亏损的状态。为了维持公司的顺利发展，必须招募到更多的投资。钱治亚将如此的大手笔，称为培育市场、培育消费习惯。吸引了投资者的目光。两个月后，公司顺利得到A轮融资，2亿美元。此时钱治亚的瑞幸咖啡，正式挤入中国咖啡的第一梯队。

（4）瑞幸咖啡继续腾飞。在2018年12月12日，互联网咖啡品牌瑞幸咖啡宣布再次完成2亿美元的B轮融资，其投后估值高达22亿美元。

回顾近两年来瑞幸咖啡的成长之路，其增长速度确实惊人。自从2017年10月开出第一家店外，截止到2018年12月25日，上海新世界大丸百货店的正式运营，标志着瑞幸咖啡提前完成了2018年开通全国2 000家门店的布局。要知道，1999年进入中国的星巴克，花了将近20年的时间才完成全国3 600多家门店的布局，而瑞幸咖啡仅仅花了1年时间。

瑞幸咖啡获得几度融资，由此可见资本市场对其商业模式和未来前景的看好。以"新零售+咖啡+O2O"模式进军咖啡行业的瑞幸咖啡，依靠"线上+线下、自提+外卖"的方式，硬生生在星巴克的眼皮子底下撕开了一道缺口。

资料来源：

[1] 赵树梅，徐晓红."新零售"的含义、模式及发展路径[J]. 中国流通经济，2017，31（5）：12-20.

[2] 杨飞. luckin coffee：新零售咖啡，用"无限场景"打败空间溢价[J]. 成功营销，2018，(Z1)：38-39.

[3] 李卫宁，亢永，吕源. 动态环境下 TMT 团队氛围、战略柔性与企业绩效关系研究[J]. 管理学报，2016，13（2）：195-202.

案例讨论

1. 试从管理学的角度，论述瑞幸咖啡实现如此卓越组织绩效的重要原因。
2. 试论述瑞幸咖啡是如何处理快速发展和追求卓越之间的关系的。
3. 在瑞幸咖啡快速扩张的过程中，公司是如何进行有效控制的？
4. 瑞幸咖啡潜在的危机有哪些？瑞幸咖啡应如何保持长期稳定的组织绩效？

延伸阅读文献

1. JURAN J M, GRYNA F M. Quality planning and analysis[M]. New York: McGraw-Hill, 1980: 104-105.

2. 柯林斯. 从优秀到卓越[M]. 俞利军，译. 北京：中信出版社，2003.

3. 尤建新，周文泳，武小军，等. 质量管理学[M]. 3 版. 北京：科学出版社，2014.

参 考 文 献

[1] ABRAHAMSON E, FOMBRUM C. Macrocultures: determinants and consequences[J]. Academy of management review, 1944, 19: 728-755.

[2] AGUS A. The Structural linkages between TQM, product quality performance, and business performance: preliminary empirical study in electronics companies[J]. Singapore management review, 2005, 27(1): 87-105.

[3] CHANDLER A D. strategy and structure: chapters in the history of american industrial enterprise[M]. Cambridge, MA: MIT Press. 1962.

[4] ANDERSEN T J, SEGARS A H. The impact of IT on decision structure and firm performance evidence from the textile and apparel industry[J]. Information & management, 2001, 39: 85-100.

[5] BANDURA A. Self-efficacy: toward a unifying theory of behavioral change[J]. Psychological review, 1977 (84): 191-215.

[6] BARNEY J. Firm resources and sustained competitive advantage[J]. Journal of management, 1991, 17(1): 99-120.

[7] BRASS D J. Being in the right place: a structural analysis of individual influence in an organization[J]. Administrative science quarterly, 1984(29): 518-539.

[8] BRICKLEY J A, SMITH C W J, ZIMMERMA J L. Managerial economics and organizational architecture [M]. Boston: Mc Graw-Hill Companies, Inc., 2004.

[9] BROWN M E, TREVINO L K, HARRISON D A. Ethical leadership: a social learning perspective for construct development and testing[J]. Organizational behavior and human decision processes, 2005, 97(2): 117-134.

[10] BURD S R. Social capital and human resource[J]. Academy of sociology review, 2001(16): 461-482.

[11] BURD S R. Structural holes: an competitive analysis[M]. Boston: Harvard Business School Press, 1992.

[12] CAPRA F. The web of life: a new synthesis of mind and matter[M]. London: Harper Collins, 1996.

[13] CARROLL B A. The pyramid of corporate social responsibility: toward the moral management of organization stakeholders[J]. Business horizons, 1991: 39-48.

[14] CARTER E. The behavioral theory of the firm and top-level corporate decisions[J]. Administrative science quarterly, 1971(16): 413-428.

[15] CHAGANTI R, SAMBHARYA R. Strategic orientation and characteristics of upper management[J]. Strategic management journal, 1987(8): 393-401.

[16] CHANDLER J A D, MCGRAW T K, TEDLOW R S. Management past and present[M]. London: International Thomson Publishing Inc, 1959.

[17] COLLINS J, PORRAS J. Built to last: successful habits of visionary companies[M]. London: Random House, 2000.

[18] CONGER J A, KANUNGO R N. The empowerment process: integrating theory and practice[J]. Academy of management review, 1988 (13): 471-482.

[19] COURTNEY H. 20/20 Foresight: crafting strategy in an uncertain world[M]. Boston: Harvard Business School Press, 2001.

[20] CROSBY P B. Quality is free[M]. New York: McGraw-Hill, 1979: 97-98.

[21] DAELLENBACH H G, MCNICKLE. Management Science decision making through systems thinking[M]. New york: Palgrave Macmillan, 2005.

[22] DALTON G W, BARNES L B, ZALEZNIK A. The distribution of authority in formal organizations[C]. Boston: Harvard University, Division of Research, Graduate School of Business Administration, 1968.

[23] BRASS D J, Being in the right place: a structural analysis of individual influence in an organization[J]. Administrative science quarterly, 1984 (29): 518-539.

[24] D'AVENI R A. Top managerial prestige and organizational bankruptcy[J]. Organization science, 1990, 1: 123-142.

[25] MACKINNON D P, LOCKWOOD C M, WILLIAMS J. Confidence limits for the indirect effect: distribution of the product and resampling methods[J]. Multivariate behavioral research, 2004 (1).

[26] GEUS A D. The living company[M]. London: Nicholas Brealey, 1997.

[27] DEARBORN D C, SIMON H A. Selective perceptions: a note on the departmental identification of executives[J]. Sociometry, 1958, 21: 140-144.

[28] DEMING W W. Out of the crisis[M]. Cambridge, MA: Cambridge University Press, 1982.

[29] DEWETT T, JONES G R. The role of information technology in the organization: a review, model, and assessment[J]. Journal of management, 2001, 27: 331-346.

[30] DUNCAN R B. Characteristics of organizational environments and perceived environmental uncertainty[J]. Administrative science quarterly, 1972, 17(3): 313-327.

[31] DUNPHY D, STACE D. Beyond the boundaries, leading and re-creating the successful enterprise[M]. 2nd ed. Sydney: McGraw Hill, 2001.

[32] EISENHARDT K, BOURGEOIS L J. Politics of strategic decision making in high-velocity environments: toward a midrange theory[J]. Academy of management journal, 1988 (31): 737-770.

[33] EMERSON R M. Power-dependence relationships[J]. American sociological review, 1962 (27): 31-41.

[34] FAYOL H. 工业管理与一般管理[M]. 周华安，等译. 北京：机械工业出版社，2007.

[35] FINKELSTEIN S. Managerial orientations and organizational outcomes: the moderating roles of managerial discretion and power[M]. New York: Unpublished Doctoral Dissertation. Columbia University, 1988.

[36] FINKELSTEIN S. Power in top management teams: dimensions, measurement, and validation[J]. Academy of management journal, 1992, 44: 858-877.

[37] FINKELSTEIN S, HAMBRICK D C. Chief executive compensation: a study of the intersection of markets and political processes[J]. Strategic management journal, 1989(10): 121-134.

[38] FIOL C M, O'CONNOR E J, AGUINIS H. All for one and one for all? the development and transfer of power across organizational levels[J]. The academy of management review, 2001, 26 (2): 224-242.

[39] FLOOD R. Rethinking the fifth discipline: learning within the unknownable[M]. London and New York: Routledge, 1999.

[40] FRANGOS S, BENNETT S. Team zebra, essex junction[M]. Veronont: Oliver Wight Publications, 1993.

[41] FIEDLER F E. Assumed similarity measures as predictors of team effectiveness[J]. Journal of abnormal and social psychology, 1954, 49: 381-388.

[42] DAVID F R. 战略管理：概念与案例[M]. 北京：清华大学出版社，2010.

[43] FREDERICK W C. Creatures, corporations, communities, chaos, complexity: a naturological view of the corporate social role[J]. Business and society, 1998: 358-389.

[44] FRY L W. Toward a theory of spiritual leadership[J]. Leadership quarterly, 2003, 14(6): 693-728.

[45] GARVIN D A. Competing on the eight dimensions of quality[J]. Harvard business review, 1987, 61(5): 101-109.

[46] GARVIN D. Learning in action: a guide to putting the learning organisation to work[M]. Boston: Harvard Business School Press, 2000.

[47] GRAY B, ARISS S S. Politics and strategic change across organization life cycles[J]. Academy of management review, 1985(10): 707-723.

[48] GUPTA A K. Contingency linkages between strategy and general manager characteristics: a conceptual examination[J]. Academy of management review, 1984 (9): 399-412.

[49] GUPTA A K, GOVINDARAJAN V. Business unit strategy, managerial characteristics, and business unit effectiveness at strategy implementation[J]. Academy of management Journal, 1984(27): 25-41.

[50] ANSOFF H I. 战略管理[M]. 邵冲，译. 北京：机械工业出版社，2014.

[51] HAGE J, DEWAR R. Elite values versus organizational structure in predicting innovation[J]. Administrative science quarterly, 1974 (18): 279-290.

[52] HAMBRICK D C. Environment, strategy, and power within top management teams[J]. Administrative science quarterly, 1981(26): 252-275.

[53] HAMBRICK D C. Guest editor's introduction: putting top managers back in the strategy picture[J]. Strategic management journal, 1989, 10 (special issue): 5-16.

[54] IIAMBRICK D C, D'AVENI R A. Top team deterioration as part of the downward spiral of large corporate bankruptcies[J]. Management science, 1992, 38(10): 1445-1466.

[55] HAMEL G. Leading the revolution[M]. Boston: Harvard Business School Press, 2000.

[56] HARRISON J R, TORRES D L, KUKALIS S. The changing of the guard: turnover and structural change in the top management positions[J]. Administrative science quarterly, 1988 (33): 211-232.

[57] HAYEK F A. Individualism and economic order[M]. Chicago: University of Chicago Press, 1996.

[58] HELLRIEGEL D, SLOCUM J J W, WOODMAN R W. Organizational behavior[M]. 8th ed. Cincinnati, Ohio: South-Western College Pub, 1998.

[59] JACOBS R C, CAMPBELL D T. The perpetuation of an arbitrary tradition through several generations of a laboratory microculture[J]. Journal of abnormal & social psychology, 1961, 62(3): 649-58.

[60] HOWELL J P, BOWEN D E, DOREMANETAL P W. Substitutes for leadership: effective alternatives to ineffective leadership[J]. Organizational dynamics, 1990: 21-38.

[61] JOHNSON G, SCHOLES K. Exploring corporate strategy: text and cases[M]. 6th ed. London: Pearson Education, 2002.

[62] JOHN R. The modern firm: organizational design for performance and growth [M]. Oxford: Oxford University Press, 2004.

[63] JURAN J M. Quality control handbook[M]. New York: McGraw-Hill Book Company, 1951.

[64] JURAN J M, GRYNA F M. Quality planning and analysis[M]. New York: McGraw-Hill, 1980: 104-105.

[65] KANTER R M. World class: thriving locally in the global economy[J]. Harvard Business Review, 1995, 81(8): 119-127.

[66] HARRIS K J, KACMAR K M, ZIVNUSKA S. An investigation of abusive supervision as a predictor of performance and the meaning of work as a moderator of the relationship[J]. The leadership quarterly, 2007 (3).

[67] KHURANA A. Managing complex production process [J]. Sloan management review, 1999(4): 85-97.

[68] KRASIKOVA D V, GREEN S G, LEBRETON J M. Destructive leadership: a theoretical review, integration, and future research agenda [J]. Journal of management, 2013, 39(5): 1308-1338.

[69] KURLANDN N B, PELLED L H. Passing the word: toward a model of gossip and power in the workplace[J]. The academy of management review, 2000, 25(2): 428-438.

[70] LIN N. Social capital: a theory of social structure and action[M]. Cambridge: Cambridge University Press, 2001.

[71] MALEKZADEH A R, MCWILLIAMS V B, SEN N. Implications of CEO structural and ownership powers: board ownership and composition on the market's reaction to anti-takeover charter amendments[J]. Journal of applied business research, 1998, 14(3): 53-63.

[72] GAGNÉ M, SENÉCAL C B, KOESTNER R. Proximal job characteristics, feelings of empowerment, and intrinsic motivation: a multidimensional model[J]. Journal of applied social psychology, 2006(14).

[73] MCCAFFREY D P, FAERMAN S R, HART D W. The appeal and difficulties of participative systems[J]. Organization Science, 1995 (16): 603-27.

[74] MILES R E, SNOW C C, MEYER A D, et al. Organizational strategy, structure, and process[J]. Academy of management review, 1978, 3(3): 546-562.

[75] MOORE J F. Predators and prey: a new ecology of competition[J]. Harvard business review, 1993, 71(3): 75-83.

[76] MOORE J F. The rise of a new corporate form[J]. Washington quarterly, 1998, 21(1): 167-181.

[77] MORGAN G. Creative organization Theory: a resource book[M]. London: Sage Publications, 1989.

[78] MORGAN G. Images of organisation[M]. 2nd ed. California: Sage Publications, 1997.

[79] MYERS D G. Social psychology[M]. 8th ed. New York: McGraw-Hill Education, 2005.

[80] NEWSTROM J W, DAVIS K. Organizational behavior: human behavior at work[M]. 10th ed. Beijing: China Machine Press, 1998.

[81] OU A Y, TSUI A S, KINICKI A J, WALDMAN D A, et al. Humble chief executive officers' connections to top management team integration and middle managers' responses[J]. Administrative science quarterly, 2014, 59(1): 34-72.

[82] HERSEY P, BLANCHARD K H. Management of organizational behavior: utilizing human resources[M]. Leadership Quarterly 6, No. 2, 1995.

[83] HONG P, DOLL W J, REVILLA E, et al. Knowledge sharing and strategic fit in integrated product development projects: an empirical study[J]. International journal of production economics, 2011, 132(2).

[84] PELTONIEMI M, VUORI E. Business ecosystem as the new approach to complex adaptive business environments[C]//Proceedings of eBusiness research forum, 2004: 267-281.

[85] POWELL T C. Strategic management and the person [J]. Strategic organization, 2014, 12(3): 200-207.

[86] Robbins S P. Organizational behavior[M]. 9th ed. New York: Prentice Hall, 1997.

[87] HOUSE R J. A path-goal theory of leadership effectiveness[J]. Journal of Contemporary business, 1974: 81-97.

[88] KERR S, JERMIER J M. Substitutes for leadership: their meaning and measurement [J]. Organizational behavior and human performance, 1978, 22: 375-403.

[89] SCOTT W R, DAVIS G F. Organizations and organizing: rational, natural and open system perspectives[M]. Englewood Cliffs: Prentice-Hall, 2007.

[90] SCOTT W R. Organizations, rational, natural, and open systems[M]. 4th ed. Englewood Cliffs: Prentice Hall International, 1998.

[91] SENGE P M. The fifth discipline: the art and practice of learning organization[M]. New York: Doubleday, 1994.

[92] SHERIF M. A study of some social factors in perception[J]. Archives of psychology, 1935, 187(187): 5-61.

[93] SHERIF M. An experimental approach to the study of attitudes [J]. Sociometry, 1937, 1: 90-98.

[94] SHERIF M, SHERIF C W. Social psychology[M]. New York: Harper and Row, 1969.

[95] SNOW C C, LIPNACK J, STAMPS J. The virtual organization: promises and payoffs, large and small[J]. Journal of organizational behavior, 1999(6): 15-30.

[96] STACEY R D. Complex responsive processes in organisations: learning and knowledge creation[M]. London: Routledge, 2001.

[97] BIEDENBACH T, SDERHOLM A，李文静，等. 超级竞争行业组织变革的挑战：文献综述[J]. 管理世界，2010，12：155-163+167.

[98] TOWNSEND A M, DEMARIE S M, HENDRICKSON A R. Virtual teams: technology and the workplace of the future[J]. Academy of management executive, 1998(12): 17-29.

[99] TUZZOLINO F, ARMANDI B R. A need-hierarchy framework for assessing corporate social responsibility[J]. The academy of management review, 1981, 6(1): 21-28.

[100] VROOM V H, JAGO A G. The new leadership: managing participation in organizations[M]. Englewood Cliffs, NJ: Prentice-Hall, 1988.

[101] VOLBERDA H W. Toward the flexible form: how to remain vital in hypercompetitive environments[J]. Organization science, 1996, 7(4): 359-374.

[102] VORHIES D W, ORR L M, BUSH V D. Improving customer-focused marketing capabilities and firm financial performance via marketing exploration and exploitation[J]. Journal of the academy of marketing science, 2011, 39(5): 736-756.

[103] JOYCE W, Matrix organization: a Social experiment[J]. Academy of management, 1986, 29: 536.

[104] WOODWARD J. Industrial organization: theory and practice[M]. London: Oxford University Press. 1965.

[105] YUKL G. Leadership in organizations[M]. 5th ed. Beijing: Tsinghua University Press, 2004.

[106] Zhang Z. Developing a model of quality management methods and evaluating their effects on business performance [J]. Total quality management, 2000, 11(1): 129-137.

[107] 安毓环. 谈企业组织结构扁平化[J]. 中国统计, 2005（11）：55-56.

[108] 白艳莉. 论超竞争环境下企业组织结构的柔性演变及其对薪酬管理的影响[J]. 商场现代化, 2007（4）：186-187.

[109] 德鲁克. 管理的实践[M]. 齐若兰，译. 北京：机械工业出版社，2006.

[110] 圣吉. 第五项修炼实践篇：创建学习型组织的战略和方法[M]. 北京：中信出版社，2005.

[111] 圣吉. 第五项修炼——学习型组织的艺术与实务[M]. 台北：天下文化出版社，2002.

[112] 曹龙，陈菊红. 提高组织知识管理水平的柔性人力资源管理策略[J]. 科学学与科学技术管理, 2005（8）：86-91.

[113] 曹秀娟，刘卫东. 网络型组织结构的特点[J]. 中国商贸, 2011（9）：53-54.

[114] 常亚平，郑宇，朱东红，等. 企业员工文化匹配、组织承诺和工作绩效的关系研究[J]. 管理学报, 2010（3）：373-378.

[115] 晁罡，袁品，段文，等. 企业领导者的社会责任取向、企业社会表现和组织绩效的关系研究[J]. 管理学报, 2008（3）：445-453.

[116] 陈国权. 组织学习和学习型组织：概念、能力模型、测量及对绩效的影响[J]. 管理评论, 2009（1）：107-116.

[117] 陈国权. 组织与环境的关系及组织学习[J]. 管理科学学报, 2001（5）：39-49.

[118] 陈江华. 中国国有企业构建学习型组织的理论与实践策略研究[D]. 北京：北京交通大学，2015.

[119] 陈立敏，谭力文. 网络经济时代企业的组织结构变化和新型竞争战略[J]. 经济管理, 2002（6）：72-79.

[120] 陈伟，张旭梅. 供应链伙伴特性、知识交易与创新绩效关系的实证研究[J]. 科研管理, 2011（11）：7-17.

[121] 程聪，谢洪明. 市场导向与组织绩效：一项元分析的检验[J]. 南开管理评论, 2013（6）：38-46.

[122] 程德俊，孔继红. 组织分权的知识动因分析[J]. 中国工业经济, 2002（4）：68-73.

[123] 程学童，王祖强，李涛. 集群式民营企业成长模式分析[M]. 北京：中国经济出版社，2005.

[124] 程愚，孙建国，宋文文，等. 商业模式、营运效应与企业绩效——对生产技术创新和经营方法创新有效性的实证研究[J]. 中国工业经济, 2012（7）：83-95.

[125] 邓新明，叶珍，许洋. 企业竞争行动与绩效的关联性研究——基于市场与非市场的综合视角[J]. 南开管理评论, 2015（4）：106-120.

[126] 杜莹芬. 管理理论的发展及我国企业管理研究的任务[J]. 经济管理, 2004（20）：11-17.

[127] 范保群，王毅. 战略管理新趋势：基于商业生态系统的竞争战略[J]. 商业经济与管理, 2006（3）：3-10.

[128] 范保群. 商业生态系统竞争方式及其启示[J]. 商业经济与管理, 2006（11）：3-7.

[129] 范静波. 法约尔管理思想探源[J]. 现代管理科学, 2011（9）：36-38.

[130] 方阳春. 包容型领导风格对团队绩效的影响——基于员工自我效能感的中介作用[J]. 科研管理, 2014（5）：152-160.

[131] 费爱华. 从集权与分权看组织结构的变迁[J]. 现代管理科学，2007（8）：51-52.

[132] 费显政. 组织与环境的关系——不同学派述评与比较[J]. 国外社会科学，2006（3）：15-21.

[133] 冯镜铭，刘善仕，吴坤津，等. 谦卑型领导研究探析[J]. 外国经济与管理，2014（3）：38-47.

[134] 冯米，张曦如，路江涌. 战略与结构匹配对新兴市场企业集团绩效的影响[J]. 南开管理评论，2014（6）：63-71.

[135] 冯芷艳，郭迅华，曾大军，等. 大数据背景下商务管理研究若干前沿课题[J]. 管理科学学报，2013（1）：1-9.

[136] 高晶，关涛，王雅林. 信息技术应用与组织结构变革的互动研究[J]. 科学学与科学技术管理，2007（10）：41-46.

[137] 高日光. 破坏性领导会是组织的害群之马吗？——中国组织情境中的破坏性领导行为研究[J]. 管理世界，2009（9）：124-132+147.

[138] 高艳. 人力资源管理理论研究综述[J]. 西北大学学报（哲学社会科学版），2005（2）：127-131.

[139] 高展，金润圭. 企业社会责任理论研究与拓展[J]. 管理纵横，2012（9）：39-42.

[140] 郭金林. 论网络经济时代的企业战略创新对组织结构变革的影响[J]. 长沙理工大学学报（社会科学版），2005，20（1）：62-64.

[141] 郭玮，李燕萍，杜旌，等. 多层次导向的真实型领导对员工与团队创新的影响机制研究[J]. 南开管理评论，2012（3）：51-60.

[142] 郭晓丹，宋维佳. 战略性新兴产业的进入时机选择：领军还是跟进[J]. 中国工业经济，2011（5）：119-128.

[143] 韩巍，席酉民. 机会型领导、幻觉型领导：两个中国本土领导研究的关键构念[J]. 管理学报，2012（12）：1725-1734.

[144] 何建民. 我国旅游服务业营业税改增值税的影响机理及影响状况研究[J]. 旅游科学，2013（1）：29-40.

[145] 何铮，谭劲松，陆园园. 组织环境与组织战略关系的文献综述及最新研究动态[J]. 管理世界，2006（11）：144-151.

[146] 明茨伯格，阿尔斯特兰德，兰佩尔. 战略历程[M]. 北京：机械工业出版社，2006.

[147] 胡斌，章仁俊，邵汝军. 企业生态系统健康的基本内涵及评价指标体系研究[J]. 科技管理研究，2006，26（1）：59-61.

[148] 胡岗岚，卢向华，黄丽华. 电子商务生态系统及其协调机制研究——以阿里巴巴集团为例[J]. 软科学，2009，23（9）：5-10.

[149] 胡岗岚，卢向华，黄丽华. 电子商务生态系统及其演化路径[J]. 经济管理，2009（6）：110-116.

[150] 胡君，李刚. 新编管理学原理[M]. 北京：北京理工大学出版社，2009.

[151] 胡良，陈静. 通货膨胀对保险业发展的影响探析[J]. 保险研究，2012（1）：30-35.

[152] 黄汉民. 企业组织结构理论的演变与发展[J]. 经济学动态，2003（5）：78-81.

[153] 黄健青，陈欢，李大夜. 基于顾客价值视角的众筹项目成功影响因素研究[J]. 中国软科学，2015（6）：116-127.

[154] 黄亮，彭璧玉. 工作幸福感对员工创新绩效的影响机制——一个多层次被调节的中介模型[J]. 南开管理评论，2015（2）：15-29.

[155] 柯林斯. 从优秀到卓越[M]. 俞利军，译. 北京：中信出版社，2003.

[156] 柯林斯，波勒斯. 基业长青[M]. 北京：中信出版社，2002.

[157] 纪华道. 企业组织结构的变革演化及趋势[J]. 学术界，2014（11）：91-97.

[158] 琼斯，乔治，希尔. 当代管理学[M]. 李建伟，严勇，周晖，等译. 北京：人民邮电出版社，2003.

[159] 哈默. 战略柔性——学习型组织持续发展面临的挑战[M]. 北京：东方出版社，2005.

[160] 贾宁，李丹. 创业投资管理对企业绩效表现的影响[J]. 南开管理评论，2011（1）：96-106.

[161] 江永众，熊平. 我国上市公司内部治理与财务绩效关系的实证研究[J]. 经济体制改革，2006（6）：52-55.

[162] 姜建清. 国有商业银行分支机构管理问题研究[J]. 金融研究，2001（9）：1-17.

[163] 姜文杰，张玉荣. 制度资本、关系资本对集群制造企业技术创新绩效的影响[J]. 管理学报，2013（11）：1641-1647.

[164] 蒋峦，李忠顺，谢卫红，等. 组织柔性与环境动态性下时间节奏对创新绩效的影响[J]. 管理学报，2015（9）：1337-1342+1360.

[165] 颉茂华，王瑾，刘冬梅. 环境规制、技术创新与企业经营绩效[J]. 南开管理评论，2014（6）：106-113.

[166] 解培才，徐二明. 西方企业战略[M]. 北京：中国人民大学出版社，1992.

[167] 解树江. 虚拟企业的性质及组织机制[J]. 经济理论与经济管理，2001（5）：32-33.

[168] 解学梅，左蕾蕾. 企业协同创新网络特征与创新绩效：基于知识吸收能力的中介效应研究[J]. 南开管理评论，2013（3）：47-56.

[169] 古晓宇. 任正非："没想过"身后事"[N]. 京华网（京华时报）. 2013-12-02.

[170] 康青松. 组织学习导向、知识转移和吸收能力对国际企业绩效的影响研究[J]. 管理学报，2015（1）：53-60.

[171] 柯艺高. 组织行为学研究[M]. 贵阳：贵州人民出版社，2006.

[172] 兰伯特. 关键管理问题：各种商业模式的睿智精要[M]. 史晓峰，张云薇，译. 北京：经济管理出版社，2004.

[173] 蓝海林. 企业战略管理："静态模式"与"动态模式"[J]. 南开管理评论，2007（5）：31-35+60.

[174] 蓝海林. 企业战略管理：承诺、决策和行动[J]. 管理学报，2015（5）：664-667+678.

[175] 史雷特. 企业强权：杰克·威尔许再造奇异之道[M]. 袁世佩，译. 台北：美商麦格罗·希尔国际股份有限公司台湾分公司，1998.

[176] 穆林. 管理与组织行为[M]. 李丽，译. 北京：经济管理出版社，2008.

[177] 雷星晖，单志汶，苏涛永，等. 谦卑型领导行为对员工创造力的影响研究[J]. 管理科学，2015（2）：115-125.

[178] 李博. 基于战略配称的商业模式创新研究[D]. 青岛：中国海洋大学，2013.

[179] 李东. 面向进化特征的商业生态系统分类研究[J]. 中国工业经济，2008（11）：119-129.

[180] 李海舰，田跃新，李文杰. 互联网思维与传统企业再造[J]. 中国工业经济，2014（10）：135-146.

[181] 李桦，彭思喜. 战略柔性、双元性创新和企业绩效[J]. 管理学报，2011（11）：1604-1609+1668.

[182] 李剑锋. 组织行为学[M]. 北京：中国经济出版社，2002.

[183] 李锦，弓志刚. 21世纪管理理论的发展趋势[J]. 财政研究，2005（5）：35-36.

[184] 李明斐，李丹，卢小君，等. 学习型组织对企业绩效的影响研究[J]. 管理学报，2007（4）：442-448.

[185] 李强，揭筱纹. 基于商业生态系统的企业战略新模型研究[J]. 管理学报，2012，9（2）：233-237.

[186] 李强，揭筱纹. 信息技术的商业生态系统健康、战略行为与企业价值实证研究[J]. 管理学报，2013，10（6）：824-830.

[187] 李庆满，杨皎平，金彦龙. 集群内部竞争、技术创新力与集群企业技术创新绩效[J]. 管理学报，2013（5）：746-753.

[188] 李生校. 外部创新搜寻战略对新创企业创新绩效的影响研究[J]. 管理学报，2013，10（8）：1185-1193.

[189] 李仕模. 第五代管理[M]. 北京：中国物价出版社，2000.

[190] 李小玲，任星耀，郑煦. 电子商务平台企业的卖家竞争管理与平台绩效——基于VAR模型的动态分析[J]. 南开管理评论，2014（5）：73-82+111.

[191] 李新春，胡晓红. 科学管理原理：理论反思与现实批判[J]. 管理学报，2012，9（5）：658-670.

[192] 李新然，孙晓静. 基于SCM的企业绩效影响模型[J]. 科研管理，2009（3）：117-123.

[193] 李玉琼，朱秀英. 丰田汽车生态系统创新共生战略实证研究[J]. 管理评论，2007(6)：15-20+63.

[194] 李垣，陈浩然，谢恩. 战略管理研究现状与未来我国研究重要领域[J]. 管理工程学报，2007（1）：1-5.

[195] 李长书，冯德连. 双网络组织——中小企业国际化的结构选择[J]. 华东经济管理，2007（3）：99-102.

[196] 李钊，苏秦，宋永涛. 质量管理实践对企业绩效影响机制的实证研究[J]. 科研管理，2008，29（1）：41-47.

[197] 李贞，杨洪涛. 吸收能力、关系学习及知识整合对企业创新绩效的影响研究——来自科技型中小企业的实证研究[J]. 科研管理，2012（1）：79-89.

[198] 里德. 管理思维创新——如何构建你的心智模式[M]. 崔十安，秦苑，译. 北京：经济管理出版社，2004.

[199] 梁嘉骅，葛振忠，范建平. 企业生态与企业发展[J]. 管理科学学报，2002，5（2）：34-40.

[200] 梁运文，谭力文. 商业生态系统价值结构：企业角色与战略选择[J]. 南开管理评论. 2005，8（1）：57-63.

[201] 林琼，凌文辁，方俐洛. 透析中国内隐领导概念的内涵及变化[J]. 学术研究. 2002(11)：98-101.

[202] 林亚清，赵曙明. 基于战略柔性与技术能力影响的制度支持与企业绩效关系研究[J]. 管理学报，2014，11（1）：46-54.

[203] 刘凤委，于旭辉，李琳. 地方保护能提升公司绩效吗——来自上市公司的经验证据[J]. 中国工业经济，2007（4）：21-28.

[204] 刘华，邢以群. 企业生命周期与权力配置研究[J]. 企业研究，2003（1）：69-70.

[205] 刘军辉. 西方企业国际化经营的组织结构[J]. 现代商业，2011（17）：152-153.

[206] 刘鲁川，陈禹. 企业生态位与电子商务建设[J]. 软科学，2006，20（5）：131-134.

[207] 刘宁，刘颖. 企业奖酬对员工创新绩效影响的研究评述[J]. 管理学报，2014，11(12):1871-1877.

[208] 刘翔宇，李新建. 信息分享对组织外获专业技术人员创新绩效的激发机理研究——以职业技能提升为中介变量[J]. 管理学报，2015，12（9）：1304-1312.

[209] 刘小禹，孙健敏，周禹. 变革/交易型领导对团队创新绩效的权变影响机制——团队情绪氛围的调节作用[J]. 管理学报，2011，8（6）：857-864.

[210] 刘燕. 组织行为学案例集[M]. 上海：立信会计出版社，2006.

[211] 刘仲英. 管理信息系统[M]. 2版. 北京：高等教育出版社，2013.

[212] 楼园. 企业组织结构进化研究[D]. 北京：北京工业大学，2006.

[213] 卢会志，刘永芳，许科. 内隐领导理论：认知革命在领导研究领域的新拓展[J]. 心理科学. 2008，31（1）：242-244.

[214] 路蓉. 海尔业务流程再造研究[D]. 青岛：中国海洋大学，2004.

[215] 罗宾斯. 管理学：第4版[M]. 北京：中国人民大学出版社，1997.

[216] 罗珉，李亮宇. 互联网时代的商业模式创新：价值创造视角[J]. 中国工业经济，2015（1）：95-107.

[217] 罗珉. 管理学前沿理论研究[M]. 成都：西南财经大学出版社，2006.

[218] 罗珉. 战略选择论的起源、发展与复杂性范式[J]. 外国经济与管理，2006（1）：9-16.

[219] 罗珉. 论后现代组织的概念和边界[J]. 外国经济与管理，2004（6）：10-13.

[220] 罗温吉布森. 预思未来[M]. 张思忠，李沧哲，译. 台中：晨星出版社，1999.

[221] 吕鸿江，刘洪. 转型背景下组织复杂性与组织效能关系研究[J]. 管理科学学报，2010（7）：26-41.

[222] 吕涛，聂锐. 非正式控制对销售人员绩效和客户关系质量的影响[J]. 南开管理评论，2009（2）：153-160.

[223] 吕巍，陈雨田. 处于十字路口的战略管理及其为中国企业带来的机遇[J]. 管理世界，2010（12）：184-185.

[224] 马林，罗国英. 全面质量管理基本知识[M]. 北京：中国经济出版社，2003.

[225] 波特. 竞争战略：分析行业和竞争者的技术[M]. 1988.

[226] 孟奕爽，唐健雄. 中国情境下的精神型领导模型与测量研究[J]. 管理学报，2013，10（10）：1419-1424+1506.

[227] 莫申江，王重鸣. 国外伦理型领导研究前沿探析[J]. 外国经济与管理，2010（2）：32-37.

[228] 穆尔. 竞争的衰亡：商业生态系统时代的领导与战略[M]. 梁骏，等译. 北京：北京出版社，1999.

[229] 福斯. 企业万能：面向企业能力理论[M]. 李东红，译. 大连：东北财经大学出版社，1998.

[230] 潘剑英，王重鸣. 商业生态系统理论模型回顾与研究展望[J]. 外国经济与管理，2012（9）：51-58.

[231] 彭璧玉. 组织生态学理论述评[J]. 经济学家，2006（5）：111-117.

[232] 彭新武. 当代组织设计理念的变迁[J]. 北京行政学院学报，2008（1）：61-65.

[233] 戚洪. 权变理论在高校学科建设管理中应用的思考[J]. 辽宁教育研究，2006（9）：23-25.

[234] 金，莫博涅. 蓝海战略[M]. 吉宓，译. 北京：商务印书馆，2005.

[235] 乔坤，徐华丽，王达飞. 基于复杂网络社区理论的TMT社会资本与企业财务绩效的关系研究[J]. 管理学报，2013，10（11）：1618-1624.

[236] 秦伟平，李晋，周路路. 真实型领导与团队创造力：被调节的中介作用[J]. 科学学与科学技术管理，2015（5）：171-180.

[237] 曲波，张峰. 内隐领导理论加工方式和影响因素[J]. 山东大学学报（哲学社会科学版）. 2008（2）：129-134.

[238] 饶佳宁. 论企业的组织设计与提高企业竞争力[J]. 经营管理，2005（16）：42-44.

[239] 名古屋QS研究会. 改善经营管理的5S法[M]. 张贵芳，苏德华，译. 北京：经济管理出版社，2005.

[240] 荣世敏. 管理理论的发展规律及现代管理理论的发展趋势[J]. 天津师范大学学报（社会科学版），2001（6）：28-33.

[241] 邵兵家，刘小红. 第三方物流企业市场导向度对绩效影响的实证研究[J]. 南开管理评论，2005（6）：91-95+108.

[242] 沈正宁，林嵩. 基于权变理论的组织结构设计研究[J]. 生产力研究，2008（14）：15-16.

[243] 史红云. 信息时代企业组织模式构建研究[D]. 扬州：扬州大学，2008.

[244] 舒睿，梁建. 基于自我概念的伦理领导与员工工作结果研究[J]. 管理学报，2015，12（7）：1012-1020.

[245] 罗宾斯. 管理学：第11版[M]. 李原，孙健敏，黄小勇，译. 北京：中国人民大学出版社，2011.

[246] 宋增基，卢溢洪，张宗益. 董事会规模、内生性与公司绩效研究[J]. 管理学报，2009（2）：213-221.

[247] 苏明城，张向前. 激励理论发展及趋势分析[J]. 科技管理研究[J]. 2009，6（5）：343-345+339.

[248] 苏涛. 简论战略对组织结构的影响[J]. 福建论坛，2000（4）：11-12.

[249] 苏依依，周长辉. 企业创新的集群驱动[J]. 管理世界，2008（3）：94-104.

[250] 孙连才，王宗军. 基于动态能力理论的商业生态系统下企业商业模式指标评价体系[J]. 管理世界，2011（5）：184-185.

[251] 孙睦优. 企业核心竞争力与战略管理[J]. 冶金经济与管理，2008（2）：25-27.

[252] 孙维峰，黄祖辉. 广告支出、研发支出与企业绩效[J]. 科研管理，2013（2）：44-51.

[253] 谭力文，丁靖坤. 21世纪以来战略管理理论的前沿与演进[J]. 南开管理评论，2014（2）：84-94.

[254] 汤谷良，王斌，杜菲，等. 多元化企业集团管理控制体系的整合观——基于华润集团6S的案例分析[J]. 会计研究，2009（2）：53-60.

[255] 唐汉瑛，龙立荣，周如意. 谦卑领导行为与下属工作投入：有中介的调节模型[J]. 管理科学，2015（3）：77-89.

[256] 陶厚永，刘洪，吕鸿江. 组织管理的集权：分权模式与组织绩效的关系[J]. 中国工业经济，2008（4）：82-91.

[257] 陶厚永，刘洪. 知识共享机制对群体绩效的影响研究[J]. 科研管理，2008（2）：52-60.

[258] 陶文杰，金占明. 企业社会责任信息披露、媒体关注度与企业财务绩效关系研究[J]. 管理学报，2012，9（8）：1225-1232.

[259] 万青，陈万明. 知识共享路径选择策略与员工创新绩效关系研究[J]. 管理学报，2012，9（12）：1786-1791.

[260] 汪应洛，李垣，刘益. 企业柔性战略——跨世纪战略管理研究与实践的前沿[J]. 管理科学学报，1998（1）：24-27.

[261] 王彬. 组织行为学[M]. 大连：大连理工大学出版社，2007.

[262] 王德禄，苏东. 管理理论与管理实践的互动发展[J]. 天津商学院学报，2001（1）：31-33+39.

[263] 王方华，等. 知识管理论[M]. 太原：山西经济出版社，1999.

[264] 王晶晶，杜晶晶. 高管团队心理契约、集体创新与团队绩效关系的实证研究[J]. 管理学报，2009，6（5）：671-677.

[265] 王淼，赵桂娟. 21世纪的企业组织模式——动态联盟[J]. 管理现代化，1999（3）：28-30.

[266] 王润良，郑晓齐，孙建平. 技术复杂性及其对组织结构的影响[J]. 科学学研究，2001，19（3）：29-33.

[267] 王铁男，陈涛，贾镕霞. 战略柔性对企业绩效影响的实证研究[J]. 管理学报，2011，8（3）：388-395.

[268] 王毅，陈劲，许庆瑞. 企业核心能力：理论溯源与逻辑结构剖析[J]. 管理科学学报，2000，3（3）：24-32.

[269] 王震，宋萌，王崇锋，等. 道德型领导对下属反馈规避行为的影响及其作用机制[J]. 管理学报，

2015，12（1）：96-102.

[270] 魏江，邬爱其，彭雪蓉. 中国战略管理研究：情境问题与理论前沿[J]. 管理世界，2014（12）：167-171.

[271] 温池洪. 信息化对企业竞争能力的影响机理与信息化战略选择[D]. 吉林：吉林大学，2010

[272] 文东华，潘飞，陈世敏. 环境不确定性、二元管理控制系统与企业业绩实证研究——基于权变理论的视角[J]. 管理世界，2009（10）：102-114.

[273] 吴慈生. 企业国际化进程中的组织结构演化与人力资源管理[J]. 华东经济管理，2005（7）：122-125.

[274] 吴剑峰，杨震宁，邱永辉. 国际研发合作的地域广度、资源禀赋与技术创新绩效的关系研究[J]. 管理学报，2015，12（10）：1487-1495.

[275] 吴利华，周勤，杨家兵. 钢铁行业上市公司纵向整合与企业绩效关系实证研究——中国钢铁行业集中度下降的一个分析视角[J]. 中国工业经济，2008（5）：57-66.

[276] 吴志明，武欣. 高科技团队变革型领导、组织公民行为和团队绩效关系的实证研究[J]. 科研管理，2006（6）：74-79.

[277] 武洪刚. 基于资源基础理论的会计师事务所竞争优势研究[D]. 青岛：中国海洋大学，2013.

[278] 夏清华，陈超. 商业生态系统"5C模型"与未来研究拓展[J]. 经济管理，2015（10）：22-30.

[279] 夏若江. 组织设计的主动性与合作性对企业知识共享行为的影响分析[J]. 管理学报，2009，6（2）：234-245.

[280] 肖静华，谢康，吴瑶，等. 企业与消费者协同演化动态能力构建：B2C电商梦芭莎案例研究[J]. 管理世界，2014（8）：134-151+179.

[281] 谢洪明，王成，吴隆增. 知识整合、组织创新与组织绩效：华南地区企业的实证研究[J]. 管理学报，2006，3（5）：600-606+621.

[282] 修保新，张维明，刘忠，等. 基于粒度计算的鲁棒性组织设计方法[J]. 系统仿真学报，2007，19（18）：4221-4225.

[283] 徐世伟. 草根企业的虚拟经营与信息化建设——"美特斯邦威"和"谭木匠"发展的共性分析[J]. 经济管理，2007（12）：25-29.

[284] 徐向艺，辛杰. 企业知识管理[M]. 济南：山东大学出版社，2008.

[285] 徐珣，王自亮. 商谈式民主决策及其社会行动机制研究——以温岭民主恳谈为个案[J]. 公共管理学报，2014（2）：39-50+140-141.

[286] 徐宗本，冯芷艳，郭迅华，等. 大数据驱动的管理与决策前沿课题[J]. 管理世界，2014（11）：158-163.

[287] 许德惠，李刚，孙林岩，等. 环境不确定性、供应链整合与企业绩效关系的实证研究[J]. 科研管理，2012（12）：40-49.

[288] 许晖，范雅楠，王琳. 组织原型与吸收能力均衡模式下的中小型制造企业创新绩效[J]. 管理学报，2014，11（9）：1372-1382.

[289] 阎海峰，沈锦杰. 股权结构对合资企业绩效的影响研究——基于组织学习的视角[J]. 中国工业经济，2010（4）：151-160.

[290] 颜爱民，裴聪. 辱虐管理对工作绩效的影响及自我效能感的中介作用[J]. 管理学报，2013，10（2）：213-218.

[291] 杨春霞. 复杂条件下的组织创新与变革[D]. 广州：暨南大学，2014.

[292] 杨春清，朱卫东. 增加价值分配结构现状及其决定因素分析——基于我国上市公司的实证研究

[J]. 中国管理科学, 2015, 23（3）: 141-150.

[293] 杨付, 刘军, 张丽华. 精神型领导、战略共识与员工职业发展: 战略柔性的调节作用[J]. 管理世界, 2014（10）: 100-113+171+187-188.

[294] 杨宏伟, 杨燕英, 王明, 等. "营改增"对文化创意服务业的影响[J]. 税务研究, 2014（12）: 36-40.

[295] 杨华龙, 李如晓. 从信息化企业的组织变革看人力资源管理[J]. 大连海事大学学报（社会科学版）, 2002（12）: 50-51.

[296] 杨骞, 刘华军. 中国烟草产业行政垄断及其绩效的实证研究[J]. 中国工业经济, 2009（4）: 51-61.

[297] 杨建君, 刘华芳, 吴春鹏. 大股东对经理人信任、控制机制与企业新产品开发绩效的实证研究[J]. 管理学报, 2012, 9（9）: 1330-1337.

[298] 杨文士, 焦叔斌, 张雁, 等. 管理学[M]. 3版. 北京: 中国人民大学出版社, 2009.

[299] 杨艳玲, 田宇. 基于互动导向的主动改善对服务创新绩效的影响研究[J]. 管理学报, 2015（9）: 1385-1393.

[300] 姚艳虹, 肖石英. 组织公民行为与员工绩效的相关性分析[J]. 管理学报, 2006, 3（3）: 324-328+346.

[301] 姚益龙, 梁红玉, 宁吉安. 媒体监督影响企业绩效机制研究——来自中国快速消费品行业的经验证据[J]. 中国工业经济, 2011（9）: 151-160.

[302] 叶飞, 李怡娜, 张红, 等. 供应链信息共享影响因素、信息共享程度与企业运营绩效关系研究[J]. 管理学报, 2009, 6（6）: 743-750.

[303] 易树平, 陈敏, 乔胜普, 等. 用模糊决策法分析企业组织设计的影响因素[J]. 工业工程与管理, 2005（1）: 58-63.

[304] 尤建新, 陈守明, 赵红丹, 等. 高级管理学[M]. 3版. 北京: 清华大学出版社, 2019.

[305] 尤建新. 管理学概论[M]. 4版. 上海: 同济大学出版社, 2015.

[306] 尤建新. 管理者的梦[J]. 上海企业, 2007（6）: 68-69.

[307] 尤建新. 现代领导的觉悟与智慧[J]. 决策与信息, 2007（12）: 30-31.

[308] 尤建新. 欲享社会资源, 先尽社会责任[N]. 每日经济新闻, 2006-12-08（B18）.

[309] 尤建新, 周文泳, 武小军, 等. 质量管理学[M]. 3版. 北京: 科学出版社, 2014.

[310] 尤建新, 刘虎沉. 质量工程与管理[M]. 北京: 科学出版社, 2016.

[311] 尤建新. 管理理论发展应不忘初衷并超越当下[J]. 管理科学学报, 2019, 22（5）: 15-17.

[312] 游静. 基于ERG理论的异构信息系统知识创新激励机制研究[J]. 科学学与科学技术管理, 2010（2）: 86-93.

[313] 张春兴. 现代心理学[M]. 上海: 上海人民出版社, 1994.

[314] 张东生, 李艳双. 企业战略管理[M]. 北京: 机械工业出版社, 2005.

[315] 张钢, 熊立. 成员异质性与团队绩效: 以交互记忆系统为中介变量[J]. 科研管理, 2009（1）: 71-80.

[316] 张辉华, 李爱梅, 凌文辁, 等. 管理者情绪智力与绩效的关系: 直接和中介效应研究[J]. 南开管理评论, 2009（3）: 104-116.

[317] 张婕, 樊耘, 张旭. 前摄性行为视角下的员工创新——前摄型人格、反馈寻求与员工创新绩效[J]. 南开管理评论, 2014（5）: 13-23.

[318] 张金萍, 周游. 基于商业生态系统的企业竞争战略[J]. 管理世界, 2005（6）: 159-160.

[319] 张玲玲,林健. 信息技术与企业战略、业务流程及组织结构整合的关系模型研究[J]. 系统工程, 2002, 20(2): 63-68.

[320] 张明星,孙跃,朱敏. 种群生态理论视角下的企业间相互关系研究[J]. 首都经济贸易大学学报, 2006(4): 51-56.

[321] 张鹏宇. 组织结构之研究[D]. 北京: 北京邮电大学, 2011.

[322] 张天舒,陈信元,黄俊. 政治关联、风险资本投资与企业绩效[J]. 南开管理评论, 2015(5): 18-27.

[323] 张维迎. 产权安排与企业内部的权利斗争[J]. 经济研究, 2000(6): 41-50.

[324] 张文红. 商业生态系统健康评价方法研究[J]. 管理现代化, 2007(5): 40-42+30.

[325] 张绪柱,赵馨智,杨学津. 动态全景式流程型组织模型构建[J]. 山东大学学报(哲学社会科学版), 2011(3): 135-143.

[326] 张学峰,林宣雄. 知识经济时代的企业组织模式变革[J]. 西安交通大学学报(社会科学版), 1998(4): 36-38.

[327] 章辉美,张坤. 企业社会责任理论的演化与发展趋势[J]. 学习与探索, 2012(11): 54-58.

[328] 赵丽,孙林岩,李刚,等. 中国制造企业供应链整合与企业绩效的关系研究[J]. 管理工程学报, 2011(3): 1-9.

[329] 赵庆波. 现代管理学——知识经济背景下的管理理论[M]. 济南: 山东大学出版社, 2005.

[330] 赵曙明. 人力资源管理理论研究新进展评析与未来展望[J]. 外国经济与管理, 2011(1): 1-10.

[331] 郑海航,徐炜. 行为科学的演进与发展[J]. 经济管理, 2001(24): 20-22.

[332] 中国企业管理研究会,中国社会科学院管理科学研究中心. 中国企业社会责任报告[M]. 北京: 中国财政经济出版社, 2006.

[333] 中国质量协会. 中国企业质量管理创新实践[M]. 北京: 中国经济出版社, 2012.

[334] 中国质量协会. 卓越绩效评价准则实务(第二版)[M]. 北京: 中国标准出版社, 2012.

[335] 仲理峰. 高绩效人力资源实践对员工工作绩效的影响[J]. 管理学报, 2013, 10(7): 993-999+1033.

[336] 周三多. 管理学原理与方法[M]. 上海: 复旦大学出版社, 2005.

[337] 周伟. 管理理论丛林发展研究评介[J]. 社会科学战线, 2008(1): 212-217.

[338] 周溢. 高校管理机制的权变性因素分析[J]. 黑龙江教育(高教研究与评估), 2007(4): 74-76.

[339] 周永源,高俊山. 钢铁企业规模战略及组织结构设计[J]. 管理现代化, 2010(2): 20-22.

[340] 朱国云. 组织理论: 历史与流派第2版[M]. 南京: 南京大学出版社. 2014.

[341] 朱敬恩,徐永. 组织模式变迁的一个新研究框架——基于信息技术革命与高素质组织参与者对组织与环境关系的介入[J]. 上海管理科学, 2010(3): 57-63.

[342] 朱晓武,闫妍. 动态匹配: 结构权变理论的多案例研究[J]. 管理案例研究与评论, 2010(1): 34-47.

[343] 朱新涛. 学科壁垒、学术堡垒与高等学校学科建设[J]. 江苏高教, 2003(2): 81-83.

[344] 朱羿锟. 公司控制权配置论: 制度与效率分析[M]. 北京: 经济管理出版社, 2001.